Kontaktadresse nach EU-Produktsicherheitsverordnung:
produktsicherheit@fischerverlage.de

Unsere Gegenwart gefällt sich darin, Zukunft als Katastrophe zu denken, in Kino, Wissenschaft und Literatur. Eva Horn geht der Geschichte und den Motiven dieses modernen Katastrophenbewusstseins nach. Sie legt dabei die biopolitischen Konflikte frei, die in den Untergangsszenarien – von der Verdunklung des Globus über den Atomtod bis zum Klimawandel – ausgetragen werden. Sie zeigt aber auch, wie in den Rufen nach Sicherheit und Prävention Fiktionen wirksam sind, die man als solche begreifen und analysieren muss. Die künftige Katastrophe zu entziffern bedeutet nämlich immer, eine Geschichte schon zu Ende zu erzählen, die sich erst noch ereignen soll.

Eva Horn, geboren 1965 in Frankfurt am Main, studierte Germanistik, Allgemeine Literaturwissenschaft, Romanistik und Philosophie in Bielefeld, Konstanz und Paris. Nach der Promotion unterrichtete sie an den Universitäten Konstanz und Frankfurt/Oder sowie an der New York University. Nach der Habilitation war sie Professorin am Deutschen Seminar der Universität Basel und ist gegenwärtig Professorin am Institut für Germanistik der Universität Wien. Im S. Fischer Verlag ist zuletzt erschienen ›Der geheime Krieg. Verrat, Spionage und moderne Fiktion‹ (2007)

Eva Horn

Zukunft als Katastrophe

S. FISCHER

2. Auflage

Hedderichstr. 114, 60596 Frankfurt am Main
Druck und Bindung: BoD – Books on Demand GmbH,
Norderstedt, Germany
ISBN 978-3-596-37077-1

Inhalt

Einleitung

Die Erde ohne Menschen

Ein Mann rast im Sportwagen durch Manhattan, vom Washington Square aus die Fifth Avenue herauf in Richtung Midtown. Es ist taghell, aber die Straßen sind leer. Geparkte Autos am Straßenrand, niemand sonst auf der Straße. Dafür wächst in den Ritzen des Asphalts verdächtig viel Gras. Die Kamera fährt hoch, über die Dächer Manhattans, und man sieht: Der Mann ist der einzige Mensch in der Stadt, sein Auto das einzige, was sich bewegt. Nur das ferne Röhren seines Motors tönt über der Innenstadt. Am Times Square steht mannshohes Gras, in dem Damwild grast. Was einst ein Hexenkessel von Menschenmassen, Werbung und Verkehrschaos war, ist nun zugewachsen und überflutet von warmem, ruhigem Spätsommerlicht. Es herrscht vollkommene Stille. – Der Vorspann des Films *I am Legend* (2007) ist ein Bild wie aus einem Traum: eine leere Großstadt, Pflanzen, die die ewig verkehrsverstopften Straßen und Plätze überwuchern, Tiere, die sich in dieser Wildnis wieder eingerichtet haben.[1] Der letzte Mensch, der in dieser leeren Stadt lebt (in diesem Fall Will Smith) hat plötzlich Ruhe und Platz, ist entlastet von den Zumutungen sozialen Dauerkontakts und einer Zivilisation, die Bäume und Tiere nur noch in Form von Parks und Haushunden kennt. Endlich die Fifth Avenue in Gegenrichtung hochfahren, endlich durch die Innenstadt rasen, was der Motor hergibt. Aber dem Film geht es nicht um Kulturkritik und auch nicht um die heimlichen Träume ge-

Abb. 1: Die Stadt nach dem Menschen: Fifth Avenue in Manhattan überwuchert von Pflanzen. I am Legend, USA 2007

stresster Städter. Es geht um die ultimative Katastrophe, ein Ende der Menschheit. Will Smith ist der einzige Überlebende einer menschengemachten Virusepidemie, die nicht nur New York, sondern fast die ganze Welt entvölkert hat. Er ist der letzte Mensch, zugleich Zeuge und Opfer eines Endes der menschlichen Spezies. Dennoch berührt uns dieses Bild des still zerfallenden, menschenleeren und von Ranken überwucherten New York nicht nur als Schreckensbild. Es ist auch ein heimlicher Wunsch: ein Bild post-apokalyptischer Ruhe, die nur einkehren kann, wenn der Mensch endlich wieder verschwunden sein wird.

Das Bild einer Erde ohne Menschen hat in jüngster Zeit eine seltsame, aber symptomatische Konjunktur. Thomas Glavinics Roman *Die Arbeit der Nacht* (2009) entwirft ein Wien, das über Nacht ohne Wiener ist, ja selbst ohne Haustiere; ein einziger Mensch bleibt übrig, um die neue Leere zu durchstöbern und nach seinen Nachbarn und Freunden zu suchen.[2] Der Sachbuchautor Alan Weisman imaginiert – diesmal nicht im Modus der Fiktion – eine zukünftige Verfallsgeschichte der Städte, Bauten und Architekturen, die uns umgeben, ebenfalls unter der fiktiven Voraussetzung, dass plötzlich, wie von Zauberhand, alle Menschen vom Erdball verschwunden sind. Weismans Bestseller *The World Without Us* (2007), der die mehrteilige Fernsehserie *Life after People* inspiriert hat, gibt sich als Ruinenpoet, ein Volney unserer Zeit; er erzählt die melancholische Geschichte der Vergänglichkeit von Häusern, Brücken und prominenten architektonischen Wahrzeichen, wenn sie ohne menschliche Wartung der Natur ausgesetzt sind. Schon wenige Jahre nach dem Verschwinden des Menschen wird Beton bröckeln, werden Stahlseile reißen und Brücken einstürzen; in den Hochhäusern werden Gräser wuchern und Tiere nisten, bis schließlich Wassereinbrüche und Rost die Stockwerke ineinander kollabieren lassen. Informiert durch Bauingenieure und Archäologen, präsentiert Weisman den Blick auf eine Welt, die vom Druck der Menschheit endlich »entlastet« wäre:

> Schauen Sie sich die Welt von heute an. Ihr Haus, Ihre Stadt. Die Umgebung, das Pflaster, auf dem Sie stehen, der Erdboden darunter. Lassen Sie alles, wie es ist, aber nehmen Sie die Menschen aus diesem Bild heraus. Löschen Sie uns einfach aus. Was bleibt? *Wie würde die Natur reagieren, wenn sie plötzlich vom Einfluss der Menschen befreit wäre?*[3]

Die Antwort ist: Die Natur holt sich ihren Raum zurück. Langsam, angeführt von Rost und Schimmel, gefolgt von Schlingpflanzen und Kleintieren, erobert sich die Natur den Boden zurück, den die Zivilisation ihr streitig gemacht hatte. Weismans

Abb. 2: Die Wildnis kehrt zurück. Der Letzte Mensch (Will Smith) jagt Damwild in Midtown, Manhattan. I am Legend, USA 2007

Szenario von einer Zukunft ohne Menschen ist eine Rückkehr zur Natur, eine Rückkehr zu den Ursprüngen *vor* dem Menschen – so, wie das Manhattan aus *I am Legend* stellenweise so aussieht wie die grasbewachsene Felsenlandzunge zwischen zwei Flüssen, die das ursprüngliche Mannahatta noch vor vierhundert Jahren gewesen ist. Das Narrativ, das die Fiktion vom plötzlichen, kampf- und spurlosen Verschwinden des Menschen entfaltet, ist auf eine seltsame Weise tröstlich: Ist der Mensch erst weg, verschwinden irgendwann auch seine Spuren, die Welt gerät wieder in eine natürliche Balance, sie wird blühen und grünen. Nach dem Menschen kommt wieder der Garten Eden, die Rückkehr zum Anfang. Ein Narrativ von Krankheit und Heilung, Druck und Entlastung – bizarrerweise erzählt von dem Wesen, das selbst die Krankheit war. Bemerkenswert ist, dass dieses Wesen von der eigenen Auslöschung träumt, von der Möglichkeit, irgendwann wieder spurlos verschwunden zu sein.

Man kann diese Geschichte aber auch andersherum erzählen, wenn man von der nahen Zukunft in eine ferne springt. Ein Raumschiff mit extraterrestrischen Paläontologen landet irgendwo in 100 Millionen Jahren auf dem »Nordkontinent« der Erde. In einem tiefen Canyon stoßen sie auf eine breite Gesteinsschicht, in dem sie metallene und steinerne Artefakte finden: Zeichen für eine antike, längst untergegangene Zivilisation. In der gleichen Schicht finden sie aber auch die Spuren einer großen Katastrophe, die die Lebensbedingungen auf dem Planeten stark verändert haben muss. Was die Alien-Forscher analysieren, sind die Reste der Menschheit, die noch nach Millionen Jahren erhalten sind. Diese Geschichte erzählt der Geologe Jan Zalasiewicz in einem Buch, das sich mit den archäologischen Langzeitspuren des Menschen auf der Erdoberfläche beschäftigt.[4] Mit diesem kleinen posthumanen Narrativ führt Zalasiewicz einen derzeit intensiv diskutierten Begriff ein, den des »Anthropozäns« für die geologische Epoche, in der wir heute leben und in der der Mensch seinen unauslöschlichen geologischen Abdruck hinterlassen haben wird: »Seit dem Beginn der Industriellen Revolution hat die Erde Veränderungen durchgemacht, die ausreichen, um einen globalen stratigraphischen Abdruck zu hinterlassen. Dieser unterscheidet sich von denen des Holozäns oder der früheren Interglazialphasen des Pleistozäns und umfasst Veränderungen in den Lebensformen, im Sediment und in der Geochemie der Erde.«[5] Der Mensch ist also keine flüchtige Erkrankung. Sein Abdruck, das besagt der Begriff ›Anthropozän‹, wird nicht einfach unter Pflanzen und Sediment verwischt werden, sondern für Millionen von Jahren bestehen bleiben und den Menschen selbst überdauern. Aber auch dieser Begriff, der statt der Flüchtigkeit aller menschlichen Werke gerade dessen erdformatierende Wirkungsmacht auf den Punkt bringt, beruht auf einer apokalyptischen Erzählung: Der Mensch wird verschwunden sein, was von ihm bleiben wird, ist eine Gesteinsschicht.

Bemerkenswert sind diese beiden Narrative aus zwei Gründen: Erstens nehmen sie einen post-apokalyptischen Standpunkt ein, der – jenseits von eschatologischen Visionen – unmöglich ist (außer für Will Smith und die Alien-Paläologen). Der Mensch schaut auf sich selbst zurück, aber nach seinem eigenen Ende, eine Reflexion im Futur II: Es wird einmal gewesen sein. Ein Blickpunkt, von dem aus sich die Frage stellt, warum ein aktuelles Zeitgefühl notwendig auf Fiktion angewiesen ist. Gerade die reale Unmöglichkeit des Gedankenexperiments, das beide Erzählungen anstellen, macht sie so produktiv und erfolgreich. Ausgerechnet im Anthropozän, in der Epoche, in der der Mensch unauslöschlich in die Erdgeschichte eingegangen sein wird, ergeht er sich im Erfinden von Welten, in denen er nicht mehr vorkommt. Es ist, als rechnete der Mensch sich weg, um zu schauen, was nach ihm noch übrig ist. – Zweitens aber sind diese post-humanen, post-katastrophischen Geschichten erstaunlich unblutig. Der Mensch verschwindet in ihnen ganz ohne Massensterben und apokalyptische Heimsuchungen. Weisman spekuliert kurz über ein *homo-sapiens-*

spezifischen Virus, das alle Menschen mit einem Schlag hinweggerafft haben würde; aber vom Gestank der sieben Milliarden Leichen ist sein Buch gänzlich frei.[6] Genauso bei Glavinic, dessen dichterische Phantasie Wien und überhaupt ganz Mitteleuropa in einer Nacht geräuschlos evakuiert. Weg mit dem Menschen: ja, massenhaft Tote: nein. Beide Gedankenexperimente handeln von einer Katastrophe ohne Katastrophe, so als würden wir immer schon aus der fernen Zukunft auf unseren nahen Untergang zurückschauen.

Zukunft als Katastrophe

Gedankenexperimente müssen nicht realistisch sein. Aber die Fiktion von der Erde ohne Menschen ist symptomatisch für eine höchst aktuelle apokalyptische Phantasie, die vom Mainstreamkino bis zum naturwissenschaftlichen Sachbuch, vom philosophischen Essay bis zum Roman reicht. Zweifellos hat sie mit dem Zerbrechen einer modernen Zeitordnung zu tun, die Aleida Assmann jüngst rekonstruiert hat: das Zerbrechen einer Zeitordnung, in der Zukunft noch ein »auratischer Schlüsselbegriff« war, ein Raum der Hoffnung, Planung und Gestaltung, ein Ort der Utopien.[7] Aktuelle Entwürfe des Zukünftigen sind von dieser hoffnungsfrohen Zukunft denkbar weit entfernt. Ihr Modus ist das Futur II, ihr Gegenstand *Zukunft als Katastrophe.* Diese Phantasie, ihre Inhalte, ihre Quellen, ihre Geschichte und ihre Funktionen für eine Politik und ein Wissen von der Zukunft sind der Gegenstand des vorliegenden Buchs. Was sich in dieser Phantasie von der Erde nach dem Menschen verdichtet, ist eine seltsame Ambivalenz: Die Katastrophe ist gleichermaßen Wunschtraum und Angsttraum. *I am Legend* ist dafür ein besonders prägnantes Beispiel: Nach dem bukolischen Anfang vom leeren Manhattan ist der Film ein genretypischer Katastrophenthriller mit düsteren Bildern von panischen

Flüchtlingsströmen, Straßensperren und Tausenden von Toten. Die große Katastrophe ist die unvermeidliche Vorgeschichte jener (scheinbar) perfekten Idylle, in der man auf dem Times Square Damwild jagen kann. Eine Welt ohne Menschen, das weiß das Blockbusterkino besser als populäre Sachbücher, ist nicht ohne Blutvergießen zu haben.

Auf beide Bilder – die Katastrophe und das, was nach ihr kommt – starren wir gegenwärtig mit bemerkenswerter Insistenz. Der »apokalyptische Ton«, den Jacques Derrida den achtziger Jahren bescheinigte,[8] kehrt gegenwärtig in den unterschiedlichsten Spielarten und Diskursformen wieder: im Kino (von Roland Emmerich bis Lars von Trier), in der Literatur (von Cormac McCarthy und Michel Houellebecq bis Kathrin Röggla und Thomas Glavinic), im populären Sachbuch, in Computerspielen, in der soziologischen und philosophischen Zeitdiagnose (von Ulrich Beck bis Harald Welzer, Peter Sloterdijk und Bruno Latour), in den Naturwissenschaften (von der Geologie bis zur Klimawissenschaft), und neuerdings sogar in der notorisch fortschritts- und wachstumseuphorischen Ökonomie.[9] Seit Jahrzehnten diagnostiziert Ulrich Beck der Gegenwart eine »Risikogesellschaft«, die sich durch demokratisch verteilte, selbst gemachte Gefährdungen auszeichnet. Neuerdings attestiert er eine globale »Weltrisikogesellschaft«, in der Risiken grenzüberschreitend, nicht wahrnehmbar, aber auf komplizierte Weise zugleich selbst hergestellt und unabsehbar sind.[10] Und Jared Diamonds Fallstudien über den Zusammenbruch von historisch und geographisch fernen Gesellschaften sind ebenso zum Bestseller geworden wie Harald Welzers finstere Prognose der in naher Zukunft drohenden »Klimakriege« und Ressourcenkonflikte.[11] Richard A. Posner, Martin Rees, Lee Clarke und jüngst John Casti haben ganze Reihen von detaillierten Desaster-Szenarien vorgelegt, vom Kollaps der Nahrungs- und Energieversorgung bis hin zur Auslöschung der Menschheit. Beklemmend ist, dass viele dieser Szenarien zwar als schwer antizipierbar und unwahrscheinlich eingeschätzt werden, de facto aber (als Unfall oder Anschlag) relativ einfach zu bewerkstelligen wären.[12] James Hansen, einer der wortmächtigsten Warner vor einer drohenden Klimakatastrophe, korrigierte im August 2012 seine eigenen Einschätzungen zur globalen Erwärmung mit den Worten: »Ich war zu optimistisch.«[13] Und James Lovelock, der zusammen mit Lynn Margulis in den siebziger Jahren mit der »Gaia-Hypothese« die Theorie von der Biosphäre als einem Makroorganismus entwickelte, prophezeit nun die »Rache Gaias«.[14] Fast jeden Monat kommen Kinofilme auf den Markt, die entweder ein mehr oder minder spektakuläres Ende des Planeten Erde imaginieren – *2012* (2009), *Melancholia* (2011), *Seeking a Friend for the End of the World* (2012), *4:44 End of the World* (2012), die Auslöschung der menschlichen Spezies ins Auge fassen *Oblivion* (2013), *World War Z* (2013), *Contagion* (2011), in einer Welt nach dem Ende menschlichen Lebens auf der Erde spielen *9* (2009), *Wall-e* (2008), *The Book of Eli* (2010), *After Earth* (2013) oder die gänzliche Auflösung sozialer Institutionen nach einem Desaster ausloten *Wolfzeit* (2003), *Hell* (2011), *The Road* (2009). Die Apokalypse-Manie des gegenwärtigen Kinos ist so insistent, dass sie bereits Gegenstand filmischer Parodien wird, etwa in *This is the End* (2013). Der düsterste post-apokalyptische Roman der letzten Jahre, Cormac McCarthys *The Road* (2006), eine Geschichte vom Überleben zweier Menschen nach der restlosen Zerstörung der Natur, gewann unter anderem den Pulitzer Prize und wurde prominent verfilmt. Und in den letzten Jahren wächst das Computerspiel-Genre »Survival Horror« rasant, das die Spieler in post-apokalyptische Szenerien versetzt und dort ums Überleben kämpfen lässt. – Kurzum: Imaginierte, prognostizierte und antizipierte Störfälle, Katastrophen und Untergangsszenarien bebildern ein Zukunftsgefühl, das ein in den letzten Jahren immer wieder verwendeter Titel schön auf den Punkt bringt: *Das Ende der Welt wie wir sie kannten.*[15]

Die Gegenwart fühlt sich auf ein Ende zustolpern, auf eine Zukunft, von der ein Strategiepapier der Rückversicherung

Swiss Re tiefsinnig formuliert: »Zukunft ist keine Frage der zeitlichen Ferne. Zukunft ist das, was sich gravierend vom Gegenwärtigen unterscheiden wird.«[16] Was in dieser Formulierung gefasst ist, ist Zukunft als radikaler Bruch mit dem Jetzt, als reine Alterität; etwas, das wir von der Gegenwart aus weder antizipieren noch verhindern können – jenseits aller Vorsorge, Steuerungsanstrengungen und Absicherungen. Das mag die unvorhersehbare technische Innovation sein oder ein ungeahnter sozialer Wandel. Aber interessant (jedenfalls für eine Rückversicherung) ist die Zukunft vor allem als Schaden: Es ist der technische Großunfall, der sich morgen ereignet ebenso wie der Weltuntergang in Millionen von Jahren. Die Bezeichnung für eine solche unabsehbare und radikale Wendung ist sehr alt und stammt unmittelbar aus der Literatur: καταστροφή (katastrophè), zusammengesetzt aus der Präposition κατά, die eine Umkehr- oder Abwärts-Bewegung anzeigt, und dem Verb στηέφειν, wenden, drehen, umkehren. Wortwörtlich bedeutet καταστροφή also eine Wendung nach unten. Aristoteles nennt diesen Punkt die περιπέτεια (Peripetie), den Umschlag der Handlung in ihr Gegenteil, vom Glück ins Unglück.[17] In den Dichtungslehren, die sich von Aristoteles' *Poetik* ableiten, ist die »*catastrophe*« aber nicht der unmittelbare Umschlagspunkt, an dem ein erstrebtes Handlungsziel sich in sein Gegenteil wendet, sondern das *Ergebnis* dieser Wendung. Poetologisch ist »Katastrophe« jener letzte Teil einer Handlung, in dem alles seinen endgültigen Lauf (zum Guten oder Schlechten) genommen hat, die Gefühle sich beruhigen und Stille einkehrt.[18] Die Katastrophe ist ein Ende, ein Abschluss, etwas, das *gekommen sein wird*. Dabei muss das nicht notwendig (so sehen es jedenfalls die vormodernen Poetologien) ein schlechtes Ende sein, sondern vor allem eine Auflösung (*dénouement*) jener Verworrenheit, die eine Dramenhandlung ebenso kennzeichnet wie eine komplizierte Situation, solange sie gegenwärtig ist. Erst vom Ende her überschaut man sie. Aus der Dichtungstheorie wandert der Begriff in der Frühen Neuzeit in die Theologie und die Naturwissenschaften ein – und dies nun nicht mehr als gute *oder* schlechte Wendung, sondern als reines »Negativereignis«.[19] Für die Theologen ist »Katastrophe« ein Akt göttlicher Strafe (verwendet für Sodom, die Sintflut und das Weltende), für die Historiker politische Umwälzung (häufig austauschbar durch den Begriff »Revolution«), für die Naturwissenschaftler der Einbruch gravierender Naturereignisse wie ungünstige Kometeneinflüsse, Erdbeben, Überflutungen etc. – kurzum: »Verfall, Zerrüttung und Auflösung der Natur«, wie David Hume formuliert.[20] Die Natur selbst wird schließlich von Burnet bis Cuvier als grundlegend »katastrophisch« gesehen: Sie ist ein Gefüge, das – durch göttlichen Eingriff oder aus eigener Gesetzmäßigkeit – immer wieder von Zerstörungen und Auslöschungen heimgesucht wird.[21] In der Abwendung von einer eschatologischen Geschichte, die nur zwei Katastrophen kennt – die Sintflut und das kommende Weltende – wird Natur in der Aufklärung selbst zum Katastrophengeschehen. Sie erzeugt und vernichtet Lebensformen, bringt aber auch immer wieder neue hervor.

Im 20. Jahrhundert wird der Begriff dann zu einer »ubiquitären Krisenkategorie, die sich allmählich von einem Ereignis- in einen Prozess und schließlich in einen Zustandsbegriff wandelte.«[22] Mit anderen Worten: »Katastrophe« wird zum Schlagwort der Zeitdiagnose: Irgendetwas ist immer im Begriff, sich zu einer Katastrophe auszuwachsen oder bereits eine zu sein. »Etwas nimmt seinen Lauf«, wie es in Becketts *Endgame* heißt.[23] Am prägnantesten hat Walter Benjamin dieses Zeitgefühl auf den Punkt gebracht:

> Der Begriff des Fortschritts ist in der Idee der Katastrophe zu fundieren. Dass es ›so weiter‹ geht, ist die Katastrophe. Sie ist nicht das jeweils Bevorstehende, sondern das jeweils Gegebene. Strindbergs Gedanke: die Hölle ist nichts, was uns bevorstünde – sondern *dieses Leben hier.* […] Die Rettung hält sich an den kleinen Sprung in der kontinuierlichen Katastrophe.[24]

Benjamin kehrt so den Begriff ins Gegenteil seiner ursprünglichen Bedeutung einer Wendung oder eines Ereignisses. Gerade *dass es kein Ereignis mehr gibt*, ist die Katastrophe. Die Kontinuität selbst, die Tatsache, dass sich die Gegenwart immer weiter in die Zukunft hinein entrollt, dass sie sich fortsetzt und bestenfalls unaufhaltsam steigert – gerade das ist das Schreckliche.

Das gegenwärtige Bewusstsein einer nahen und doch gänzlich unvorhersehbaren Katastrophe sucht exakt diese zwei entgegengesetzten Vorstellungen miteinander zu verbinden: auf der einen Seite jene aus der Dichtungstheorie stammende Bedeutung einer Wendung oder eines Bruchs, die auch das Zukunftskonzept der Rückversicherung noch informiert; auf der anderen jenes von Benjamin auf den Punkt gebrachte Gefühl, dass die eigentliche Katastrophe die Fortführung des Jetzt, der »Fortschritt« aller gegenwärtig gegebenen Tendenzen ist. Zukunft als Katastrophe ist heute die exakte Verbindung von Kontinuität und Bruch, die Vorstellung, dass gerade die Fortführung des Gegenwärtigen auf einen Umschlag, eine katastrophische Wendung zuläuft. Die heute geläufigste Metapher, die der alten Bildlichkeit des κατά στρέφειν (nach unten wenden) zu neuer Aktualität verholfen hat, ist der *tipping point*, der Umschlagspunkt. Der *tipping point* bezeichnet jenen Punkt, in der ein vormals stabiler Zustand plötzlich instabil wird, kippt und in etwas qualitativ anderes ›umschlägt‹. Malcolm Gladwell, der dem Phänomen anhand von Seuchenverbreitung und Verbrechensbekämpfung, aber auch der Durchsetzung von Marken und Modetrends nachgegangen ist, beschreibt den *tipping point* als Augenblick des Erreichens einer kritischen Masse, als Moment der exponentiellen Verbreitung. Im *tipping point* sozialer Prozesse tritt etwas gänzlich Neues hervor, einfach dadurch, dass ein paar wenige, aber besonders gut vernetzte Menschen beginnen, ein Virus, eine Marke oder auch ein bestimmtes soziales Verhalten zu verbreiten.[25]

Allerdings kennen nicht nur soziale Dynamiken solche Umschlagspunkte, sondern auch andere komplexe Systeme wie etwa Finanzmärkte, das Klima oder Ökosysteme (man denke an das berühmte »Kippen« von Seen). Hier wird der *tipping point* bedrohlich: Er bezeichnet die Möglichkeit, dass durch die stetige Zugabe kleiner Mengen oder die Akkumulation von kleinen Schritten, winzigen Taten, alltäglichen Verhaltensweisen eine Situation kippt, aus der Balance gerät. Es ist kein Zufall, dass eine der prägnantesten Positionen des gegenwärtigen Katastrophenbewusstseins, Harald Welzers und Claus Leggewies *Das Ende der Welt, wie wir sie kannten* (2009), zentral um diese Figur des *tipping point* kreist. Sie identifizieren nahe bevorstehende »Kipp-Punkte« im Klimasystem, in den Ökosystemen der Meere, im Sozialstaat, in den Finanzmärkten, im Verkehrswesen, in der Ausschöpfung nicht erneuerbarer Energieressourcen und im Konsumverhalten, die sich gegenwärtig zu einer »Metakrise« aufaddieren: »Die Grenzen des Wachstums [zeigen sich] in nie dagewesener Deutlichkeit. Nicht nur der Klimawandel kann aus dem Ruder laufen und Gesellschaften scheitern lassen. Die erwähnten Kipp-Punkte stellen eine Gefahr dar, die bis dato der Fantasiewelt von Katastrophenfilmen vorbehalten war.«[26]

Das Problem ist, dass solche systemischen Umschlagspunkte schwer abzusehen sind. Denn gerade selbstregulierende Systeme (wie Ökosysteme, Märkte oder Gesellschaften) können sich lange trotz aller krisenhaften Tendenzen immer wieder selbst in eine vorläufige Balance bringen – bis sie jenen gefährlichen Punkt des plötzlichen Umschlags erreicht haben. Das Konzept des *tipping point* meint genau das: dass Regulierung irgendwann nicht mehr stattfinden kann, dass ein System irgendwann »gesättigt« ist (wie es in der Chemie heißt) oder dass (mit einem Ausdruck aus der Physik) eine »kritische Masse« erreicht wird. *Tipping points* werden also nicht durch Entscheidungen hervorgerufen, sondern sind Phänomene der spontanen Emergenz: Aus einer kaum bemerkbaren Tendenz, aus winzigen Schritten entwickelt sich eine einschneidende Änderung der Verhältnisse. Diese Änderung lässt sich nicht ableiten oder vorhersehen, gerade weil sie sich nur einem winzigen quantitativen Zuwachs oder einem scheinbar zu vernachlässigenden Nebeneffekt verdankt. Anders als bei festen Körpern sind Umschlagspunkte komplexer Systeme – wie Gesellschaften, Märkte, Ökosysteme oder das Klima – darum ungeheuer schwer zu antizipieren. Sie sind verschleiert vom Anschein einer Stabilität, die suggeriert, dass es immer so weitergeht.

Aber genau darin besteht das gegenwärtige Bewusstsein einer Zukunft als Katastrophe: das Gefühl, sich an einem solchen *tipping point* zu befinden, in einem Moment, wo die bloße Fortsetzung des Alltäglichen und Gewöhnlichen sich langsam zu einem katastrophischen Bruch aufaddieren könnte. Nicht zufällig sind die Katastrophenszenarien, die heute am intensivsten diskutiert werden, Zusammenbrüche oder Deregulierungen hyperkomplexer Systeme wie Ökosysteme, Finanzmärkte, Ozeane und allen voran das Klima. Vielleicht ist die vielbeschworene Klimakatastrophe ihrerseits nur ein Bild oder ein Name, der dazu dient, diesem Typus einer *Katastrophe ohne Ereignis* eine Darstellbarkeit, mögliche Szenarien, eine wissenschaftliche Disziplin und nicht zuletzt zaghafte Versuche der politischen Regulierung zu geben. Denn natürlich ist die menschengemachte Veränderung des Klimas, deren historischen und aktuellen Szenarien hier ein ausführliches Kapitel gewidmet wird (Kap. 3), nicht das einzige Problem, sondern eher eine besonders geeignete Kurzformel für das, was Welzer und Leggewie als »Metakrise« beschreiben – eine lange Liste von Problemfeldern, die auf solche Umschlagspunkte zusteuern: »... die Endlichkeit der natürlichen Ressourcen – die Begrenztheit von Boden, die Erschöpfung der Wasservorräte und die Grenzen der Belastbarkeit der Luft stellen die Schnittfläche einer multiplen Krise dar. Klimawandel, klassische Umweltprobleme, Energiekrise, Wasser- und Ernährungskrise sowie das Wachstum der Weltbevölkerung kumulieren sich zu einer übergeordneten Metakrise, die die Überlebensbedingungen des Erdsystems in Frage stellt.«[27] Die *Metakrise* ist eine *Kata-*

strophe ohne Ereignis, denn sie besteht gerade in der Kontinuität, im schieren Weitermachen. Sie hat keine klar benennbaren Akteure und Schuldigen, keinen präzisen Moment oder einen begrenzbaren Ort, kein einzelnes Szenario – vielmehr viele, große und kleine, deutliche und undeutliche, wahrscheinliche und unwahrscheinliche Zeitpunkte, Lokalitäten und Verlaufsformen. Das dumpfe untergründige Gefühl ist, dass die Fortsetzung des Gegenwärtigen, der »Fortschritt« als Fortsetzung und Eskalation des Gegenwärtigen genau zu jener Zukunft führen wird, die die Swiss Re zu Recht befürchtet: etwas, »das sich gravierend vom Gegenwärtigen unterscheiden wird.« Und nicht zum Guten.

Die Katastrophe als Offenbarung

Angesichts der Kakophonie von wissenschaftlichen, politischen und fiktionalen Katastrophenentwürfen stellt sich die Frage nach ihren unausgesprochenen Spieleinsätzen und ihrer Funktion. Warum träumen wir uns als *letzte Menschen*? Welche unausgesprochenen Konflikte, welche uneingestehbaren Wünsche, welche diffusen Ängste werden in ihnen bearbeitet oder auch befriedigt? Wie verhalten sich die Imaginationen künftiger Desaster und möglicher Weltuntergänge, denen wir uns in unserer Freizeit hingeben, zu der merkwürdigen Handlungs- und Wahrnehmungshemmung, die die Teilnehmer von ergebnislosen Klimagipfeln, Ökonomen, Politiker und normale Bürger gleichermaßen lähmt? Warum das aktuelle »Vergnügen an tragischen Gegenständen«? Wie stehen die imaginierten Desaster neben den öffentlichen und privaten Praktiken der Vorsorge, der Absicherung und Prävention? Im sonnenbeschienenen Gras am Times Square, den ums Überleben kämpfenden Protagonisten in *The Road*, in Roland Emmerichs erhabenen Bildern von Hurricanes und Erdbeben, aber auch in Weismans

Visionen einer Erde ohne Menschen erscheint nicht nur die Angst vor einer Zukunft, in der nichts mehr so sein wird, wie wir es kennen. Was in ihnen sichtbar wird, ist auch ein uneingestehbares »Begehren nach der Katastrophe«.[28] Fiktionale und imaginierte Desaster scheinen etwas zu bebildern, das wir für möglich und vielleicht sogar für unmittelbar bevorstehend halten, aber zugleich auch nicht vorstellen, nicht greifen können. Etwas, das die Kompliziertheiten unserer Welt klären, die Dinge durchschaubar machen, auf das Wesentliche hin durchschlagen würde. Das »Vergnügen an tragischen Gegenständen« (Schiller) hat so eine unheimliche Unterseite, die entziffert werden muss. Ihr ist weder mit dem lässigen Vorwurf des unnötigen »Alarmismus« noch mit einem mahnenden »es ist tatsächlich fünf vor zwölf« beizukommen. Die Frage ist vielmehr: Warum schauen Leute fünf vor zwölf so gerne Katastrophenfilme? Warum geht ein intensiv und öffentlich vorgetragenes Krisenbewusstsein mit einer bemerkenswerten politischen und individuellen Handlungslähmung einher? Warum lesen wir mit Interesse und Schauder Bücher über den Untergang der Menschheit, während wir politisch zugleich einigermaßen passiv bleiben, also weder auf die Straße gehen, noch unsere Autos abschaffen oder einen privaten Überlebensbunker mit Lebensmitteln bestücken? Oder wenigstens die Hausratsversicherung erhöhen. Wir sind einerseits, wie Kathrin Röggla bemerkt hat, ständig »alarmbereit«, andererseits aber auch untätig und unschlüssig, geschlagen von einem »betriebsalzheimer«, der die Gefahren und Desaster, die uns ständig vor Augen gestellt werden, sogleich wieder vergessen lässt.[29]

Diesem Buch geht es darum, die seltsam zwiespältige, aber um so intensivere Beschäftigung mit kommenden Katastrophen als Symptom eines modernen Verhältnisses zur Zukunft zu entziffern. Dabei geht es weniger um die sozialpsychologische Verfasstheit dieses Verhältnisses, dessen Erwartungshorizonte, Wünsche und Ängste, Risikowahrnehmung, kognitive

Dissonanzen oder Mechanismen der *self-fulfilling* oder *self-defeating prophecies* zu analysieren wären.[30] Es geht vielmehr um Imaginationsformen der Katastrophe, einen Raum der fiktiven Bilder, Narrative, Szenarien und Phantasien, die in besonders prägnanter Weise nicht nur Ausdruck dieses Zukunftsverhältnisses sind, sondern es bestimmen und formatieren. Sie sind damit Teil einer Dimension des Sozialen, die als das *kollektive Imaginäre* gefasst worden ist. Bilder, Mythen, Geschichten, Symbole usw. sind nicht einfach kultureller Überbau, sondern prägen, so Charles Taylor, die Art und Weise, »wie sich Menschen ihre soziale Existenz vorstellen, wie sie ihr Zusammensein mit anderen regeln, [...] was normalerweise erwartet werden kann und welche tiefer liegenden normativen Begriffe und Bilder diesen Erwartungen zu Grunde liegen«.[31] Geteilte Vorstellungen, Zuschreibungen, Narrative, Bilder, Metaphern sind Modi, in der moderne Gesellschaften sich nicht nur über sich selbst, ihre unterliegenden Codes und moralischen Normen verständigen, sondern, grundsätzlicher noch, das fassen, was sie als »Wirklichkeit« anerkennen: ein fundamentales Element, das die Spezifik eines historischen Lebens- und Existenzstils ebenso prägt wie das System der Bedeutungen, das Sagbare und Unsagbare, das Verhältnis zwischen unterschiedlichen Teilsystemen der Gesellschaft. Das soziale Imaginäre ist das Fundament, der Ursprung all dessen, dem individuell oder kollektiv »Wert« zugesprochen wird, so Cornelius Castoriadis.[32]

Die Zukunft und das kollektive und individuelle Verhältnis zu ihr sind Teil dieses kollektiven Imaginären. Ein Wissen von der Zukunft, ebenso wie eine Verständigung über sie, ist nicht möglich ohne Rückgriff auf Erzählungen, die von der Zukunft aus auf die Gegenwart ›zurückblicken‹ oder die aus der Kenntnis bisheriger Verläufe eine Voraussage über das Kommende extrapolieren. Solche Narrative strukturieren die Art und Weise, wie wir Künftiges antizipieren, planen, aber vor allem auch zu verhindern suchen. Das Verhältnis zur Zukunft ist daher nicht denkbar ohne Metaphern, Bilder, Visionen oder hypothetische

Szenarien möglicher künftiger Welten. Beck verweist in seinem Buch *Weltrisikogesellschaft* auf die entscheidende Rolle der »Inszenierungen« von Risiken und Gefahren: »… nur durch die Vergegenwärtigung, die Inszenierung des Weltrisikos wird die Zukunft der Katastrophe Gegenwart – oft mit dem Ziel, diese abzuwenden, indem auf gegenwärtige Entscheidungen Einfluß genommen wird«.[33] Die Zukunftsfiktionen, die uns Literatur, Kino, Populärkultur und Sachbücher anbieten, sind ebensolche Inszenierungen wie politische Metaphern (wie etwa die vom »Rettungsboot« oder »Raumschiff Erde«),[34] Symbole (vom Atompilz bis zur »Hockeyschlägerkurve« des Klimawandels) oder auch sich durch die Jahrhunderte ziehende poetische Figuren wie die des »Letzten Menschen«. Es sind Inszenierungen, in denen nicht nur ausgemalt, sondern auch *ausgehandelt* wird, wie man sich zu diesen möglichen Zukünften in der Gegenwart zu verhalten hat: optimistisch oder alarmistisch, »auf alles vorbereitet«, risikofreudig, skeptisch, vorsorgend und neuerdings »resilient«. Fiktionen spielen unter diesen »Inszenierungen« aber eine besondere Rolle – nicht nur als Symptome, sondern als Agenten einer Formatierung von Zukunftserwartung. Gerade in der Schrillheit ihrer Bilder und der Exzeptionalität ihrer Plots und Figuren sind sie nicht nur prägnanter als soziologische Durchschnittswerte oder die überraschungsfreien Zukunftsentwürfe von Politikern oder Futurologen. Sie drücken nicht nur etwas aus, sondern greifen unmittelbar strukturierend in das Imaginäre einer Kultur ein. Dabei sind sie weder einfach Abbildungen allgemeiner psychischer Verfassungen noch platterdings Medien ideologischer Indoktrination. Sie müssen vielmehr als Interventionen in dieses kollektive Imaginäre verstanden werden, Interventionen, in denen dieses überhaupt erst hergestellt, strukturiert und vor allem auch *verhandelt* wird. Zukunftsfiktionen dienen dazu, der Ungewissheit einer offenen, plan- und gestaltbaren Zukunft in der Moderne »einen Ort im gesellschaftlichen Imaginationshaushalt zu geben, sie gleichsam in die Gegenwart einzupreisen und umgekehrt die jeweilige Gegenwart auf das, was kommen wird, hin zu öffnen«.[35] Zukunftsfiktionen *machen* nicht nur die Zukunft, sondern vor allem auch die Gegenwart, die Wirklichkeit, in der wir leben.

Es ist daher nicht damit getan, die unterliegenden Ideologien, die kollektiven Ängste oder Hysterien auszuweisen oder auch nach den »Sinngebungen« zu suchen, die sich in solchen Zukunftsfiktionen ausdrücken. Es gilt vielmehr, wie Isak Winkel Holm vorgeschlagen hat, zu fragen, wie Zukunftsfiktionen in die Wirklichkeit eingreifen und welche Formen sie anbieten (und historisch angeboten haben), um Wirklichkeit wahrzunehmen und zu strukturieren. Das heißt, die »kognitiven Schemata« zu analysieren, die es uns ermöglichen, anomische Ereignisse überhaupt erst als einen bestimmten Ereignis- und Erfahrungstyp wahrzunehmen oder zu imaginieren.[36] Bemerkenswert ist dabei, dass Katastrophen nicht nur als Bruch einer gegebenen Wirklichkeit, sondern stets auch als Sichtbarwerden einer unterliegenden grundlegenden Struktur, eines verborgenen »Realen« wahrgenommen werden. Slavoj Žižek hat darauf hingewiesen, dass diese Vorstellungen vom »Realen« – also einer Wirklichkeit unterhalb dessen, was wir als alltägliche soziale Oberfläche wahrnehmen – selbst von Phantasmen strukturiert sind, die uns im Kino, in der Literatur, aber auch aus der Rhetorik von Politikern oder den Popularisierungsformen von Wissenschaft entgegenschallen.[37] Diese populären Phantasmen, so Žižek, strukturieren, was wir für wahrscheinlich, für möglich, für erwartbar, für authentisch halten; sie prägen die imaginären Schemata, nach denen Wirklichkeit wahrgenommen und interpretiert wird. Das »Reale«, das wir insbesondere in Ausnahmesituationen, in unerwarteten Wendungen, in Momenten der sozialen Unordnung und des Zusammenbruchs zivilisatorischer Strukturen hervortreten sehen, ist so selbst eine imaginäre Konstruktion – und als solche auf ihre fiktionalen Quellen und Schauplätze hin zu analysieren. Ein solches Phantasma ist etwa die Rede vom »Ernstfall«, in dem um des lieben

Überlebens willen andere Regeln des Sozialen gelten (dazu Kap. 4); die Vorstellung von einem notwendigen »Gleichgewicht des Schreckens« (Kap. 2); oder aber die jeder Prävention zugrunde liegende Hoffnung, dass wir mit dem richtigen Wissen von der Zukunft und dem nötigen Grad von Entschlossenheit unmittelbar in diese eingreifen könnten (Kap. 6).

Dabei haben die Entwürfe einer Zukunft *als Katastrophe* einen besonderen epistemischen Status, der sie von anderen Formen des Zukunftsentwurfs wie Utopien, Versprechen, Plänen oder Hoffnungen scharf unterscheidet: Zukunft als Katastrophe schreit nach ihrer Verhinderung, nach einem präventiven Eingreifen. Können utopische Entwürfe des Künftigen angestrebt oder abgewehrt, Versprechungen und Pläne aufgeschoben oder umgesetzt, die Erfüllung von Hoffnungen abgewartet werden, so reklamieren katastrophische Zukünfte für sich eine Dringlichkeit, die eben nicht einfach abgewartet werden kann. Sie zwingen dazu, sie entweder zu glauben – und entsprechend präventiv zu handeln – oder ihre prädiktive Kraft anzuzweifeln. Genau darum erhebt die kommende Katastrophe immer den Anspruch, etwas bereits *in der Gegenwart Gegebenes zutage treten* zu lassen. Mit dem Desaster wird etwas zum Ereignis und zur greifbaren (wenn auch schrecklichen) Gestalt, was wir vorher nur befürchtet, geahnt, vorgestellt, möglicherweise aber auch platterdings übersehen und *verkannt* haben. Die Katastrophe holt dieses heimlich Drohende aus der Latenz. Sie ist der »Ernstfall«, in dem sich plötzlich das ›wahre Gesicht‹ all dessen zeigt, was als Gefahr *immer schon* gelauert hat. Etwas, das sonst nur in Hypothesen, statistischen Wahrscheinlichkeiten oder Prognosen eine bestenfalls unscharfe Kontur hat, bekommt plötzlich eine klar greifbare Gestalt.

Genau darin liegt die epistemische Besonderheit von Zukunftsvisionen der Katastrophe: Sie treten mit dem Anspruch auf, etwas freizulegen, etwas zu entdecken, das unterhalb der Oberfläche der Gegenwart noch verborgen ist. Darum eignet ihnen stets eine im Wortsinn *apokalyptische* – also enthüllende – Geste: Sie zeigen ein »Reales« des Menschen, seines Wesens, seiner Zivilisation, seines Sozialen. So leuchten Desaster Spielarten des Sozialen unter verschärften Bedingungen aus, von der gegenseitigen Hilfe oder Selbstaufopferung bis zum rücksichtslosen Überlebenswillen. Die Katastrophe ›testet‹ den Menschen, seine Stärke und Belastbarkeit, die Haltbarkeit seiner Bindungen und die Krisenfestigkeit seiner sozialen Institutionen. Sie zeigt, was ihn jenseits der Cocons einer intakten Zivilisation ›tatsächlich‹ ausmacht. So entwerfen Katastrophen ihre eigene Anthropologie des Desasters: Sie zeigen den Menschen als heroisch oder egoistisch, verletzlich oder belastbar, panisch oder rational. Es werden Entscheidungssituationen entworfen, deren Rechtfertigung einzig darin besteht, dass in einer Ausnahmesituation auch Ausnahmen von den Regeln von Recht und Moral gemacht werden müssen. Es zeigt sich, welche Werte und Güter wirklich zählen, welche Gemeinschaften tragfähig, welche zerbrechlich sind. In der Ausnahme, im Zusammenbruch offenbart sich, so die unterliegende Vorstellung, ein ›wahres Wesen‹ unserer Existenz.

Will man die Spielarten und Funktionen dieser Phantasie von der Katastrophe als Offenbarung verstehen (und sie nicht einfach glauben oder endlos wiederholen), dann muss man sie zunächst einmal als ein kulturelles Schema verstehen, dessen Geschichte weit vor die Moderne zurückreicht.[38] Die Vorstellung von der Katastrophe als Offenbarung gehört bereits zur antiken Textgattung der Prophezeiung. Die Prophezeiung entwirft Geschichte von ihrem Ende her: als Abfolge einander stürzender Reiche, als Strafgericht am Ende einer Zeit des Sündigens, als Blick in eine Zukunft, die das Ende ist (aber, das zeigt immerhin die Geschichte vom Propheten Jonas, als Ende auch abgewehrt werden kann). Die christliche Heilsgeschichte sah im Weltende nicht nur eine Figur ultimativer Zukünftigkeit, sondern vor allem die Eröffnung einer endgültigen, göttlichen Wahrheit: Von hier aus offenbart sich der Wert und Unwert aller Dinge, aller Menschen, aller Machtstrukturen. Diese

Wahrheit ist in einer Zukunft angesiedelt, in der alles, was gegenwärtig existiert, zerstört und abgeschlossen sein wird. Sie ergibt sich aus der Perspektive des *futurum perfectum*. Dabei ist das Weltende, das das Christentum entwirft, ein Ende, an dem der Kampf des Guten gegen das Böse endgültig entschieden und Gericht gehalten wird. Diese richtende Zerstörung ist aber zugleich der Aufbruch in eine neue, ewige Ordnung: das Neue Jerusalem. Das Schema von Zerstörung, Kampf, Gericht und Neuer Ordnung hat vor allem die wirkmächtigste Prophezeiung des christlichen Abendlands, die *Apokalypse des Johannes*, vorgegeben. Gerade dieser Text aber prägt nicht nur das eschatologische Schema eines »Endes« und »Ziels« der Geschichte, das dann in die säkulare Geschichtsphilosophie einwandert; er präsentiert dieses Ende selbst als eine »Offenbarung«, ein Hervortreten und Sichtbarwerden. In der Zerstörung oder Rettung, im Kampf und im Gericht zeigen sich das Wesen und der wahre Wert aller Menschen und aller Dinge: »Das Ende ist auch ein Ende aller Geheimnisse.«[39]

In diesem ›klassischen‹ Schema des Katastrophischen, das die Apokalypse vorgibt, wird Zukunft im Sinne von *adventus* (das Ankommende) verstanden: als etwas immer schon Entschiedenes, etwas, das auf uns zukommt. Aber die Moderne verabschiedet sich von dieser Vorstellung einer immer schon gebahnten, auf uns zukommenden Zukunft. Nur im Modus des Utopischen überlebt die Vorstellung eines Neuen Jerusalem, das auf die Zerstörung folgt. Die Moderne denkt, wie Günther Anders formuliert hat, vor allem »nackte« Apokalypsen, Weltenden ohne Neubeginn.[40] Mit der Verabschiedung der Heilsgeschichte ist Zukunft nicht mehr *adventus*, verhülltes und unergründliches, aber doch in einem göttlichen Heilsplan vorgesehenes Geschehen. Sie wird abgelöst von einer Zukunft, die *der Mensch macht*, die veränderbar ist, eine Zukunft, welche der Mensch ebenso verschulden wie planen oder aufhalten kann. »Menschliche Akteure«, so Gereon Uerz, »begreifen sich nicht mehr als Rezipienten von ihnen zugedachten Ereignissen, sondern als Autoren ihrer Zukunft.«[41] Vor dem Menschen dehnt sich so eine offene, kontingente Zukunft aus, eine Zukunft als Hypothese oder Möglichkeit. Sie kann geplant oder verhindert werden, sie ist Gegenstand menschlicher Entscheidungen – aber gerade darum auch der ständigen Erforschung und Ausleuchtung. Aber das heißt nicht, dass damit die Fixierung auf das Weltende, die das abendländische Geschichtsbewusstsein jahrhundertelang organisiert hatte, nun ad acta gelegt wäre. Was die modernen Weltenden mit der klassischen Apokalypse verbindet, ist gerade ihre »offenbarende«, also ihre enthüllende und entblößende Kraft.

Die fiktionale Figur, an der sich diese enthüllende Funktion des Weltendes am prägnantesten verkörpert hat, ist der »Letzte Mensch«, dessen Ursprung und Aktionsräumen dieses Buch nachgeht. Er ist in der paradoxen Position, zugleich *Zeuge* und *Opfer* des Untergangs zu werden: Er blickt auf den Untergang der Menschheit als Teil dieser Menschheit; aber er ist auch in der Position, diese zu beobachten und zu reflektieren. Er ist die Figur, die den Untergang erzählbar und ›erlebbar‹ macht. An ihm ist zu ermessen, was vom Menschen übrig bleibt, wenn man ihm alle Errungenschaften und Institutionen der menschlichen Kultur nimmt. Er ist die Versuchsperson einer experimentellen Katastrophen-Anthropologie, die austestet, was unter den Überformungen der aktuellen Zivilisation gesteckt haben wird, wie menschliche Existenz im Ernstfall aussehen könnte und was bleibt, wenn Kultur und soziale Ordnung nicht mehr existieren. Diese Entblößung des Menschen in der Katastrophe hat den Letzten Menschen zu einer literaturhistorisch zählebigen Gestalt gemacht, von seiner Geburt in der Romantik über die trostlosen Überlebenden atomarer Vernichtungsschläge bis hin zu aktuellsten Katastrophenfiktionen. Will Smith in *I am Legend* ist nur ein spätes und verhältnismäßig tatkräftiges Exemplar in einer langen Geschichte der Letzten Menschen. Als genuine Figur einer Moderne, die sich vom heilsgeschichtlichen Schema des Weltendes löst und damit eine rein säkulare Perspektive auf das Weltende einnimmt, durchwandert er das katastrophische Imaginäre vom 19. Jahrhundert bis heute, mal als melancholischer Grübler über Trümmern, mal als heroischer Akteur, der in letzter Minute das Aussterben der Menschheit noch zu verhindern weiß, oder aber als trostloser und einsamer Überlebender in einer post-apokalyptischen, unlebbar gewordenen Welt. Im Angesicht der Vernichtung fällt er »tragische Entscheidungen«, in denen scharfe Schnitte zwischen denen gezogen werden, die überleben dürfen, und denen, die sterben müssen. Der Letzte Mensch verkörpert so den »letzten Blick« des Menschen auf eine zerstörte Erde und auf eine ausgelöschte Spezies Mensch. Er ist damit eine spezifisch moderne Figur der Reflexion, die unmittelbar ins Geschehen verwickelt ist: ein Blick, der vom Ende her etwas begreift, das in der Gegenwart verschleiert erscheint und dennoch immer schon da war und nur hätte entziffert werden müssen; sei das eine allzu ausdrücklich angekündigte Vernichtungsdrohung wie im Kalten Krieg, die Sicherheit und kollektiven Suizid identisch werden lässt; seien das heute Veränderungen des Klimas, die ebenso unspürbar wie einschneidend sind; sei es eine unauflösliche Verkopplung von Unfall und technischer Sicherheit oder ein Unheil, das gerade durch die Anstrengungen zu seiner Prävention überhaupt erst ins Werk gesetzt wird. Er verkörpert die Figur eines Wissens von der Zukunft, das auf ganz spezifisch moderne Weise prekär ist: ein säkulares Wissen, das verfügbar ist – aber das einfach zu spät kommt. Beginnt und endet der Letzte Mensch als anthropologische Testfigur in einem katastrophischen Krisenexperiment, das ihn zumeist nicht gut aussehen lässt, so ist er, wie wir am Ende dieses Buches sehen werden, immer auch noch etwas anderes: eine Figur, die die Paradoxie eines Wissens von der Zukunft verkörpert, das nicht dazu gedient haben wird, diese Zukunft anders zu gestalten. Der Letzte Mensch ist die Antizipation einer späten, endgültigen Einsicht, deren ganze Trostlosigkeit darin liegt, dass diese Einsicht nichts mehr nützt.

Über dieses Buch

Dieses Buch ist keine Motivstudie oder Mentalitätsgeschichte katastrophischen Zukunftsdenkens, sondern eine historische Analyse der Art und Weise, wie das Imaginieren künftiger Katastrophen kollektive Wirklichkeiten strukturiert hat – und noch immer prägt. Dass diese Wirklichkeiten kontingent und wandelbar sind, zeigt sich dabei gerade in einer historischen Perspektive, die nicht nur Unterschiede, sondern auch die Rekurrenz bestimmter Figuren in den Blick nimmt. Der historische Bogen, den dieses Buch schlägt, spannt sich zwischen zwei Texten, die im Abstand von knapp 200 Jahren ein fast identisches, gespenstisch aktuelles Untergangsszenario entwerfen: George Gordon Lord Byrons Gedicht *Darkness* von 1816 und Cormac McCarthys Roman *The Road* von 2006. Sie markieren nicht nur den historischen Anfangs- und vorläufigen Endpunkt einer spezifisch modernen Kultur- und Imaginationsgeschichte der Katastrophe. In der Radikalität ihres Blicks auf eine Menschheit und eine Natur nach ihrem Ende führen beide Texte exemplarisch vor, worin der spezifische Erkenntniswert von Fiktionen in der Analyse eines Zeitgefühls von Zukunft als Katastrophe liegen könnte. In ihnen verdichten sich das wissenschaftliche Krisenwissen ihrer Zeit mit einer Einsicht in die ethischen und politischen Dimensionen von Katastrophen zu einem ebenso scharfsichtigen wie entsetzlichen Bild davon, wie ein Desaster nicht nur die Lebenswelt, sondern das Wesen des Menschen antastet.

Beide Texte zeigen eine verdunkelte, kalte Welt, eine Welt nach ihrem Ende. Beide wählen dafür nicht zufällig ein klimatisches Bild: eine verloschene oder eingetrübte Sonne, die Kälte und Düsternis eines letzten, endgültigen Winters. Alles Leben ist zum Stillstand gekommen, übrig bleiben Letzte Menschen, die verzweifelt um einen Aufschub ihres Endes kämpfen. Die Pointe beider Texte liegt darin, dass das Ende der Natur, das sie ins Bild einer unfruchtbar und unlebbar gewordenen Erde fassen, auch ein Ende dessen ist, was den Menschen zum Menschen macht. Die Katastrophe enthüllt die inhärente Zerbrechlichkeit der Welt und des Menschen. »*The frailty of everything revealed at last*«, heißt es in McCarthys Roman.[42] Byron wie McCarthy entfalten eine Anthropologie der Katastrophe, die den Menschen aller humanistischen Anmutungen entblößt: nicht rational, nicht solidarisch und mitfühlend erweist er sich im Angesicht des Desasters, sondern jämmerlich, egoistisch, grausam. »*All hearts were chilled into a selfish prayer for light ... no love was left*«, so Byron.[43] Was sich in dieser Vision der Zerstörung zeigt, ist die existentielle Abhängigkeit des Menschen von der fragilen Welt, die er sich zurichtet, die er ausbeutet, die er zu beherrschen glaubte. Beide Texte fassen ihre vernichtende anthropologische Diagnose in das Bild des ultimativen Tabubruchs: Kannibalismus. Aber möglicherweise ist dieses Bild des Kannibalismus nicht nur Inbild der ultimativen Depravation des Menschen im Krisenfall. Es ist auch die Allegorie eines menschlichen Weltverhältnisses, das wesentlich im Verzehren und Verbrauchen besteht. Wenn die Erde ihn nicht mehr ernährt, wird der Mensch sich selbst zur letzten Ressource, die er verzehrt, nachdem er die Welt aufgezehrt hat.

Was *Darkness* und *The Road* für die Fragestellung dieses Buches so exemplarisch macht, ist jedoch nicht nur die emblematische Radikalität und Aktualität ihres Katastrophenszenarios. Es ist vor allem auch ihre perspektivische Verdichtung von epistemischen, anthropologischen und ethischen Dimensionen der Katastrophe, die vorführt, wie jede Zukunftsimagination stets in der Gegenwart verwurzelt ist, in der sie entsteht, und wie sie diese Gegenwart deutet und kommentiert. Intensiv reflektieren beide Texte das Krisenwissen ihrer Zeit: Byron die Ökonomie mit ihrem Blick auf das (Miss-)Verhältnis von Lebewesen und Ressourcen; McCarthy die Ökologie und frühe Klimaforschung. Geht es Byron um eine ätzende Kritik am optimistischen Menschenbild der Aufklärung, so zielt McCarthys Blick auf die Brüchigkeit unserer heutigen Zivilisation. Beide sind so dezidiert im jeweiligen historischen Moment ihres Erscheinens verankert und nehmen auf ihn Bezug – aber sie tun dies gerade, ohne ihn ausdrücklich zu nennen. Byrons Verdunklungstraum verweist auf die Klimakrise des »Jahres ohne Sommer« 1816, in der das Gedicht entstand; McCarthys letzte Welt führt uns den Schrottwert exakt der Zivilisation vor, in der wir heute leben. Beide verbinden einen jeweils aktuellen Wissensstand über drohende Gefahren mit einem Szenario, das dieses Wissen zu einem denkbar schlimmsten Fall zuspitzt. In diesem Szenario aber wendet Literatur den Blick auf genau das, was Wissenschaft nicht in den Blick nehmen kann: die Frage nach der Belastbarkeit sozialer Bindungen in der Krise, nach der Stärke oder Schwäche des Einzelnen, nach den ethischen Entscheidungen, die im Ernstfall getroffen werden, nach den Praktiken und den Dingen, die dem Menschen nach dem Ende der Natur noch bleiben. Fiktion ermöglicht so einen Innenblick auf die Katastrophe, den kein wissenschaftliches Szenario entwerfen kann, ein Blick auf die Anthropologie des Desasters – und die Bedingungen ihrer Erkenntnis.

Der historische Bogen dieses Buchs von der Romantik zur Gegenwart ist zugleich These: Die Struktur und Funktion aktueller Katastrophenimaginationen, das Besondere der Gegenwart und ihres Zeitgefühls, kann nur verstanden werden, indem man den Einsatzpunkt und die historischen Wandlungen eines modernen Katastrophendenkens nachvollzieht – von der romantischen Abarbeitung der klassischen Apokalypse bis zu den heutigen Szenarien einer Katastrophe ohne Ereignis. Dabei geht es nicht um ein antiquarisches Interesse, das dem reiflich erforschten Thema eine weitere gelehrte Geistesgeschichte des ›Weltuntergangs‹ an die Seite stellen will.[44] Es geht auch nicht um eine Kulturgeschichte des Katastrophendiskurses, wie sie u. a. von François Walter vorgelegt wurde,[45] oder eine Archäologie der neuzeitlichen Konzeptionalisierungen von Risiko und Gefahr.[46] Dieses Buch ist vielmehr der Versuch einer –

wenn man so will – ›*historischen* Gegenwartsdiagnose‹, eines Befunds also, der nicht auf die historischen Schichtungen und Genealogien verzichten kann, die diese Gegenwart formiert und informiert haben. Das bedeutet, weniger Kontinuitäten in den Blick zu nehmen als Transformationen, Umbesetzungen, Ab- und Umbrüche. Ohne den Blick auf die Verabschiedung der klassischen Apokalypse um 1800 hört man nicht auf, aus der Wiederverwendung »apokalyptischer« Motive und Symbole auf eine Kontinuität in der Sache zu schließen. Und ohne eine präzise Analytik des Katastrophen- und Sicherheitsdenkens des Atomzeitalters lässt sich gerade die verwirrende *Neuheit* einer aktuellen Katastrophe ohne Ereignis nicht erfassen. Umgekehrt kann der historische Blick auf die Entwürfe einer katastrophischen Zukunft gerade dazu dienen, im Vergangenen auch dessen Aktualität freizulegen. Es geht mir um ein »Jetzt der Erkennbarkeit« der historischen Fiktionen und Szenarien, eine »Konstellation«, in der das »Gewesene mit dem Jetzt blitzhaft … zusammentritt«.[47] Diese erhellende Zündung eines an seinen historischen Ort gestellten Texts mit der Gegenwart unserer Fragen, Befürchtungen und Aporien ist das Ziel der Lektüren in diesem Buch. Gerade in der Prägnanz und Präzision, mit der sich ein Text, ein Bild, ein Film auf das Jetzt seiner Entstehung bezieht, zeigt sich seine Relevanz für das Heute.

Die folgenden Kapitel beginnen darum mit einer doppelten historischen Szene, »zweierlei Untergang«, wenn man so will: der Romantik und dem Kalten Krieg, die beide als Einsatzpunkte eines genuin modernen Nachdenkens über Zukunft als Katastrophe verstanden werden müssen. Während die Romantik die theologischen Bestände eines neuzeitlichen Katastrophenverständnisses abarbeitet und damit die Grundlagen eines genuin modernen, säkularen Zukunftsdenkens schafft (Kap. 1), nimmt das Atomzeitalter die Konsequenzen der möglich gewordenen Selbstvernichtung des Menschen in den Blick (Kap. 2). Zukunft als Katastrophe erscheint nun plötzlich als irrevozible menschliche Handlungsoption, als eine Möglichkeit seiner selbst, mit der der Mensch rechnen muss. Stand so die zweite Hälfte des 20. Jahrhunderts unter dem Bann des Atomschlags als einer politisch operationalisierbaren Desaster-Option, so ist dieses Szenario heute einem Katastrophentyp gewichen, der sehr viel schwerer greifbar ist. Es ist jene schleichende Katastrophe ohne Ereignis, deren prägnantestes Bild die Veränderung des Klimas bietet (Kap. 3). Mit den historischen und aktuellen Modellierungen der Klimakatastrophe kommt der historische Aufriss, den dieses Buch unternimmt, in der Gegenwart an. Sie figuriert einen neuen Typ des Katastrophischen, der die große Zäsur des Atomschlags abgelöst hat: Das unheimliche und hyperkomplexe Geschehen des Klimawandels wird zum Bild einer unabsehbaren »Metakrise« aus etlichen, komplex miteinander verwobenen Desastern. – Vor dieser Genealogie der modernen Katastrophenimagination, deren Epochen die ersten drei Kapitel abstecken, lassen sich nun zwei Felder aktuellen Katastrophendenkens skizzieren, die besondere Aufmerksamkeit verdienen. *Erstens* stellt sich die Frage nach den sozialen, politischen und individuellen Bedingungen des Überlebens in der Katastrophe (Kap. 4): Die aktuellen Diskussionen über Survival-Vorbereitung für den Katastrophenfall ebenso wie die zahlreichen Katastrophen-Blockbuster im Kino der letzten Jahrzehnte lassen sich bei näherem Hinsehen als Formen einer Imagination von Gemeinschaft unter den Bedingungen des »Ernstfalls« lesen, die de facto Szenarien und Regeln einer Biopolitik des Überlebens verhandeln. – *Zweitens* rufen die imaginierten Katastrophen Regime der Sicherheit und der Prävention auf den Plan. Die letzten zwei Kapitel widmen sich darum künftigen Katastrophen aus der Perspektive ihrer Verhinderung: der technischen Sicherheit einerseits (Kap. 5), der Frage nach den Paradoxien des Vorhersehens andererseits (Kap. 6). Dabei geht es darum, die narrativen Strukturen freizulegen, die jeder Modellierung von Sicherheit (als Antizipation eines künftigen Unfalls, dessen »Vorgeschichte«

erfasst werden muss) und jedem Gebot der Prävention (als Fiktion eines möglichen Rückblicks auf die Gegenwart von der Zukunft aus) zugrunde liegen. In dieser Perspektive zeigt sich, wie jedes Voraus-Wissen der Zukunft immer ein *Nicht-Wissen* in sich fasst, eine konstitutive Verkennung, die jedem Wissen und jedem Akt ihrer Gestaltung und Verhinderung notwendig innewohnt.

Mögliche Welten, *mögliche* Zukünfte – das wäre der gemeinsame Nenner all der heterogenen und widersprüchlichen Imaginationen, die hier verhandelt werden. Sie sind Varianten, Versionen, Virtualitäten der jeweiligen historischen Lebenswelt, die diese Fiktionen hervorgebracht hat. Sie beleuchten das, was eine jeweilige Epoche sich als katastrophische Zukunft vorstellen kann, weil sie ein bestimmtes Krisen*wissen* mit einer bestimmten historischen Form von *Nicht-Wissen* oder *Noch-nicht-Wissen* verbindet. Fiktionen sind so Modelle, in denen diese Verbindung von Wissen und Nicht-Wissen zu einem möglichen Universum ›hochgerechnet‹, extrapoliert wird – ein Universum, in dem das eingetreten sein wird, was man jetzt noch *nicht weiß*. In einer Gegenwart, die von höchst diffusen Zukunftsszenarien und einer drohenden Katastrophe ohne Ereignis geprägt ist, sind Fiktionen damit eine Form, das Unvorstellbare in eine greif- und erfahrbare Gestalt zu bringen. Sie bringen etwas aus der Latenz hervor, sie erschaffen etwas Erzähl-, Darstell- und Erlebbares, eine konkrete, modellhafte Situation, in der die ungreifbare und bedrohliche Zukunft greifbar und damit auch affektiv bearbeitbar wird. Im Narrativ, im exemplarischen oder exzeptionellen Einzelschicksal, in der kurzen, aber prägnanten Szene oder im erhabenen Bild kann die drohende Zukunft zum Gegenstand eines subjektiven Bewusstseins und eines individuellen Affekts werden. In der Fiktion können wir der Unheimlichkeit der lauernden Katastrophe zwar nicht Herr werden, aber ihr wenigstens ins Auge sehen.

Dabei ist mein Material nicht auf eine markierte »fiktionale« Präsentation wie Roman, Bild oder Film beschränkt. Fiktionen in einem weiteren Sinne sind auch die Denk- und Redefiguren von Philosophen oder Soziologen, etwa die von »*der* Bombe«, die den Kalten Krieg umtrieb (und natürlich nicht in der Einzahl vorlag); die vom »Rettungsboot Erde«, das sich zu schnell füllt oder für das wir eine andere »Gebrauchsanleitung« brauchen, bis hin zum »Anthropozän«, das einen Rückblick des Menschen auf sich selbst nach seinem Ende impliziert. Fiktionen sind nicht zuletzt auch die wissenschaftlichen Extrapolationen, die Hypothesen, Szenarien und Simulationen, die, von Malthus' abenteuerlichen Berechnungen einer künftigen Subsistenzkrise angefangen, über die Abkühlungs- und Verdunklungsprognosen des 19. Jahrhunderts und die Kalküle der *Mutual Assured Destruction* im Kalten Krieg bis hin zum Bericht des *Club of Rome*, dem *nuclear-winter*-Szenario der TTAPS-Gruppe oder den Simulationen der heutigen Klimaforschung mögliche kommende Desasterwelten entworfen haben. Die Engführung ästhetisch-fiktiver und wissenschaftlicher Zukunftsentwürfe legt dabei nicht nur den gemeinsamen Imaginationsraum frei, an dem sie teilhaben – sie dient auch dazu, Literatur und Wissenschaft, Fiktion und Politik als Diskursformen zu lesen, die sich gegenseitig informieren und kommentieren. Denn sie alle sind Formen der experimentellen Exploration eines Raums, der einem erfahrungs- oder beobachtungsgestützten Wissen nicht zugänglich ist. Literatur, Bilder oder Filme neben die Szenarien der Wissenschaft und die Metaphern der Politik zu stellen bedeutet aber auch, das Spezifische der ästhetisch-fiktionalen Experimentalanordnung klarer zu sehen – und damit ihre Luzidität für die Analyse des kollektiven Imaginären. Denn anders als wissenschaftliche Szenarien verfahren ästhetische Fiktionen nicht ›disziplinär‹ und fokussiert auf einen bestimmten Gegenstandsbereich und spezialisierte Erkenntnismethoden, sondern sind gerade an den multiplen Überschneidungen von Faktoren, Ereignissen und

Betrachterstandpunkten interessiert. Wo Wissenschaft sich auf die Veränderungen des Klimas, die Mutationsraten nach einem Atomschlag, die Ätiologie eines Großunfalls, die Errechnung von Ressourcenkrisen oder die Zerstörung ökologischer Systeme konzentriert, liefern Romane und Filme eine »dichte Beschreibung« ihrer Folgen für den Menschen, für den Einzelnen, für eine Bevölkerung.[48] Sie liefern Innen- und Außenperspektiven, jenen schwierigen Doppelblick dessen, der zugleich in ein Ereignis involviert ist und es beobachtend reflektiert.

Dieser Doppelblick der Teilnahme und Reflexion, der Unterworfenheit und der Distanz (eindrücklich verkörpert im Blick des Letzten Menschen) verdankt sich einer Repräsentation, die durch ihre Form immer zugleich die Bedingungen der Sicht- und Sagbarkeit ihres Gegenstands mit vorführt. Denn literarische Desaster präsentieren ja nicht »Fakten« über Katastrophen, sondern machen die Formate oder »kognitiven Schemata« durchschaubar, durch die hindurch wir Desaster *wahrnehmen* oder in denen mögliche künftige Desaster *überhaupt vorstellbar sind.*[49] Und mehr noch: sie prägen und formen diese Schemata als *premediations* (Richard Grusin) von Desastern, die uns überhaupt nur in den spezifischen Formaten ihrer medialen Vermittlung zugänglich sind.[50] In der *Form* von Fiktionen wird die unterliegende Ökonomie von Erkenntnis und Verkennung sichtbar, die jeder Voraussicht aneignet. Sie erhellen so nicht nur, was wir von der Zukunft wissen können, sondern auch, *unter welchen Bedingungen* wir ›wissen‹ – und was gerade in den Modi dieses Erkennens immer verkannt werden muss. Fiktionen entwerfen so Szenen oder Narrative, die das Verhältnis von Wissen und Nichtwissen, Planbarkeit und Kontrollverlust, Sicherheit und Ungewissheit auf einen Punkt bringen, der die Abstraktheit dieses Verhältnisses plötzlich nicht nur wahrnehmbar macht, sondern auch beleuchtet, welche Affektlagen und Handlungsoptionen daran gebunden sind. Damit ermöglichen es Fiktionen, die Schwierigkeiten unseres Verhältnisses zur Zukunft überhaupt erst individuell verfügbar zu haben, darüber kollektiv zu kommunizieren und sie politisch zu verhandeln.

Ein Begriff hat sich für die Analyse als nützlich erwiesen: das *Szenario,* trotz seiner Herkunft aus dem Drehbuchschreiben kein klassischer Begriff der Film- und Literaturanalyse. *Szenario* ist ein Instrument zur Exploration von möglichen Zukünften, das von Herman Kahn im Kalten Krieg entwickelt wurde, um den neuen Typ der Kriegführung mit Atomwaffen, mit dem man weder Erfahrungen hatte noch sich ›Experimente‹ erlauben konnte, in seinen konkreten Abläufen, in seinen Entscheidungsoptionen und Konsequenzen auszumalen (s. dazu auch Kap. 2, S. 91–95).[51] Szenarien sind erfundene, aber mögliche Abläufe eines antizipierten Geschehens im Rahmen einer vorgegebenen Ausgangssituation, Abläufe, die sichtbar machen sollen, welche Faktoren in diesem Geschehen welche Rolle spielen könnten. Kahn definiert Szenarien, die in der Folge zu einem der wichtigsten Instrumente einer wissenschaftlichen Futurologie werden sollten, wie folgt:

> Ein Szenario stellt den Versuch dar, mehr oder weniger detailliert eine hypothetische Ereignisabfolge zu beschreiben. Szenarien können unterschiedliche Aspekte einer ›zukünftigen Geschichte‹ hervorheben [...] Das Szenario ist besonders geeignet, wenn man verschiedene Aspekte eines Problems gleichzeitig behandeln will. Durch den Gebrauch eines relativ ausführlichen Szenarios kann der Analyst ein Gefühl für die Ereignisse und die Verzweigungspunkte bekommen, die von kritischen Entscheidungen abhängen. Diese Verzweigungen können dann mehr oder weniger systematisch untersucht werden. Das Szenario ist ein Hilfsmittel für die Vorstellungskraft (*an aid to the imagination*).[52]

Szenarien sind keine Prognosen und auch keine Visionen der Zukunft, sondern analytische Explorationen von *Möglichkeiten.* Wenn die Situation x angenommen wird, welches wären dann die unterschiedlichen Handlungsoptionen a, b oder c? Was könnten die Folgen von a, b oder c sein? Welche Faktoren werden diese Situation in ihrer Entwicklung bestimmen? Welche Schwierigkeiten könnten auftauchen? Wie groß wäre ihre Rolle in Relation zu anderen Faktoren? Wo liegen die Entscheidungspunkte und welche Konsequenzen haben die verschiedenen Optionen usw.? Szenariotechnik ist damit ein experimentelles Erzählen, das hypothetische Wirklichkeiten entwirft, die ihrerseits dazu dienen, Handlungsoptionen narrativ ›auszuprobieren‹. Für die Szenariotechnik im Gefolge Kahns gibt es daher auch kein »Szenario« im Singular, sondern nur »Szena*rien*« – mehrfache, voneinander abweichende Abläufe, »alternative Zukünfte«. Sie fragen: *»was wäre wenn …?«*, und beantworten diese Frage mit einem Set von möglichst gut informierten, faktengestützten, aber zugleich auch möglichst kreativen hypothetischen Erzählungen. Ihr epistemologischer Vorzug gegenüber abstrakten Modellierungen der Zukunft liegt in ihrer Konkretheit: Sie bieten eine »dichte Beschreibung« der Zukunft, die dazu dient, sich diese *en détail*, in der Gleichzeitigkeit und komplexen Verflochtenheit ihrer verschiedenen Aspekte auszumalen. Es ermöglicht zudem den Blick auf die Verzweigungen von »kritischen Entscheidungen« – die Konstruktion ihrer kausalen Folgen und Abhängigkeiten. Aus der Erkenntnis der Verzweigungspunkte lässt sich dann ein Narrativ konstruieren, das zeigt, welche Entscheidungen zu welchen Konsequenzen führen könnten – und welche Konsequenzen diese wiederum hätten.

In der Situation unmöglicher Erfahrung und ebenso unmöglicher Experimente (für die paradigmatisch der Kalte Krieg stand) öffnet das Erzählen von Szenarien einen anderen, *dritten* Raum des Wissens, einen Raum, in dem Experimente und Erfahrungen gemacht werden können, ohne verheerende Folgen in der Wirklichkeit zu haben. Was sich darin zeigt, ist die (oft beschworene, methodisch selten eingelöste) Unumgänglichkeit von narrativen Strukturen zur Regelung unseres Verhältnisses zur Zukunft, sei es in Form von Zukunfts-Wissen, Planung, Vorsorge oder Sicherheit. So dienen hypothetische Narrative eben nicht nur in der Literatur, sondern auch in wissenschaftlichen oder technischen Zukunftsanalysen dazu, potentielle Ereignisabfolgen auszuloten: Sie tun das etwa als sogenannte »Störfallablaufdiagramme« in den Sicherheitswissenschaften, um die Folgen von Ausfällen einzelner Elemente in komplexen, eng gekoppelten technischen Systemen zu erfassen. Sie tun das, wenn es darum geht, künftige Spätschäden kausal an eine frühe, damals nicht erkannte Ursache zurückzubinden (Kap. 5). Als einfache Medien der Zeitachsenmanipulation können Narrative eine Ereignisfolge ›von hinten‹, also von einem Standpunkt der Zukunft aus entrollen, der exakt die ›Verzweigungen‹ darstellt, die für *eine* und gegen eine *andere* Zukunft entschieden haben. Anders als Prophezeiungen oder Visionen, die immer eine einzige, garantiert eintreffende Zukunft zu beschreiben vorgeben, können hypothetische Narrative das Verhältnis eines Wissens von der Zukunft zu dieser kontingenten Zukunft deutlich machen, genau weil sie die »Bifurkationen« (Borges), die kritischen Entscheidungspunkte benennen und verknüpfen, von denen es abhängen wird, welche Zukunft kommen könnte (Kap. 6).

Methodisch bedeutet das eine kleine, aber entscheidende Verschiebung im Umgang mit Fiktionen: Es wird in den folgenden Kapiteln weniger um Plots und Erzählstrukturen, um Metaphoriken und Motive, Figuren und Subjektentwürfe, Sprachstile und Sprachspiele gehen. Es geht mir vielmehr um die *Ränder* oder *Hintergründe* von fiktionalen Welten. Sie als *Szenarien* zu entziffern bedeutet, weniger den Vorder- als den Hintergrund einer Darstellung in den Blick zu nehmen: die Welt, in der eine Handlung spielt, die Rahmenbedingungen, die ein dramatisches Setting überhaupt erst plausibel machen, die Logiken, die dem Agieren der Figuren *zugrunde liegen*. Die Erzähltheorie hat diese Welt der Handlung *Diegese* genannt, die zu unterscheiden ist von der *Diegesis* (der Erzählung selbst): Es ist eine »Gesamtheit von Wesen, Dingen, Tatsachen, Ereignissen, Phänomenen und Inhalten in einem raum-zeitlichen Rahmen«, so Étienne Souriau,[53] also »eher ein ganzes *Universum* als eine Verknüpfung von Handlungen (Geschichte)«.[54] Was mich interessiert, sind die Rahmenbedingungen dieser fiktiven Universen, das heißt z. B. weniger die Frage, was und wie in Becketts *Endgame* gesprochen und gespielt wird, als die, warum diese Leute körperlich versehrt in einem Raum sitzen, den sie nicht verlassen können. Warum das Licht »hell-schwarz« draußen ist. Und was das mit dem Erscheinungsjahr des Texts, 1957, zu tun haben könnte. Solche Fragen erfordern eine gleichermaßen *investigative* und *materialistische* Herangehensweise an fiktionale Welten: Man muss Details beobachten, kleine Hinweise, die am Rande oder im Hintergrund des eigentlichen Geschehens liegen, wie etwa das herrschende Wetter, die benutzten Gegenstände, Hinweise auf historische Technologien, Bruchstücke von Vorgeschichten, Nebenfiguren. Im Szenario geht es weniger um die Handlung als um die *Bedingungen der Möglichkeit* für das, was auf der Ebene der Handlung, der Figuren, des Sprechens und Denkens passieren kann. Szenarien zu analysieren bedeutet daher, die Bedingungen zu beobachten, die die Voraussetzungen für die Welt des Handelns sind. Dafür darf man sich ihnen aber nicht ausschließlich mit der Distanz desjenigen nähern, der gelernt hat, ästhetische Strukturen und Konstruktionen zu sezieren. (Dieses Können des Kulturwissenschaftlers schadet nicht, aber es lässt manchmal gerade die wirklich wichtigen Fragen beiseite: wie es überhaupt dazu kommt, dass jemand *diese* Bedingungen zum Universum seines Erzählens macht.) Es erfordert in gewissem Maße, das Universum, das ein literarischer Text, ein Bild oder ein Film in unserem Kopf entstehen lassen und ihrer Handlung zugrunde legen, so zu betreten, als wäre es *materiell* gegeben. Es heißt, ihm nicht nur mit historischem und kulturellem Wissen zu begegnen, sondern auch mit ganz praktischem Weltwissen. Es bedeutet, Elemente in dieser Welt nicht auf ihren symbolisch-metaphorischen »Sinn« abzuklopfen, sondern sie als Gegebenheiten in der Diegese hinzunehmen – um dann umso mehr über sie zu staunen. Die Diegese zu *betreten* heißt, deren Zusammenhang zu erschließen, so wie wir unbekannte Dinge und Zusammenhänge im Alltag erschließen; nicht, sie sogleich als Zeichen oder Symbole zu verstehen, die aus dieser Welt wieder herausverweisen (in die Literaturgeschichte, in die Philosophie, in die Theologie und so weiter). Das Szenario einer möglichen Welt zu verstehen bedeutet, sie nicht allein mit historischen Wissensbeständen auszuleuchten sondern *auch* mit einer Art von heuristischer Naivität, die sich an der Deskription, am Wortsinn, am ›einfachen‹ Verständnis orientiert. Es heißt beispielsweise, die romantische Verdunklung, die sich in den Bildern John Martins, den Texten Jean Pauls, Byrons und etlichen ihrer Nachahmer im 19. Jahrhundert ausbreitet, nicht so sehr als hundertste moderne Wiederauflage der Johannes-Apokalypse zu identifizieren, sondern als eine Welt, die in einem ganz materiellen Sinne dunkel und kalt geworden ist. Denn genau das ist ihre Pointe. Und das kann auch bedeuten, persönliche Erfahrungen und Praxiswissen an eine Welt heranzutragen, die man per definitionem nicht kennen kann, weil sie nie existiert hat. Eine fremde Welt, die ihrerseits den Blick auf die Welt ändert und verschiebt, in der wir uns tatsächlich – und nicht nur in unserem Kopf – befinden. Nur so kann man die seltsamen Universen der Fiktion als einen Kommentar, als eine *Möglichkeit* unserer realen Lebenswelt begreifen.

Eine solche Möglichkeit ist die Welt, die McCarthys *The Road* entwirft. Das fremdartige und grauenhafte Szenario, das er zeichnet, wird am Ende von einem rätselhaften Bild beschlossen: das einer Bachforelle mit labyrinthischen Mustern auf dem Rücken, eines Fisches, der nach Moos riecht und sich in einer Hand windet. Er verweist auf eine Welt, die, wie es in den letzten Zeilen des Romans heißt, »nicht wieder ins Lot gebracht werden« kann.[54] Ich glaube, mir wäre nicht viel zu dieser Stelle eingefallen, hätte ich nicht einmal eine lebende Forelle in der Hand gehabt, schleimig, kalt und fremd – aber mit einer ungeheuer empfindlichen, schillernd-marmorierten Haut. Bei

McCarthy fiel mir der kalte, glitschige Fisch wieder ein, seine Fremdheit wie seine Zartheit – und ich denke heute an ihn als Pfand einer Zerbrechlichkeit der Welt, ihrer fremden und ihrer vertrauten Dinge. Deren Signaturen geht dieses Buch nach.

Kapitel 1
Die Geburt des Letzten Menschen

Romantische Verdunklung

Ein Mann steht vor einer öden, felsigen Landschaft, die unter fahlem Licht liegt. Er trägt lange, biblische Gewänder, schaut über die Ebene und streckt eine Hand wie in Abwehr gegen den düsteren Himmel hinter ihm. Die wüste Szenerie um ihn herum scheint er mit Zorn, Verzweiflung oder Grauen zu betrachten. Neben ihm liegt, den Körper stark verdreht, eine Frauengestalt in weißem Kleid, offenbar tot, an ihrer Seite ein

Abb. 3: John Martin: The Last Man (1849), Öl auf Leinwand, 214 × 138 cm

Säugling. Auf dem ihm gegenüberliegenden Plateau, in der Ferne fast unsichtbar, häufen sich weitere Tote, mitten darin die Karkasse eines Tiers, ein Körper hängt knapp über die Kante des Abgrunds. Vor dem Mann öffnet sich ein Abgrund, der ihn vom Betrachter, aber auch vom Rest der Landschaft trennt. Die Figur ist gänzlich einsam, nichts um sie herum scheint noch am Leben. Im Hintergrund liegt eine riesige, aber verlassene Stadt. Das wohl Auffälligste an dem Bild ist aber der dunkle Himmel, den im Vordergrund noch graue Wolken aufhellen. In der Mitte öffnet er sich wie ein dunkler Korridor in die Tiefe des Bildes. In seinem Zentrum, wo eine dunkelrot untergehende Sonne steht, ist er blau- bis pechschwarz. Matt erleuchtet die untergehende Sonne noch ein paar Wolken und die Ränder der Stadt im Hintergrund. Aber sie wirft kein Licht, sondern steht am dunkelsten Punkt des Bildes. Es ist, als würde die untergehende Sonne nicht Licht, sondern Dunkelheit ausstrahlen.

John Martins Ölbild *The Last Man* von 1849 zeigt eine Figur, die wie keine andere den Anfang der modernen Katastrophenimagination markiert. Der Letzte Mensch steht am Ende der Geschichte, auf die er zurückblickt. Von hier aus kann er sehen, was der Mensch gewesen sein wird. Er ist Beobachter und Opfer des Desasters; er betrachtet es vom Rande und ist ihm doch unterworfen wie all die Toten, die sich vor ihm und um ihn ausbreiten. Er hat alles verloren, seine Familie, seine Gemeinschaft, seine Welt. Als letzter Überlebender *erlebt* er den Untergang – und kann ihn beobachten und reflektieren. Er verkörpert so die fassungslose Zeugenschaft der Menschheit angesichts ihres Endes. Der Letzte Mensch blickt in einen Himmel, der sich bis zur absoluten Schwärze verdüstert hat, einen Himmel, der offenbar nicht mehr einen richtenden und vorausschauenden Gott birgt – sondern nur noch von dessen Abwesenheit zeugt. Die Sonne einer Welt, deren Ursprung und Ende Gott gewesen ist, geht hier unter. Sie hinterlässt einen dunklen Himmel, unter dem der Mensch allein ist und auf nichts anderes schaut als seinesgleichen – als ausgelöschte Art.

Es ist die Romantik, die diesen düstersten aller Helden zum ersten Mal in den Blick nimmt. Mit ihm beginnt eine Untergangsimagination, die das heilsgeschichtliche Schema der Apokalypse abarbeitet und beginnt, das Ende der Welt gänzlich säkular zu denken. Sie nimmt dabei den Menschen nicht mehr als Gottesgeschöpf, das untergeht und gerichtet wird, in den Blick, sondern als lebendiges Naturwesen, um dessen ›nacktes‹ Leben und Überleben es geht. Damit ist der große Untergang nicht mehr die Manifestation göttlichen Willens, sondern gerade der Ausweis der Gottverlassenheit des Menschen. Er ist verlassen von einem Gott als Schöpfer und Richter, einem Gott, dessen Providenz die Zukunft als *adventus* und das Ende als Stunde der Gerechtigkeit garantieren würde. Der Letzte Mensch ist die Figur, an der sich um 1800 dieser Wandel von einer apokalyptischen Vision zu einem gänzlich säkularen Katastrophengeschehen entziffern lässt – ein Wandel, an dessen Ende aus dem göttlichen Weltgericht ein durch und durch diesseitiges Krisenexperiment geworden ist. Der Letzte Mensch wird die Versuchsperson in diesem Krisenexperiment sein.

Diesen Übergang von den schrillen und rätselhaften Bildern der klassischen Apokalypse hin zu einem modernen Katastrophengeschehen fasst Martins Bild wie in einem Brennspiegel. Eine Reverenz an die Visionen der Johannes-Offenbarung sind die biblischen Gewänder der Hauptfigur und die offensichtlich antike Stadt im Hintergrund. Auch die Verdunklung des Himmels erscheint auf den ersten Blick wie eine Illustration der Verse *Offenbarung* 16, 10: »Der fünfte Engel goss seine Schale über den Thron des Tieres. Da kam Finsternis über das Reich des Tieres und die Menschen zerbissen sich vor Angst und Schmerz die Zunge.« Ähnlich wie sein Zeitgenosse William Blake war Martin besessen von Motiven der Apokalypse und biblischen Katastrophen, die er in großformative und sensationsheischende »Blockbuster-Bilder« mit theatralischen Chiaroscuro-Effekten brachte – vom Untergang Sodoms und Gomorrhas bis zur Sintflut und zum Jüngsten Gericht.[1] *The Last*

Man – ein Sujet, das Martin mehrfach behandelt hat – passt auf den ersten Blick bestens in dieses Bildprogramm biblischer Strafgerichte. Aber trotz seiner antikisierenden Aufmachung ist *The Last Man* als Illustration der Offenbarung nicht denkbar. Weder ist er einer der namenlosen Gerichteten, noch jene Gestalt, die in der *Offenbarung des Johannes* die Visionen der Zerstörung aufzeichnet. Er ist zugleich Opfer *und* Zeuge der Zerstörung, er beobachtet und erleidet den Untergang. Dies ist im Text der *Offenbarung*, die nur Gerettete und Gerichtete kennt, undenkbar. Der Letzte Mensch – emblematisch aufgestellt *am Rande der Vernichtung* – ist aber genau dies: eine Position der Reflexion wie der Unterworfenheit unter die Katastrophe. Der Letzte Mensch ist Beobachter eines Schreckens, den die Romantik »erhaben« nannte. In gewissem Sinne ist der Anblick des Weltendes die Erfahrung des Erhabenen *par excellence*, denn »erhaben« ist nach Edmund Burke »alles, was auf einige Weise geschickt ist, die Vorstellungen von Schmerz und Gefahr zu erregen, das heißt, alles, was auf irgend eine Weise schrecklich ist, oder mit schrecklichen Gegenständen in Verwandtschaft steht [...], ist die Quelle vom Erhabenen«.[2] Kein Schmerz und keine Gefahr sind größer als die des Letzten Menschen. Die Ästhetik des Erhabenen, auf die Martin in seinem gesamten Werk setzt, konfrontiert den Betrachter mit einer Erfahrung der Überwältigung durch etwas, das durch seine schiere Größe dessen Sinnesvermögen übersteigt; eine Erfahrung, die gerade durch ihre Überwältigungskraft den Verstand anspricht und so Reflexion fordert. »Erhaben ist, was auch nur denken zu können ein Vermögen des Gemütes beweiset, das jeden Maßstab der Sinne übertrifft.«[3] Der Letzte Mensch, den Martin hier ins Bild setzt, ist exakt die Position dieser Reflexion – einer Reflexion angesichts der eigenen Überwältigung. Genau in dieser Dopplung liegt die Modernität dieser Figur: Er verkörpert einerseits die Verstrickung in das Desaster, er ist unmittelbarer Zeuge; andererseits ist er in der Lage, diese zu beobachten und zu reflektieren. Er sieht die Wahrheit, die sich in der Katastrophe offenbart, auch wenn er selbst Teil dieser Katastrophe ist.

Das verändert auch den Ort Gottes, dessen Macht sich in der *Offenbarung des Johannes* ja gerade in der Zerstörung der Welt offenbart. Diesen Moment der zerstörerischen Offenbarung göttlicher Macht stellt Martin in etlichen seiner Untergangstableaus ins Zentrum: Hier scheint immer noch eine himmlische Lichtquelle wie ein Auge Gottes auf das Desaster. Anders in *The Last Man*: Der Himmel ist hier die dunkelste Stelle des Bildes, ein Korridor, der sich in absolute Schwärze öffnet. In der Mitte eine Sonne, die kaum mehr glüht, sondern trüb und tiefrot im Dunkel steht. Es scheint, als würde diese Sonne zum Ursprungsort des Dunkels: Es ist ein *aktives* Dunkel, das sich über die letzten Farben der Welt breitet. Die trübe Sonne, die auf den Letzten Menschen scheint, wirft nicht mehr Licht, sondern die Finsternis, deren Zentrum sie ist. Gott ist verschwunden, kein Licht blitzt mehr in göttlichem Zorn oder göttlicher Gerechtigkeit auf die Welt herunter. Das Dunkel, das Martin hier in Szene setzt, ist nicht mehr die Offenbarung seiner Macht – sondern seiner Abwesenheit. Es ist das Dunkel der modernen Katastrophe.

Diese Dunkelheit ist die zentrale Metapher, die die Romantik für eine neue Form des Untergangs findet, der keine Heilsgeschichte mehr ist. Inmitten dieses Dunkels steht der Letzte Mensch, den die Romantik in unzähligen Varianten entwirft – von Jean Paul über Jean-Baptiste de Grainville bis Mary Shelley und Lord Byron. Dabei geht es zunächst einmal um eine Verabschiedung der christlichen Apokalypse und des mit ihr verbundenen Zukunftsbegriffs: eine Kastastrophe, die nicht Gericht, sondern nur Ende ist; und eine Zukunft, die nicht zugedachtes Schicksal, sondern nur eine Möglichkeit ist. Als Anbruch der Moderne versteht die sogenannte »Sattelzeit« um 1800 Zukunft nicht mehr als *adventus*, sondern als Möglichkeit – und damit auch als offenen Horizont der großen Umwälzungen, der neuen Aufbrüche und Ordnungen –, aber auch der drohenden Zerstörung. Das ausgehende 18. Jahrhundert liest die Zeichen dieser Umbrüche nicht nur in politischen Umwälzungen (insbesondere der Französischen Revolution), sondern auch in den Spuren historischer oder naturgeschichtlicher Katastrophen: in Ruinen oder geologischen Schichten. Die Ruinen großer Reiche faszinieren Kunst, Philosophie und Literatur als Signaturen eines historischen Prozesses, der sich in immer neuen Umbrüchen und Zerstörungen seinen Weg bahnt, so etwa in Constantin François de Volneys *Les Ruines: ou méditation sur les révolutions des empires*[4] (1791) oder in Hubert Roberts Ruinenbildern. Und in den geologischen Schichten der Gesteine liest der Naturhistoriker Georges Cuvier die Spuren unvordenklicher Katastrophen, die sich mehrfach in der Erdgeschichte ereignet haben und ganze Arten ausgelöscht haben müssen.[5] Der Blick auf Trümmer ist, wie Diderot angesichts der Ruinenbilder Roberts anmerkt, immer ein Blick zurück in eine Zukunft, die Katastrophe sein wird:

> Wir antizipieren die Verheerungen, die die Zeit anrichten wird, und in unserer Vorstellung liegen dieselben Gebäude, die wir heute bewohnen, schon über die Erde zerstreut. [...] Die Ideen, die die Ruinen in mir erwecken, sind groß. Alles wird zunichte gemacht, alles geht unter, alles vergeht. Nichts als die Welt bleibt. Nichts als die Zeit dauert fort. Wie alt diese Welt ist![6]

Vom Ende, vom Untergang her, so dämmert dem ausgehenden Jahrhundert der Aufklärung, zeigt sich die Wahrheit eines historischen Prozesses, der die Geschichte der Menschen wie die der Natur gleichermaßen umfasst. Und dieser Prozess ist einer der Zerstörung, einer Zerstörung jedoch, die durchgreifend säkularisiert ist und aus der theologischen Rahmung, die die Apokalypse geboten hatte, herausgefallen ist.

Der leere Himmel: Jean Pauls »Rede des toten Christus«

Es gibt keinen Text, der diesen Ausfall der Transzendenz im Untergang radikaler denkt als Jean Pauls kurzer Text *Rede des toten Christus vom Weltgebäude herab, daß kein Gott sei* (1796).[7] Ursprünglich eine Traumsatire, in der statt Christus noch Shakespeare spricht (1789),[8] verschärft Jean Paul den Text in seiner späteren Fassung zur düsteren Vision eines Jüngsten Gerichts. Ähnlich wie Martins Gemälde ruft der Text, der sich als Traumvision beim Schlaf auf einem Kirchhof präsentiert, zunächst die Motive des biblischen Weltuntergangs auf: die Verdunklung der Sonne, die Auferstehung der Toten am Jüngsten Tag, das Stillstehen der Zeit: »Oben am Kirchengewölbe stand das Zifferblatt der Ewigkeit, auf dem keine Zahl erschien und das sein eigener Zeiger war; nur ein schwarzer Finger zeigte darauf, und die Toten wollten die Zeit darauf sehen.«[9]

Aber die Erwartungen der klassischen Apokalypse werden nur aufgerufen, um sie bitter zu enttäuschen. Denn das Weltgericht, das die Vision erwarten lässt, ist ohne Richter, die Auferstehung fällt aus. Ein »toter Christus« erklärt den anderen Toten, dass die Apokalypse nicht stattfinden wird, denn Gott als Richter und als Schöpfer ist abwesend: »Wir sind alle Waisen, ich und ihr. Wir sind ohne Vater.« (273) Der Mensch ist allein im leeren Kosmos.

> »Wie ist jeder so allein in der weiten Leichengruft des All! Ich bin nur neben mir – O Vater! o Vater! wo ist deine unendliche Brust, daß ich an ihr ruhe? – Ach, wenn jedes Ich sein eigner Vater und Schöpfer ist, warum kann es nicht auch sein eigner Würgengel sein?« […] (273)

In Jean Pauls Nacht ohne Auferstehung wird der Sinn der romantischen Verdunklung greifbar: Ohne Gott als Vater, Schöpfer und Richter, ohne die Sonne, die dem Universum Zentrum und Licht gibt, ist der Letzte Mensch am Weltende eine Figur radikaler Verlassenheit. Er ist geprellt um eine Gerechtigkeit am Ende aller Zeiten und um die Hoffnung auf eine neue Ordnung. Diese Verlassenheit findet ihr Bild in einem Kosmos, der seiner Sonne beraubt ist. Gott ist untergegangen, was der Letzte Mensch sieht, sind die verlöschenden Strahlen einer Welt, die Hoffnung in ihrem Untergang gefunden hatte.

Bemerkenswert an Jean Pauls Text, der schnell europaweit verbreitet wurde,[10] ist nicht nur die Entleerung des heilsgeschichtlichen Schemas der Apokalypse. Die Hoffnung der Toten auf ein individuelles Heil wird ebenso enttäuscht wie die Erwartung eines frommen Lesers auf ein kollektives Heil am Ende der Geschichte. Bemerkenswert ist auch der narrative Rahmen, den Jean Paul seinem Text gibt. Der Text präsentiert sich ausdrücklich als ein Gedankenexperiment. Im Vorwort erklärt der Autor die »Kühnheit« seines Texts als hypothetischen Gang in das »atheistische Lehrgebäude« (270). Seine Vision präsentiert sich damit als die versuchsweise Auslotung jener Einsamkeit, die das Denken der »Gottesleugner« nach Jean Paul notwendig nach sich ziehe. Dieses hypothetische Experiment zielt auf eine Erkenntnis des Menschen, die diesen von allen religiösen Versprechungen entblößt:

> »Starres, stummes Nichts! Kalte, ewige Notwendigkeit! Wahnsinniger Zufall! Kennt Ihr das unter Euch? Wann zerschlagt Ihr das Gebäude und mich? […] Ist das neben mir noch ein Mensch? Du Armer! Euer kleines Leben ist der Seufzer der Natur oder nur sein Echo.« (274)

Der Erlösung beraubt, ist der Mensch nichts mehr als ein Natur-Ding, das den Gesetzen dieser Natur ebenso unterworfen ist wie alle anderen Dinge und lebenden Wesen. Damit stellt sich – im Untergang selbst – die Frage nach der »Natur« dieses dem Zufall und der Notwendigkeit unterworfenen Wesens. Mit dem Ausfall der Heilsgeschichte wird Zukunft zur Frage nach einer *Anthropologie des Endes*, nach einer Wahrheit über den Menschen, die erst im Untergang, in der Auslöschung seiner Art sichtbar werden kann.

So zeigt sich schon in Jean Pauls früher, aber radikaler Skizze nicht nur das Wesen der romantischen Verdunklung, sondern auch ein grundlegender Zug des Letzten Menschen: Er ist ein ›nackter‹ Mensch. Das kalte Licht des Untergangs nimmt ihm alles, was ihn ausgezeichnet hatte: seinen Glauben, seinen Ort in einem gottgeschaffenen Kosmos und seine Geborgenheit in einer Geschichte, die auf ein Weltgericht zuläuft. Das Experiment Jean Pauls träumt vom Wegfall dieser Einbettung, vom Menschen als bloßem Spielball der »kalten, ewigen Notwendigkeit« und des »wahnsinnigen Zufalls« (274), also den Gesetzmäßigkeiten der Natur, die in der Folge zu einer anderen Anthropologie und einer anderen Politik führen werden. Diese andere Anthropologie und andere Politik wird den Menschen nicht mehr als Geschöpf Gottes sehen, sondern als Gegenstand der Biologie und der Wahrscheinlichkeitsrechnung, als Naturding unter anderen. Der Letzte Mensch enthüllt das, was unter dem Firnis der Kultur, der moralischen und rationalen Bändigung und der sozialen Ordnung des Menschen Geist wirklich gesteckt haben wird. Er ist, was vom Menschen bleiben wird – und betrachtet diesen Rest.

Die Aufklärung des Letzten Menschen: Grainvilles »Le dernier homme«

Als Martin in den dreißiger und vierziger Jahren des 19. Jahrhunderts den Letzten Menschen malt, ist diese Figur schon ein Modethema geworden, das unzählige Gedichte, Romane und Dramenentwürfe hervorbringt.[11] Bekannt geblieben sind vor allem Byrons Gedicht *Darkness* (1816), das noch zu betrachten ist, und Mary Shelleys Roman *The Last Man* (1825), mehr ein Schlüsselroman des Shelley-Kreises als ein Zeugnis der romantischen Endzeit-Reflexion. Den ersten Entwurf des romantischen Letzten Menschen aber hatte ein heute fast vergessener Roman von Jean-Baptiste François Xavier Cousin de Grainville geliefert, *Le dernier homme*. Er erschien 1805 kurz nach dem

Selbstmord des Autors und wurde sofort als Raubdruck anonym auf Englisch herausgebracht.[12] Obwohl sich die Erstausgabe kaum verkaufte, belegen etliche Nachdichtungen und Neuausgaben im Verlauf des 19. Jahrhunderts, dass der Text einen Nerv der Zeit traf, obwohl er sich mit seinem opernhaften Plot und seinen schwerblütigen Allegorien liest wie eine wüste Mischung aus Miltons *Paradise Lost,* Chateaubriand und Jules Verne.[13]

Die Geschichte ist die Vision eines namenlosen Erzählers, der in den Ruinen von Palmyra einen Blick in die düstere Zukunft der Menschheit werfen darf.[14] Vermitteln Jean Paul und später Lord Byron ihre Visionen durch das vergleichsweise einfache Medium des Traums, so nutzt Grainville dafür magische Spiegel, in denen der Erzähler die Zukunft als eine Art »prophetisches Theater« betrachtet.[15] Ein himmlischer Geist erklärt ihm, es sei seine Aufgabe, in Form einer ›umgekehrten‹ Geschichtsschreibung das Gedächtnis des Letzten Menschen zu bewahren, noch bevor dieser überhaupt geboren ist:

> Ich habe dich in diese Höhle geführt, um für dich den Schleier zu lüften, der den Sterblichen die düstere Zukunft verbirgt. Ich mache dich zum Zuschauer jener Szene, die das Schicksal des Universums beenden wird. In diesen magischen Spiegeln, die dich umgeben, wird der letzte Mensch vor deinen Augen erscheinen. Wie auf einer Bühne, wo die Schauspieler längst vergangene Helden darstellen, wirst du die Gespräche der berühmtesten Personen des letzten irdischen Jahrhunderts vernehmen; du wirst in ihrer Seele die geheimsten Gedanken lesen können und der Zeuge und Richter ihrer Handlungen sein. (47)

Grainvilles romantisches Weltende bedient zwar das Motivarsenal der Apokalypse, aber weicht im Kern doch entscheidend von ihr ab. Denn die Apokalypse kennt keine Individuen, nur namenlose Gruppen. Grainville dagegen geht es gerade um das Schicksal eines Einzelnen. Sein Held mit dem sprechenden

Namen Omégare ist Zeuge und Opfer des Weltendes, aber er ist auch Akteur: Er könnte das Ende noch aufhalten. Genau darin liegt seine genuin *moderne* Rolle. Mit diesem Protagonisten nimmt Grainville das Weltende nicht mehr aus einer prophetisch-eschatologischen Perspektive in den Blick sondern aus einer gänzlich subjektiven, individuellen.

Grainvilles Omégare ist der Letzte in einem ganz spezifischen und höchst modernen Sinne: Er ist der einzige noch zeugungsfähige Mensch. Die Menschheit stirbt aus. Er könnte den Fortbestand der Menschheit sichern und damit das Ende der Welt aufhalten. Er lebt auf einer schon weitgehend entvölkerten Erde, geplagt von Dürren und Hungersnöten, die Menschheit dämmert langsam ihrem Verschwinden entgegen. Ganz romantischer Protagonist, ist er umstellt von allegorischen Kräften, die mit ihm und untereinander um die Rettung oder den Untergang der Erde ringen. Sein Gegenspieler und Gesprächspartner ist Adam, der erste Mensch; sein Helfer ein technisch begabter »Geist der Erde« (*Génie de la terre*), der den Fortbestand der Menschheit sichern will und diese darum unermüdlich mit neuen Erntetechnologien, interkontinentalen Luftschiffen und anderen Hilfsmitteln versorgt.[16] Adam und Eva als erstem Zeugungspaar der Menschheit stehen Omégare und seine Frau Sydérie als die letzten zwei Menschen gegenüber, die noch Kinder zeugen könnten. Damit würden sie zu Ureltern eines neuen menschlichen Geschlechts. Gerade Adam aber soll Omégare im Auftrag Gottes davon abhalten, der Menschheit eine weitere Chance zu geben.

So entfaltet sich der Rahmen des Romans als Dialog zwischen dem ersten und dem letzten Menschen. Während Adam Omégare und Sydérie davon abhalten will, Kinder zu haben, steht der »Geist der Erde« für das Prinzip des biologischen Überlebens der Menschen, denn seine Existenz hängt vom Fortbestand der Menschheit ab. Als Omégare und Sydérie trotz etlicher Warnungen doch ein Kind zeugen, greift Adam zu einem letzten, drastischen Mittel. Er prophezeit Omégare, dass aus seinem Geschlecht eine »verabscheuungswürdige Rasse« entstehen werde (139), und lässt ihn einen prophetischen Blick auf diese werfen. Nach dieser Zukunftsvision trennt sich Omégare von seiner schwangeren Frau, die in der Folge stirbt. Der letzte Mensch, der durch die Zeugung des neuen Geschlechts ein neuer *erster Mensch* werden könnte, verzichtet willentlich auf die Fortpflanzung der Menschheit. Die Welt – deren Bestehen in Grainvilles Konstruktion an das Leben der Menschen gebunden ist – geht damit endgültig unter.

Trotz aller mythologischen Anleihen ist Grainvilles Roman von zwei sehr handfesten Grundmotiven geprägt: der Fruchtbarkeit der menschlichen Rasse und der Fruchtbarkeit der Erde, die die Menschen ernähren soll. Beides, so die Zukunftsfiktion Grainvilles, wird am Ende versiegen, die Menschheit wird steril, die Erde karg. Ausführlich schildert der Roman das Versiegen der natürlichen Ressourcen und die Bemühungen des faustischen »Geists der Erde«, dies durch technische Erfindungen aufzuhalten. Auf der anderen Seite steht die Frage nach der Zeugung eines neuen Geschlechts. Das ist einigermaßen bemerkenswert für einen Roman von 1805: Sein eigentliches Thema sind Sexualität und Zeugung. Die erstaunliche Pointe besteht nun darin, dass der letzte Mensch in diesen heiklen Fragen der Fortpflanzung *eine Wahl hat*: Omégare ist es, der entscheidet, ob er ein neues Geschlecht gründet oder nicht. Ein biologischer Vorgang wie die Zeugung von Kindern wird hier zum Gegenstand der Entscheidung und der wohlerwogenen, geschichtsmächtigen Planung.

Bezeichnend ist dabei, dass Omégares Entschluss sich einem prognostischen Verfahren verdankt. Gott entwirft vor seinen Augen die Zukunft seiner Kinder und Kindeskinder:

> Gott lässt ihn das Bild seiner Nachkommenschaft sehen. In einer kargen Ebene unter einem düsteren Himmel entdeckt er seine abstoßenden Kindeskinder, ebenso grausam wie entstellt; sie liefern sich einen ewigen Krieg; er sieht sie um blutverschmierte Tische sitzen, auf denen die Gliedmaßen

ihrer Brüder liegen. Sie streiten sich um die zitternden Körperteile, um sie zu verzehren. (149)

Die Zukunft, die Omégare schließlich verhindern wird, ist eine Dystopie der radikalen Verrohung des Menschen. Das Moderne an diesem Szenario ist nun, dass sie als *hypothetisch* und *verhinderbar* entworfen wird. Die grausige Zukunftsvision, die Gott Omégare sehen lässt, ist ein Warn-Szenario, das ihn in letzter Konsequenz davon abbringt, die Menschheit fortzuzeugen. Unter all seinem apokalyptischen Brimborium verbirgt Grainvilles seltsamer Weltuntergangsroman so nicht nur ein Plädoyer für effiziente Empfängnisverhütung, sondern auch eine höchst moderne Theorie der Prävention: Ein Blick in die Zukunft ist nicht mehr die unabänderliche Vision kommender Dinge, sondern gerade *ein Mittel ihrer Verhinderung*. Die – hypothetische – Zukunft zu schauen ermöglicht es, Schlimmeres zu verhindern. Und das Schlimme bei Grainville ist nicht der Untergang der Welt, sondern die Heraufkunft eines menschlichen Geschlechts, das noch bösartiger, noch grausamer, unglücklicher und sündiger wäre als das gegenwärtige. Die Anthropologie der Katastrophe, die Grainville entwirft, ist so in letzter Konsequenz eine Katastrophe des Anthropologischen – eine desaströse Veränderung des Menschen selbst. Das Neue an Grainville ist, dass dies keine unabänderliche, auf die Menschheit zukommende Zukunft mehr ist, sondern Gegenstand einer Entscheidung.

Zukunft als Hungersnot: Malthus (1)

Trotz der apokalyptischen Anleihen des Romans geht es also um sehr diesseitige Dinge: Hunger, Kargheit und Fortpflanzung. Damit schließt das Szenario des *Dernier homme* an eine Debatte über die menschliche Zukunft an, die um 1800 intensiv geführt wird. In ihr geht es nicht mehr um Heilsgeschichte sondern um *Ökonomie*. Unter dem allegorischen Schleier der Konfrontation zwischen erstem und letztem Menschen behandelt Grainville die Frage nach den Überlebensbedingungen einer Bevölkerung und ihrer Ressourcen. Nicht zufällig hat Jules Michelet, der Grainville in seiner *Geschichte des 19. Jahrhunderts* ein ganzes Kapitel widmet, früh die Linien gesehen, die vom Roman zur zeitgenössischen Bevölkerungstheorie führen:

> In demselben Jahr, in dem Grainville offenbar sein Gedicht begonnen hat (1798), erscheint in England ein anderes, nicht minder fiktives Gedicht, wenngleich in abstrakter und ernsthafter Form, ein Buch, das man die *Ökonomie* der Verzweiflung nennen könnte. Ich meine das Buch von Malthus.[17]

Mit seinem *Essay on the Principle of Population* hatte Thomas Malthus 1798 eine zutiefst pessimistische ökonomische Prognose vorgelegt, die mit wachsender Bevölkerung zunehmende Versorgungsprobleme prognostizierte. Malthus' Voraussage ist bekannt: Da das Wachstum der Bevölkerung exponentiell ansteige, Ernteerträge aber nur linear, werde man sich bald in einer Situation drastischer Unterversorgung der armen Bevölkerungsschichten befinden, die Folge seien Kindersterblichkeit, Hungersnöte und Seuchen.[18] Interessant an Malthus ist weniger seine konkrete Prognose (die auf wenig präzisen Berechnungen beruhte und vor allem als Polemik gedacht war) und seine politischen Vorschläge. Interessant ist der Blick, den er auf den Menschen wirft: Seine Theorie der Bevölkerung betrachtet den Menschen nicht mehr als einzelnes Geschöpf, sondern als Spezies unter anderen – als eine Spezies, die in dem Raum, den sie bewohnt, ausreichend Ressourcen finden muss. Exakt solch ein Vertreter der Spezies Mensch ist Grainvilles Omégare, dessen einzige Funktion ja in der Fortzeugung dieser Spezies liegt. Malthus' Blick auf den Menschen als Naturwesen unter anderen, dessen Leben denselben Dynamiken von Ressourcenverbrauch und Fortpflanzung unterworfen ist wie das der Tiere, ist ein ökonomischer Blick, ein Blick auf den Menschen als *Bevölkerung*. An genau diesen Blick schließt Grainville an. Der Blick, den Gott seinen Helden Omégare in die Zukunft der neuen Menschheit werfen lässt, ist ein Blick in die Malthusianische Hölle der Hungersnot.

Jenseits aller Anleihen beim Arsenal apokalyptischer Symbolik ist es dieser Blick und diese Art des Wissens, welche die romantischen Weltuntergänge untergründig informieren und damit die Geburt des modernen katastrophischen Imaginären einläuten. Was Grainville und (in noch krasserer Form) Byron verhandeln, sind die Konsequenzen und Implikationen eines ganz neuen Wissenstyps: der modernen Nationalökonomie. Der sich im 18. Jahrhundert etablierende ökonomische Diskurs betrachtet die Bewohner eines Territoriums nicht mehr nur als Untertanen eines Fürsten, sondern als eine abstrakte Gesamtheit von Prozessen der Produktion, Konsumtion, Zirkulation und Reproduktion, die statistisch zu erfassen ist. An dieser statistischen Erfassung werden nun gewisse Regelmäßigkeiten sichtbar – Regelmäßigkeiten, die Maßnahmen der Steuerung und Kontrolle auf den Plan rufen. Als Bevölkerung gefasst, werden die Einwohner eines Landes zu »einer Art technisch-politischem Objekt einer Verwaltung oder einer Regierung«.[19] Im Konzept der *Bevölkerung* tritt der Mensch als Kollektivkörper in den Blick; oder genauer: als Kollektivität körperlicher Bedürfnisse und Prozesse wie Ernährung, Fortpflanzung, Krankheit, Sterben. In diesen seinen Bedürfnissen muss der neue Kollektivkörper nun verstanden und gesteuert werden. Und das heißt: seine Zukunft muss geplant und gesichert werden, sei es durch die Versorgung mit Nahrungsmitteln, die Vermeidung von Krankheiten oder Ernteausfällen oder im Anwachsen oder Abnehmen der Bevölkerungszahlen.

Das 18. Jahrhundert hatte diese Planung im Wesentlichen noch als Kunst des Gleichgewichts von Ressourcen und Köpfen betrachtet, nach Mirabeaus vertrauensvoller Formel, dass eine Bevölkerung nie über das Maß ihrer Subsistenz hinauswachsen wird: »Das Maß der Subsistenz ist das der Bevölkerung.«[20] Die Bevölkerung wurde als »erstes Gut einer Gesellschaft« angesehen, ihr Wachstum also als eine Stärkung des politischen und wirtschaftlichen Reichtums.[21] Gegen Ende des 18. Jahrhunderts beginnt die physiokratische Schule der Ökonomen, im Wachstum der Bevölkerung nicht mehr nur den Wohlstand des Staats zu sehen, sondern auch den wachsenden Bedarf an Ressourcen (Nahrung, Raum und Arbeit). In den letzten Jahren vor der Französischen Revolution wird in den meisten europäischen Staaten deutlich, dass immer mehr Arme in die Städte drängen, die keine Arbeit mehr finden oder nicht genug verdienen, um Frau und Kinder zu ernähren. Im Frankreich des späten Ancien Régime können arme Familien schon das zweite Kind kaum noch durchbringen.[22] Die Revolution und die folgenden Kriegsjahrzehnte bringen schwere Hungersnöte, deren Zeuge, wie Michelet erinnert, auch Grainville war. Damit wird das Anwachsen der Bevölkerung als eine Gefahr für das Subsistenzprinzip sichtbar. Knappheit tritt als bedrohliche ökonomische Größe auf den Plan, die nicht mehr einfach durch Preispolitik oder Exportverbote behoben werden kann. Mit dieser Entdeckung der Knappheit wird auch eine neue Form des Zukunftsmanagements notwendig, das sich als Aussteuerung und Regulierung jener biologischen Prozesse versteht, die den Kollektivkörper der Bevölkerung am Leben erhalten.[23]

Während die meisten Ökonomen diese Aussteuerung vor allem von der Seite der Ressourcen her denken – also von der Frage her, wie Nahrungsmittelengpässen und Teuerungszyklen entgegengewirkt werden kann[24] –, beginnen einige Theoretiker, das Problem von genau der Seite her anzugehen, die auch Grainville interessiert: der Fortpflanzung. Sexualität ist in dieser Perspektive nicht mehr nur eine Frage der individuellen Keuschheit; sie wird zum Gegenstand ökonomischer Sorge und Planung, aber auch des notwendigen staatlichen Eingriffs. In seinem berühmten, noch ganz vom Optimismus der Aufklärung getragenen Entwurf einer zukünftigen Entwicklung der

Menschheit, dem Kapitel X seiner *Esquisse d'un tableau historique des progrès de l'esprit humain* (1795), wirft Condorcet die Frage auf, ob nicht wachsende Bevölkerungszahlen die Möglichkeiten der Nahrungsproduktion irgendwann übersteigen könnten.[25] In der *Esquisse* vertraut er auf die technischen und wissenschaftlichen Fortschritte, die die Landwirtschaft parallel zum Bevölkerungswachstum immer produktiver machen würden.

Aber in erst Anfang des 20. Jahrhunderts publizierten Vorstudien zur *Esquisse* wendet Condorcet sich der sexuellen Seite der Problematik zu. Er diskutiert ausführlich die Lage einer Bevölkerung, die durch ihr eigenes Wachstum ins Elend geraten würde; allein der Mensch sei – anders als die Tiere – in der Lage, seine Reproduktion zu steuern. Condorcet setzt dabei auf *Aufklärung* im doppelten Sinne: einerseits auf eine Einsicht des Menschen in seine bevölkerungspolitische Verantwortung – andererseits auf die diskreten Geheimnisse der Verhütung.[26] Er vertraut darauf, dass »die Menschen auch wissen, dass, sofern sie gegenüber den noch nicht geborenen Wesen verpflichtet sind, ihre Verpflichtung nicht darin besteht, ihnen das Leben zu geben, sondern das Glück.«[27] Eben diese aufgeklärte Haltung gegenüber der eigenen Fortpflanzung ist es, welche Grainvilles Romanszenario konkret umsetzt.

An diesen ökonomischen Blick, der beim Fortpflanzungsverhalten des Menschen ansetzt, schließt auch Malthus an – aber in einer provozierend pessimistischen Variante, die sich ausdrücklich gegen den Regelungs- und Vernunftoptimismus Condorcets und anderer Aufklärer wendet. Malthus sieht ein wachsendes Auseinanderdriften von Bevölkerungswachstum und Nahrungsmittelproduktion.[28] Dabei rechnet er die englischen Bevölkerungsstatistiken der letzten Jahrzehnte, die eine Verdopplung der Bevölkerung alle 25 Jahre nahelegten, auf die Weltbevölkerung und auf die nächsten Jahrhunderte hoch:

> Angenommen, dass die gegenwärtige Bevölkerung [der Welt, EH] tausend Millionen betrage, so würde die Vermeh-

> rung des Menschengeschlechts in folgender Weise vor sich gehen: 1, 2, 4, 8, 16, 32, 64, 128, 256, und die der Lebensmittel wie: 1, 2, 3, 4, 5, 6, 7, 8, 9. In zwei Jahrhunderten würde die Bevölkerung zu den Lebensmitteln im Verhältnis von 256 zu 9 stehen; in 3 Jahrhunderten von 4096 zu 13; und in 2000 Jahren würde es beinahe unmöglich sein, den Unterschied zu berechnen.[29]

Die sich überproportional stark vermehrende arme Bevölkerung, so Malthus, kann ihre Nachkommenschaft auf die Dauer nicht ernähren; massenhafte Kindersterblichkeit, Hungersnöte, Epidemien und politische Aufstände werden die Folge sein. Die Schicksalhaftigkeit, mit der nach Malthus diese Verknappung unausweichlich kommen wird, ist irritierend; aber noch irritierender ist die Kühle, mit der er eine gewisse Anzahl von Menschen auf der Erde für »zuviel« erklärt.

> Es hat sich gezeigt, dass aufgrund der unausweichlichen Gesetze unserer Natur manche Menschen der Not ausgesetzt sein müssen. Das sind die Unglücklichen, die in der großen Lotterie des Lebens eine Niete gezogen haben.[30]

Überleben ist eine Lotterie – und einige haben eben Pech gehabt. Malthus' Blick auf die Bevölkerung lässt Fragen des individuellen Überlebens oder Sterbens zu Fragen der Statistik werden. Und ebenso statistisch blickt Malthus auf die Zukunft der Menschheit. Deren Kern ist »*famine*«, die Hungersnot. Die Zukunft, so Malthus, wird Hunger sein – und in seiner Folge Verelendung, Kindersterblichkeit, Epidemien. Dabei sieht er diese Katastrophen nicht als *Störungen* des Gleichgewichts zwischen Mensch und Natur, sondern gerade als letztes Heilmittel der Natur, um sich selbst wieder ins Gleichgewicht zu bringen.

> Die Hungersnot scheint das letzte und entsetzlichste Mittel der Natur zu sein. Die Kraft zur Bevölkerungsvermehrung ist um so vieles stärker als die der Erde innewohnende Kraft, Unterhaltsmittel für den Menschen zu erzeugen, dass ein frühzeitiger Tod der einen oder anderen Gestalt das Menschengeschlecht heimsuchen muss. Die Laster der Mensch-

> heit sind eifrige und fähige Handlanger der Entvölkerung. Sie stellen die Vorhut im großen Heer der Zerstörung dar; oftmals vollenden sie selbst das entsetzliche Werk. Sollten sie aber versagen in diesem Vernichtungskrieg, dann dringen Krankheitsperioden, Seuchen und Pest in schrecklichem Aufgebot vor und raffen Tausende und Abertausende hinweg. Sollte der Erfolg immer noch nicht vollständig sein, gehen gewaltige, unvermeidbare Hungersnöte als Nachhut um und bringen mit einem mächtigen Schlag die Bevölkerungszahl und die Nahrungsmenge der Welt auf den gleichen Stand.[31]

Die Zukunft, die Malthus sieht, ist kaum anders als die Grainvilles. Verzweifelte, denaturierte Menschen, die einander bekriegen und auffressen. Natürlich blieb Malthus' Überspitzung nicht unwidersprochen – aber seine Perspektive, gerade im Bevölkerungswachstum, das bislang als Zeichen der Prosperität verstanden wurde, die kommende Katastrophe zu erblicken, informiert bekanntlich auch heutige Zukunftsprognosen und Katastrophenszenarien (s. Kap. 3). Die Verdunklung, die bei Jean Paul und John Martin noch Metapher der Gottverlassenheit war, wird nun zum Bild einer gänzlich diesseitigen, rein biologischen Katastrophe, auf die die Menschheit fast unweigerlich zuläuft – ganz einfach, indem sie *lebt*. Die Apokalypse ist im Diesseits angekommen und zur Naturkatastrophe geworden.

Anthropologie der Katastrophe: Byrons »Darkness« (1816)

Genau hier setzt der wohl berühmteste romantische Text über das Weltende ein: George Gordon Lord Byrons bitteres Gedicht *Darkness*.[32] *Darkness* entwirft einen Untergang der Menschheit ganz ohne theologischen Rahmen, ohne apokalyptisches Strafgericht – aber auch ganz ohne tragische Helden. Das Gedicht, das wie kaum ein anderer Text der Moderne die Vision des Untergangs in eine ebenso schneidende wie präzise Sprache fasst, sei hier in Gänze und im Original wiedergegeben.

I had a dream, which was not all a dream.
The bright sun was extinguish'd, and the stars
Did wander darkling in the eternal space,
Rayless, and pathless, and the icy earth
Swung blind and blackening in the moonless air;
Morn came and went – and came, and brought no day,
And men forgot their passions in the dread
Of this their desolation; and all hearts
Were chill'd into a selfish prayer for light:
And they did live by watchfires – and the thrones,
The palaces of crowned kings – the huts,
The habitations of all things which dwell,
Were burnt for beacons; cities were consum'd,
And men were gather'd round their blazing homes
To look once more into each other's face;
Happy were those who dwelt within the eye
Of the volcanos, and their mountain-torch:
A fearful hope was all the world contain'd;
Forests were set on fire – but hour by hour
They fell and faded – and the crackling trunks
Extinguish'd with a crash – and all was black.
The brows of men by the despairing light
Wore an unearthly aspect, as by fits
The flashes fell upon them; some lay down
And hid their eyes and wept; and some did rest
Their chins upon their clenched hands, and smil'd;
And others hurried to and fro, and fed
Their funeral piles with fuel, and look'd up
With mad disquietude on the dull sky,
The pall of a past world; and then again
With curses cast them down upon the dust,
And gnash'd their teeth and howl'd: the wild birds shriek'd

And, terrified, did flutter on the ground,
And flap their useless wings; the wildest brutes
Came tame and tremulous; and vipers crawl'd
And twin'd themselves among the multitude,
Hissing, but stingless – they were slain for food.
And War, which for a moment was no more,
Did glut himself again: a meal was bought
With blood, and each sate sullenly apart
Gorging himself in gloom: no love was left;
All earth was but one thought – and that was death
Immediate and inglorious; and the pang
Of famine fed upon all entrails – men
Died, and their bones were tombless as their flesh;
The meagre by the meagre were devour'd,
Even dogs assail'd their masters, all save one,
And he was faithful to a corse, and kept
The birds and beasts and famish'd men at bay,
Till hunger clung them, or the dropping dead
Lur'd their lank jaws; himself sought out no food,
But with a piteous and perpetual moan,
And a quick desolate cry, licking the hand
Which answer'd not with a caress – he died.
The crowd was famish'd by degrees; but two
Of an enormous city did survive,
And they were enemies: they met beside
The dying embers of an altar-place
Where had been heap'd a mass of holy things
For an unholy usage; they rak'd up,
And shivering scrap'd with their cold skeleton hands
The feeble ashes, and their feeble breath
Blew for a little life, and made a flame
Which was a mockery; then they lifted up
Their eyes as it grew lighter, and beheld
Each other's aspects – saw, and shriek'd, and died –
Even of their mutual hideousness they died,

Unknowing who he was upon whose brow
Famine had written Fiend. The world was void,
The populous and the powerful was a lump,
Seasonless, herbless, treeless, manless, lifeless –
A lump of death – a chaos of hard clay.
The rivers, lakes and ocean all stood still,
And nothing stirr'd within their silent depths;
Ships sailorless lay rotting on the sea,
And their masts fell down piecemeal: as they dropp'd
They slept on the abyss without a surge –
The waves were dead; the tides were in their grave,
The moon, their mistress, had expir'd before;
The winds were wither'd in the stagnant air,
And the clouds perish'd; Darkness had no need
Of aid from them – She was the Universe.

Mir kam ein Traum – es war nicht ganz ein Traum.
Die schöne Sonne war verglüht; die Sterne
Verdunkelt kreisten in dem ew'gen Raum,
Weglos und ohne Strahl; blind zog die Erde
In mondesleerer Luft. Der Morgen kam
Und ging und kam, und brachte keinen Tag.
Die Menschen, grausend in der kalten Öde,
Vergaßen ihre Leidenschaften, schrien
Nach Licht, selbstsüchtig betend, und sie lebten
Um off'ne Feuer – königlich Throne
Paläste, Hütten, jede Wohnstatt wurde
Verbrannt, damit das Dunkel sich erhelle;
Volkreiche Städte wurden eingeäschert –
Und bei den Flammen drängten sich die Menschen,
Nur einmal noch ins Antlitz sich zu schauen.
Die Nachbarn der Vulkane waren glücklich,
Weil Licht verstreuten ihres Kraters Fackeln:
Angstvolles Hoffen nur war in der Welt.
Der Brand flog in den Wald – und Stund' um Stunde

War krasser die Verwüstung; Äste krachten
Und Stämme stürzten nieder – schwarz war alles.
Die Menschen sahen nicht mehr irdisch aus
Im schaudervollen Schein, der hin und wieder
Auf ihre Stirnen fiel. Die einen weinten,
Ihr Aug' verhüllend; andre pressten auf
Geballte Hände fest ihr Kinn und lachten;
Und andre rannten hin und her und nährten
Die Scheiterhaufen für die Toten, und
Mit Wahnsinns Unruh' blickten sie zum Himmel,
Dem Leichentuch der Welt. Dann warfen sie
Sich fluchend in den öden Staub, und Heulen
Und Zähneknirschen war. Raubvögel fielen
Erschrocken auf den Grund und schlugen um
Sich mit gelähmten Schwingen. Bestien kamen,
Einst wild, nun zahm und zitternd. Vipern krochen
Inmitten der geknäulten Menge, zischend,
Doch ohne Zahn – erschlagen wurden sie
Und aufgezehrt. Der Krieg, nach kurzem Stillstand,
War übersatt, mit Blut war jede Mahlzeit
Erkauft; und jeder saß einsam und düster
Und schlang im Finstern –: Liebe war nicht mehr.
Nur ein Gedanke war auf Erden und
Der war – ruhmloser Tod. Der grimm'ge Biß
Des Hungers nagte an den Eingeweiden.
Die Menschen starben, unbegraben blieb
Das Fleisch; von Magern nährten sich die Magern,
Die Hunde selbst zerrissen ihre Herrn.
Treu blieb nur einer einem armen Leichnam
Und war sein Hüter – Tier und Mensch verscheucht' er,
Bis sie der Hunger trieb und jener Tote
Die dürren Kiefern reizte. Doch der Hund
Nahm nichts. Verzweifelt klagend und mit kurzem
Wehschrei die Hände leckend, die nicht mehr
Wie einst liebkosend Antwort gaben – starb er.

Des Hungertodes Beute wurde jeder.
Lebendig waren zwei zuletzt aus einer
Gewalt'gen Stadt, zwei Feinde, die sich fanden
An eines Altars ausgelöschter Asche,
Wo heilige Geräte lagen zu
Unheiligem Gebrauch. Sie scharrten schauernd
Mit kalten Knochenhänden in
Der schwachen Asche, und ihr schwacher Atem
Gab ihr ein fahles Leben, eine Flamme,
Die Spott nur war. Dann hoben sie die Augen –
Es war nun heller, und sie sahen sich
Ins Antlitz – kreischten auf vor Angst und starben;
Sie starben an dem grauenhaften Anblick,
Unwissend, wer der war, auf dessen Stirne
Die Hungersnot geschrieben hatte: Teufel …
Die Welt war leer, ein Ballen Arm und Reich,
Der Jahreszeit beraubt und ohne Leben,
Ein Klumpen Toter und des Staubes Chaos.
Die Flüsse standen still und alle Meere,
Nichts regte sich in ihres Schweigens Tiefe.
Die Schiffe lagen unbemannt und faulten,
Stückweis' zerfielen ihre morschen Masten
Und schliefen ruhig in dem starren Abgrund.
Die Wellen tot, im Grabe die Gezeiten;
Der Mond, ihr Meister, war schon längst erloschen.
Der Wind war aus, die Luft erstickt, die Wolken
Waren verschwunden; ihre Hilfe hatte
Die Finsternis nicht not – sie war das All.

Schon der Einstieg markiert, dass es sich hier um ein zwar hypothetisches, aber doch nicht einfach nur aus der Luft gegriffenes, also nur »geträumtes« Szenario handelt: »I had a dream, which was not all a dream« (v. 1). Sein Realitätsstatus bleibt in der Schwebe, es ist *nicht ganz, nicht nur* ein Traum. Nun ist die Idee eines Verlöschens der Sonne als Katastrophenszenario um 1800 nicht neu. Schon im 17. Jahrhundert wird es, etwa in Fontenelles *Entretiens sur la pluralité des mondes* (1686), als mögliches kosmisches Ereignis diskutiert.[33] Im 19. und 20. Jahrhundert wird es – nicht zuletzt im Gefolge der romantischen Verdunklung – eine erstaunliche Erfolgsgeschichte feiern: Lange ist die Moderne von einer Abkühlung der Erde besessen, deren Szenarien in Kap. 3 noch genauer zu betrachten sein werden, ebenso wie der naturhistorische Kontext, der Byrons Klimadesaster informiert (s. S. 140–144).

Das Neue an Byron ist sein Blick auf dieses kosmische Ereignis: Er betrachtet die Naturkatastrophe als soziale Katastrophe. Er nähert sich zunächst aus einer kosmischen Ferne: »the bright sun was extinguish'd and the stars / Did wander darkling in the eternal space, / Rayless and pathless« (v. 2–4) – zu der er am Schluss wieder zurückkehrt. Aber dann gilt seine Aufmerksamkeit ganz den panischen Menschen. Die in parataktischen Reihen angeordneten Blankverse hasten wie atemlos durch die verschiedenen Stadien menschlicher Verzweiflung und Depravation. Wie in einer Experimentalanordnung zeigen diese Stadien, was unter Stress vom Menschen übrig bleibt: Schwäche, Verzweiflung, Egoismus. Zuerst verbrennen die verzweifelnden Menschen ihre Wohnungen, ihre Städte und am Ende die Wälder. »And men were gathered round their blazing homes / To look once more into each other's face« (v. 14/5). Das Licht ist die Voraussetzung für jede Form der sozialen Beziehung. Mit seinem Verlöschen erlöschen auch die Leidenschaften und Tugenden des Menschen, sie gefrieren in Panik und Egoismus: »all hearts were chilled into a selfish prayer for light«. (v. 9) Dann zerstört die Menschheit die Institutionen der Macht – Städte, Paläste, Throne –, mit diesen löst sich auch die soziale Ordnung auf: »the palaces of crowned kings [...] were burned for beacons« (v. 11–13). Aber nicht nur die Institutionen verschwinden. Was sich auflöst, ist auch das Humane des Menschen selbst: Vernunft, Empathie oder gegenseitige Hilfe werden von der Verzweiflung und Selbstsucht ausgelöscht. Minutiös schildert Byron die unterschiedlichen Verhaltensweisen, mit denen die Menschen auf das Desaster reagieren: Angst, sinnlose Tätigkeit, gelähmte Verzweiflung. Unter den katastrophischen Bedingungen der plötzlichen Dunkelheit und Kälte wird der Mensch zu einem Wesen, das, wie die kraftlos gewordenen Tiere, nur noch seiner Angst und Verzweiflung preisgegeben ist.

Byrons Tagtraum stellt den Menschen in das Katastrophenszenario hinein wie in eine Testsituation.[34] Auf dem Prüfstand steht hier der Mensch nicht mehr als Kreatur Gottes, sondern als jenes säkulare Wesen, das die Anthropologie des 18. Jahrhunderts entworfen hatte. Byron hat die Lektionen eines Jean Paul und eines Grainville längst gelernt. Aber er geht noch weiter. *Darkness* ist eine Abrechnung mit der Anthropologie der Aufklärung und ihren Zukunftsentwürfen, die auf ein offenes Potential der menschlichen Vervollkommnung gesetzt hatte. Sie hatte den Menschen als vernünftig, hilfsbereit und einsichtsvoll geschildert, einen Menschen, der wie Grainvilles Omégare in der Lage ist, eine böse Zukunft zu verhindern. Genau dieses optimistische Bild will Byrons Katastrophenanthropologie zerstören. Schonungslos führt der Text vor, wie gerade jenes Mitleid versagt, das Rousseau als moralische Grundausstattung des Menschen betrachtet hatte.[35] Kein einziger Mensch hilft mehr dem anderen; das einzige Wesen, das Treue zeigt, ist ein Hund (v. 47–54), der den Leichnam seines Herrn bewacht. Die experimentelle Verdunklung der Welt wirft ein fahles Licht auf die Natur des Menschen als moralisches und politisches Wesen, das am Ende eben doch nichts anderes gewesen sein wird als angstvoll, selbstsüchtig, vernunftlos, mitleidlos: »no love was left« (v. 41). Byrons letzte Menschen regredieren zu nichts als Furcht und Selbsterhaltungswillen. Liebe, Freundschaft, Mitleid – die großen Tugenden des 18. Jahrhunderts – fallen vom Menschen plötzlich ab wie Kostüme. Und ebenso wird klar, dass die Menschheit in ferner Zukunft nicht besser, weiser und vernünftiger sein wird, wie Condorcet oder Lessing angenommen hatten. Was am Ende übrig geblieben sein wird, ist ein anderes, älteres Bild: der Mensch als Wolf des Menschen.

Nachdem die letzten Ressourcen verfeuert sind, tritt Byrons Katastrophenszenario ins nächste Stadium, den Krieg um Nahrung: »a meal was bought / With blood, and each sate sullenly apart / Gorging himself in gloom« (v. 40–41). Byrons letzte Menschen sind Kannibalen, die Verhungernden fallen über andere Verhungernde her. Diese letzte Phase in der Auslöschung der Menschheit steht ganz unter dem Zeichen des Hungers, der die Menschen nun zu erbarmungslosen Feinden macht: In den Trümmern einer zerstörten Stadt treffen die letzten beiden Überlebenden aufeinander und sterben vor Grauen beim gegenseitigen Anblick: »Even of their mutual hideousness they died, / Unknowing who he was upon whose brow / *Famine had written fiend*. The world was void, [...]« (v. 67–69, Hervorhebung EH). Es ist der Malthusianische Hunger (*famine*), der auf die Stirn der Letzten Menschen das eine Wort schreibt: Feind.

»Famine«, die Hungersnot, die schon Malthus zum Kern seiner Zukunftsprognose gemacht hat, ist hier das unausweichliche Schicksal der Menschheit. Der panische Verbrauch der letzten Ressourcen, der Kannibalismus, das tödliche Zurückschrecken der letzten Menschen vor ihrer unerträglichen Hässlichkeit – Byrons letzte Tage der Menschheit stehen ganz unter dem Zeichen jener elenden Zukunft, die Malthus' Statistik der wachsenden Menschheit voraussagt, wenn er schon in wenigen Jahrhunderten eine Ratio von 4096 zu 13 zwischen Menschen und Lebensmitteln voraussagt. Anders als Grainville, der den Letzten Menschen immer noch als entscheidungsfähiges *Individuum* entwirft, übernimmt Byron nun ganz den unpersönlichen, gleichsam *statistischen Blick* der Bevölkerungstheorie. *Darkness* erwähnt keine einzige Einzelfigur (bis auf die namenlosen letzten zwei Menschen und den treuen Hund) – er spricht nur von »men«, von einer Gesamtheit der lebenden Wesen, die in ihrer Angst und ihrem Hunger den erschreckten Tieren gleichen. Der Protagonist von Byrons Gedicht ist so genau der abstrakte Kollektivkörper ›Bevölkerung‹, den die Ökonomik zu ihrem Gegenstand macht.

Mit Malthus, der kühl die »Nieten« in der Lotterie des Lebens zählt, verbindet Byron auch der ätzende Blick, der den Untergang der Menschheit ohne jede Spur von Empathie schildert. Gerade die schrillsten Bilder des Gedichts – der Hund, der den Leichnam seines Herrn gegen hungernde Menschen verteidigt, der »trübe Himmel«, der wie ein Leichentuch über dem Grauen liegt, die Erde als unfruchtbarer Lehmklumpen – sind Ausdruck eines kalten Blicks, der die Katastrophe aus der Perspektive eines gänzlich distanzierten Beobachters verzeichnet. Wie Malthus in Hungersnöten und Kindersterblichkeit das Walten eines Naturgesetzes der Subsistenz sieht, sieht Byrons Gedicht im Szenario des Untergangs das Wirken einer Natur, deren Gesetz die Katastrophe ist. Byron greift die ferne und abstrakte Zukunftsprognose eines Malthus auf – und entfaltet die ganz konkreten, anthropologischen und sozialen Folgen dessen, was bei Malthus einfach »Subsistenzkrise« heißt. Mehr noch: Er exaltiert, verdichtet und steigert diese Krise zur endgültigen Katastrophe. Mit diesem Szenario und dem empathiefreien Blick auf den großen Untergang leitet Byron jene Phantasie ein, die von den imaginierten Desastern eines H. G. Wells über die Krisenprognosen des Club of Rome bis zum heutigen Katastrophen-Blockbuster reichen: eine minutiöse Beobachtung des Sozialen in einer Situation der lebensbedrohlichen Krise. Was Byron interessiert, geht weiter als die meisten der modernen Krisenprognosen. Es ist der ultimative Zerfall des Sozialen in der Katastrophe: *No love was left.*

Die Klimakatastrophe 1816 und die Poetik der Extrapolation

Aber es gibt noch etwas anderes, das das Gedicht Byrons geradezu beklemmend zeitgemäß macht. Denn es zeugt nicht nur von der überhitzten Phantasie eines romantischen Bürgerschrecks, der zu viel Malthus gelesen haben könnte, es ist auch das Dokument einer tatsächlichen weltweit wirkenden Naturkatastrophe: des Klimadesasters in den Jahren 1816–19. Byron verfasst es im Juli oder August 1816, jenem Sommer, in dem er sich mit John Polidori, Percy Bysshe Shelley und Mary Godwin (die damalige Geliebte und spätere Frau Shelleys) und deren Schwester in der Villa Diodati am Lac Léman traf. (Mary Shelleys *Frankenstein* ist das berühmteste Ergebnis dieser literarischen Sommerfrische.)[36] Das Wetter in Genf im Sommer 1816 war legendär schlecht, es gab Nachtfröste im Juni und permanenten Regen und Nebel. Einige Briefe von Shelley und Byron beklagen den »*stress of weather*« dieser Zeit,[37] Byron gab später zu Protokoll: »Ich schrieb dieses Gedicht in Genf, an einem berüchtigt dunklen Tag, wo die Hähne erst am Mittag krähten und tagsüber Kerzen angezündet werden mußten.«[38] In Genf wurden Teile der Stadt überschwemmt, die Mehlpreise stiegen, die Ernte war verloren und es mussten Suppenküchen eröffnet werden.[39] Das Jahr 1816 ging als »Jahr ohne Sommer« in die Annalen der Klima-Anomalien ein.

Erst hundert Jahre später konnte man den Grund für dieses desaströse Wetter in Europa rekonstruieren: Es war der Ausbruch des Vulkans Tambora auf der Insel Sumbawa im damaligen Holländisch-Indien (heute Indonesien) im April 1815. Mit einer Stärke von VEI 7 gilt er noch heute als der folgenschwerste Vulkanausbruch in der Geschichtsschreibung. Er tötete unmittelbar etwa 10 000 Menschen, weitere 60 000 starben auf den benachbarten Inseln infolge des intensiven Ascheregens.[40] Aber die Katastrophe des Tambora war nicht nur eine vor Ort. Der Ausbruch schleuderte große Mengen Asche und

Schwefel in die Stratosphäre, die dort bis in die nächsten Jahre blieben und wie ein Schleier weltweit das Sonnenlicht verdunkelten. Die Folge waren kalte, nasse Sommer auf der Nordhemisphäre, eisige Winter, massive Ernteausfälle, Überschwemmungen und verhungertes Vieh in Westeuropa, Nordamerika und Kanada. In den USA gab es Nachtfröste im Hochsommer, in Kanada und in der Schweiz fiel im Juli Schnee. Die Durchschnittstemperaturen in Europa sanken um drei Grad Celsius für die nächsten drei Jahre, in Westeuropa kam es zu schweren Unwettern.

Die Jahre 1816/17 führten zu einer der großen Subsistenzkrisen der westlichen Welt.[41] Nördlich der Alpen stieg der Getreidepreis auf das Zweieinhalb- bis Dreifache. Die Folge waren besonders in England Hungeraufstände, Plünderungen und eine der größten Auswanderungswellen nach Amerika. Auch die Typhus- und Cholera-Epidemien in den folgenden Jahren, die ihren Reflex etwa in Mary Shelleys Roman *The Last Man* finden, sind auf den schlechten Gesundheitszustand der unterernährten Bevölkerung zurückzuführen. Und Europa befand sich ohnehin bereits in einer sozialen und wirtschaftlichen Krise nach dem Ende der fast 25 Jahre lang andauernden Kriege. Nach der politischen Neuordnung auf dem Wiener Kongress 1814/15 drängten große Mengen demobilisierter Soldaten auf die Arbeitsmärkte; die Hungerkrisen sorgten für Flüchtlingsströme und Emigration, aber auch für immer wieder aufflammende Armutsrebellionen.

Vor diesem historischen Hintergrund der Klimakrise von 1816 wird noch einmal deutlicher, wie sich die literarische Katastrophenimagination auf die historische Wirklichkeit bezieht. *Darkness* ist ein Tagtraum, der eine sehr präsente soziale und wirtschaftliche Krisensituation aufgreift und *poetisch zuspitzt*. Jonathan Bate bemerkt, das Gedicht sei »genau so aktuell wie apokalyptisch«; es ist darin aktuell und zeitgenössisch, dass es die gegenwärtige Krise zur ultimativen Katastrophe hochrechnet.[42] Ist 1816 die Luft kalt und das Licht trüb, so ist in *Darkness* die Sonne gänzlich erloschen und die Erde ein leerer Klumpen Lehm. *Hungert* die europäische Bevölkerung, so *verhungert* die gesamte Weltbevölkerung im Gedicht. Gibt es in Italien und England Armutsrevolten, so herrschen hier weltweiter Krieg und Kannibalismus. Was Byron entwirft, ist damit wohl das früheste Dokument eines neuen Typs von Krieg: eines »Klimakriegs« um nicht mehr und nicht weniger als Ressourcen im Moment ihrer drastischen globalen Verknappung.[43] Nicht nur das Krisenszenario, sondern auch Byrons poetisches Verfahren erinnern dabei an Malthus, dessen Methode die statistische Extrapolation ist. Aus einer gegebenen kleinen Menge (bei Malthus den Geburts-/Sterbestatistiken der letzten Jahrzehnte des 18. Jahrhunderts) wird auf eine größere Menge geschlossen, aus einer *sich andeutenden* gegenwärtigen Tendenz eine *Langzeit*prognose ermittelt. So wie Malthus aus der Schere zwischen Nahrungsmittelversorgung und Bevölkerungswachstum eine Zukunft der Hungersnöte extrapoliert, so schließt Byron von der Versorgungskrise 1816 auf ein Ende der Menschheit in Dunkelheit und Kannibalismus. Die literarische Katastrophenimagination ist ein Prognoseverfahren mit anderen Mitteln.

Damit ist die Szene für die modernen Katastrophenfiktionen gesetzt. Byrons Gedicht *Darkness* ist nur der Anfang einer langen Imaginationsgeschichte des klimatischen Desasters, dessen Inbegriff für das 19. und beginnende 20. Jahrhundert vor allem die Abkühlung der Erde ist. Es ist eine kurze, blitzhafte Vision dessen, was eine radikale Veränderung der klimatischen Lebenswelt des Menschen für diesen bedeuten würde. Aber entscheidend ist nicht die Art des Szenarios, sondern der Blick darauf. Im Zentrum dieses neuen Blicks auf das Weltende steht jene traurige Gestalt des Letzen Menschen, eine Figur, die einerseits der Katastrophe unterworfen ist, sie andererseits aber betrachtend reflektieren kann. Die Romantik wendet sich von einem Weltende des göttlichen Gerichts zu einer Untergangsvision der reinen Naturkatastrophe – einer Katastrophe, in der sich eine tiefere Wahrheit über den Menschen zeigt, einer Anthropologie der Katastrophe. Der Letzte Mensch verkörpert diese Wahrheit – je nachdem, wie gut oder schlecht er sich im ultimativen Krisenexperiment hält. Aber er ist auch der Adressat dieses Wissens: Der Mensch soll sich selbst in seinem Untergang erkennen. Die Diagnosen, die sich von hier aus ergeben, fallen, wie wir gesehen haben, sehr unterschiedlich aus. Noch ganz im Gefolge der Aufklärung glaubt Grainville letztendlich an die Vernünftigkeit und Entscheidungskraft des Letzten Menschen. Sein Omégare ist eine frühe Figur der Prävention: ein Handeln, das in der Lage ist, eine katastrophische Zukunft durch eine bewusste Entscheidung zu verhindern. Byron dagegen, der vielleicht konsequentere, aber auch pessimistischere Malthus-Leser, sieht im jämmerlichen Ende seiner Letzten Menschen eine ganz andere Wahrheit hervortreten: die selbstsüchtige, irrationale und schwächliche Natur des Menschen. Leider ist es gerade Byrons Anthropologie der Katastrophe, die heute die wesentlich größere Plausibilität entfaltet. Texte wie Cormac McCarthys *The Road* (2006) oder Paul Austers *In the Country of Last Things* (1987) und etliche Katastrophenfilme der jüngsten Zeit schildern eine Welt, in der mit der Verknappung der Subsistenzgrundlagen ein Krieg aller gegen alle ausbricht. Noch immer hört der Letzte Mensch der Romantik nicht auf, die Gegenwart heimzusuchen.

Kapitel 2
Die Bombe: Apokalypse-Blindheit, Sicherheitskalkül und der heimliche Wunsch nach dem Ende

Blitz und Uhr

Auch die apokalyptische Imagination des 20. Jahrhunderts verdichtet sich in einem Bild. Genauer gesagt in zwei Bildern, die gegensätzlicher nicht sein könnten: einerseits das sublime Spektakel der nuklearen Explosion, andererseits die schlichte Graphik einer Uhr, deren Zeiger stets sehr knapp vor zwölf ste-

Abb. 4: Luftfotografie des Castle-Bravo-Atomtests 1954

hen. Die Luftfotografie vom Nukleartest Castle Bravo 1954 zeigt die größte von den USA durchgeführte überirdische Testsprengung, tausendmal so stark wie die Bombe, die Hiroshima zerstörte. Dieser Test, bei dem japanische Fischer und umliegende Inseln mit radioaktivem Fallout kontaminiert wurden, zeigte zum ersten Mal deutlich die unkontrollierbare Energie der Wasserstoffbombe: Die Explosion war doppelt so stark wie erwartet, und der in die Stratosphäre geschleuderte radioaktive Staub trieb Tausende von Meilen weit. Der Test war so nicht nur einer über die Explosionskraft der H-Bombe, sondern auch einer über deren Nebeneffekte: die Kontamination und Verstrahlung weit entfernter Regionen und Lebewesen.

Das Bild gehört zu den imposantesten Darstellungen einer nuklearen Explosion. Das Glühen des Lichtblitzes bricht sich an den horizontalen Grenzen der Luftschichten und zeigt so die Form eines über dem Wasser schwebenden Pilzes. Es füllt das Bild mit einem weißen Leuchten, das nur an den Rändern und unten in ein Orangerot übergeht, das an einen Sonnenuntergang erinnert. Das Foto ist aus einer Perspektive aufgenommen, die von oben auf die unter der Explosion liegenden Wolken schaut. Ein Blick von oben auf das Ende; ein Blick wie der des Letzten Menschen auf den letzten Sonnenuntergang der Welt. Natürlich zitiert dieses Bild die Erhabenheitsästhetik der romantischen Verdunklung. Schon Beobachter der ersten Explosionen ergingen sich in Metaphern der Überwältigung wie des Terrors – einer Mischung aus »*atomic sublime*« und »*atomic gothic*«.[1] Am berühmtesten ist Robert Oppenheimers Gedanke an Zeilen aus der Baghavadghita, »heller als tausend Sonnen«; andere Beobachter sprachen von einem »lebenden Wesen, einer neuen Spezies«, »einem gigantischen Feuerball, der riesige weiße Rauchwolken ausspie«.[2] Die Bombe ist das Schönheit und Schrecken verbindende Unendliche, aber auch: das mögliche Ende. Allerdings setzt das Erhabene der Atomexplosion den Menschen nicht mehr als reflektierenden Beobachter mit ins Bild. Der Mensch ist hier in einer ganz anderen

Weise involviert: als *Verursacher* dieses Endes. Er schießt das Bild und zündet die Bombe. Das Bild ist eine Fotografie, die dokumentarische Lichtspur eines Ereignisses, keine malerische Fiktion. Was die romantischen Weltenden nur *träumen* konnten, wird in diesem Bild sichtbar als greifbare Möglichkeit: die Auslöschung der gesamten Menschheit.

Das andere Bild, das das Zeitgefühl des Lebens mit »der Bombe« auf den Punkt bringt, gibt sich so karg wie möglich. Es ist die betont reduzierte Graphik der von Edward Teller angeregten »doomsday clock« auf dem Cover des *Bulletin of the Atomic Scientist.* Seit ihrer Einrichtung 1947 wird der Zeiger je

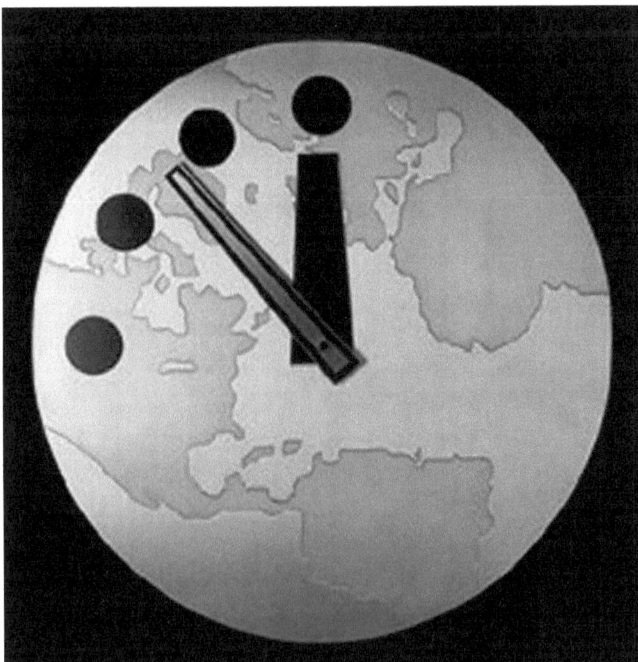

Abb. 5: Die Bedrohung durch einen Atomkrieg als ablaufende Zeit: die von Edward Teller angeregte *Doomsday Clock.*

nach Einschätzung des aktuellen Gefahrenpotentials ausgerichtet: 1953, nach großen Nuklearwaffentests beider Atommächte, war es beklemmende zwei Minuten vor zwölf, 1984, zur Zeit der »Nachrüstung« mit SS-20 und Pershing-Raketen, war es drei Minuten vor zwölf, 1995 entspannte 14 Minuten vor. Die Uhr indiziert ein Zeitgefühl, das das Ende als Naherwartung, als unmittelbar bevorstehende Bedrohung sieht. Mag der Zeiger je nach Bedrohungseinschätzung vor- und zurückspringen, so zeigt die Uhr, der eine Weltkarte unterlegt ist, nicht nur die Globalität der Gefährdung. Sie macht auch sinnfällig, dass mit der Erfindung von Atomwaffen ein irreversibler Schritt getan ist, irreversibel wie die verstreichende Zeit. Man mag abrüsten und kontrollieren, aber die nukleare Waffentechnologie ist unwiderruflich in der Welt und kann eingesetzt werden. »Dieses Zeitalter ist das letzte«, schrieb Günther Anders, »die Möglichkeit unserer Selbstauslöschung kann niemals enden – es sei denn durch das Ende selbst«.[3] Seitdem läuft die Uhr, seitdem sind wir in einem ganz technischen Sinne »Letzte Menschen«. 2007 wurden neben der Bedrohung durch Atomwaffen auch Technologien und politische Ereignisse aufgenommen, die den globalen Klimawandel verstärken. Mehr noch als die spektakuläre Demonstration von Zerstörungskraft im Atompilz, der zum Emblem des Atomzeitalters geworden ist, zeigt die stille Uhr einen permanenten Alarmzustand an: eine Welt (sehr) kurz vor dem Ende.

Auch wenn heute kaum weniger Kernwaffen auf der Welt existieren als in der kältesten Phase des Kalten Kriegs, interessieren sie die Öffentlichkeit nur noch am Rande. Es sind die fünfziger und achtziger Jahres des vergangenen Jahrhunderts, die das akuteste Bewusstsein der Gefährdung entwickeln, die sich mit der neuen Waffentechnologie stellt. Vor allem die fünfziger Jahre, in denen die *doomsday clock* fast durchgängig auf sieben bis drei Minuten vor zwölf zeigt, haben am ausdrücklichsten über die historische Zäsur nachgedacht, die sich mit der neuen

Technologie ergibt. »Die Bombe«, wie das ständig wachsende Arsenal nuklearer Waffen vereinfachend genannt wird, ist zugleich eine drohende Zukunft und *Ausfall* aller Zukunft, ein technisch *machbar* gewordenes Ende der Welt. Mit der Möglichkeit, sich selbst auszulöschen, wird die Menschheit de facto zur »letzten Menschheit«, jeder lebende Mensch potentiell zum »Letzten Menschen«.

> Die Atombombe ist heute für die Zukunft der Menschheit drohender als alles sonst. Bisher gab es wohl irreale Vorstellungen des Weltendes. [...] Jetzt aber stehen wir vor der realen Möglichkeit eines solchen Endes. Nicht mehr ein fiktiver Weltuntergang, überhaupt kein Untergang der Welt, sondern die Tötung allen Lebens auf der gesamten Erdoberfläche ist die mögliche Realität, mit der von nun an zu rechnen ist, und zwar – bei dem wachsenden Tempo aller Entwicklungen – schon in naher Zukunft.[4]

Ist die Romantik der Beginn einer Vorstellung vom Weltuntergang als säkularer Katastrophe, so wird mit dem Atomzeitalter die Katastrophe als *Option menschlichen Handelns* greif- und machbar. Das Ende ist nicht mehr von außen hereinbrechende Dunkelheit, sondern ein Schicksal, das die Menschheit sich selbst bereitet. Es ist nicht mehr fernes Zeitende, sondern Naherwartung; nicht mehr erhabene Fiktion, sondern »reale Möglichkeit«; nicht mehr kosmisches Ereignis, sondern menschliche Entscheidung. Anders als die romantische Verdunklung bricht die Katastrophe nicht mehr von außen *über den Menschen herein*, sondern ist etwas, das er selbst *verschuldet* haben wird – entweder als aktive Tat oder als Kontrollverlust über die von ihm hergestellte Technik.

In einem Punkt aber irrt Jaspers, wenn er einen »fiktiven Weltuntergang« von einstmals der mit der Atombombe heute gegebenen »realen Möglichkeit« gegenüberstellt. Die *in der Wirklichkeit* existierende Bombe hat nicht eine *Fiktion* vom möglichen Untergang abgelöst, vielmehr ist die Bombe sowohl in ihren frühesten Entwürfen als auch in ihrer politischen

Funktionalisierung selbst eine Fiktion. Was nicht heißt, dass es sie nicht wirklich gäbe. Es heißt, dass die Bombe vor allem als Imagination, als Rechengröße, Hypothese und Gedankenexperiment ihre eigentliche Wirkung entfaltet. Nicht indem sie eingesetzt wird, sondern indem dieser Einsatz *imaginiert*, d.h. berechnet, simuliert, antizipiert und angedroht wird, prägt sie das Zeitgefühl und politische Gefüge der zweiten Hälfte des 20. Jahrhunderts. Die Rede über sie ist so in mehrfacher Hinsicht durchdrungen von Fiktionalität – einer Fiktionalität, die sie (wie schon Jaspers' Formel andeutet) zugleich reflektiert und als eigenen blinden Fleck verdrängt. Selten wird so viel von »Realität« gewordener »Fiktion« gesprochen wie im Kalten Krieg. Selten wird so intensiv darüber nachgedacht, dass mit der neuen, katastrophischen Waffentechnologie keine »realen« Erfahrungen vorliegen (oder auch experimentell gewonnen werden können) und man daher auf den Modus der Hypothese, der Modellierung oder eben der literarischen Imagination verwiesen ist. Und selten ist eine solche »Fiktion« so unmittelbar politisch operativ geworden. Literatur und Film spielen darum in diesem imaginären Krieg eine besondere, gewissermaßen ›meta-fiktionale‹ Rolle, eine Rolle, die das Nachdenken über die Bombe selbst modelliert, experimentelle Auslotungen von möglichen Zukünften bereitstellt – und so schließlich auch deren Reflexion ermöglicht.

Die letzte Waffe

Die nukleare Apokalypse ist ein Traum, den Literatur und Wissenschaft lange vor dem Bau der ersten Atombombe geträumt hatten. Dieser Traum ist typisch für ein Zukunftsdenken der Moderne, das (von Jules Verne und H. G. Wells über Stanisław Lem bis Michael Crichton) ausgerechnet die Innovationen in der Waffentechnologie als Maß des künftigen Fortschritts nimmt. Die Bombe ist, wie Thomas Brandstetter gezeigt hat, ein Traum von der »totalen Waffe«, und er informiert und inspiriert nicht zuletzt die Wissenschaftler, die sich in den vierziger Jahre daranmachen, ihre Grundlagenforschung zur Kernphysik dann tatsächlich in den Dienst des Bombenbaus im Manhattan Project zu stellen.[5] Schon 1914, unmittelbar vor dem Ersten Weltkrieg, legt H. G. Wells in *The World Set Free* eine fiktive Geschichte des 20. Jahrhunderts vor, in der die Menschheit in den 1930er Jahren Kernspaltung erst als Energiequelle nutzt und dann eine Atombombe baut. Im Zuge eines Weltkrieges in den fünfziger Jahren wird erst Paris, dann Berlin zerbombt und Holland überschwemmt, bis schließlich große Teile Europas in Schutt und Asche liegen. Wells ist dabei unmittelbar am Puls der zeitgenössischen Forschung zur Radioaktivität – deren waffentechnisches Potential er kühn hochrechnet. Die Idee der Atomkraft als schier unerschöpflicher Energiequelle, aber auch Vernichtungswaffe verdankt Wells, wie er in seiner Widmung deutlich macht, dem Chemiker Frederick Soddy, der 1908 seine Forschungen zur Radioaktivität in einem populärwissenschaftlichen Band *The Interpretation of Radium* vorgelegt hatte. Schon Soddy verweist in einem frühen Aufsatz auf das globale katastrophische Potential dieser neuen Energiequelle: Die Erde, so schreibt Soddy schon 1903, sei »ein Warenlager voll von Sprengstoff, der unendlich viel stärker sein wird als alles, was wir heute kennen, und der vermutlich nur auf einen Zünder wartet, um die Erde zurück ins Chaos zu stürzen«.[6] Entsprechend drastisch schildert Wells' Roman die unkontrollierbare Vernichtungskraft der neuen Entscheidungswaffe:

> Einer einmal geworfenen Bombe konnte man sich nicht nähern, bis ihre Energie fast erschöpft war. Sie spie aus dem Krater, den sie aufgerissen hatte, in einem weiten Radius hochaufschießende, weißglühende Dämpfe und höchst gefährliche, mit Carolinum gesättigte Brocken von Stein und Schlamm, die jeweils wieder ein Zentrum sengender und ver-

> nichtender Energie bildeten. Das war der krönende Triumph der militärischen Wissenschaften, der letzte Sprengstoff, der den Krieg entscheiden sollte …[7]

Aber die katastrophische Vernichtungskraft der Bombe, so Wells' Geschichte, hat in letzter Konsequenz ein friedensstiftendes Potential: Der Krieg mit dieser Waffe wird zum »letzten Krieg«. Traumatisiert errichtet die überlebende Rest-Menschheit eine Weltregierung und ein Regime dauerhaften Friedens. – Die totale Waffe, das macht Wells klar, ist Teil einer Phantasie vom »endgültigen« Krieg, *the war to end all wars*. Der (vom Autor begrüßte) Erste Weltkrieg wird diese Phantasie bekanntlich Lügen strafen – gerade *weil* er als »war to end all wars« verstanden wurde. Diese Vorstellung prägt grundlegend die Idee von der Atombombe. Nicht zufällig ist der junge Physiker Leo Szilard, der in den dreißiger Jahren in London mit nuklearen Kettenreaktionen zu experimentieren beginnt, ein großer Wells-Leser, erinnert sich nach seinen ersten Experimenten mit nuklearen Kettenreaktionen an *The World Set Free.*[8] Szilard, später die treibende Kraft hinter der Finanzierung und Etablierung des Manhattan Project, wird mit seiner Initiative für den Bau der Bombe der Wells'schen Idee eines Friedens durch den Besitz der ultimativen Waffe folgen.

Schon lange vor ihrer tatsächlichen technischen Verwirklichung ist »die Bombe« also eine Idee: die Idee einer apokalyptischen oder »letzten« Waffe, die Möglichkeit und das Risiko, durch eine einzige Tat – den berühmten ›Knopfdruck‹ – einen Krieg zu entscheiden und Millionen Menschen zu vernichten. Aber mit dieser Möglichkeit ändert sich fundamental das Konzept von Krieg: Krieg wird virtuell. Der amerikanische Militärstratege Bernard Brodie brachte das schon 1946 auf die Formel von der »absoluten Waffe«: Sie kann nicht mehr zum Gewinnen von Kriegen eingesetzt werden, sondern dient nur noch dazu, einen Krieg durch Abschreckung zu *verhindern.*[9] Die Atombombe ist eine »imaginäre Bombe«, wie der Kalte Krieg ein »imaginärer Krieg« ist,[10] »weder Krieg noch Frieden«,[11] eingefroren durch Waffen, die man nicht benutzen kann.

Genau durch diese Fassung als »absolute Waffe«, die eigentlich nicht eingesetzt werden kann, wird die Bombe zur Metapher einer kollektiven Endlichkeit, in der es um nicht weniger geht als das mögliche *Ende der menschlichen Spezies*. Die Rede über die Bombe ist immer eine Rede über die *Menschheit schlechthin*: »Die Atombombe [...] führt die Menschheit an die Möglichkeit ihrer totalen Vernichtung durch sich selbst«, so etwa Karl Jaspers.[12] Der Wirtschaftsexperte Bernard Baruch bringt es auf die Formel »Weltfrieden oder Weltende« (»*world peace or world destruction*«).[13] – Von Anfang an steht die Bombe für die mögliche Vernichtung der ganzen Welt. »Lange bevor ihre tatsächlichen Effekte bekannt waren«, so Thomas Brandstetter, »pflegte man über die Atombombe in absoluten Kategorien zu urteilen: alles oder nichts.«[14] Schon 1944 entwirft der Science-Fiction-Autor Cleve Cartmill das Szenario einer Waffe, die die Atmosphäre in Brand setzen und die gesamte Welt abfackeln würde. (Cartmills Geschichte, die noch während des laufenden Manhattan Projects in der Science-Fiction-Serie *Astounding Science-Fiction*, März 1944, erschien, war so gut recherchiert, dass sie dem Autor eine FBI-Untersuchung wegen vermeintlichem Zugang zu geheimen Forschungsergebnissen einbrachte. De facto hatte sich Cartmill einfach in der öffentlich zugänglichen Fachpresse informiert.)[15] Zur gleichen Zeit rechnen die Wissenschaftler im Manhattan Project besorgt durch, ob eine Zündung der Atombombe tatsächlich einen Weltenbrand in Gang setzen könnte. Und in den achtziger Jahren entwickeln Physiker und Meteorologen das Szenario vom »nuklearen Winter«, das eine katastrophische weltweite Verdunklung und Abkühlung durch Rauch und Ruß in der Stratosphäre bei einem massiven Einsatz nuklearer Waffen prognostiziert (s. Kap. 3). So ist »die Bombe« eine höchst zwiespältige Phantasie: einerseits der Traum von der Superwaffe, von der nie versiegenden Energiequelle, Instrument der Weltherrschaft oder des Ewigen Friedens – andererseits das greif- und machbar gewordene Weltende, Träger einer apokalyptischen Rhetorik. Sie ist ultimatives Versprechen und ultimative Drohung zugleich.

Apokalypse-Blindheit

Die imaginäre Dimension der Bombe erweist sich mit besonderer Deutlichkeit darin, dass sie immer wieder als das »Unvorstellbare« oder »Undenkbare« adressiert wird. Anders als die Romantik, die nicht müde wird, das Weltende in melancholischen oder krassen Szenerien der Verdunklung auszumalen, kreist der Atombomben-Diskurs um eine *negative Theologie* der Vernichtung: Die Bombe ist das »Nichts«, das »Ende«, die »totale Vernichtung« – das Undenkbare, das gleichwohl gedacht, das Bildlose, das gleichwohl imaginiert werden muss. Günther Anders etwa beklagt in seinen *Thesen zum Atomzeitalter* (1959) die »Apokalypse-Blindheit« seiner Zeitgenossen:

> Die Apokalypsegefahr, in der wir leben, erreicht den Höhepunkt ihrer Bedrohlichkeit dadurch, dass wir nicht darauf eingerichtet, also *unfähig sind, uns die Katastrophe auszumalen.* [...] da wir das totale Nichts herstellen können, darf uns die Begrenztheit der Kapazität unserer Vorstellung, also unsere »Beschränktheit«, nichts angehen. Wir müssen es mindestens *versuchen, das Nichts auch vorzustellen.*[16]

Nicht anders als die romantischen Weltende-Imaginationen entfaltet auch Anders eine Anthropologie der Katastrophe. Die Erfassung dessen, was der Mensch ist, leitet sich ab von seinem Untergang: nun von seiner Fähigkeit, sich selbst als Spezies und die Welt zu vernichten. Die Pointe von Anders' Katastrophenanthropologie ist allerdings nicht mehr die physische Bedürftigkeit des Menschen und seine rationale und moralische Schwäche im Krisenfall, die die Romantik hervorzerrt. Anders geht es vielmehr um eine Kluft innerhalb der menschlichen Rationalität: das »prometheische Gefälle« zwischen technischem Fortschritt und der Reflexion auf dessen Konsequenzen.[17] Er zielt auf eine »Kritik der Grenzen des Menschen, also nicht nur seiner Vernunft, sondern der Grenzen aller seiner Vermögen (der seiner Phantasie, seines Fühlens, seines Verantwortens usf.)«.[18] Die Bombe, so Anders, ist das Symptom der Diskrepanz zwischen der menschlichen Fähigkeit *herzustellen*, und der, sich die Ergebnisse und Konsequenzen dieses Herstellens *vorzustellen*. Sie ist damit Inbegriff einer Überwältigung (oder Vernichtung) des Menschen durch die von ihm selbst hergestellten Geräte.

Anders' anthropologische Technikkritik macht darum die atomare Apokalypse zum Prüfstein für die »Zukunftsfähigkeit« der Menschheit: Gerade die Tatsache, dass der Mensch in der Moderne seine Zukunft selbst entwerfen kann, macht es für Anders wahrscheinlich, dass er sie sehenden Auges verspielen wird.

> […] *die Zukunft ›kommt‹ nicht mehr;* wir verstehen sie nicht mehr als ›kommende‹; *wir machen sie.* Und zwar machen wir sie eben so, dass sie ihre eigene Alternative: die Möglichkeit ihres Abbruchs, die mögliche Zukunftslosigkeit, in sich enthält. Auch wenn dieser Abbruch nicht morgen schon eintritt – durch dasjenige, was wir *heute* tun, kann er übermorgen eintreten oder in der Generation unserer Urenkel oder im ›siebten Geschlecht‹. Da die Effekte dessen, was wir heute tun, *bleiben*, erreichen wir also heute schon diese Zukunft: womit gesagt ist, dass sie in pragmatischem Sinne bereits *gegenwärtig* ist. So gegenwärtig, wie etwa ein Feind ›gegenwärtig‹ ist, wenn er, obwohl im äußerlichen Sinne abwesend, bereits in Reichweite unserer Waffe ist, also von uns getroffen werden kann. Wir haben also Macht über eine Zeit, die wir als ›Zukunft‹ gewöhnlich nicht in Betracht ziehen und nicht in Betracht ziehen können. Unsere Tat leistet mehr als unsere Auffassung. *Wir werfen weiter, als wir Kurzsichtige sehen können.*[19]

Die Bombe ist die Figur dessen, was wir werfen, Projekt und Projektil. Damit ist sie die Figur eines paradoxen Zukunftsverhaltens, das diese Zukunft mit einem Schlag zu vernichten droht, gerade weil es nicht in der Lage ist, diese Zukunft *zu sehen*, aber durchaus in der Lage, diese Zukunft (in einem ballistischen Sinne) zu *treffen*.

Anders' vollmundige Diagnose der »Apokalypse-Blindheit« und der Unfähigkeit, »die Katastrophe auszumalen«, muss mit Blick auf die zeitgenössische Literatur allerdings präzisiert und eingeschränkt werden. Denn als Anders 1959 seine höchst populären *Thesen zum Atomzeitalter* publiziert, sind Literatur und Kino voll von Szenarien des globalen Untergangs. Was nicht erfahren werden kann, muss literarisch imaginiert werden. Und genau das tut, entgegen Anders' Behauptung, die zeitgenössische Fiktion geradezu obsessiv. Die Helden – oder besser: Versuchspersonen dieser literarischen Gedankenexperimente – sind »Letzte Menschen«, Zeugen und Überlebende der großen Zerstörung, nicht unähnlich den Opfern der romantischen Verdunklung. Schon 1949 publiziert George A. Stewart seinen post-apokalyptischen Roman *Earth Abides*, der den Aufbau einer neuen Kultur unter den Überlebenden einer Pandemie schildert; 1951 schildert Arno Schmidts Erzählung *Schwarze Spiegel* die einsame Existenz des letzten Überlebenden einer Atomkatastrophe in der Lüneburger Heide; 1957 wird Becketts *Endgame/Fin de partie* uraufgeführt, dessen ›Handlung‹ (wenn man sie so nennen will) in einem Bunker inmitten einer offensichtlich zerstörten Landschaft spielt (s. dazu Kap. 4); und im gleichen Jahr erscheint der Roman *On the Beach* des Australiers Nevil Shute, dessen Verfilmung 1959 durch Stanley Kramer zu einem der erfolgreichsten Filme wurde, die einen globalen Atomtod schildern. Um nur einige wenige zu nennen.

Gerade mit *On the Beach* lässt sich die Apokalypse-Blindheit, die Anders diagnostiziert, aber schärfer fassen, als Anders das selbst nahelegt. Die menschliche »Blindheit« angesichts der drohenden Katastrophe ist nicht einfach eine Form der Kurzsichtigkeit, sondern eine spezifische Form der Ausblendung und Trivialisierung. Es geht darin weniger um die technische Hybris, die Anders und Jaspers im Sinn haben, als vielmehr um einen seltsamen politischen Quietismus, der die Haltung der fünfziger Jahre zur atomaren Bedrohung sehr präzise auf den Punkt bringt. Shutes Szenario könnte radikaler (und unrealistischer) nicht sein:[20] Die Welt ist durch einen Nuklearkrieg mit Kobaltbomben fast vollständig verstrahlt, in der nördlichen Hemisphäre ist niemand mehr am Leben. Die Radioaktivität breitet sich nun langsam nach Süden aus und kriecht auf Australien zu, den letzten Kontinent, wo noch Menschen am Leben sind und seltsamerweise ganz einfach ihrem Alltag nachgehen. Der Roman schildert das Alltagsleben der Australier und eines in Australien stationierten Unterseeboot-Kommandeurs der US Navy im Angesicht des unaufhaltsam heranrückenden Todes. Die Familienvergnügungen des jungen Paars Peter und Mary, die sich obsessiv um ihren Säugling kümmern, eine sich anbahnende Liebesgeschichte zwischen der jungen Australierin Moira und dem Amerikaner Dwight, dessen gesamte Familie an der Ostküste gestorben ist – all das wäre an sich kaum auch nur Stoff für den langweiligsten Gesellschaftsroman. Was sie so unheimlich macht, ist die Tatsache, dass niemand mehr länger als ein paar Wochen und Tage zu leben hat, aber nichts anderes tut, als diese Tatsache entweder zu verdrängen oder gelegentlich auf einer Party darüber zu lamentieren. Die Australier nehmen eine seltsame Haltung der Verleugnung ein, sie glauben nicht, was sie eigentlich durch tägliche wissenschaftliche Berichte bereits wissen: »Niemand von uns glaubt, dass es je geschehen kann – jedenfalls nicht uns. Wir sind in diesem Punkt alle verrückt, auf die eine oder andere Weise.«[21] Der Amerikaner Dwight spricht von seiner Frau und seinen Kindern in Connecticut, als wären sie noch am Leben; Moira hadert damit, wie »unfair« der Tod der Australier ist, die nicht mal am Krieg beteiligt waren. Das junge Paar plant in Ruhe seinen Garten für die nächsten Jahre.

Natürlich ist der Roman alles andere als ein realistisches Szenario eines globalen Atomkriegs – in dem niemand genau weiß, wann und wie er sterben wird. Dennoch trifft das Buch einen Nerv des apokalyptischen Bewusstseins im Kalten Krieg. Die Australier, die angesichts des heranrückenden Todes stoisch ihre Berufspflichten erfüllen, zu viel trinken, sich verlieben und Strandpicknicks abhalten, erscheinen als eine Allegorie der Existenz angesichts der Bombe – einer Existenz, die ihre tatsächliche tödliche Bedrohung zugleich hilflos beklagt und verdrängt. Alle sind, so die Botschaft des Romans, zum Sterben verurteilt, aber neben gelegentlichen »Duck and Cover«-Übungen und seltsamen Trivialisierungen der »Bombe« leben die Bevölkerungen dies- und jenseits des Eisernen Vorhangs unerschüttert ihren Alltag. Edward Teller zitierte die Verwunderung der sowjetischen Prawda angesichts der Verfilmung: »Welche Sorte Mensch wird das Ende denn ohne jeden Widerstand hinnehmen?!«[22] Aber genau das ist der Punkt: Was Shutes Roman vorführt, ist der seltsame Quietismus einer zum Sterben verurteilten Gemeinschaft, die weder flieht noch in Panik ausbricht noch Schutzmaßnahmen ergreift oder sich zur Wehr setzt. Dieser suizidäre Quietismus ist Shutes Metapher für die Gefügigkeit der Bevölkerungen der fünfziger Jahre angesichts der Bedrohung durch die Atomwaffen. Ihm setzt er in seinem Roman ein zwar maximalistisches, aber seinerseits auch gänzlich unpolitisches Monument des kollektiven Seins-zum-Tode: Der baldige Tod ist gewiss, wird aber im alltäglichen Handeln nicht anerkannt; er ist kollektiv, bleibt aber private Tragödie; er trifft zwar eine Gesellschaft, wird aber nie zum politischen Problem; und er ist eine Folge menschlicher Entscheidungen, wird aber hingenommen wie eine Naturkatastrophe. So ist *On the Beach* die wohl klarste – und zugleich trostloseste – Erläuterung dessen, was Apokalypse-Blindheit sein könnte: eine Haltung, die weiß, aber nicht daran glaubt.

Das Undenkbare denken: Herman Kahn

Die katastrophische Imagination, die Anders einfordert, kann allerdings auch in eine gänzlich andere Richtung führen. Während deutsche Philosophen dazu auffordern, sich »das Nichts vorzustellen«, gerade um es zu verhindern, versuchen amerikanische Think Tanks, allen voran die RAND Corporation und das Hudson Institute, die Katastrophe und ihre Folgen in aller Konkretheit auszumalen, um sie als *machbar* darzustellen. Was wären mögliche künftige Krisensituationen, in denen ein Nuklearschlag notwendig sein könnte? Welche Formen der Abschreckung sind denkbar? Welches wären die gesundheitlichen Folgen eines Angriffs mit Atomwaffen für die Bevölkerung? Welche genetischen Schäden sind zu erwarten? Wie schnell könnte ein Wiederaufbau erfolgen? 1960 publiziert der Chefstratege der RAND Corporation, Herman Kahn, sein Buch *On Thermonuclear War*, ein voluminöses Buch zu den strategischen Optionen und Folgen des Kernwaffeneinsatzes. Ein großer Teil des ersten Kapitels besteht in der Ausmalung einer Welt nach einem massiven Atomschlag: »Werden die Überlebenden die Toten beneiden? Wie viele Tote sind noch ›akzeptabel‹?«, fragt Kahn. Konkret heißt das: Welche konkreten Folgen hat ein Atomschlag? Wie schnell könnte die Infrastruktur wiederhergestellt werden? Welche Gesundheitsschäden erzeugt der radioaktive Fallout? Wie wäre ein effizienter Zivilschutz aufzubauen? Mit welchen Todesraten wäre zu rechnen? – Es sind insbesondere diese Überlegungen, für die Kahn berühmt und berüchtigt wurde, wenn er etwa die Unterschiede zwischen verschiedenen Zivilschutz-Szenarien durchrechnet und lässig Todesraten zwischen fünf und neunzig angibt – in Millionen.[23] Oder wenn er auf einem Meeting des RAND Strategic Objectives Committee eine Strategie mit den Worten empfiehlt, sie würde »*nur* zwei Millionen Tote« mit sich bringen.[24] Kahn geht es um eine *Quantifizierung* der Katastrophe, aber eine, die aus dem einen, globalen apokalyptischen Ereignis eine Vielfalt von lokalen, überschau- und zählbaren Einzeldesastern machen will.[25]

Kahns Denken in Hypothesen verdankt sich dem Mangel an empirischen Erfahrungen mit der neuen Waffe. »Wie viele Nuklearkriege haben Sie denn so in der letzten Zeit geführt?«, pflegte der Zivilist Kahn die Militärs zu fragen, die sich seinen Strategiebelehrungen nicht immer mit Begeisterung unterzogen.[26] »Nuklearwaffen«, so Theodore Draper, »sind zu wirkungsvoll, um eingesetzt zu werden. Dieses Paradox sprengt ... den Vorstellungsraum des militärischen Denkens.«[27] Kahn gibt damit Fiktion – nicht nur als Unterhaltung, sondern als Simulation möglicher Abläufe, als Folgenabschätzung oder als Auslotung notwendiger Maßnahmen – eine konstitutive Rolle im Versuch, Krieg auf dem technischen Stand der neuen Waffe zu denken. Die Wissenschaftler um Kahn lesen Romane wie Peter Georges *Red Alert* (die Romanvorlage zu *Dr. Strangelove*), »um ihren Verstand und ihr Vorstellungsvermögen für den Umgang mit Geschichte zu trainieren, bevor sie passiert«.[28] Hypothetische Narrative bieten die einzige Möglichkeit eines Experimentalraums mit der neuen Waffe. Genau hier setzt Kahns Denken an: im Denken eines »*was wäre wenn ...?*«, das sich im Modus der Hypothese einen Freiraum für Überlegungen schafft, die in ihrer konkreten Umsetzung tatsächlich »undenkbar« wären.

Dabei geht es ihm aber gerade um den Rückbau der zeitgenössischen pauschalen Rede vom »Weltende«. Kahn setzt vielmehr auf die *Denk*- und *Machbarkeit* eines partiellen, begrenzbaren, idealiter nur als »Risiko« gegebenen Kriegs.[29] Darum berechnet er nicht nur die hypothetischen Folgen der Waffentechnologie, sondern auch die strategischen Möglichkeiten und Kalküle, unter denen ihr Einsatz überhaupt sinnvoll ist.[30] Kahn will nicht über das »Ende« sondern über einen Krieg nachdenken. Dennoch hat er wie kaum ein anderer Planer des Nuklearkriegs mit seinen Millionen-Toten-Statistiken nicht nur die apokalyptische Phantasie beflügelt – bis hin zu seinen Verkörperungen in Filmen wie *Dr. Strangelove* und *Fail-Safe.*

Er hat vor allem auch Methoden einer Exploration dieses »Undenkbaren«, dieser möglichen, katastrophischen Zukunft entwickelt und angewendet. Denn es ist gerade Kahn, der die *Fiktionalität* eines »Denkens des Undenkbaren« – so der Titel seines nächsten, insbesondere methodisch programmatischen Buchs – präzise erfasst und zu einem Verfahren der Exploration von Zukunft entwickelt hat, das mehr mit Literatur gemein hat, als auf den ersten Blick sichtbar ist.

Das beginnt bereits in *On Thermonuclear War*. Im dritten Teil nämlich erzählt Kahn eine hypothetische *Geschichte der Zukunft*, die sich – ganz wie Wells' *The World Set Free* – an möglichen waffentechnischen Innovationen orientiert. Einer kurzen Technikgeschichte des Ersten und Zweiten Weltkriegs folgen zwei hypothetische Kriege, die hätten stattfinden können, wenn in der Vergangenheit (des Jahres 1960, in dem *OTW* erscheint), also auf dem technischen Stand der Jahre 1951 (Weltkrieg III) und 1956 (Weltkrieg IV), Krieg *geführt worden wäre*. Von der hypothetischen Geschichte *möglich gewesener* Weltkriege aus schreitet Kahn in den folgenden Szenarien nun in die Zukunft der Weltkriege V bis VIII fort, mit einem achten Weltkrieg im Jahre 1973. Klar wird, dass es sich hier um in der Zukunft liegende Möglichkeiten handelt – Möglichkeiten, die zunehmend mit Unbekannten rechnen müssen. Es sind hypothetische Situationen, die eine kleine und konstante Anzahl von Variablen in immer neuen Varianten durchrechnen. Aus dieser Form einer hypothetischen *Historiographie der Zukunft* wird Kahn später den methodischen Kern seiner futurologischen Forschungen entwickeln: die Szenariotechnik, in der hypothetische Entwicklungen dann als *alternative* Verläufe *nebeneinander gestellt* und möglichst detailliert ›ausgemalt‹ werden (einige Bemerkungen dazu schon in der Einleitung). Die Vorzüge des Szenarios liegen für Kahn in der Möglichkeit, Ordnung in die Unordnung der Gegenwart und Zukunft zu bringen, gerade wenn keinerlei Erfahrungen mit dem vorliegen, was kommen könnte.

> Nuklearkriege sind nicht nur unerfreuliche Ereignisse, sie sind glücklicherweise vor allem auch Ereignisse, mit denen wir keine Erfahrung haben. Und mit den Krisensituationen, die in solchen Kriegen auftauchen, haben wir ebenso wenig Erfahrung.[31]

Genau deshalb, so Kahn, braucht es »Hilfsmittel für die Vorstellungskraft«.[32] In vieler Hinsicht ähneln Szenarien damit den Verfahren der Literatur: Detailliertheit, »dichte Beschreibung«, Fokalisierung auf individuelle Akteure, aber auch den Blick auf die Gesamtsituation und die vielfältigen Faktoren, die sie ausmachen (könnten):

> Szenarien sind eine Möglichkeit, sich und andere dazu zu zwingen, sich mit den schnellen Veränderungen in der Gegenwart und Zukunft auseinander zu setzen, indem man bestimmte Möglichkeiten darin dramatisiert und illustriert. [...] Sie helfen, die Wechselbeziehungen zwischen psychologischen, sozialen, politischen und militärischen Faktoren zu erhellen, und den Einfluß besonderer politischer Persönlichkeiten auf das zu betrachten, was andernfalls nur eine abstrakte Analyse bleiben würde. Sie ermöglichen dabei ein gleichzeitiges Verständnis von vielfältigen interagierenden Faktoren. [...] Man kann Szenarien auch als künstliche »Fallgeschichten« oder »historische Anekdoten« verstehen [...] Sie sind eher literarische und pädagogische Werkzeuge als präzise Analyseinstrumente; aber sie sind auch höchst nützlich, Leute zu stimulieren, Situationen zu illustrieren und zu vermitteln, und um sowohl Präzision als auch Detailfülle in die Kommunikation einzubringen; und schließlich, um Details zu überprüfen [...][33]

Kahns Explikation der Vorzüge von Szenariotechnik liest sich wie eine Fiktionstheorie in nuce: Die Möglichkeit, Detailfülle und eine Makroanalyse miteinander zu verbinden; eine Situation auf ihre innere Plausibiltät und ihre interne Entwicklungsdynamik hin zu entwerfen; »Fallgeschichten« zu erzählen, die immer auch eine exemplarische Erklärungskraft haben; komplexe Figurengeflechte in ihrer Interaktion zu beschreiben – Szenariotechnik erscheint als eine Poetologie der möglichen Zukünfte. Was Kahn in den folgenden Jahrzehnten schreibt, sind solche alternativen *Geschichten der Zukunft:* der zukünftigen Katastrophen, ihrer Möglichkeiten, ihrer Planbarkeit, ihrer Wahrscheinlichkeit – später auch ganz unkriegerischen Entwicklungen wie Wirtschaftswachstum und technischem Fortschritt. Wells' literarische Historiographie der Zukunft wird im Durchgang durch Kahns Entwicklung der Szenariotechnik zur narrativen Matrix der modernen Futurologie. Was er erzählt (und was die Szenariotechnik von Wells' Historiographie der Zukunft unterscheidet), sind nicht mehr Geschichten *einer* möglichen Zukunft, sondern vielfältige gleichermaßen mögliche, alternative Geschichten der Zukunft. Aber Kahn ist nicht der Einzige, der die Szenariotechnik fruchtbar macht, um die Handlungsoptionen, Details, Konsequenzen und unzähligen Perspektiven auszuleuchten, die die Möglichkeit der nuklearen Massenvernichtung aufwerfen. Im Kalten Krieg sind Literatur und planerische Antizipation der Katastrophe kaum mehr zu trennen.

Sicherheit durch Risiko: Dr. Szilards MAD

Ist Kahns Perspektive auf die ›Machbarkeit‹ des Krieges in ihrem Kern anti-apokalyptisch, so spielt doch, wie Jacques Derrida 1984 bemerkte, die Apokalypse für die ›Eingefrorenheit‹ des Kalten Krieges gerade die Rolle eines stabilisierenden Phantasmas. Die Imagination der Katastrophe ist, so Derrida, eine »rhetorische Figur«, eine »Erfindung« oder »Fiktion« – allerdings eine, die unmittelbar in die Realität des Konflikts hineinreicht oder genauer: diese Realität konstituiert.[34] Derrida schlug vor, dieser Fiktion mit einem »*nuclear criticism*«, einer rhetorisch geschulten Analyse ihrer textuellen Natur beizukommen. Aber die Pointe dieser Fiktion war gerade, dass sie als solche – als Fiktion, als Narrativ, als Hypothese – unmittelbar *politisch operativ* wird. Denn die zentrale Sicherheits- und Stabilisierungsmaßnahme des Kalten Krieges, die Strategie der gegenseitigen Abschreckung, beruht gerade nicht auf Fakten und Realitäten, nicht auf gegebenen Waffenarsenalen und militärischer Übermacht, sondern auf den Erzählungen und Hypothesen, die beide Gegner über ihr gegenseitiges zukünftiges Verhalten entwickeln. Es ist dabei kein Zufall, dass die Doktrin der *Mutual Assured Destruction* (MAD) keine Idee von Generälen oder Außenpolitikern ist, sondern von Mathematikern entwickelt wurde. Albert Wohlstetter schrieb 1953 für die RAND Corporation den ersten Entwurf einer Strategie der »Fähigkeit zum Vergeltungsschlag« (»*second strike capability*«),[35] die darauf beruht, den Gegner dadurch von einem Angriff abzuschrecken, dass man in jedem Fall die Fähigkeit zum Gegenschlag aufrechterhält. Bernard Brodie, der die Formel von der »absoluten Waffe« geprägt hatte, arbeitete diese Einsicht zu einer neuen Abschreckungsstrategie aus.[36] Die Balance der MAD, das »Gleichgewicht des Schreckens«, liegt dabei in der »Garantiertheit« der »gegenseitigen« Vernichtung – d. h. im Vergeltungsschlag. *Sicherheit* besteht nur, wenn ein Erstschlag sich nicht »lohnt«, weil er auch für den Angreifer noch verheerende Folgen haben wird. Die Idee, dass eine glaubwürdige Fähigkeit zum Vergeltungsschlag eine Versicherung gegen einen zukünftigen Erstschlag des Gegners wäre, folgt der abstrakten, spieltheoretischen Logik, dass es für beide Gegner ein zu hohes Risiko bedeutet, überhaupt anzugreifen. Die gleiche Logik impliziert aber auch, dass es ebenso riskant wäre, abzurüsten, selbst wenn es ökonomisch sinnvoll wäre.

MAD bedeutet damit ein hyperrationales Kalkül auf die Zukunft, das darauf beruht, dass beide Gegner ihre Entscheidung von den Entscheidungsoptionen des jeweils anderen abhängig machen. Die Grundlage dafür ist die Spieltheorie. Sie bietet eine Konfliktmodellierung, die davon ausgeht, dass jeder der beiden Gegner zwar einerseits den größtmöglichen Profit in einem gegebenen Konflikt sucht, andererseits aber auch ein möglichst geringes Risiko eingehen will. Spieltheorie, am deutlichsten in ihrem berühmtesten Beispiel, dem »Gefangenendilemma«, geht von einer Situation aus, in der beide Spieler logisch durchrechnen, was nicht nur die eigenen, sondern auch die Optionen des Gegenspielers sind.[37] Von hier aus lässt sich – zumindest in der Theorie – erschließen, welche Schritte des Gegners wahrscheinlich sind: Kann er einen »Profit« erwarten, wenn er zuerst losschlägt? Ist das Gegenschlagsrisiko für ihn gering genug? Ein Erstschlag ›lohnt‹ sich nur so lange, wie der Angreifer damit rechnen kann, mehr oder minder ›ungestraft‹ davonzukommen. Das bedeutet für den Gegenspieler, sich einerseits möglichst gut gegen einen Angriff zu schützen, andererseits fordert es ihn dazu auf, den Gegenschlag möglichst sicher und furchterregend zu machen – oder jedenfalls: erscheinen zu lassen.

In der MAD wird die apokalyptische Phantasie unmittelbar politisch operativ. Ein Kalkül, das die Stabilität der politischen Situation von der Glaubhaftigkeit eines Vergeltungsschlags abhängig macht, tendiert dazu, den eigenen Spieleinsatz immer weiter zu erhöhen. Je desaströser der Einsatz der Nuklearwaffen imaginiert werden muss, je ›garantierter‹ Bevölkerung vernichtet, je mehr Landschaft unbewohnbar gemacht werden *könnte*, desto wirksamer die Abschreckung. Sicherheit und Risikominderung – die Vorstellung einer Zukunft *ohne* die Wahrscheinlichkeit eines Kriegsausbruchs – entsteht also gerade durch die *Erhöhung* des Zerstörungspotentials. Diese Paradoxie verdankt sich der ausschließlich hypothetischen Natur des Kalküls der MAD, die immer weitere Verschärfungen denkbar macht. Der Phantasie sind – in einem anderen Sinne als Anders sich das wünschte – keine Grenzen gesetzt.

Und so entstehen immer neue, immer phantastischere Vorschläge der *apokalyptischen Absicherung* – eines Sicherheitskalküls, das gerade in der Verschärfung der Zerstörungskraft besteht. Bezeichnend ist, dass sich nun Fiktionen – Literatur und Film – selbst in den Diskurs der MAD einschalten und mehr oder minder ernst gemeinte Vorschläge unterbreiten, wie die fragile Stabilität der Abschreckung aufrechtzuerhalten sein könnte. Literatur liefert nicht nur – mit Wells' Entwurf einer *Historiographie der Zukunft* – die narrative Form der Szenarien, wie sie Kahn in *On Thermonuclear War* entfaltet; sie meldet sich auch mit ganz konkreten Vorschlägen zu Wort. Der zweifellos bekannteste ist jenes »Doomsday Device«, eine Maschine, die bei einem Angriff automatisch einen verheerenden Vergeltungsschlag auslösen würde. Es ist ein Vorschlag, den Kahn allen Ernstes diskutiert,[38] der aber vor allem durch Stanley Kubricks MAD-Farce *Dr. Stangelove or: How I Learned to Stop Worrying and Love the Bomb* (1964) berühmt wurde.[39] Ein anderer Vorschlag in diese Richtung stammt vom Wells-Leser Leo Szilard, der sich – nachdem er die Atombombe erfolgreich mitentwickelt hatte – zu einem der schärfsten Kritiker ihres Einsatzes gewandelt hatte. Im Oktober 1955 und im Februar 1960 formuliert er im *Bulletin of the Atomic Scientist* Varianten eines Vorschlags, der die Lektion der Spieltheorie aufgreift – aber nicht, um sie zu kritisieren, sondern um sie zu *überbieten*: Da die Stabilität zwischen den Gegnern nur durch ein glaubhaftes Zerstörungspotential auf beiden Seiten garantiert sei, solle man auf ein geordnetes *»tit for tat«* umstellen.[40] Wenn der Gegner bei einem Angriff eine Stadt zerstört, muss er damit rechnen, dass bei ihm eine Stadt gleicher Größe in Schutt und Asche gelegt wird.[41] Das Problem eines solchen Abkommens ist klar: Einerseits muss es »glaubwürdig« sein, andererseits erfordert es ein extremes Maß an gegenseitiger Absprache und Kontrolle – kurzum: an Kommunikation. Kein Geringerer als Herman Kahn lobte die »Bizarrheit« des Vorschlags, die die »Bizarrheit des Gleichgewichts des Schreckens« spiegele.[42]

Aber Szilards ernst gemeinter rüstungspolitischer Vorschlag verhallt ungehört – woraufhin er die Textsorte wechselt. 1962 veröffentlicht er die Erzählung *The Mined Cities*, die das Stadt-für-Stadt-Modell ganz konkret umsetzt.[43] Es ist ein Versuch in literarischer Futurologie, ganz wie Wells' *The World Set Free*. Die Geschichte lässt den Ich-Erzähler, der sich 1962 für 18 Jahre hat einfrieren lassen, im Jahre 1980 erwachen, wo ihm nun erklärt werden muss, warum der Weltfrieden seit Jahrzehnten stabil ist. Die Idee, die das ermöglicht hat, ist einfach, demokratisch und erstaunlich sicher: In den USA und der Sowjetunion sind jeweils unter 15 Städten H-Bomben gelegt worden, die von einer Besatzung aus dem jeweils gegnerischen Land bewacht werden und bei einem Angriff auf das eigene Land gezündet werden könnten. Mittlerweile hat die Welt einige internationale Krisen gut überstanden, ohne dass eine Stadt in die Luft gejagt worden sei.[44] Die Besatzungen unter jeder Stadt haben ihre Familien in der gegnerischen Partnerstadt und würden im Ernstfall mit einfacher Mehrheit entscheiden, ob sie sich selbst zusammen mit der Stadt in die Luft sprengen, um für den Angriff auf die eigene Heimat Rache zu üben. Diese Lösung ist der Traum aller spieltheoretischen Konfliktmodellierungen: hyperrational, leicht verständlich und durch den Entscheidungsspielraum der Besatzungen, die aus der Bevölkerung rekrutiert werden, sogar demokratisch.

Szilard nutzt dabei die Stärke einer Historiographie der Zukunft, die er direkt von Wells übernimmt: Er kann von Erfahrungen mit einem System berichten, das noch nicht einmal installiert ist. Genau wie Wells denkt er Krieg als geordneten Schlagabtausch. Kaum wird in *The World Set Free* Paris zerbombt, muss auch Berlin daran glauben: »›Nun‹, sagte er, ›es gibt nichts mehr auf Erden, das uns davor zurückhalten könnte, nach Berlin zu fliegen und es denen mit gleicher Münze heimzuzahlen … (*giving them tit-for-tat*).«[45] Hatten Szilards Artikel das Für und Wider eines solchen *tit-for-tat*-Modells der geopferten Städte nur argumentativ darstellen können, so ermöglicht die Fiktion eines *Rückblicks* aus dem Jahr 1980 nicht nur eine klare Beschreibung des in der Zukunft *bereits existierenden*

Systems, sondern auch ihre Vorgeschichte und die Erfahrungen damit. Ironisch verzahnt Szilard dabei seine Fiktion mit seinen eigenen wissenschaftlichen Vorschlägen:

> Übrigens ist diese ganze Entwicklung von Szilard in seinem Buch *Die Stimme der Delphine* bis hierher richtig vorausgesagt worden. Das ist natürlich ein Zufall, denn niemand kann die Zukunft richtig voraussagen. Die meisten Leute können nicht einmal die Vergangenheit richtig wiedergeben.[46]

Literatur hat hier den epistemologischen Vorzug der fiktiven Allwissenheit, des narrativen Zeitsprungs und der ironischen Selbstreflexivität. Sie ermöglicht Szilard als Entwickler und Kritiker der Bombe jene paradoxe Haltung, die Bernhard Dotzler auf den Punkt gebracht hat: »[...] der latenten Inkonsequenz, trotz der Einsicht in seine Gefährlichkeit von diesem Tun nicht lassen zu wollen, entspricht die Konsequenz, ab dem Moment dieser Einsicht das Wissen als solches auszuloten, die Realität seiner Denkmöglichkeiten, deren jede planbare (oder verhinderbare) Anwendung immer schon übersteigende Wirkmacht. Und das eben ist, wo sie diesen Namen verdient, Science-Fiction.«[47]

Aber Szilard zielt noch auf einen anderen Vorzug des Literarischen – seine Wirksamkeit als Kommunikationsmittel in einer politischen Situation, in der Kommunikation überlebenswichtig ist. Während sein Aufsatz von 1960 auf wenig Verständnis gestoßen war, hegte Szilard für seine Erzählungen große Hoffnungen: Die Erzählung *The Voice of the Dolphins* enthält eine ausführliche, überraschend treffende Geschichte der Zukunft 1960–1988, mit der sich Szilard nicht nur der Kennedy-Administration als Berater empfehlen will, sondern auch Nikita Chruschtschow, den er 1960 persönlich kennengelernt hatte. Für ein Treffen im Winter 1960 in Moskau (das nicht zustande kam) hatte er Auszüge der Geschichte ins Russische übersetzt, die er dem sowjetischen Premier zu lesen geben wollte.[48] Für Szilard ist Literatur angewandte Futurologie und Politikberatung – ein privilegiertes Kommunikationsmedium, das im hochriskanten Patt der MAD umso notwendiger ist, als im spekulativen Raum eines hypothetischen Krieges *alles*, jedes Konfliktszenario, jede Zivilschutzmaßnahme, jede Nachrüstung immer schon ›Kommunikation‹ ist – aber eine, die gefangen ist im phantasmatischen Echoraum gegenseitiger Berechnung. Auch die Szenarien, die ein Kahn entwirft, sind immer schon eine Nachricht: Wir werden zuschlagen, wenn es nötig ist. Wir haben unsere Optionen berechnet. Wir werden eskalieren.[49] Innerhalb der Logik des *tit-for-tat* wird Literatur zum Mittel der Kommunikation wie jenes »rote Telefon«, das in *The Mined Cities* zum ersten Mal angedacht wird – und später tatsächlich zwischen den USA und der UdSSR eingerichtet wird.[50] Es verkörpert, was Szilards Literatur der Abschreckung will: Nachrichten überbringen, Gehör finden, Kommunikation herstellen. Szilard zielt darauf, ein »meta-stabiles« Gleichgewicht der Abschreckung zu etablieren, ein bewegliches Gleichgewicht, das sich selbst in Balance hält, weil im Notfall Kommunikation stattfindet. Wie die spieltheoretischen Spekulationen über die Handlungsoptionen des Gegners, auf denen die MAD beruht, wird Literatur in dieser Logik zu einer anderen stabilisierenden Fiktion: Um die heikle Lage in der Gegenwart konstant zu halten, erzählt sie von einer a-katastrophischen Zukunft, in der alles so geblieben sein wird wie jetzt.

Das obszöne Begehren nach dem Ende: »Dr. Strangelove« und »Fail-Safe«

Unfreiwillig zeigt Szilards Vorschlag zur Stabilisierung der MAD aber noch etwas anderes: Die eigentliche *Ultima Ratio* der MAD ist geplanter, immer schon in Kauf genommener *Selbstmord*. Brian Massumi hat die tautologische Struktur der Abschreckung aufgezeigt, die im Grunde einen *»self-causal* *loop*« erzeugt: »Weil der Glaube an die Zukünftigkeit der Drohung fest in der Gegenwart verankert ist, schließt Abschreckung ihren eigenen Effekt kurz. Sie schreckt sich selbst ab.«[51] In letzter Konsequenz bedeutet das, die Drohung der Vernichtung des Gegners durch die Bereitschaft zur eigenen Auslöschung glaubhaft zu machen. Der Wille zur Selbstvernichtung – das sehen Philosophen wie Anders und Jaspers ganz richtig –, ist der eigentliche, verborgene und uneingestehbare Kern der MAD. Die Sicherheit erfordert verrückterweise das Risiko des Lebens. Wenn MAD selbst aber ein Glauben, eine Fiktion oder Hypothesenbildung ist, dann sind es umgekehrt auch Fiktionen, die besonders geeignet sind, diese dunkle Kehrseite zu beleuchten, das obszöne Begehren nach der Katastrophe. Stanley Kubricks *Dr. Strangelove* und Sidney Lumets *Fail-Safe* (beide 1964 mit einem relativ ähnlichen Plot) geht es darum, gerade die blinden Flecken in der Logik der Abschreckung auszuleuchten.

Dabei sind die beiden Filme zwei Variationen über das gleiche Thema – einmal als Tragödie (*Fail-Safe*) und einmal als Farce (*Dr. Strangelove*). Wie nicht anders zu erwarten, hatte die Farce den ungleich größeren Erfolg. *Dr. Strangelove* beschränkt sich in einer präzisen Komposition im Wesentlichen auf drei Schauplätze (eine Airbase, einen B52-Bomber und den War-Room des Pentagon) und einen einzigen Darsteller für die drei wichtigsten Rollen (Peter Sellers als Verbindungsoffizier auf der Airbase, als amerikanischer Präsident und als dessen Berater Dr. Strangelove). Angelehnt an die Szenariotechnik, die einen Konflikt in ausgewählte Einzelaspekte zerlegt und diese narrativ fortspinnt, leuchtet Kubrick genau die Lücke aus, die die Hyperrationalität der spieltheoretischen Feindspekulation offen lässt: die Möglichkeit, dass die Gegner nicht so rational sind, wie die Konfliktmodellierungen unterstellen. Kubrick feiert den Einbruch der Irrationalität in das Gleichgewicht der Abschreckungskalküle. Aufseiten der Amerikaner hat ein paranoider General im Alleingang einen Angriff auf die Sowjetunion ausgelöst; einer der B52-Bomber, der mit nuklearer Bombenfracht auf Moskau zurast, kann aufgrund eines technischen Defekts nicht mehr zurückgerufen werden. Im War Room des Pentagon setzt sich daraufhin ein Krisenstab aus amerikanischem Präsidenten, militärischen Beratern, russischem Botschafter und dem unvermeidlichen wissenschaftlichen Berater – Dr. Strangelove – zusammen; der Präsident telefoniert mit dem (nicht ganz nüchternen) sowjetischen Premierminister. Es stellt sich heraus, dass die Russen längst das Doomsday Device haben – aber vergessen haben, es den Amerikanern mitzuteilen. Aufseiten der Russen ist es also nicht Wahnsinn, sondern schiere Dummheit (oder die Tatsache, dass sie Kahns Überlegungen zur Doomsday-Maschine nicht gelesen haben), die dann zum endgültigen Weltende führt. Sie haben nicht verstanden, dass Abschreckung nur funktioniert, wenn man den Gegner davon *wissen lässt.* »Das Ganze ist sinnlos, wenn man es geheim hält!«, schilt sie Dr. Strangelove.[52] Kubrick treibt damit den Schwachpunkt der spieltheoretisch-rationalen Modellierung der Feindschaft hervor: Beide Gegner sind unfähig, ihre eigenen Handlungsmöglichkeiten rational zu analysieren. Ein Gegner, der zu dumm (Russen) oder zu verrückt (Amerikaner) ist, die für ihn selbst optimale Strategie zu verfolgen, ist in der Welt logisch-rationaler Konfliktsimulation schlechterdings der Weltuntergang. Die Apokalypse, die am Ende mit grotesker Glorie eintritt, ist in *Dr. Strangelove* der Zusammenprall einer hochrationalen Sicherheitsstrategie, die menschliches Versagen ausschließen will, mit dem totalen Ausfall an Rationalität.

Diesen Ausfall an Rationalität kann man als Farce inszenieren – und diesen Weg wählt Kubrick mit großem Nachdruck. Den ganzen Film durchzieht eine überdeutliche sexuelle Metaphorik – von der anfänglichen Flugzeug-Kopulation beim Auftanken in der Luft im Vorspann bis zu den albernen Namen der Protagonisten und Orte (wie General Jack D. Ripper, Burpleson Airbase, Botschafter deSadeski und nicht zuletzt

Dr. Strangelove selbst) und dem orgasmischen Ritt des Major Kong auf der fallenden Bombe. Kubrick geht es nicht nur um den Nachweis, dass das hyperrationale Kalkül der MAD an allzumenschlicher Geistesschwäche scheitern könnte. Es geht ihm ausdrücklich um das *Obszöne* dieses Kalküls. Es basiert im Grunde – wie Szilards Modell der unterminierten Städte – auf einem versteckten, uneingestehbaren Wunsch, man könnte sogar sagen: einer ›schweinischen Begierde‹ nach der Katastrophe, so wie die Protagonisten des Films wenig Unterschiede zwischen ihren sexuellen Obsessionen und der Weltpolitik machen. Sextrieb und Untergangstrieb sind miteinander verwoben in einem »Samson-Komplex«, der darauf zielt, sich selbst und den Gegner zusammen zu vernichten.[53] Die *Ultima Ratio* der MAD, so macht Kubrick deutlich, ist ein (Selbst-)Vernichtungstrieb, ein Trieb, der gerade in seiner Banalität und Produktivität nicht zu unterscheiden ist vom Trieb nach Sex.

Noch deutlicher wird dieses *Begehren nach der Vernichtung* im Herzen der MAD, in Sidney Lumets *Fail-Safe*. Sein Film ist der Versuch, MAD nicht als Wahnsinn, sondern als Tragödie zu inszenieren. Lumet lässt Herman Kahn in Gestalt seines Wissenschaftlers Prof. Groteschele (Walter Matthau) selbst auftreten und entsetzten Gästen auf einer Party die Vorzüge einer Kriegführung auseinandersetzen, die statt 100 Millionen »nur« 60 Millionen Tote kosten würde.[54] Mit Kahn'scher Jovialität fügt er hinzu: »Alles natürlich nur eine Hypothese, aber es macht Spaß, damit zu spielen.« Erregt von der Idee des kollektiven Untergangs sagt ihm eine verführerische Party-Schönheit: »Wir wissen alle, dass wir sterben werden, aber sie machen ein Spiel daraus, ein wundervolles Spiel, das die ganze Welt umfasst.« Aber das ist natürlich ein Begehren, das Groteschele-Kahn (anders als Kubricks Dr. Strangelove) nicht anerkennen kann – er ohrfeigt die Dame. Im weiteren Verlauf des Films tritt er dann als eloquenter Advokat eines gewinn- und limitierbaren Krieges auf. Was das konkret heißt, zeigt die eintretende

Krise: Ein unbekanntes Flugzeug dringt in den Luftraum der USA ein; »Vindicator«-Bomber fliegen daraufhin auf die UdSSR zu; durch einen technischen Fehler wird ein »*go code*« an sechs Flugzeuge übermittelt, die nun Kurs auf Moskau nehmen, um die Stadt zu bombardieren.

Lumet, so scheint es, hat Szilards Szenario sehr aufmerksam gelesen. Denn was folgt, ist der tragische Zusammenbruch der Kommunikation, deren Fortbestand Szilard sowohl durch seine Erzählungen wie durch seine Erfindung des »roten Telefons« sicherstellen wollte. Weder kann die telefonische Verständigung zwischen US-Präsidenten und russischem Premier die Bombardierung verhindern, noch lässt sich das Flugzeug zurückrufen, selbst als die Frau des Piloten ans Funkgerät geholt wird, um den Rückruf glaubwürdig zu machen. Was *Fail-Safe* vorführt, ist nicht der Einbruch menschlicher Irrationalität in das hyperrationale Kalkül der MAD, sondern gerade umgekehrt das selbstmörderische Festhalten der menschlichen Akteure an der »ausfallsicheren« Prozedur der MAD. Das Problem sind hier nicht geistlose Doomsday-Maschinen, sondern Menschen, die wie Maschinen vorgegebene Protokolle ausführen und Kommunikation verweigern.[55] Der Pilot, den seine Vorgesetzten und seine Frau anflehen umzukehren, folgt eisern den Vorschriften und schaltet das Empfangsgerät ab. So spielt sich der Krieg am Ende in den Kommunikationsmedien ab: Die Bombardierung von Moskau wird in Echtzeit durch den Pfeifton angezeigt, den das Telefon des amerikanischen Botschafters vor Ort beim Zerschmelzen abgibt. Wie ein Automat der MAD agiert dann auch der amerikanische Präsident. Dem eisernen Gebot des *tit-for-tat* folgend, scheint ihm nur eine Möglichkeit zu bleiben, die Russen zu besänftigen: eine eigene Stadt zu zerstören. Er lässt New York bombardieren, obwohl sich dort seine Frau befindet, und zwar durch einen General, der ebenfalls seine Familie dort hat. Mehr noch als *Dr. Strangelove* folgt Lumets Film exakt der suizidären Gegenseitigkeitslogik, die Szilards Modell der verminten Städte vorschlägt. Aber er interpretiert diese Logik, anders als Kubrick, nicht als albern-obszönes Begehren nach dem Weltende, sondern als – vermeintliche – tragische Notwendigkeit der Selbstzerstörung.

Was Lumet und Kubrick freilegen, ist die verleugnete Kehrseite eines Sicherheitskalküls, das gerade mit der beiderseitigen Erhöhung des Risikos Sicherheit schaffen will. Die apokalyptische Phantasie treibt die blinden Flecken des hyperrationalen, aber letztendlich unsteuerbaren, weil »ausfallsicheren« und damit selbstmörderischen Kalküls hervor, das von »der Bombe« eben gerade *nicht* stabilisiert wird. In dieser Hinsicht sind die Filme *Dr. Strangelove* und *Fail-Safe* luzide, meta-fiktionale Kommentare auf die Fiktionen und Kalküle eines Herman Kahn und Leo Szilard, die sich beide noch im logischen Raum der MAD bewegen. Was sie in ihrer obszönen oder tragischen Überspitzung aber vorführen, sind nicht nur die logischen und politischen Kurzschlüsse der Abschreckung, sondern vielleicht auch die seltsame Trieblogik, der die MAD heimlich folgt: Es geht gar nicht so sehr um Absicherung und Schutz, sondern um den Wunsch nach einem kollektiven Sterben. In *Fail-Safe* wird dies zur tragischen Wahl eines Tötens der eigenen Leute. *Dr. Strangelove* geht noch einen Schritt weiter: Zu den Tönen des Weltkriegsschlagers »We'll meet again« lässt er die gesamte Welt unter den Detonationen der Doomsday-Maschine untergehen. Noch einmal wird das »*Atomic sublime*« bemüht – und in seiner ganzen Obszönität lächerlich gemacht. Kubrick enthüllt damit ein Begehren nach der Katastrophe, das diese herbeiträumt, während sie behauptet, sie verhindern zu wollen.

Damit legt vor allem *Dr. Strangelove* eine politische Agenda frei, die nicht mehr der Freund-Feind-Logik des Kalten Kriegs unterliegt, sondern diese verborgen und uneingestehbar durchkreuzt. In ihr geht es nicht mehr um Kalküle zwischen Gegnern, sondern gerade um das, was beide verbindet: dass sie *lebende Menschen* sind. Sie zeigt sich – ex negativo – schon in jener totalisierenden Rede von der *Menschheit als Ganze*, die sich durch die Atomwaffentechnologie nun auch als Ganze auslöschen kann. Das Begehren nach der Katastrophe, das dem Kalten Krieg unterliegt, scheint um eine seltsame, ständig beschworene und ständig verleugnete Phantasie zu kreisen: *Alle Menschen werden gleichzeitig sterben.* Der Tod wirft den Einzelnen nicht mehr auf seine individuelle Endlichkeit zurück; der Tod ist nicht mehr ungerecht. Niemand kann vom anderen überlebt werden. Freund und Feind werden gemeinsam untergehen. Das große gemeinsame Ende gibt jedem Einzelnen immerhin die Genugtuung, dass die Welt nach seinem Ende auch nicht mehr weitergehen wird. Die globale Katastrophe, so hat Hans Blumenberg argumentiert, ist der Zusammenfall von Lebenszeit und Weltzeit, die »Aufhebung des Ärgernisses, welches der einzelne daran nimmt, dass die Welt über die Grenzen seiner Lebenszeit hinweg unberührt fortbesteht; [...] Nicht überlebt werden zu können, ist der Trost, der an der Mitteilung hängt, man würde zwar – wie ohnehin durch den Tod – verlieren müssen, was man an der Welt und in der Welt hat – aber in und mit dem Verlust aller.«[56] Für diese heimliche Phantasie vom gleichzeitigen und gemeinsamen Sterben, so scheint mir, steht »die Bombe« und das uneingestehbare Begehren nach ihr, die negative Theologie, die sich um sie ansiedelt. Das »Nichts vorzustellen«, wie Günther Anders fordert, kann auch Versprechen sein: das einer globalen Gemeinschaft der Morituri. So durchgeistert diese Phantasie uneingestanden den apokalyptischen Diskurs der pazifistischen Bewegung ebenso wie die Millionen-Tote-Statistiken eines Herman Kahn oder die *tit-for-tat*-Kalküle der MAD. Im gemeinsamen Sterben aller ist eine Einheit und Gleichheit heraufbeschworen, die die Menschheit nur im gemeinsamen Untergang haben kann.

So ist der Letzte Mensch des Atomzeitalters einer, der sein eigenes Ende nicht nur beobachtet, sondern auch sehenden Auges selbst verschuldet. Er taucht im Bild vom Atomblitz nicht auf, weil er auf den Auslöser drückt: auf den der Kamera wie den der Bombe. Gerade der Versuch, im Rahmen der selbst hergestellten Technologie Sicherheit durch Erhöhung des

Spieleinsatzes herzustellen, legt die Grenzen dieses atomaren Letzten Menschen frei. Es sind einerseits Grenzen der Klarsicht, jene gut informierte »Apokalypse-Blindheit«, die Shutes *On the Beach* als beredte Verleugnung, als quietistisches Festhalten am Alltag und als apolitisches Privatisieren beleuchtet. Die »Apokalypse-Blindheit« ist das *notwendige Pendant* eines sehr genauen Wissens um die drohende Katastrophe, das Pendant vielleicht auch einer permanenten Beschäftigung mit ihr – ohne die Fähigkeit, aus ihrer suizidalen Logik auszuscheren. In exakt dieser Hinsicht reicht die Blindheit des Atomzeitalters noch in unsere Gegenwart und die Frage, ob sich in der aktuellen Faszination für Szenarien des globalen Untergangs nicht etwas Ähnliches verbirgt wie die rätselhafte Ruhe der Australier bei Shute. – Die Grenzen des Letzten Menschen sind andererseits Grenzen des Voraussehens und Kalkulierens: Die Politik der Abschreckung kann nur in Tautologien der Gegenseitigkeit operieren, in der beide Gegner exakte Spiegelbilder von einander sind und die Natur der Gefahr absolut klar ist. Das unterscheidet die Politik der Abschreckung im Kalten Krieg von Regimes der Prävention und Sicherheit heute, die gerade nicht genau wissen, woher die Gefahr droht, und die mit Katastrophen hantieren, die nicht auf eine Entscheidung, ein kalkulierbares Ereignis zu bringen sind.[57] In diesem Spiegelkabinett des Bekannten lassen sich – mit Kahn – mögliche Abläufe als hypothetische Szenarien der partiellen Katastrophe berechnen, Geschichten einer Zukunft, die nie etwas anderes sein kann als die Antizipation der Gegenwart. In diesem Spiegelkabinett zweier gleichartiger Gegner konnte die MAD ein Regime der Sicherheit entwickeln, das in nichts anderem bestand als einer aufrechterhaltenen Gegenseitigkeit, einem *tit-for-tat* des Überlebens oder Sterbens. Diese Sicherheit hat aber ihre Lücken gerade in den eigenen Strategien der Absicherung: in der mangelnden Rationalität beider Gegner (so bei Kubrick) oder im tragischen Festhalten an der Logik der Gegenseitigkeit über jede Vernunft hinaus (so bei Lumet). Wie kein anderer Moment der Geschichte verkörpert der Letzte Mensch des Atomzeitalters eine uneingestehbare Phantasie des *gemeinsamen und gleichzeitigen* Sterbens. Nicht überlebt werden zu können, keine Zukunft des Menschen mehr zu entwerfen, die über die Gegenwart hinausginge, ist möglicherweise die *Ultima Ratio* des katastrophischen Imaginären im Kern eines Atomzeitalters, das – auch wenn wir seine Logik längst überwunden zu haben glauben – nicht mehr enden wird.

Kapitel 3
Das Wetter von übermorgen. Imaginationsgeschichte der Klimakatastrophe

Das unheimliche Wissen: Wetter und Klima

Letztes Bild – oder besser: unendlich viele Bilder. Messbojen im Nordatlantik vermelden drastisch sinkende Wassertemperaturen, ein Zeichen für das Abreißen des Golfstroms. Über der Nordhalbkugel bilden sich drei riesige Wirbelstürme. In Neu Delhi fällt Schnee, in Tokio kommen faustgroße Hagelkörner vom Himmel. Los Angeles wird von Windhosen verwüstet, New York von einer Flutwelle überschwemmt. Tiefer Frost überzieht Nordamerika und Europa.[1] – Das ebenso dramatische wie wissenschaftlich unhaltbare Wetterszenario in Roland Emmerichs *The Day After Tomorrow* (2004) bebildert sein eigentliches Thema, eine so katastrophale wie rapide Veränderung des globalen Klimas, mit Ansichten von klassischen Wetterdesastern: Sturm, Überschwemmung und Frost. Der Held des Films, der Paläoklimatologe Jack Hall, wird nicht müde, allen zu erklären, dass die Wetterkatastrophen eigentlich ein Klimawandel, nämlich der Beginn einer »neuen Eiszeit« seien. Aber das, was wir tatsächlich sehen, ist Wetter – ein momentanes und lokales Ereignis.

Emmerichs Wetterkatastrophe bestätigt Robert Heinleins Diktum, *»climate is what we expect, weather is what we get«*.[2] Klima ist nichts, was in Bilder und Situationen gefasst werden kann, es ist nicht ereignisförmig wie das Wetter, wie Stürme, Hagelschauer, Springfluten, Dürren oder Frosteinbrüche. Darum ist es uns heute zum Namen für einen neuen, gegenwärtigen Typ von drohender Katastrophe geworden – eine *Katastrophe ohne Ereignis.* Diese Ereignislosigkeit unterscheidet aktuelle Katastrophenszenarien (auch wenn sie sich durchaus nicht alle um das Klima drehen) grundlegend von den historischen Szenarien der Romantik oder des Kalten Kriegs. Es lohnt sich daher, die Geschichte eines Wissens vom Klima, die Phantasien über seine möglichen Wandlungen und nicht zuletzt seine Formierung durch den Menschen selbst genauer zu betrachten.

Klima selbst kennt keine Ereignisse, nur latente Prozesse: schleichende Veränderungen, sich allmählich verschiebende Durchschnitte. Es bewegt sich in einem Raum der Erwartungen, Extrapolationen, Wahrscheinlichkeiten und Durchschnittsbildungen zwischen Einzelereignissen wie Regenfällen, Temperaturen, Sonneneinstrahlungen, Winden, deren kontingentes Auftreten dann in Häufigkeiten umgerechnet wird. So werden aus Regentagen eine bestimmte Niederschlagsmenge, aus Wärme- und Kälteperioden Temperaturkurven, aus desaströsen Stürmen jahreszeitlich wechselnde Sturmperioden. Jahrhundertelang war darum das *Wetter*, nicht das Klima der Inbegriff einer Erwartung an die Zukunft, eines angst- oder hoffnungsvoll erwarteten Ereignisses, das vernichtend, stra-

Abb. 6: Ungewöhnliche Kälte in New York. Extremes Wetter bebildert den Klimawandel in Roland Emmerichs The Day After Tomorrow, USA 2004

fend oder rettend über den Menschen hereinbricht.[3] Wetter ist vermutlich der älteste Gegenstand von Prognose, sei es durch Wetterorakel, Kalender oder Lostage, sei es durch Prophezeiungen von langfristigen Wetterereignissen wie den sieben fetten und sieben mageren Erntejahren, die Joseph dem Pharao weissagt (1. Mose 41). Wetterereignisse – insbesondere Stürme und Fluten – sind so schon früh das Paradigma eines drohenden Desasters: Sie sind »die Bühne der Götter« und ihrer strafenden oder rettenden, manchmal auch einfach kapriziösen Interventionen in die Geschicke der Menschen.[4]

Die Imaginationsgeschichte der Klimakatastrophen reicht zweifellos zurück bis zu den ägyptischen Plagen, die das Land wenige Jahrhunderte nach Joseph, zur Zeit Moses, dann heimsuchen und verwüsten werden. Aber betrachten möchte ich hier nur moderne Klimaszenarien, gerade weil sie – wie schon Byron zeigt – ein scharfes Bewusstsein für die politischen, sozialen und epistemologischen Dimensionen einer Zukunft haben, die auf eine klimatische Katastrophe zuläuft. Was sich in den Fiktionen vom Klimadesaster niederschlägt, sind nicht nur historische Erfahrungen wie die Wettereinbrüche des ›Jahrs ohne Sommer‹ 1816, des Vulkanausbruchs von Krakatau 1883 oder des Atombombenabwurfs über Japan 1945. Es sind auch neue und höchst heterogene Formen des Wissens wie die im 18. Jahrhundert entstehende Paläontologie, die Entdeckung der erdgeschichtlichen Eiszeiten im 19. Jahrhundert, die Evolutionstheorie Darwins, aber auch Astronomie, Soziologie und schließlich die Erforschung von Umweltzerstörung und anthropogenem Klimawandel im 20. Jahrhundert. Diese neuen Wissensformen, ihre Hypothesen und Prognosen, aber auch die mit ihnen einhergehende Historisierung und Politisierung der Natur informieren und prägen die Träume wie die Albträume vom Klima. Diese Träume und Albträume eines entweder zahm gebändigten oder zerstörerisch entfesselten Klimas schlagen sich dann nicht nur in Romanen und Filmen nieder, sondern auch in sozialen und politischen Utopien, in

Forschungsprojekten oder Architekturentwürfen. Dieses weite und disparate Feld von Fiktionen über das Klima zu analysieren, bedeutet nicht, sie auf ihren Wahrheitsgehalt zu überprüfen, sondern zu zeigen, wie die Wahrheit *zustande kommt*, die sie mit großer Überzeugungskraft anschaulich machen wollen. Nur so lassen sich die unausgesprochenen Programme, die heimlichen Implikationen und Handlungsanweisungen entziffern, die in den unterschiedlichen Klimaimaginationen bearbeitet werden. Mehr als die heute viel diskutierten Modelle und Simulationen zukünftiger Klimata, die nicht minder fiktiv (aber wissenschaftlich besser belegt) sind als *The Day After Tomorrow*, kann ein Blick in die historischen Fiktionen über das Klima die anthropologischen und politischen Dimensionen dessen freilegen, was eine tiefgreifende Veränderung des Klimas für den Menschen und seine Lebenswelt bedeuten würde.

Selten sind Wetter- und Ernteprognosen so zuverlässig gewesen wie im Falle Josephs, und selten wird ihnen durch rechtzeitige Präventivmaßnahmen so sinnvoll Rechnung getragen wie im Fall des Pharaos. Denn trotz seiner mythischen Gewichtigkeit ist das Wetter stets ein »ungeheuerlicher«, flüchtiger und unfassbarer Gegenstand menschlichen Wissens gewesen.[5] Meteorologie, abgeleitet von μετεωρολογία, ist das Wissen von dem ›in der Höhe Schwebenden‹, den Dingen, die sich in der Luft bewegen, aber nicht Teil des Systems der Sterne sind.[6] Michel Serres hat darauf hingewiesen, dass dieses unsichere, nicht an experimentell überprüfbaren Gesetzmäßigkeiten, sondern an den Erfahrungswerten von Bauern und Matrosen orientierte Wissen in der Moderne aus dem Kanon der Naturwissenschaften systematisch verdrängt wurde:

> Die Meteorologie ist das Verdrängte der Geschichte. [...] Ich meine dabei nicht das Klima, sondern die ›Meteore‹: Wolken, Regen und Windhosen, Hagelschlag und Schauer, Richtung und Stärke des Windes, hier und jetzt. Die ›Meteore‹ sind Unfälle, Zufälligkeiten. [Sie] sind Träger eines unerhör-

> ten Wissens [*un savoir inouï*] … Die Philosophen, die Historiker, die Naturwissenschaftler kümmern sich um nichts als die alte Idee des Gesetzes. […] Das Wetter heute oder morgen sprengt gänzlich deren Berechnungen, und darum zählt es nicht. Denn es ist der Ort der Unordnung und des Unvorhersehbaren, das lokalen Zufalls, des Ungeformten. Denn es ist das Wetter (temps) einer anderen Zeit (*temps*), die Zeit eines anderen Wetters.[7]

Verdrängt ist das Wissen vom Wetter aus einem Wissenssystem, dessen Gesetze sich universal anwenden und beobachten lassen müssen, ein Wissen, das sich an wiederholbaren Experimenten misst. Das Wetter dagegen ist »hier und jetzt«, das Einmalige, Unberechenbare, Kontingente, ein Geschehen, das sich nicht in der Abgeschlossenheit von Laborbedingungen herstellen oder überprüfen lässt:

> Die Wissenschaft schließt sich in Innenräumen ein. Schon an ihren Anfängen geht sie von der Erforschung der ›Meteore‹ zum Laborgerät über und wird aus dieser Selbsteinschließung nicht mehr herauskommen. Dadurch schließt sie den Zufall und das Unkontrollierbare aus, also die Phänomene, die wir heute ›hyperkomplex‹ nennen würden.[8]

Mit genau dieser Unregelmäßigkeit, dieser Offenheit und Hyperkomplexität des Phänomens Wetter hat sich auch das moderne Wissen vom Wetter herumzuschlagen – und dies gilt, so muss man hinzufügen, noch viel mehr vom Klima. So verlegt es sich auf drei lange unverbundene Ansätze: die theoretische Erforschung der allgemeinen Gesetze der Atmosphärenphysik; die empirisch messende Erfassung tatsächlicher Wetterlagen im Sinne eines Klimaarchivs; und die praktisch-prognostische Kunst der kurz- bis mittelfristigen Vorhersage, die wir noch heute in Form des ›Wetterberichts‹ genießen. Aber da die Atmosphäre kein Gedächtnis hat und ihre Dynamiken zu komplex sind, um aus den Gesetzen der Atmosphärenphysik belastbare Vorhersagen ableiten zu können, lässt sich eine Zukunft des Wetters nicht umstandslos aus seiner Geschichte entnehmen, so wie aus den Durchschnittsbildungen des Klimas keine Voraussage für die aktuelle Wetterlage abgeleitet werden kann. Aber es lässt sich auch nicht im abgrenzbaren Raum von Experimenten entwickeln: Ein Experimentalphysiker, so seufzte schon 1945 ein Meteorologe,

> arbeitet in Räumen konstanten Druckes und konstanter Feuchtigkeit, wenn es sich etwa darum handelt, die Abhängigkeit des Dampfdruckes von der Temperatur messend zu verfolgen. Im Laboratorium des Meteorologen, in der uns umgebenden Atmosphäre, ist jedes Element in dauernder Veränderung; es gibt immer neue Bilder, wie in einem Kaleidoskop, das mit jeder Drehung einen neuen Anblick verschafft.[9]

Meteorologisches Wissen lässt sich also nur sehr partiell in der Theorie, im Labor (in Bezug auf isolierbare allgemeine Gesetzmäßigkeiten) oder im Archiv (in Bezug auf vergangene tatsächliche Wetterereignisse und deren Regelmäßigkeiten) gewinnen. Damit tritt epistemologisch eine neue, vierte Wissensform auf den Plan: die Simulation, ein »konjekturales Wissen«,[10] das die Fluidität und Hyperkomplexität des Phänomens Wetter durch die Übertragung auf ein mathematisches Modell berechenbar machen will. Das ist nicht mehr (wie noch die Meteorologie des 19. Jahrhunderts) einfach nur Statistik, sondern Auslotung *möglichen* Systemverhaltens über einen längeren Zeitraum. »Simulation«, so die VDI-Richtlinie 3633, »ist das Nachbilden eines Systems mit seinen dynamischen Prozessen in einem experimentierfähigen Modell, um zu Erkenntnissen zu gelangen, die auf die Wirklichkeit übertragbar sind. Insbesondere werden die Prozesse über die Zeit entwickelt.«[11] Das Experiment findet also *in silico* statt, in einem Medium, das nur noch eine formalisierte, abstrakte Beziehung zu seinem Gegenstand hat, keine materielle. Seine »Übertragbarkeit« auf die »Wirklichkeit« ist darum nicht einfach gegeben, sondern steht vielmehr ständig in Frage und zur Debatte. – Genau hier setzen gegenwärtige Diskussionen um die Validität nicht nur von Wetterprognosen, sondern vor allem Prognosen über die Veränderung des Klimas an; Diskussionen, die die Hyperkomplexität und Flüchtigkeit des Gegenstands selbst gegen das Wissen von ihm ins Feld führen. Darauf wird zurückzukommen sein, denn diese Unsicherheit nicht nur *im* Wissen vom Wetter, sondern auch *über den Status* dieses Wissens prägt entscheidend den aktuellen Diskurs von einer kommenden Klimakatastrophe.

Ist Wetter das Hier-und-Jetzt der Niederschläge, Druckverhältnisse und Temperaturen und darum heute zumindest kurzfristig einigermaßen gut voraussagbar, so ist Klima, nach einer Definition des amerikanischen Wetterdiensts (NOAA), das Hintergrundsystem, das dem Wetter Zugrundeliegende:

> Wetter besteht aus den kurzfristigen (Minuten bis Tage) Veränderungen in der Atmosphäre. Es drückt sich in Temperaturen, Feuchtigkeit, Niederschlag, Wolkigkeit, Sichtweite und Wind aus. Klima sind die langsam variierenden Aspekte des Systems von Atmosphäre, Hydrosphäre und Boden. Es wird normalerweise gefasst als Durchschnitt von spezifischen Zuständen der Atmosphäre, der Meere und des Festlands, einschließlich der Variablen Temperatur (des Landes, des Meers und der Atmosphäre), Salzgehalt (Meer), Feuchtigkeitsgehalt (Festland), Windgeschwindigkeit und -richtung (Atmosphäre) und Stärke und Richtung von Strömungen (Meer).[12]

Klima ist also Durchschnitt, Dauer und Regelmäßigkeit, Wahrscheinlichkeit und Wiederkehr; Wetter der aktuelle Moment, das Jetzt, das In-ein-paar-Stunden, der manifeste und lokale Zustand des ›Systems‹ Klima. Wetter und Klima stehen so in einer unauflösbaren epistemologischen Spannung: Kurzzeit gegen Langzeit, Ereignis gegen Regel, Manifestation gegen Latenz. ›Klima‹ ist mithin immer schon eine Abstraktion aus der flüchtigen Unendlichkeit einander ablösender Wetterzustände.

Der Mensch und sein Klima

Wenn ausgerechnet das Klima heute als veränderlich und instabil gedacht wird, so ist das eine relativ neue und radikale Wendung des Klimabegriffs; lange Zeit nämlich war das Klima der Inbegriff dessen, was in den Wechselhaftigkeiten und Schwebezuständen der Wetterlagen gerade als stabil und erwartbar galt. Diese Stabilität wurde darum lange Zeit als Möglichkeit für eine Bestimmung und Erklärung des menschlichen Wesens herangezogen. Mögen Geschicke und Geschichte der Menschen unvorhersehbar sein, sind seine Erscheinungsweisen und Institutionen überall verschieden, so lässt sich doch ein stabiler Faktor in dieser Vielfalt erkennen: Das jeweilige Klima im Lebensraum des Menschen erklärt die Vielfalt seiner Lebens- und Erscheinungsformen. Diese sehr alte Bestimmung von Klima findet sich schon in der Etymologie des Wortes, abgeleitet von *κλίνειν*, neigen, biegen, krümmen. Klima ist der Einfallswinkel der Sonnenstrahlen auf eine Region, der bestimmt, ob es dort heißer oder kälter ist. Schon Hippokrates und Aristoteles erklären die Unterschiede des menschlichen Körperbaus, seiner Krankheiten, aber auch seiner Mentalitäten und sozialen Institutionen mit den unterschiedlichen Klimata seiner Lebensräume.[13] Das 18. Jahrhundert, von Abbé Dubos über Montesquieu bis Herder, leitet aus diesen frühen Ansätzen eine Anthropologie und Politik des Klimas ab, die die Verschiedenheiten der sozialen Institutionen (etwa Polygamie oder Sklaverei) von den Einflüssen der Wärme auf die Sinnlichkeit und den Verstand des Menschen ableitet.[14] Die Völkerpsychologie des 19. und 20. Jahrhunderts wird daraus eine tendenziell rassistische Typologie der Regionen und Ethnien entwickeln, bis die gesamte Anthropologie des Klimas schließlich der Diagnose weicht, dass weniger die *statischen* klimatischen Differenzen zwischen den Orten und Kulturen entscheidend sind als die *Geschichte* eines zunehmend global gefassten Klimas. Vom Kriterium des *Orts* wird Klima zu einer Kategorie der *Zeit*.[15]

Die Grundidee einer Anthropologie des Klimas ist die Vorstellung, dass der Mensch, sein Körper wie seine Kultur, wesentlich vom Klima *gemacht* werde. Herder erfasst gerade darin das Gemeinsame aller Menschen: »wir [sind] ein bildsamer Ton in der Hand des Klimas«.[16] Aber trotz der unendlichen Unterschiede in der regionalen – d.h. klimatischen – Formung des Menschen, ist »das Menschengeschlecht« doch »ein und dieselbe Gattung«.[17] Klima als lokales Phänomen *verortet* den Menschen und erklärt zugleich die Vielfältigkeit seines Wesens und seiner Institutionen. So ist »Klima« im ursprünglichen Gebrauch des Begriffs nicht eine Figur der Totalität oder des Durchschnitts, sondern vielmehr ein Differenzkriterium, das den Menschen in und durch seine Umwelten erklärt:

> Hier gibt die Nähe des Meers, dort ein Wind, hier die Höhe oder Tiefe des Landes, an einem vierten Ort nachbarliche Berge, am fünften Regen und Dünste dem allgemeinen Gesetz eine so neue Lokalbestimmung, dass oft die nachbarlichsten Orte das gegenseitigste Klima empfinden.[18]

Klima ist also zunächst eine Bezugsgröße, die gerade die *regionalen Unterschiede* zwischen Landstrichen und ihren Bewohnern markiert, durchaus keine Kategorie des Globalen oder des gemittelten Welt-Durchschnitts, wie es die heutigen Definitionen der World Meteorological Organization und des IPCC vorgeben:

> Klima im engeren Sinne wird normalerweise als »Durchschnittswetter« definiert, oder genauer: als dessen statistische Erfassung bezüglich des Mittelwerts und der Abweichungen relevanter Größen über einen Zeitraum, der von Monaten bis tausenden von Jahren reichen kann. Der klassische Zeitraum ist dreißig Jahre, so festgelegt durch die World Meterorological Society (WMO). Diese Größen sind zumeist Oberflächenwerte wie Temperatur, Niederschlag und Wind. Klima in einem weiter gefassten Sinn ist der Zustand des Klimasystems und dessen statistische Beschreibung.[19]

Die Langzeitperspektive heutiger Klimaforschung zwischen dreißig und ein paar Millionen Jahren verwischt neben den Wechselhaftigkeiten des kurzfristigen Wetters zunehmend auch die lokalen Unterschiede, die einmal die Pointe des Klimabegriffs waren. ›Klima‹ – auch wenn es nach wie vor nicht global, sondern nur *vor Ort* erfasst werden kann – ist heute ein *globaler* Begriff. Die alte Bedeutung von ›Klima‹ als anthropologischem Differenzbegriff verschwindet in einem Alarmismus der Prognose, die nur noch die *Zeit des Klimas*, kaum mehr seine unterschiedlichen Orte im Blick hat. Klima, das für die Antike und bis ins 19. Jahrhundert ein Prinzip der *Örtlichkeit* gewesen ist, wird in der Moderne zunehmend ein Prinzip der *Zeit*. Es interessiert uns nicht mehr, weil es die Unterschiede von Menschen und Kulturen an verschiedenen Orten des Globus erklärt, sondern weil es die Geschichte von Menschen und Umwelten erklärt.

Umgekehrt erhält Klima in der Moderne selbst eine Geschichte: eine Geschichte der Katastrophen und plötzlichen Auslöschungen, aber auch eine Geschichte der langsamen Zyklen und Transformationen. Seit dem beginnenden 19. Jahrhundert ist dieses ›Archiv‹ des Klimas, von der Paläontologie Cuviers bis zu den Eisbohrkernen der heutigen Klimaforscher, nicht nur ein Medium historischen Wissens, sondern eine *Quelle für Zukunftswissen* – Wissen, das aus den vergangenen Kataklysmen Perspektiven für eine drohende Klimazukunft ableitet. Die Geschichte des Wissens vom Klima ist so immer auch eine Geschichte davon, wie aus der Vergangenheit eine Zukunft extrapoliert wird.

Aber die Pointe von Herders klimatischer Anthropologie ist nicht allein die Ableitung des Menschen aus dem Klima, sondern auch des Klimas aus den Eingriffen des Menschen. Zivilisation beginnt damit, *dass der Mensch sich sein Klima schafft*:

> Nun ist keine Frage, daß, wie das Klima ein Inbegriff von Kräften und Einflüssen ist, […] der allen Lebendigen in einem wechselseitigen Zusammenhange dienet, der Mensch

> auch darin zum Herrn der Erde gesetzt sei, daß er es durch Kunst ändre. Seitdem er das Feuer vom Himmel stahl und seine Faust das Eisen lenkte [...], hat er auf mancherlei Weise zur Veränderung desselben mitgewirkt. Europa war vormals ein feuchter Wald, [...] es ist gelichtet, und mit dem Klima haben sich die Einwohner selbst geändert. [...] Wir können also das Menschengeschlecht als eine Schar kühner, obwohl kleiner Riesen betrachten, die allmählich von den Bergen herabstiegen, die Erde zu unterjochen und das Klima mit ihrer schwachen Faust zu verändern. Wie weit sie es darin gebracht haben mögen, wird uns die Zukunft lehren.[20]

Was sie lehrt, bleibt hier offen. Aus dem entspannten Blickwinkel Herders bleibt ein technischer Optimismus im Sinne einer fortschreitenden Modulation des Klimas ebenso möglich wie der gegenwärtig vorherrschende Pessimismus über die zerstörerischen Eingriffe des Menschen ins Klima. Wie ›Kultur‹ ist ›Klima‹, darauf hat Thomas Macho hingewiesen, »Schicksal und Projekt zugleich: Klimawandel ist Kulturwandel und umgekehrt«.[21]

Die Frage ist, wie man von diesem Wandel erzählen, wie man ihn bebildern kann – jenseits von Kurven, Statistiken, Szenarien und Gegenszenarien, jenseits auch von politischen Brandreden, skeptischen Entwarnungen oder disziplinären Debatten. Denn die epistemologische Schwierigkeit, ein verlässliches Wissen vom Schwebenden und Wirbelnden des Wetters wie des Klimas zu erzeugen, korrespondiert mit der politischen Schwierigkeit, dem Klima-Machen des Menschen Regeln und Richtlinien zu geben, die beiden Bezügen des Menschen zum Klima Rechnung tragen: seiner Klima-Mächtigkeit *und* seiner Unterworfenheit unters Klima. Genau hier liegt die Funktion einer langen Tradition imaginierter Klimakatastrophen: Sie entwerfen versuchsweise eine Situation gänzlich geänderten Klimas, um zu sehen, was das Klima *mit dem Menschen macht und wie der Mensch sich darin ›einrichtet‹*. Sie malen aus, wie ein anderes Klima einen anderen Menschen, eine andere Zivilisation oder auch das Ende jeder Zivilisation hervorbringen würde. Aber die Klimaimaginationen zeigen den Menschen nicht nur als Opfer, sondern auch als Herrn des Klimas: Sie entwerfen Geschichten, Topologien und Kartographien, Projekte, Bauwerke und Gemeinwesen, die ausloten, in welchem Maße und mit welchen Kosten und Folgen der Mensch das Klima ändern, formen oder auch aus seiner Lebenswelt ausschließen kann.

Sommer: Traum und Albtraum vom gemäßigten Klima

Jene komischen alten Zeiten, wo die Leute
auf Luftveränderung gingen, statt die Luft in
ihren Zimmern zu verändern!
E. M. Forster: Die Maschine versagt[22]

Die Vorstellung, dass das Klima den Menschen prägt und für die Unterschiede der Körper, Mentalitäten und Zivilisationsformen verantwortlich ist, enthält von Anfang an eine normative Idee von ›gesunden‹ oder ›ungesunden‹ Breiten. Das Klima »Asiens« (also des Mittleren Ostens), so befand schon Aristoteles in seiner *Politik*, schärfe zwar die Wahrnehmung, mache aber furchtsam; das Klima des kälteren Europas mutig, aber geistlos und wenig geeignet zum geordneten Staatswesen.[23] Die Griechen dagegen, so Aristoteles, befänden sich genau in der Mittellage zwischen asiatischer und europäischer Witterung und seien darum in der Lage, die guten Einflüsse beider zu verbinden. Diese Idee vom ›gemäßigten‹, ›mittleren‹ Klima prägt die kulturanthropologischen Klimatheorien bis ins 20. Jahrhundert, wo der amerikanische Geograph Ellsworth Huntington noch 1915 erklärte: »Wir wissen, dass die Bewohner der heißen Zone langsam und rückwärtsgerichtet sind; und wir sind uns fast überall einig, dass dies mit der feuchten, permanenten Hitze zu tun hat.«[24] Huntington zog daraus den bemerkenswerten Schluss: »Wenn wir das Klima beherrschen, wird die ganze Welt stärker und edler werden.«[25] Dabei nimmt jeder Theoretiker das jeweilige Heimatklima als Richtwert: hatten Hippokrates und Aristoteles das mediterrane Wetter als ideal angesehen, so preist der Schotte John Arbuthnot die Segnungen des kühl-feuchten Wetters, das den Körper in ständiger Spannung halte.[26] Montesquieu untermauerte diese These schließlich mit einem empirischen Experiment, indem er eine Schafszunge einfror und beobachtete, wie die Geschmackspapillen sich beim Einfrieren zusammenzogen, beim Auftauen aufquollen.[27] Aus dieser physiologischen Beobachtung leitet er dann die Unterschiede zwischen den sozialen Institutionen in unterschiedlichen Klimazonen ab: Wärme favorisiere die Sinnlichkeit und sexuelle Reifung, weshalb frühe Ehen und Polygamie Erscheinungen der südlichen Breiten seien; Sklaverei sei im Süden unvermeidlich und auch sinnvoll, weil die Lässigkeit des Menschen im warmen Klima nur mit Zwang zu überwinden sei.[28] Die Pointe von Montesquieus Klimatheorie ist die enge Verbindung, die er zwischen klimatischen Bedingungen und sozialen Institutionen herstellt: Gesellschaftliche Ordnungen lassen sich unmittelbar auf die Wirkungen des Klimas auf Körper und Geist zurückführen.

Genau darum erscheint die *Regulierung des Klimas* – entweder als Herstellung eines günstigen ›Mikroklimas‹ in Form von *air conditioning* oder als Modulation der Wirkungen des Klimas auf den Menschen etwa durch Kleidung, Belüftung etc. – zunächst einmal als genuin utopisches Projekt. Es bedeutet, den Menschen unabhängig von den Witterungen zu machen, in denen er lebt. Schon in Thomas Morus' *Utopia* (1516) wird erwähnt, wie es den Bewohnern Utopias gelingt, sich vor den Eigenheiten ihres Lebensraums zu schützen:

> Da ihr Boden nicht überall fruchtbar und das Klima nicht allzu gesund ist, schützen sie sich gegen die Witterung durch eine maßvolle Lebensweise und helfen dem Acker mit sol-

> chem Fleiße nach, dass nirgends in der Welt Frucht und Vieh besser gedeihen, nirgends die Menschen länger leben und weniger anfällig gegen Krankheiten sind.[29]

Müssen sich die frühneuzeitlichen Utopier noch mit der Modulation des Klimas durch »Kunstmittel und fleißige Arbeit«[30] behelfen – hier vor allem dem Abholzen ihrer Wälder –, so denkt Charles Fourier in der *Théorie des quatre mouvements* (1808) seine radikale Utopie einer Reorganisation der Gesellschafts- und Geschlechterverhältnisse im Rahmen eines tiefgreifenden Klimawandels, der allgemeinen Sommer über die ganze Erde bis an die Polkappen bringen würde. In der glücklichen Zukunft, die das Leben gemäß seiner »Theorie der universalen Harmonie« über die Menschheit bringen werde, so Fourier, werde sich das Polarlicht so sehr verstärken und ausbreiten, dass es nicht nur Licht, sondern auch Wärme verströmen wird. Die nördlichen Breiten werden sich so in mediterrane Landschaften verwandeln, Sankt Petersburg und Nordkanada werden Temperaturen wie Marseille oder Genua haben. Während an den Polkappen Hitze wie in Sizilien und Andalusien herrschen werde, werde um den 60. Breitengrad herum durch »temperierte Luft« eben genau jenes milde Klima Südfrankreichs herrschen, das Westeuropäern noch heute als schlechthin ideales erscheint.[31] Globale Temperaturanstiege zwischen sieben und zwölf Grad seien zu erwarten. Was heute wie der schlimmste Alptraum des IPCC klingt, war für Fourier ein Traum und eine Hoffnung – die Hoffnung von einer Erde, die sich der im Zuge ihrer utopischen Verbesserung stetig wachsenden Bevölkerung ihrerseits klimatisch anpassen würde. Auch hier ist Malthus' Lektion gelernt – aber umgemünzt zu einem unendlichen Wachstumsoptimismus: Zum Projekt eines wachsenden menschlichen Wohlergehens gehört ein Raum, der mehr Nahrungsmittel und mehr Platz zur Verfügung stellen wird; vor allem aber auch ein Raum, der den richtigen Menschen hervorbringt: jenes klimatisch ausgeglichene Naturell, das nur in »gemäßigten« Zonen heranreift.

Neben der Moore'schen Anpassung des Menschen an sein Klima oder der Fourier'schen Hoffnung auf eine Mediterranisierung des gesamten Globus lässt sich die Norm vom ›gemäßigten‹ Klima aber auch anders umsetzen: als »Insulation« und »air conditioning«, d.h. die Erzeugung eines temperierten Klimas innerhalb eines abgeschlossenen Raumes, einer »Klimakapsel«.[32] Der Architekt Frei Otto interpretiert jede Form des Hausbaus als Errichtung einer solchen Klimakapsel:

> Der Mensch begann, sich die Erde untertan zu machen, indem er Klimakapseln mit sich herumschleppte wie Zelte, Jurten und überall baute, wo er hinkam. Das ›frühe Haus‹ übernahm im widrigen Klima nicht nur die Funktion des ›Urhauses‹, sondern darüber hinaus auch die des unmittelbar angrenzenden Reviers. [Das heutige Haus] ist nicht nur defensiver Schutz gegen die Natur, es ist aggressives Werkzeug zu deren Unterjochung [...].[33]

Das 19. Jahrhundert – über dessen Klimaängste noch zu sprechen sein wird – beginnt in Form von Treibhäusern, Glaspalästen und Einkaufspassagen Klimakapseln eines ewigen Sommers herzustellen: Es geht um die Einschließung von Wärme nicht zufällig zuerst in London, dessen ›mäßiges‹ Klima sich durch Nebel, Smog und Dauerregen auszeichnet. Seien es die kühlen Zonen Mitteleuropas oder Klimata mit zu viel Trockenheit und Temperaturschwankungen – überall da, wo die Jahreszeit des idealen Wachstums- und Ernteklimas entweder nicht existiert oder zu kurz ist, dienen Treibhäuser als Klimakapseln oder »Atmotope« (Sloterdijk), die einen ewigen Sommer gewährleisten. Die Wärmefallentechnologie der Glashäuser des 19. Jahrhunderts wird im 20. Jahrhundert abgelöst durch Kühltechnologie. Aber dass von sommerlicher Wärme auf frühlingshafte Kühle umgestellt wird, ändert nichts an dem grundsätzlichen Modell einer *Insulation* zur Herstellung des idealen und komfortablen Klimas. Seit den zwanziger Jahren kühlen Klimaanlagen amerikanische Kinos und Kaufhäuser, ab den dreißigern Privathaushalte. Neuerdings schließlich werden Kli-

Abb. 7: Jardin d'Hiver der Königlichen Gewächshäuser in Laeken, Belgien, gebaut zwischen 1874 und 1895 von Alphonse Balat. Die Erwärmung der Glashäuser erfordert 800 000 Liter Heizöl im Jahr. Copyright: Tourismus Flandern Brüssel

makapselprojekte, insbesondere die berühmte *Biosphere 2* in Arizona zum *experimentum crucis*, für die Frage, inwiefern der Mensch in der Lage ist, ein künstliches Biotop herzustellen und es klimatisch und ökologisch stabil zu halten. Versuche, künstliche Biotope herzustellen, sei es für die Besiedlung des Weltraums oder zur Erforschung von ökologischen Systemen am isolierten Modell, sind die wohl radikalsten Versuche in dieser Richtung: »Lebensweltmaschinen großen Stils«, wie Peter Sloterdijk anmerkt.[34] Sie bearbeiten einen Traum, den schon Herder hat: dass die Menschheit trotz oder gerade wegen ihrer innigen Abhängigkeit vom Klima in der Lage wäre, sich von diesem gänzlich zu befreien, indem sie ihr eigenes, dauerhaft stabiles und überraschungsfreies Wetter schafft. Ein Klima, in dem die Luft konstante Temperatur und Feuchtigkeit hat, keine

Abb. 8: Die Wärmetechnologie der europäischen Gewächshäuser weicht der energetisch noch viel aufwendigeren Kühltechnologie in tropischen Breiten. Shopping Mall an der Marina Bay in Singapur

Abb. 9: Die riesige Gewächshausanlage Biosphere 2 wurde in den späten 1980er Jahren gebaut, um die Stabilität eines geschlossenen Ökosystems zu testen. Zwei Versuche, das abgeriegelte System stabil zu halten, scheiterten, mitgebrachte Tiere starben, hinzu kamen Konflikte zwischen den teilnehmenden Wissenschaftlern. Biosphere 2 ist bis heute das größte geschlossene System, das je gebaut wurde. Copyright: University of Arizona

Stürme aufkommen, und Regen nur dann fällt, wenn er gebraucht wird. Kilometerlange klimatisierte Einkaufspassagen, die heute zu heiße oder zu kalte Großstädte wie Bangkok, Singapur, Shanghai, Hongkong, aber auch Chicago, Montreal und Alberta durchziehen, ermöglichen erste Spaziergänge in diesem Traum der ewig gemäßigten Zone.

Aber der utopische Traum von einem Leben im dauerhaft wohltemperierten Klima ist in seinem Kern immer schon bezogen auf die Katastrophe. Er nimmt eine künftige desaströse Veränderung des Klimas vorweg und lotet Möglichkeiten der Abschirmung oder Anpassung an die Katastrophe aus.[35] Der abgeriegelte Raum des ewigen Sommers und der filtrierten Luft ist ein Rückzugsgebiet, ein Rettungsort in einer Welt, die zu heiß oder zu kalt, zu trocken, feucht oder toxisch geworden ist, um für den Menschen noch bewohnbar zu sein. Oder – schlimmer noch – es ist eine Umwelt geworden, die Menschen und Zivilisationsformen hervorbringt, die kaum mehr als ›menschlich‹ erkennbar sind. Abkapselungs- und Abschirmungsentwürfe prägen darum etliche gegenwärtige Projekte in Architektur, Kunst, Raumfahrt und Ökologie, Projekte, die sich heute darauf berufen können, dass ein katastrophischer Klimawandel ja schon absehbar sei. Friedrich von Borries, der eine Sammlung solcher Klimakapselprojekte vorgelegt hat, versäumt darum nicht, ihr voranzustellen:

> Vertraut man den Aussagen der Wissenschaft, steuern wir auf eine Klimakatastrophe zu. Erderwärmung. Polkappenschmelze. […] Wenn wir den Klimawandel nicht abwenden, müssen wir uns anpassen. Unsere Wohlstandsinseln werden technologisch perfekte Klimakapseln, militärisch und atmosphärisch geschützt. […] Die Welt wird sich ändern und wir uns auch. Was sind die Überlebensbedingungen im Klimawandel?[36]

Der Menschheitstraum, sich von den Fährnissen des Wetters und der Bestimmung durch das Klima zu befreien, kann heute nur noch als post-katastrophisches Behelfsmittel, dystopisches Abriegelungsverhalten und selbstauferlegte Freiheitsberaubung gesehen werden.

Dabei sind die Projekte und Phantasien der klimatischen Insulation sehr viel älter als unser neues und noch immer unsicheres Wissen vom Klima. Besonders das spätere 19. Jahrhundert träumt nicht nur, wie schon Byron, von der plötzlichen oder allmählich eintretenden Unbewohnbarkeit des Planeten, sondern denkt bereits über die Möglichkeiten eines klimatischen Schutzraums nach. Der Soziologe Gabriel Tarde entwirft 1884 eine experimentelle Zukunftsvision, die rückblickend aus dem 25. Jahrhundert eine »Geschichte der Zukunft« erzählt. Nach einer Phase des rasanten kulturellen Fortschritts – Regierungen werden nur noch aus Naturwissenschaftlern, Künstlern oder Finanzexperten gestellt, die neue Welthauptstadt wird am Ort des alten Babylon errichtet, Altgriechisch zur globalen *lingua franca* – tritt eine gravierende Klimakatastrophe ein: Die Sonne kühlt allmählich ab und der Globus friert ein. (Man hat ganz offensichtlich Byron gelesen.) Der überwiegende Teil der Menschheit und alle Tiere erfrieren, die restlichen Überlebenden sammeln sich verzweifelt am heißesten Punkt der Erde, auf der arabischen Halbinsel. Angeführt von einem charismatischen Führer namens Militiades beschließen sie, sich unter die Erde, in die warmen Schichten des Erdballs zurückzuziehen. Militiades entwirft einen Plan für ein erdwärmegestützes unterirdisches Wohnsystems:

> Wir werden dort [unter der Erde] eine wunderbare Lauheit finden, eine elysische Temperatur. Es genügt, die Stollen der Bergwerke auszugraben, zu vergrößern, auszunutzen und nach vorn zu verlängern, um sie bewohnbar und sogar komfortabel zu machen; das elektrische Licht, das gratis durch die verstreuten Herde des erdinneren Feuers genährt wird, wird uns erlauben, Tag und Nacht aufs Schönste die kollosalen Krypten, die herrlichen Klöster zu erleuchten, die ohne

> Grenzen von den folgenden Generationen ausgebaut und verschönert werden. Mit einem guten Ventilationssystem wird jede Gefahr des Erstickens oder einer ungesunden Luft vermieden werden. Und schließlich wird sich die Zivilisation, nach einer mehr oder weniger langen Zeit des Sich-Einrichtens, wieder ganz in ihrem intellektuellen, künstlerischen und mondänen Luxus entfalten können, ebenso frei und vielleicht mit mehr Sicherheit als damals in dem launenhaften und unzuverlässigen Tageslicht.[37]

Tardes unterirdische Klimakapsel ist denkbar technikabhängig: Licht wird durch Elektrizität erzeugt; über die Details des zweifellos schwierigen Belüftungssystems schweigt er sich aus. Lediglich die Nahrungsmittelversorgung wird ausführlich diskutiert: Die schneebedeckte Erdoberfläche mit all den erfrorenen Tieren (und Menschen) dient als riesige Tiefkühltruhe, aus der man sich jahrelang wird bedienen können; Getränke mit und ohne Alkohol soll die Chemie in kürzester Zeit zur Verfügung stellen. Ausdrücklich wird vermerkt, dass die Menschheit in ihrer Wärmehöhle keinerlei Einbuße an Komfort oder Kultur wird hinnehmen müssen, denn alle Bücher und Kunstwerke werden in die unterirdischen Behausungen geschafft. Der unschlagbare Vorteil der neuen Existenz ist, dass man auf höchst angenehme Weise von allen Fährnissen der Witterung befreit ist: keine Regengüsse mehr, die unvorbereitete Städter überfallen; keine Zyklone mehr, die Seeleute auf einsame Inseln verschlagen; keine stechenden Insekten, keine ansteckenden Krankheiten mehr und so fort.[38]

Die utopische Klimakapsel, die Tarde hier – im Rückgriff sowohl auf Fouriers utopischen Klimawandel wie auf Jules Vernes Science-Fiction-Roman *Voyage au centre de la terre* (1864) – entwirft, dient dem Theoretiker der Massenpsychologie und der *Gesetze der Nachahmung* natürlich als Experimentalraum für eine Gesellschaft in seinem Sinne: Befreit von der Notwendigkeit zu produzieren, klassenlos, in allen wichtigen Dingen einer Meinung, ohne Justizsystem und zusammengehalten vom

Bedürfnis nach Gemeinschaft und nach gegenseitiger Imitation, ist ausgerechnet die post-katastrophische Menschheit eine hoffnungsfrohe Vision sozialer Harmonie und Liebe. Klar ist, dass Tarde sich weder für die technologische Machbarkeit einer subterranen Behausung interessiert noch für ihre naheliegenden Ressourcen- und Platzprobleme. (Weniger klar ist dagegen, wie ernst diese seltsame Utopie überhaupt gemeint ist.) Wichtig für sein soziologisches Gedankenexperiment ist vielmehr die Loslösung der temperierten Gesellschaft von den Notwendigkeiten eines Austauschs mit der Natur. Es wird nichts bearbeitet und nichts produziert: Möbel werden überflüssig; Wohnungen werden anstrengungslos schnell selbst gegraben, wenn man Platz braucht; Kleidung ist aus Metall (!) und damit verschleißresistent; die Beschaffung von Essen aus dem »besten denkbaren Kühlschrank«, dem Reservoir der überirdisch eingefrorenen Toten, erfordert fast keine Anstrengung mehr: Eine Person kann Tausende versorgen.[39] Tardes utopische Klimakapsel beherbergt eine glückliche Schlaraffenlandgesellschaft, die offensichtlich nie an Raummangel oder Platzangst leidet. Jede Form der Auseinandersetzung mit der Natur – sei es durch Arbeit, Nahrungsbeschaffung oder Produktion – ist in der Welt des künstlichen Klimas überwunden. Zufallslos, rundum versorgt, selbstgenügsam und total vergesellschaftet genießt die Menschheit nun ihre endgültige Befreiung von der ungemütlichen Umwelt.

Die Klimakapselentwürfe und -fiktionen des 20. und 21. Jahrhunderts schließen kaum je an diesen technischen und sozialen Optimismus an, auch wenn sie ihn manchmal ironisch zitieren. Sie sind Behelfs- und Abwehrmaßnahmen in der Katastrophe, gelegentlich Experimente auf eine Ausdehnung menschlicher Besiedlung in den Weltraum, nicht selten scheinbar komfortable, jedoch höchst repressive Dystopien. Immer aber sind sie Bühnen phantastischer, teilweise sogar prophetischer Technikphantasien. Wie in einer bösen Replik auf Tarde entwirft

E. M. Forster schon 1909 in seiner Kurzgeschichte *The Machine Stops* eine weltweit mit Bildtelefonen vernetzte Menschheit der dauerkommunizierenden Einzelwesen in fensterlosen, klimatisierten unterirdischen Zellen, die diese kaum mehr verlassen, von heute aus gesehen ein Traum von Skype und Air Condition. Die Welt ist unbewohnbar geworden, man lebt und bewegt sich entweder unterirdisch oder in Luftschiffen, die durch einen leeren wetterstabilen Himmel schweben: »So einwandfrei funktionierte das System und so unabhängig von Wettereinflüssen, dass der Himmel, klar oder bewölkt, einem riesigen Kaleidoskop glich, auf dem sich die gleichen Muster periodisch wiederholten.«[40] Der Kontakt mit Licht und Luft draußen wird als tödlich angesehen, und die Ausstoßung ins Freie ist die höchste Strafe, die das System über seine Untertanen verhängt. Die Protagonisten der Geschichte, Mutter und Sohn, leben an unterschiedlichen Enden der Welt; die Mutter hält Vorträge im globalen Kommunikationsnetz und ist zufrieden mit der Zellenexistenz, der Sohn dagegen beginnt, vorsichtig in die Außenwelt vorzudringen. Aber beide, der Kritiker wie die Affirmative, sterben am Ende einen jämmerlichen Tod, als die zentrale Versorgungs-, Vernetzungs- und Klimatisierungsmaschinerie – wie im Titel angekündigt – ihren Dienst einstellt. Die Unabhängigkeit von den Fährnissen der Außenwelt verdankt sich einer lebensbedrohlichen Technologieabhängigkeit, und sie bewirkt, so Forsters frühe Medien- und Technikkritik, eine erstickende ›Vermitteltheit‹ jedes Realitätsbezugs: »der schöne, nackte Mensch lag im Todeskampf, erwürgt vom Gewand, das er selbst sich gewoben«.[41] Klimafreiheit ist für E. M. Forster eine Metapher für den technikgestützten Wirklichkeitsverlust des modernen Menschen, eine Selbstverbunkerung, die ihn, statt sein Leben zu beschützen, lebendig begräbt.

Aber seine eigentliche Radikalität erhält der Traum vom technisch gemäßigten Klima als soziale Dystopie. Während Tarde seine klimatisierte Unterweltgesellschaft als perfekte Sozialform entwirft, sind die Fiktionen der klimatischen und gesellschaftlichen Insulation im 20. Jahrhundert Albträume der Unfreiheit – wenngleich, wie etwa im Film *Logan's Run* (1976), vordergründig höchst komfortable. Schon der Vorspann des Films bringt die Situation auf den Punkt:

> Irgendwann im 23. Jahrhundert leben die Menschen, die Kriege, Überbevölkerung und Umweltverschmutzung überlebt haben, in einer riesigen überkuppelten Stadt, abgekapselt von der vergessenen Welt draußen. Hier, in einer ökologisch ausbalancierten Welt, lebt die Menschheit nur für ihr Vergnügen. Servo-Mechanismen, die alles zur Verfügung stellen, haben sie befreit. Es gibt nur einen Haken: Das Leben endet mit dreißig.[42]

Der Film entwirft eine von gigantischen Klimakuppeln geschützte Stadt, energieversorgt von Gezeitenkraftwerken; eine Stadt voller Parkanlagen, Vergnügungseinrichtungen und futuristischen Apartments, in die willige Sexualpartner mit einem Liebeslift geliefert werden. Ein grüner Ökotraum, mit erneuerbaren Energien, Recycling und freier Liebe. Die Innenarchitektur des Films ist eine Feier der Shopping-Mall-Architektur der siebziger Jahre inklusive Topfpflanzen, Balustraden, Spiegelflächen und Rolltreppen. Der einzige Nachteil des prächtigen

Abb. 10: Die Klimakapsel der siebziger Jahre ist eine Shopping Mall: Der Film *Logan's Run* wurde zu großen Teilen im Dallas Market Center gedreht. Logan's Run, USA 1976

Konsumparadieses ist die Tatsache, dass die Lebenszeit der Bewohner begrenzt ist. Sie tragen leuchtende Lebensuhren in den Handflächen, die ihre verbleibende Zeit bis zum 30. Geburtstag anzeigen, wo sie angeblich »erneuert«, de facto aber getötet werden. Der Preis eines klimastabilen, konsumfreudigen und sexuell gut versorgten Lebens ist die Befristung der Lebenszeit. Einige versuchen daher, als sogenannte »Läufer« aus der Stadt zu fliehen, sie erhalten Fluchthilfe durch heimlich zirkulierende Schlüssel zu einer angeblichen »Zuflucht«.

Der Titelheld Logan (Michael York), ein Polizist, dessen Aufgabe es eigentlich ist, diese Flüchtlinge zu eliminieren, sucht schließlich selbst nach der Zuflucht, als seine Lebensuhr plötzlich das Ablaufen seiner Zeit anzeigt. Dabei gerät er in den klimatischen Untergrund der Stadt, entdeckt also jene Infrastruktur, die die Möglichkeitsbedingung des Lebens in der Klimakapsel ist. Er durchquert noch einmal verschiedene Zonen des künstlich manipulierten Klimas: verlassene Fischzuchtanlagen und eine seltsame Eiswelt, in der ein Roboter namens Box herrscht. Die Eiswelt, so stellt sich heraus, ist nicht nur der Gipfel der avancierten Klimatechnik, sondern der Kühlschrank, aus dem sich die Stadt ernährt, nachdem man die Fischzucht aufgegeben hat. In diesem Kühlschrank stecken die abtrünnigen »Läufer«, die statt in der versprochenen Zuflucht vielmehr – eine weitere List der ökologisch aufgeklärten Recycling-Stadt! – als Gefrierkost für die restliche Bevölkerung enden. Mit dieser eher beiläufig erwähnten Wendung schließt auch dieser Film an die neo-malthusianischen Zukunftsentwürfe der siebziger Jahre an, die eine rasante Vermehrung der Weltbevölkerung und daraus folgende globale Hungersnöte prophezeiten (siehe dazu Kap. 4). Tote zu recyclen wird hier zum ultimativen Ausdruck der unausweichlichen Enge und Ressourcenknappheit – am krudesten dargestellt im Film *Soylent Green* (1973), wo sich irgendwann herausstellt, dass das Universalnahrungsmittel »Soylent Green« durchaus nicht so »grün« ist wie sein Name, sondern aus Menschenfleisch gemacht wird.

Hermetisch abgeriegelte Gemeinwesen wie die klaustrophobischen Städte in *Logan's Run* und *Soylent Green* sind darum immer schon biopolitische Versuchsräume einer Stabilisierung der Bevölkerungsdichte. *Logan's Run* zieht daraus die naheliegenden Schlussfolgerungen: eine strikte Limitierung des Alters, Kontrolle der Geburtenraten durch künstliche Zeugung – und notfalls eben auch das vollständige ›Recycling‹ des Menschen. Aber die Voraussetzung für solche Maßnahmen, ebenso wie für die ökologische Stabilität der Stadt, ist die klimatische Abriegelung, die sich hier auch als politische entpuppt.

Erst nach dem Weg durch die technischen und biopolitischen Grundlagen dieser Abriegelung finden sich Logan und seine Begleiterin schließlich in der Außenwelt wieder, in der Wärme einer untergehenden Sonne. Aber das Klima »draußen« ist durchaus eine Herausforderung: schlechte Straßen, Hitze, Kälte, Dunkelheit und Durst. Zu Anfang beklagt sich Logans Begleiterin bitter über den Mangel an Komfort in dieser »Wildnis«. Mit dem künstlichen Klima aber verschwindet auch die Befristung der Lebenszeit: Die Lebensuhren, die die gestundete Zeit der Stadtbewohner messen, sind erloschen. So flieht das Paar in eine Natur-Welt der wiederhergestellten Kreatürlichkeit, die nicht zufällig auch die der traditionellen menschlichen Institutionen ist. Staunend entdecken sie auf Grabsteinen die Institution der Ehe: »*my beloved wife, my beloved husband*«. Es ist eine Welt des Alterns (verkörpert in Gestalt des etwas tütteligen, aber sympathischen Peter Ustinov), eine Welt der intakten Familienverhältnisse, der ehelichen Liebe, der beerdigten Toten. Das in der Kuppelstadt ausgeschlossene natürliche Klima steht hier für eine Natürlichkeit der menschlichen Existenz, die auch die Gebrechen und Gefahren dieser Existenz in Kauf nimmt und dafür länger – oder jedenfalls unbefristet – leben darf. Klima ist Natur, und Natur ist natürliche Lebenszeit. Das manipulierte Klima ist die Abkapselung des Menschen von seiner natürlichen Körperlichkeit.

Genau darum sind Fluchten aus vollklimatisierten und scharf abgeriegelten Klimainseln zu einer allgegenwärtigen Handlungsfigur in post-katastrophischen Fiktionen geworden: von Kino-Blockbustern wie George Lucas' *THX 1138* (1971), Michael Winterbottoms *Code 46* (2003) oder Michael Bays *The Island* (2005) bis hin zu Michel Houellebecqs Roman *La possibilité d'une île* (2005). Keine Fiktion hat dabei die Verknüpfung zwischen Klimakatastrophe und Einkapselung einerseits, menschlicher Körperlichkeit und deren transhumaner Überwindung andererseits so konsequent in den Blick genommen wie Houellebecqs Roman. Die Verbindung von natürlichem Klima und natürlicher Körperlichkeit, die *Logan's Run* auf recht einfache Formeln bringt, wird hier, ex negativo, als verlorene Wirklichkeit, aber auch Tragik des Menschseins vorgeführt. Geht es *Logan's Run* um eine Kritik neo-malthusianischer Recycling-Utopien, so lotet Houellebecq die transhumanen Konsequenzen einer Disjunktion von Mensch und Klima bis zum Extrempunkt aus.

Houellebecqs Roman *La possibilité d'une île* erzählt auf zwei Ebenen: Den Vordergrund bildet der in der Gegenwart spielende Lebensbericht des französischen Komikers Daniel, ein recht trostloser Bericht über sein Sexleben, seine Verzweiflung über das Altern und schließlich seiner Begegnung mit der Sekte der Elohimiten, die sich das Klonen von Menschen und damit die Überwindung der menschlichen Sexualität vorgenommen hat. Die zweite Ebene der Erzählung sind die Kommentare zweier tausend Jahre später lebenden »Neo-Menschen« Daniel24 und -25, geklonte Nachfahren von Daniel1. Mit diesem narrativen Setting geht Houellebecq einen Schritt weiter als in *Les particules élémentaires* (1998), in dem er bereits die transhumane Überwindung der menschlichen Körperlichkeit – Sexualität, Begehren, Fortpflanzung und Hinfälligkeit des Körpers – zum Thema gemacht hatte. In *La possibilité d'une île* (dt.: *Die Möglichkeit einer Insel*) geht es ihm nicht mehr nur um deren trostlose Vorgeschichte (der Geschichte von Daniel1), sondern um ihr mögliches Ergebnis: die Neo-Menschen. Die Neo-Menschen sind von Nahrungsaufnahme, sexuellem Begehren, Affekten und individueller Auslöschung befreit; sie werden nach ihrem Tod einfach neu geklont und sind somit zumindest biologisch »unsterblich«. Dennoch ist dieses Ergebnis einer technologischen Selbstüberwindung des Menschen nicht restlos befriedigend: Die Neo-Menschen grübeln halb sediert, halb ratlos über dem deutlich ereignisreicheren Lebensbericht ihres jeweiligen Ursprungsmodells, in diesem Fall Daniel1.

Ähnlich Tardes und Forsters fröhlichen Troglodyten sind die Neo-Menschen von Houellebecqs Zukunft fast gänzlich naturunabhängig. Nach mehreren klimatischen Desastern sitzen sie in abgeriegelten, klimastabilen und vernetzten Zellen, die sie vor den vergangenen zwei großen Klimakatastrophen beschützt haben:

> Die Eisschmelze begann gegen Ende der Ersten Verringerung und ließ die Erdbevölkerung von vierzehn Milliarden auf siebenhundert Millionen Menschen schrumpfen. Die Zweite Verringerung ging schrittweise vor sich; sie vollzog sich während der gesamten Großen Dürre und dauert noch heute an. Die Dritte Verringerung wird die letzte sein; sie steht uns noch bevor.[43]

Draußen, in der heißen, trockenen Ruinenlandschaft der Großen Dürre, vegetieren noch letzte Nachkommen der »alten« Menschheit als »Wilde«. Sie leben in »Urhorden«, die unmittelbar Freuds *Totem und Tabu* entnommen sind, und ergehen sich in kruden Formen der Sexualität und grausamen kannibalischen Ritualen. (Frz. 458 ff., dt. 465 ff.) So ist Houellebecqs Welt scharf getrennt in Binnen- und Außenklima. Das Innen, im kontrollierten und abgeriegelten Kunstklima, beherbergt trans-humane Neo-Menschen, die fast alles hinter sich gelassen haben, was die Bürde menschlicher Physis und Endlichkeit ausgemacht hatte: die Tragödien des Begehrens (von denen Daniels Lebensgeschichte fast ausschließlich handelt), die Demütigung des individuellen Verfalls und Endes. Das Draußen dagegen ist nichts als jämmerliche, stinkende, krude menschliche Physis, Regression in den Zustand dessen, was die Kulturtheorien des 20. Jahrhunderts einmal als »Urform« menschlicher Vergesellschaftung imaginiert hatten.

Houellebecqs Probe aufs Exempel dieser human/neo-humanen Außen/Innen-Differenz ist das Ende des Romans, als die Neo-Menschen Daniel25 und Marie23 getrennt voneinander in die Außenwelt ihrer Klimakapseln aufbrechen. Was sie suchen, ist etwas, das ihnen in der Welt des stabilen Klimas mühsam weggezüchtet wurde, ein Rest der menschlichen Sehnsucht nach einer »Insel« der menschlichen Gefühle und des Glücks. Was sie finden, ist wenig mehr als ein Blick in die grausame Welt der »Wilden« – und eine Erfahrung des Wetters. Mit ihr bricht auch die Natur wieder über den neo-humanen Körper herein. Nach seiner ersten Nacht in der Außenwelt erwacht Daniel25 mit schwerem Juckreiz.

> Das Morgengrauen zog feucht über der bewaldeten Landschaft herauf, und mit ihm kamen sanfte Träume, die ich nicht verstand. Und meine Augen füllten sich mit Tränen, deren salziger Kontakt mir sehr seltsam erschien. Anschließend tauchte die Sonne auf, mit ihr kamen Schwärme von Insekten; da begann ich zu begreifen, wie das Leben der Menschen ausgesehen hatte. Meine Handflächen und Fußsohlen waren von Hunderten von Bläschen bedeckt, es juckte fürchterlich, und ich kratzte mich gut zehn Minuten lang wie besessen, bis ich blutüberströmt war.« (Frz. 441, dt. 447)

Daniel25 wandert weiter, bis ans Ufer des Meeres, in eine Zone, in der keine Jahreszeiten mehr herrschen, gleichsam eine natürliche Klimakapsel: »Ich ahnte, dass es das ganze Jahr lang so bleiben würde und dass die durch die Große Dürre hervorgerufenen astronomischen Veränderungen hier eine Region geschaffen hatten, in der es keine jahreszeitlichen Unterschiede gab und in der ständig die Verhältnisse eines Sommeranfangs herrschten.« (Frz. 480, dt. 489) So ist der Ort im »Draußen«, an dem Daniel25 sich schließlich niederlässt, nicht die gesuchte

Insel, deren »Möglichkeit« die Möglichkeit des Glücks gewesen wäre, sondern wiederum nichts als ein klimastabilisierter Raum. Es erstaunt nicht, dass er am Ende konstatiert: *»J'etais indélivré«*. (484) »Ich blieb unerlöst.« (492) Klimastabilität und Klonierung, so Houellebecqs These, können die lästige Kreatürlichkeit des Menschen zwar unter Kontrolle bringen, nicht aber sein Bedürfnis nach Glück. Sein Ziel kann nicht die transhumane Selbstüberwindung des Menschen sein, die das Experiment des gesamten Romans darstellt, sondern nur das restlose Verschwinden des Menschen. Auch die Meisterung des Klimas, die Herstellung eines Körpers, der den Fährnissen des Wetters ebenso wenig unterworfen ist wie denen seiner Fortpflanzung und Sterblichkeit, ist am Ende keine Option:

> Ich badete lange im Sonnenschein wie auch im Sternenlicht und spürte nur ein verschwommenes nahrhaftes Gefühl. Das Glück war kein möglicher Horizont. Die Welt hatte mich betrogen. Mein Körper gehörte mir für eine kleine Weile; nie würde ich das festgesetzte Ziel erreichen. Die Zukunft war leer; sie war das Gebirge. Meine Träume waren von affektiven Präsenzen bevölkert. Ich war, ich war nicht mehr. Das Leben war real. (Frz. 485, dt. 493f.)

Houellebecq lässt die Flucht aus der temperierten und kontrollierten Isolation der Neo-Menschen scheitern, um sie – und damit die Idee einer neo-humanen »Möglichkeit einer Insel« des Glücks – letzten Endes kühl zu verabschieden. Im Außen gibt es zwar Wetter, aber kein Glück. Er verabschiedet damit auch einen Plot der Klimakapsel-Dystopien, der das Mainstreamkino seit *Logan's Run* noch immer prägt: Hier ist die Flucht aus der klimatischen Utopie immer noch eine Flucht zurück in die »Natürlichkeit« des menschlichen Körpers und der menschlichen Affekte, eine Flucht, die allerdings immer seltener gelingt. In Filmen wie *Code 46* oder *The Island* ist im kontrollierten Klima immer auch der menschliche Körper unter Kontrolle gebracht: Gegenstand von Klonierung, Gedächtnislöschung, Organtransplantation, Lebenszeitmanipulation. Klimakapseln sind so Utopien einer Politik, die den Körper restlos technifiziert hat, um restlos auf ihn zugreifen zu können. Das temperierte Klima, das ausgeschlossene Wetter ist die ausgeschlossene Körperlichkeit des Menschen und die arretierte Zeitlichkeit dieses Körpers. Die Gesellschaften, die sich durch Abkapselung und Temperierung Wetter wie Klima vom kollektiven Leibe halten, halten sich damit auch die Notwendigkeit vom Leib, sich auf die Gegebenheit dieses Körpers, seine Resistenz gegen technische Eingriffe wie technisch modulierte Umgebungen, sozial und politisch einzustellen. In dieser Abriegelung und Exklusion vom Klima wie vom Körper – das ist der Einspruch der dystopischen Klimakapsel-Entwürfe von Forster bis Houellebecq – liegt die eigentliche Katastrophe.

Herbst: Szenarien der Abkühlung

> Wir können nicht mit Sicherheit nachweisen, welche Notlagen und Schicksalsschläge der Vorzeit die Menschen wachgemacht und den Geist mehr und mehr vom Leben abgedrängt haben. Vielleicht erfolgte diese Ballung im selben Maße, als die Kälte der nördlichen Länder wuchs oder als die Tundra, der schreckliche Eisgürtel, an den Polen langsam weiterrückte und die Erde mit neuer Eiszeit bedrohte.
> *Theodor Lessing: Europa und Asien*[44]

Die zweischneidige Hoffnung auf eine technische Temperierung des Klimas hatte zunächst auf eine viel ältere Angst geantwortet: die Angst vor einer Abkühlung des Klimas durch eine Schwächung oder sogar ein gänzliches Verlöschen der Sonne. Nicht zufällig beginnt diese Angst vor einer schleichend oder auch plötzlich hereinbrechenden Kältekatastrophe um 1800, in der Epoche jener romantischen Verdunklung, die auch den Einsatzpunkt eines modernen Zukunfts- und Katastrophendenkens markiert (s. Kap. 1). So ist die Angst vor der Abkühlung das wohl älteste Klimakatastrophen-Szenario der Moderne, eine Angst, die das ganze 19. Jahrhundert beherrscht und sich noch bis in die 1970er Jahre in den wissenschaftlichen Szenarien der Klimaforschung hält.[45]

Byrons Gedicht *Darkness*, in dem die Welt in Dunkelheit und Kälte versinkt, ist, wie wir gesehen haben, eines der ersten Dokumente dieser Angst (S. 63–72). Die globale Klimakrise des ›Jahrs ohne Sommer‹ 1816 wird hier zu einem apokalyptischen Zusammenbruch des Klimas hochgerechnet. Denn neben der Anthropologie der Katastrophe, mit der Byron das Menschenbild der Aufklärung attackiert, beschreibt er detailliert ein klimatisches Worst-case-Szenario: eine in Dunkelheit und Kälte versinkende Welt. »*The icy earth /Swung blind and blackening in the moonless air*«.[46] Was mit dem Erlöschen der Sonne über die Erde hereinbricht, ist nicht nur eine Eiszeit, sondern der Zusammenbruch aller Parameter dessen, was einen Rhythmus, eine Struktur der Natur vorgegeben hatte: kein Mond, keine Gezeiten, keine Jahreszeiten. In diesem zeit-losen Nicht-Klima des Eises und der Dunkelheit werden nicht nur die Menschen ausgelöscht, sondern die gesamte Natur wird vernichtet:

> The world was void,
> The populous and the powerful was a lump,
> Seasonless, herbless, treeless, manless, lifeless –
> A lump of death – a chaos of hard clay.
> The rivers, lakes and ocean all stood still,
> And nothing stirr'd within their silent depths,
>
> Die Welt war leer, ein Ballen Arm und Reich,
> Der Jahreszeit beraubt und ohne Leben,
> Ein Klumpen Toter und des Staubes Chaos.
> Die Flüsse standen still und alle Meere,
> Nichts regte sich in ihres Schweigens Tiefe.
> (v. 70–75)

Ist die Natur vernichtet, bleibt von der Erde nur noch ein öder Lehmklumpen ohne lebendige Prozesse, ohne Pflanzen, ohne Jahreszeiten, ohne Gezeiten – und damit *ohne Zeit*. Das Ende des Klimas ist toter Stillstand, das Ende einer Zeitlichkeit der Natur. So macht Byron nicht nur am Menschen, sondern auch an der Natur ein grausames Reduktionsexperiment: Was bleibt von ihr übrig, wenn ihr Licht und Wärme genommen sind? Das Fehlen von Jahreszeiten, von Vegetation, von Wasserkreisläufen sind Bilder für den Ausfall oder die Zerstörung eines Gefüges von Wettererscheinungen, Mond und Wasser, deren Wechselwirkungen gerade die Lebendigkeit der Natur ausgemacht haben. Diese Wechselwirkung und die ständige Bewegung, die aus ihr hervorging, sind nun im Wortsinne eingefroren. Alles liegt bewegungslos, es gibt weder Wellen noch Gezeiten mehr.

> The waves were dead; the tides were in their grave,
> The moon, their mistress, had expir'd before;
> The winds were wither'd in the stagnant air,
> And the clouds perish'd; Darkness had no need
> Of aid from them – She was the Universe.
>
> Die Wellen tot, im Grabe die Gezeiten;
> Der Mond, ihr Meister, war schon längst erloschen.
> Der Wind war aus, die Luft erstickt, die Wolken
> Waren verschwunden; ihre Hilfe hatte
> Die Finsternis nicht not – sie war das All.
> (v. 78–82)

Das Wetter – auf Französisch ›*temps*‹ und damit Synonym für ›Zeit‹ – wird hier, wenn auch nur in seinem Verschwinden – zum letzten Bild einer Lebendigkeit der Welt und der Natur, die mit dem Licht auch die Zeit auslöscht. Wolken verdunkeln nichts mehr, die Dunkelheit ist das Universum selbst, in dem sich nichts mehr bewegt, nichts mehr sichtbar ist, nichts mehr lebt. Byrons katastrophische Zukunft ist das Auslöschen jeder Zeitlichkeit, die ›Zukunft‹ noch enthalten hätte.

Byrons restlose Katastrophe – die Zerstörung des Menschen, der Natur und der Zeit – antwortet dabei auf ein neuartiges Wissen, das die Zukunft der Erde gerade durch einen Blick in die Vergangenheit des Planeten plötzlich in einem katastrophischen Licht erscheinen lässt. Dieses Wissen entsteht durch einen Blick ins Archiv der Natur, genauer gesagt in die Ablagerungen und Spuren vergangenen Lebens, die sich im Boden erhalten haben. Der Blick ins Archiv der Natur ist dabei ein Blick in den Abgrund – den Abgrund des völlig neuen Zeithorizonts einer »Tiefenzeit« (*deep time*) der Erde.[47] Im Verlauf des 18. Jahrhunderts hatten die naturgeschichtlichen Forschungen Buffons und anderer Geologen gezeigt, dass die Erde weitaus älter sein musste als die 6000 Jahre, die man bisher in einer wortwörtlichen Auslegung der Bibel errechnet hatte. Buffon nahm stattdessen ein Erdalter von 75 000 Jahren an und lancierte damit eine Debatte über die Geschichte der Erde, die in den folgenden Jahren endgültig die naturwissenschaftliche Gültigkeit des biblischen Schöpfungsmythos verabschiedete. Eröffnet wurde damit ein Blick auf die Geschichtlichkeit der Natur, den der Begründer der Paläontologie, Georges Cuvier, dann zu einer gänzlich neuen Theorie über die Erdgeschichte ausarbeitete. Bei seinen Forschungen mit Fossilien nämlich entdeckte Cuvier, dass es ganz offensichtlich Arten gegeben hatte, die heute nirgendwo auf der Welt mehr zu finden sind. Diese Arten mussten also ausgestorben sein – und damit stellte sich die Frage nach den historischen Gründen für dieses Aussterben. Mit der Rekonstruktion ausgestorbener Tiere legte Cuvier eine Ur- und Vorgeschichte der gegenwärtigen Natur frei, die gänzlich andere Lebensformen enthalten hatte, und verwies so auf eine grundsätzliche Diskontinuität der Natur: Es musste große, katastrophische Einschnitte, gigantische Kataklysmen gegeben haben, in deren Verlauf ganze Tierarten ausgelöscht worden waren. Die *Bio-*

geschichte der Natur ist so bei Cuvier von Anfang an auch als *Thanatogeschichte* gedacht; die paläohistorische Abfolge der Arten ist die Geschichte der ausgelöschten und verschwundenen Arten.[48] Damit stellte sich die Frage nach den Ereignissen, die diese großen Auslöschungen verursacht hatten. Buffon ging dabei in seinen *Époques de la nature* (1778) von einer Theorie der langsamen Abkühlung im Verlauf der Erdgeschichte aus, die beispielsweise die »Elefanten« (de facto Mammuts), die man in Nordeuropa und Asien gefunden hatte, in den Süden abgedrängt hatte. Buffon sieht noch nicht, dass Mammuts und Elefanten zwei verschiedene, einander folgende Arten sind. Aber die Vorstellung einer durchgreifenden Abkühlung der Erde, die Buffon impliziert, erschüttert schon früh die Gemüter. Percy Shelley erwähnt in seinem Briefwechsel aus dem eisigen Sommer 1816, den er mit Byron in Genf verbrachte, »Buffons erhabene, aber düstere Theorie, dass diese Erde, die wir bewohnen, irgendwann in der Zukunft in einen Klumpen Eis verwandelt werden wird«.[49]

In seinen *Discours sur les révolutions de la surface du globe* (1825) nun radikalisiert Cuvier diese Idee von den sich wandelnden Klimazuständen zu einer Naturgeschichte der Katastrophen, die plötzlich und vernichtend über alles Leben in einer betroffenen Region hereingebrochen sein müssen:

> Das Leben ward aber auf dieser Erde häufig durch schreckliche Ereignisse gestört. Zahllose Lebewesen waren das Opfer dieser Catastrophen. Die Einen, welche den trockenen Boden des Festlandes bewohnten, wurden von Fluthen verschlungen; während Andere, die den Schooss der Gewässer belebten, mit dem Meeresgrund plötzlich emporgehoben und aufs Trockene gesetzt wurden; selbst ihre Arten sind für immer untergegangen.[50]

Erst mit Cuvier wird das Aussterben von einer vagen Hypothese zum naturwissenschaftlichen Faktum. Überschwemmungen oder Erdverschiebungen löschen die eine Art aus; es entstehen völlig neue Arten oder wandern aus anderen Gebieten ein. Der gut erhaltene Zustand der Fossilien, so Cuvier, legt nahe, dass in vielen Fällen die Tiere erfroren und dann vom Eis konserviert worden sein müssen. So impliziert der »Katastrophismus« Cuviers eine Theorie der Kältekatastrophe, noch bevor Karl Friedrich Schimper 1837 den Begriff »Eiszeit« prägte:

> Wären sie nicht gleich bei ihrem Tode von der Kälte erstarrt, so würde die Fäulnis sie ergriffen und aufgelöst haben; von der andern Seite aber konnte dieser ewige Frost da, wo sie eingefroren sind, früher nicht herrschen, denn, wie hätten sie in einer solchen Temperatur zu leben vermocht?[51]

Es ist eine plötzliche Welle von Kälte, die die Lebewesen überrascht, einfriert und so konserviert. Cuviers Theorie von den »Revolutionen« der Erde ist damit eine Theorie des schnellen und zerstörerischen Klimawandels, der Auslöschung und spontanen Neuentstehung, die das Desaster und die Vernichtung ins Zentrum der Naturgeschichte stellt. Die Katastrophe, wie Byron sie imaginiert, hat sich nach Cuvier vor dem Erscheinen des Menschen in kleinerer, lokaler Form schon etliche Male auf der Erde ereignet – und wird sich wieder und wieder ereignen. Cuviers implizite Annahme, dass der Mensch erst nach der letzten dieser Katastrophen erschienen sei und damit nie Zeuge einer Eiszeit gewesen sei, wurde in der Folge von Charles Lyell widerlegt. Der Mensch erscheint in seiner Urgeschichte also als ein Überlebender von Katastrophen, die andere Arten restlos ausgelöscht haben. Der Einbruch der Kälte, die »Eiszeit«, ist dabei das populärste Bild, das insbesondere am Anfang des 20. Jahrhunderts eine intensive Konjunktur erlebt und sich zur allgemeinen kulturellen Metapher ausdehnt: Kälte und Abkühlung werden zu Symbolen für eine durchgreifende Rationalisierung der Lebenswelt und der sozialen Beziehungen.[52]

Auch wenn Cuviers Katastrophismus schon bald von Positionen korrigiert wurde, die eine graduelle und lokale Veränderung der Arten und Landschaften annehmen und schließlich in

Darwins Theorie der Evolution und Adaption von Arten münden, durchzieht die Vorstellung einer kommenden Kältekatastrophe das gesamte 19. Jahrhundert. Nicht nur Gabriel Tarde macht sie zum Ausgangspunkt seiner unterirdischen Klimatisierungsutopie, sondern etliche imaginierte Weltenden verdanken sich der Vorstellung einer langsamen Schwächung der Sonne und eines Kältetods des Planeten.[53] Camille Flammarion, Astronom, Spiritist und einer der großen Popularisierer astronomischen Wissens im 19. Jahrhundert, entwirft einen solchen Kältetod der Erde in seinem Endzeitroman *La fin du monde* (1893). Dabei geht es ihm vor allem um die Vermittlung eines astronomischen Kenntnisstands der Zeit. Erst entgeht die Erde – in der näheren Zukunft – nur knapp dem Aufprall eines Kometen; zehn Millionen Jahre später aber verdämmert der Planet dann endgültig in Trockenheit und Kälte, da der Erdkern zunehmend abgekühlt ist und das Wasser auf der Erdoberfläche immer weniger wird. Auch hier kommt das Ende durch einen langsamen Klimawechsel:

> Die Lebensbedingungen auf Erden hatten sich langsam verändert. Das Wasser hatte an der Oberfläche des Planeten abgenommen. Was das Leben und die Wärme unterhielt, war der in der Luft enthaltene Wasserdampf; sein Verschwinden war die Ursache der Abkühlung und des Absterbens.[54]

Die Erde »altert« und die späten Menschen degenerieren zu jämmerlichen, halbverhungerten kleinen Horden, die sich in Fellkleidern mühsam vor der Kälte schützen:

> Auf der ganzen übrigen Erde war das Menschengeschlecht nahezu ausgestorben; nach und nach, und unerbittlich von Jahrhundert zu Jahrhundert war es verdorrt, erschöpft, entartet, weil sowohl die assimilierbare Luft als auch die hinreichende Ernährung fehlte. Seine letzten Sprösslinge vegetierten wie Wilde, und alle starben langsam Hungers oder erfroren.[55]

Inspiriert von Grainvilles romantischem Endzeitroman *Le dernier homme* (1805), erfindet auch Flammarion zwei »Letzte

Menschen« – Omégar und Eva. Aber anders als bei Grainville (s. Kap. 1) haben sie keinen Entscheidungsspielraum mehr, sondern sind nur noch die tragischen Zeugen und Opfer dieses langsamen Verlöschens. Die klimatische Abkühlung ist nicht mehr Rahmenbedingung für menschliche Tragödien oder Entschlüsse, sondern nur noch unausweichliches meteorologisches Schicksal.

Noch immer maßgeblich ist für das 19. Jahrhundert aber die enge Verbindung von Klima und der biologischen Verfasstheit des Menschen: In der Kälte und Knappheit, die über den erlöschenden Planeten kommt, kann auch der Mensch nur noch in degenerierter Form existieren, bei Flammarion immerhin noch als primitiver und halb verhungerter Urmensch, der sich mühsam vor der Kälte schützt. Radikalisiert wird dieser Kältetod der Erde schließlich in H. G. Wells' *The Time Maschine*, der zwei Jahre nach Flammarions Roman erscheint (1896). Am Ende des Romans stößt der Erzähler über das Jahr 802701 hinaus, in dem die Morlocks die Eloi jagen und der größte Teil des Romans spielt, bis in die Endzeit des Planeten vor. Hier führt Wells das Theorem von der Degenerierung der Arten im Angesicht widrigen Klimas an seine letzte post-humane Konsequenz. Die Sonne ist ein trüber roter Ball, der nicht mehr auf- und untergeht und nur mehr ein graues Zwielicht auf die Welt wirft. Die Luft ist dünn und kalt geworden, und das sterbende Klima erzeugt ein seltsam düsteres Farbenspiel am Himmel:

> Im Nordosten war [der Himmel, EH] schwarz wie Tinte, und aus diesem Dunkel leuchteten still und hell blassweiße Sterne. Über mir war er tief dunkelrot und ungestirnt, gegen Südwesten zu hellte er sich zu einem leuchtenden Scharlachrot auf, in dem über dem Horizont glühend und bewegungslos der riesige Sonnenball stand.[56]

Auch hier ist – ganz im Gefolge Byrons – fast jede Bewegung der Luft und des Wassers zum Stillstand gekommen, es gibt keine Gezeiten und keine Tageszeiten mehr. Das veränderte Klima aber hat auch die Fauna verändert. Die letzten Lebewesen, denen der Zeitreisende noch begegnet, haben nichts Menschliches mehr an sich: Es sind ein schreiender weißer Schmetterling, eine riesige rote Krabbe, und schließlich ein schwarzes, tentakeltragendes Wesen, das kaum mehr als Tier erkennbar ist. Unklar bleibt, ob diese letzten Wesen späte Nachfahren des Menschen sind; klar ist, dass auf der erlöschenden Erde nichts mehr lebt, was dem Menschen in irgendeiner Weise noch ähnlich wäre. Mit dem Ende der Zeit und Gezeiten und der Auslöschung dessen, was noch ein Klima hätte sein können, ist das Ende des Menschen besiegelt.

Was die Fiktionen eines klimatischen Herbsts der fortschreitenden und unaufhaltsamen Abkühlung bearbeiten, ist eine Phantasie vom langsamen Erlöschen des Lebens, das mit einer Ausrottung, schlimmer noch: einer Degeneration der Arten einhergeht. In der zunehmenden Kälte revertiert der Mensch zum primitiven Urmenschen, der sich bei Flammarion mit Fellen und in Höhlen vor dem Frost zu schützen sucht und bei H. G. Wells nicht einmal mehr als Mensch erkennbar ist. Mehr noch als Cuviers plötzliche katastrophische Ausrottungen durch Überschwemmung und Frost wird der Herbst der Erde in den Entwürfen des 19. Jahrhunderts von einer umgekehrten Evolutionstheorie geprägt, in der der Mensch mit zunehmender Kälte zu seiner eigenen Urgeschichte zurückkehrt, einer Urgeschichte, die ihrerseits eine endlose Abfolge von Katastrophen ist. Die Abkühlung ist eine Stillstellung der Lebensprozesse, ein Verlust aller lebensspendenden Energie und damit auch ein Stillstehen jener Zeit, deren natürliches Maß die Tage und Gezeiten sind. Die Abkühlungsphantasie ist eine Phantasie der Verlangsamung und des Zum-Stillstand-Kommens des Lebens. Genau darum braucht sie narrative Zeitmaschinen – Vorgriffe über unendlich lange Zeiträume, Millionen von Jahren, die entweder, wie bei Flammarion, im Tigersprung des astronomischen Blicks einfach überschaut werden; oder, wie bei H.G. Wells, die Fiktion einer im Modus des schnellen Vorlaufs zu durchreisenden Zeit. Nur wer Tausende von Tagen in wenigen Sekunden durchreist, kann bemerken, dass die Sonne ihren Lauf eingestellt hat und bewegungslos am Himmel hängt.[57]

> [...] stellte sich jener blitzartige Wechsel von Tag und Nacht wieder ein, der eigentlich das Kennzeichen verringerter Geschwindigkeit ist, und zwar immer deutlicher. Dies erschien mir zunächst rätselhaft. Der Wechsel von Tag und Nacht wurde zunehmend seltener, und zugleich verlangsamte sich auch die Wanderung der Sonne über den Himmel, bis sie sich schließlich über Jahrhunderte zu erstrecken schien. Zum Schluss brütete ein unveränderliches Zwielicht über der Erde, ein Zwielicht, das nur dann und wann von einem aufblitzenden Kometen durchbrochen wurde, der seine Bahn über den dämmernden Himmel zog. Der Lichtstreifen, der die Sonne angezeigt hatte, war längst verschwunden, denn die Sonne ging nicht mehr auf und unter – sie stieg und fiel nur im Westen und wurde immer größer und röter. (Engl. 67, dt. 130/1)

Narrative Zeitachsenmanipulation, schnelles Vorspulen sozusagen, ist die Voraussetzung für den Überblick und die Darstellbarkeit einer Katastrophe, die sich eigentlich nicht im Moment, sondern nur im Überblick über Jahrmillionen beschreiben lässt. In den Abkühlungsphantasien des 19. Jahrhunderts wandelt sich das Konzept von Klima von einer Ortsdeterminante zu einer unvordenklichen Zeitlichkeit: Es wird zur Tiefenzeit, zum Medium einer unvordenklichen Urzeit, die in ihrer Endlosigkeit zugleich die in der Ferne drohende Zukunft ist, eine Zukunft, an deren Ende nichts anderes stehen kann als ein Ende der Zeit.

Winter: Die Schrecken des Eises und der Finsternis

Eine Minute nach der letzten Explosion wird mehr als die Hälfte der Menschheit tot sein, Staub und Rauch der in Flammen stehenden Kontinente werden das Sonnenlicht besiegen, und auf der Welt wird wieder absolute Finsternis herrschen. Ein Winter mit orangefarbenem Regen und eisigen Wirbelstürmen kehrt den Rhythmus der Ozeane um und lässt die Flüsse über die Ufer treten, die Fische sind in den brennenden Wassern ertrunken und die Vögel finden den Himmel nicht mehr. Die fortwährenden Schneefälle bedecken die Sahara, das riesige Amazonien, zerstört vom Hagelschlag, verschwindet vom Gesicht des Planeten und die Ära der Rockmusik und der transplantierten Herzen kehrt in ihre glaziale Kindheit zurück. Die wenigen Menschen, die den Schrecken vielleicht überleben und am unheilvollen Montag der großen Katastrophe um drei Uhr nachmittags das Privileg einer sicheren Zuflucht hatten, werden ihr Leben nur gerettet haben, um später am Grauen ihrer Erinnerungen zu sterben. Die Schöpfung hat ihr Ende gefunden. Im finalen Chaos der Feuchtigkeit und der ewigen Nacht sind einziges Überbleibsel dessen, was Leben war, die Kakerlaken.
Gabriel García Márquez: Damoklesschwert. Rede in Ixtapa-Zihuatanejo, Mexiko, 6. August 1986[58]

Schleicht die Kühle des Herbstes allmählich über die Erde, so kommt die Große Kälte mit einem Schlag. Winterimaginationen sind Bilder von einer plötzlichen, abrupt über die Erde hereinbrechenden Abkühlung, eine katastrophale Schockfrostung menschlicher Existenz. Byrons *Darkness* bringt diesen Schock auf den anthropologischen Punkt, Emmerichs *The Day After Tomorrow* auf den meteorologischen: Im Film wird durch einen Hurrikan eisige Luft aus den höchsten Schichten der Atmosphäre nach unten gesogen und friert Benzinleitungen wie menschliche Körper in Sekundenschnelle ein.[59] Auch Cuviers plötzlich eingefrorenen, gut erhaltenen Fossilien waren ihm materielle Beweise für solche abrupten »Revolutionen« des Klimas auf der Erde – und nicht zufällig wird in Emmerichs Film ein solches eingefrorenes Mammut im *Museum of Natural History* von genau den Schülern besichtigt, die die bald darauf über New York hereinbrechende Frostkatastrophe nur knapp in der *New York Public Library* überleben. Der Winter ist die Phantasie von einem Klima, das ganz plötzlich nicht mehr lebbar ist, ein Klima, vor dem man nur noch Schutz suchen kann – aber nicht unbedingt findet.

Ebenso wie Byrons Verdunklung und Wells' planetarische Abkühlung hat auch Gabriel García Márquez' apokalyptisches Bild vom über die Menschheit hereinbrechenden Winter einen sehr präzisen historischen Moment. Es ist der Auftakt einer Rede, die Márquez am 6. August 1986 anlässlich des Jahrestags des Atombombenabwurfs über Hiroshima hielt. Auch diese Rede aus der Spätzeit des Kalten Krieges reagiert auf ein historisch neuartiges Wissen, das in den frühen 1980er Jahren antrat, einen ganz neuen Typus von Katastrophe auszuleuchten: den »*nuklearen Winter*«. Mehr als die schwer absehbaren Formen einer globalen Erwärmung ist es *dieses Modell* eines vom Menschen katastrophisch veränderten Klimas, das die aktuellen Vorstellungen von klimatischen Desastern prägt. Schon im frühen Kalten Krieg hatten Strategen wie Herman Kahn über die Folgen eines mit Nuklearwaffen geführten Kriegs nachgedacht und Szenarien möglicher Schäden und Spätfolgen entworfen – allerdings mit dem Zweck, diese Schäden als reparabel und den Atomkrieg damit als sinnvolle strategische Option durchzudenken (s. Kap. 2). Erste konkrete Überlegungen zu möglichen Veränderungen von Wettermustern durch eine Nuklearexplosion hatte schon 1957 Samuel Glasstone angestellt, aber vermutet, dass die Explosion einer H-Bombe nicht mehr als ein Prozent der Staubmenge in die Atmosphäre schleudern würde, die der Ausbruch des Vulkans Krakatau 1883 erzeugt hatte, der zwei Jahre lang für eine merkliche Abkühlung des Weltklimas gesorgt hatte.[60]

Erst Anfang der achtziger Jahre begann eine Gruppe von Forschern im Auftrag der Schwedischen Akademie der Wissenschaften eine systematische Erforschung der klimatischen Folgen von Atombomben. Ihre Ergebnisse wurden 1982 vorgestellt und sorgten sofort für Aufsehen. Paul Crutzen und John Birks entwarfen ein katastrophales Bild möglicher Folgen: Die großflächigen Feuer nach nuklearen Explosionen würden riesige Aschemengen in die Atmosphäre wirbeln, die das Sonnenlicht drastisch verdunkeln und Pflanzenwachstum damit empfindlich schädigen würden. Das Sonnenlicht, das dann noch die Erde erreichen würde, wäre mindestens um die Hälfte, schlimmstenfalls sogar um 99 Prozent verringert. Weitere Folgen wären die Zerstörung der Ozonschicht durch Stickoxide, extreme Erhöhung des Kohlendioxidgehalts und Toxine von den Bränden in Städten, Erdgas- und Öl-Förderanlagen. Nach Crutzen und Birks hätten selbst die unmittelbaren Überlebenden eines Nuklearschlags, die der Druck- und Hitzewelle entkommen, nur wenig Aussicht auf Überleben:

> In dieser Studie haben wir gezeigt, dass es höchst wahrscheinlich ist, dass die Atmosphäre durch einen nuklearen Krieg stark gestört würde. Wir machen besonders auf die Effekte großer Mengen von stark sonnenlichtabsorbierenden, dunklen Partikeln aufmerksam, die durch die vielen Feuer produziert und in die Troposphäre eingebracht würden, welche in städtischen und industriellen Gebieten, Öl- und Gasfeldern, auf Feldern und in Wäldern ausbrechen würden. Für längere Zeiträume, vielleicht sogar Monate, würden solche Feuer es verhindern, dass Sonnenlicht auf die Erdoberfläche trifft. Und sie würden die chemische Zusammensetzung der Erdatmosphäre verändern. Das Ökosystem der Meere reagiert vermutlich besonders empfindlich auf längere Perioden von Dunkelheit. Unter diesen Bedingungen ist es wahrscheinlich, dass die landwirtschaftliche Produktion in der Nordhemisphäre fast gänzlich ausgeschaltet würde, so dass für diejenigen, die die unmittelbaren Folgen des Krieges überleben würden, keine Nahrungsmittel zur Verfügung stünden. Es ist auch durchaus möglich, dass schwerer, welt-

weiter photochemischer Smog große Mengen von troposphärischem Ozon entwickeln würde, das ebenfalls gravierend die Produktivität der Pflanzen stören würde. Überleben wird noch schwieriger, wenn stratosphärische Ozonlöcher entstehen. Kaum mehr als ein winziger Bruchteil der unmittelbar Überlebenden […] würde den Hunger und die Erkrankungen im folgenden Jahr überstehen können.[61]

Crutzens und Birks' hypothetisch vorgetragene Skizze möglicher ökologischer und klimatischer Folgen eines Nuklearkriegs wurde in den folgenden Jahren detaillierter ausgearbeitet. Wissenschaftler um den Klimaforscher Richard Turco und den Astrophysiker Carl Sagan begannen, in Computersimulationen verschiedene Faktoren eines solchen nuklearen Winterszenarios genauer auszuleuchten.[62] Ihre Berechnungen entwarfen ein noch trüberes Bild als das Crutzens und Birks': Eine Temperaturabsenkung von über 20 Grad Celsius, eine extreme Störung des biologischen Gleichgewichts der Meere, eine Dunkelheit, die etwa dem Licht der Polarnächte zu vergleichen sei, erhöhte Strahlenbelastung durch Radioaktivität und UV-Strahlung für mindestens ein bis zwei Jahre – und damit eine weltweite ökologische Katastrophe, die mehrere hundert Millionen Tote mit sich bringen würde. Carl Sagan präsentierte dieses Szenario noch im gleichen Jahr in einem populärwissenschaftlichen Buch, dessen Titel zum ersten Mal den Begriff der ›Klimakatastrophe‹ in die Diskussion brachte. Gemeint war damit allerdings nicht mehr ein Naturereignis, das sich früher oder später im Rahmen naturgesetzlicher Prozesse auf der Erdoberfläche ereignen würde, sondern ein *menschengemachtes*, plan- aber auch verhinderbares, kontingentes Desaster.[63]

Das Szenario des nuklearen Winters vereint die alten Schrecknisse des klimatischen Herbsts – Dunkelheit, Kälte, Hunger, Zusammenbruch aller sozialen Institutionen – mit den neuen des atomaren und industriellen Zeitalters: Verstrahlung (sei es durch Gammastrahlung oder durch intensivierte UV-Strahlung), Vergiftung, Epidemien. Die breite Resonanz in Presse und Politik, die es fand, verdankt sich dieser Anknüpfung neuer Ängste an alte – aber auch einer entscheidenden Verschiebung sowohl in der politischen Argumentation als auch in der Darstellung. Denn das Klimaszenario der Wissenschaftler argumentierte nicht mehr im Sinne strategischer Planung oder auch Verhinderung eines Nuklearkriegs im Rahmen der MAD, in der es um Erst- oder Zweitschläge, Zivilschutz und Wiederaufbaugeschwindigkeiten ging. Es argumentierte nicht, wie Kahn, *strategisch* und auch nicht *lokal*, sondern *ökologisch* und *global*. Ein Nuklearschlag würde nicht nur das angegriffene Areal zerstören, sondern – selbst beim Ausbleiben eines Zweitschlags – so gravierende Folgen für das Klima auf dem gesamten Globus haben, dass, wie Sagan dramatisch formulierte, ein Atomkrieg »das Aussterben der menschlichen Rasse« bewirken könnte.[64] Eine solche globale Argumentation hebelt nicht nur die Logik der MAD aus, sondern eröffnete einen neuen Raum des Politischen, der nicht mehr auf eine Logik der Abschreckung zwischen Ost und West reduzierbar war. Es ist kein Zufall, dass sich ausgerechnet bei diesem neuen und gänzlich hypothetischen Szenario US-amerikanische und sowjetische Forschergruppen überraschend einig waren.[65] Das Winterszenario verschiebt die Frage nach der Anwendung nuklearer Waffen damit von einer Ebene der Strategie und des politischen Kalküls auf eine Ebene der Natur, auf eine – wenn man so will – fundamentale Ebene des langfristigen biologischen Überlebens.

Aber das Winterszenario hat auch einen entscheidenden Vorteil der Darstellbarkeit. Es liefert andere, greifbarere Bilder als die Todesraten-Tabellen eines Kahn oder die euphemistischen »Duck and cover«-Geschichten von der Verstrahlung als einer Art Sonnenbrand.[66] War die Möglichkeit eines Nuklearkriegs in den apokalyptischen Imaginationen der fünfziger und sechziger Jahre eine weitgehend abstrakte Metapher für die neue kollektive und menschengemachte Endlichkeit, so liefern die Desasterimaginationen der achtziger Jahre plötzlich schrille, hochkonkrete Bilder, die in ihrer physischen Detailliertheit die Folgen eines Atomschlags geradezu körperlich spürbar machen. Das zeigt sich mit besonderer Prägnanz in den Wettern, die die atomare Katastrophe begleiten: Neil Shutes *On the Beach* (1957) erzählt die Tragödie einer unaufhaltsam von radioaktiver Strahlung entvölkerten Welt nicht zufällig als eine *Sommergeschichte*, in der die letzten Überlebenden bei gemütlichen Strandpicknicks auf ihr Ende warten und extra die Forellensaison vorverlegen, weil sie wissen, dass sie im September nicht mehr am Leben sind.[67] Der Film *The Day After* (1983), der die Folgen eines Atomangriffs auf das Städtchen Lawrence in Kansas nach dem damaligen Wissensstand so detailgetreu wie möglich darstellt, zeigt die Katastrophe als unmittelbaren Umschlag vom zivilen Frühsommer zum post-nuklearem Winter: Nach dem Feuerball der Explosion folgt aschene Dunkelheit, Fallout, der wie Schnee aussieht, danach nur noch fahles Winterlicht auf leeren Äckern. Auch wenn der überaus erfolgreiche Fernsehfilm das damals brandneue Szenario des nuklearen Winters noch nicht konkret aufnimmt, so zeigt er doch mit einem geradezu medizinischen Naturalismus die körperlichen Folgen des Nuklearschlags, vom Verbrennen durch die Hitzewelle bis hin zum langsamen Tod an der Strahlenkrankheit. In *The Day After* ist der kollektive Tod nach einem Atomschlag keine Metapher der gemeinsamen Endlichkeit mehr wie in den Katastrophenfiktionen der fünfziger Jahre (s. Kap. 2), sondern ein physisches Geschehen, ein individuelles Sterben – nur massenhaft. Die Abstraktion von Todesraten, aber auch jene »spärlich möblierten Räume«, in denen Becketts *Endgame* seine post-apokalyptischen Überlebenden ihre Sprachspiele aufführen lässt, weichen in den achtziger Jahren einer Konkretion, die dann zum unmittelbaren Agens der breiten Protestwelle wird, die gegen die Nachrüstungsbeschlüsse und die Stationierung von Atomwaffen in Europa demonstriert. Es sind Bilder, zum Beispiel aus *The Day After*, die diesen Protest befeuern: *So* will man nicht sterben, *so* will man nicht überleben.

An genau diesen ›Naturalismus‹ in der Katastrophenimagination, der die achtziger Jahre kennzeichnet und von denen der fünfziger und sechziger Jahre unterscheidet, knüpft das Szenario vom nuklearen Winter an. Denn Winter ist etwas Greifbares, Bekanntes – und nichts ist schlimmer als die Vorstellung eines jahrelangen Winters. Aber etwas *Bekanntes* war das Szenario gerade nicht. Es verdankte sich weder empirischen Erfahrungen noch Experimenten, sondern einem Patchwork aus verstreutem Wissen: Daten über historische Vulkanausbrüche wie Tambora (1815) und Krakatau (1883) und die folgenden Eintrübungen der Atmosphäre über Staubstürme und Großfeuer, aber auch Hypothesen über das Verhalten von Ozon in der Stratosphäre oder die Erwärmung und Abkühlung der Atmosphäre. Das Szenario vom nuklearen Winter entsteht so aus Übertragungen und Simulationen. Es ist ein Modell, kein gegebenes Phänomen.

> Die Wolken aus Staub und Ruß, die sich seit der Mitte der 1980er Jahre durch die Großrechner der meteorologischen Institute wälzten, waren nicht real, sondern verdankten sich hypothetischen Explosionen und einer Handvoll von Parametern, welche die Wissenschaftler und Programmierer mehr oder weniger willkürlich festgelegt hatten.[68]

Genau darum war das Winterszenario von Anfang an umstritten – und dieser Streit drehte sich nicht nur um seine politischen Implikationen, sondern vor allem um seinen epistemischen Status: »Wo heutzutage Rauch ist, da ist kein Feuer, sondern nur ein Computermodell«, lästerte ein Zweifler an dem *nuclear-winter*-Szenario.[69] In dieser Debatte ging es nicht nur um die Einmischung von Wissenschaftlern in Fragen der Politik (manche sprachen von einer »Verschwörung« zugunsten der Abrüstung), sondern um den Status eines wissenschaftlichen Wissens, das sich einem Rechnen mit hypothetischen Größen verdankt.[70] Aber anders als hypothetisch und im Medium einer Simulation war, das wusste schon Herman Kahn, Wissen über den Atomkrieg nicht zu haben. Die Forderung nach empirischen Beweisen konterte Richard Turco ätzend: »Das ist kein These, die man im Experiment überprüfen kann – oder jedenfalls nicht mehr als einmal.«[71]

Was mit diesem neuen, hypothetischen Wissen entworfen wird, ist, wie Thomas Brandstetter bemerkt hat, ein »hybrides« Wissensobjekt, das »weder der Seite der Kultur noch jener der Natur eindeutig zugerechnet werden konnte«.[72] Denn es verweist nicht nur auf eine intrikate Verknüpfung von menschlichem Handeln und Abläufen der Natur, sondern auch auf den Systemcharakter des Lebens selbst. Die fundamentale Voraussetzung des Winterszenarios ist der Zusammenhang einer immensen Anzahl von interdependenten Faktoren: die Wirkungen von Ruß auf das Sonnenlicht, des Sonnenlichts auf die Photosynthese, der Photosynthese auf den Lebenszyklus der Pflanzen, die Rolle der Pflanzen für die Ernährung von Tieren und Menschen. ›Klima‹ tritt so in den Blick als komplexes Geflecht von organischen und nichtorganischen Prozessen, die nicht unabhängig voneinander betrachtet werden können und gerade in dieser Interdependenz am Rande des Kalkulierbaren liegen. »Hier geht es nicht um ›das Leben‹, sondern um eine Vielzahl von Beziehungen zwischen verschiedenen Wissensobjekten. Wenn dabei so etwas wie Leben erscheint, dann nur als Knotenpunkt in einem Netz von Bedingungskomplexen, das sich aus so verschiedenen wissenschaftlichen Disziplinen wie der Planetenforschung, der Meteorologie, Chemie, Biologie, Medizin, Landwirtschaft und Ökologie zusammensetzt.«[73]

Das nukleare Winterszenario ist dabei nur das anschaulichste und wirkmächtigste Bild eines neuartigen Katastrophenwissens, das gerade die menschliche Interaktion mit dem hybriden und heterogenen Objekt ›Leben‹ in den Blick nimmt: seien es die Tausenden Formen von Umweltverschmutzung, die Vergiftung von Landschaften und Lebewesen durch Pestizide, die Wirkung von Schwefelemissionen auf Wälder, die Versalzung von Landschaften durch intensive Landwirtschaft oder die Entdeckung einer menschengemachten Veränderung des Klimas. Aber während die seit den 1960er Jahren anwachsende Erforschung der Umweltschädigung und der ökologischen Katastrophen sich überwiegend auf lokale Desaster konzentrierte – ein gutes Beispiel dafür ist Rachel Carsons früher Klassiker *Silent Spring* (1962) –, nimmt das Winterszenario zum ersten Mal ein mögliches *globales* Phänomen in den Blick. Die Simulationen des nuklearen Winters sind erste Modellierungen eines globalen anthropogenen Klimawandels – mit der ironischen Pointe, dass es der heutigen Klimaforschung, die sich von diesen Modellierungen herschreibt, gerade nicht mehr um Abkühlung, sondern um Erwärmung geht.

Entdeckt die Umweltbewegung und die frühe Klimaforschung die systemische Vernetztheit des ›Lebens‹ und seine Verletzlichkeit durch menschliche Intervention, so ist sie relativ desinteressiert an den konkreten Folgen, die der ›Winter‹ für den Menschen haben würde. Hunderte Millionen von Toten, Zusammenbruch der ärztlichen Versorgung, psychische Störungen, Wassermangel – das sind die trockenen Listen des Grauens, die Wissenschaftler wie Crutzen und Sagan ihren Lesern zu bedenken geben. Es sind weniger die wissenschaftlichen Szenarien als vielmehr die Filme und Romane, die antreten, eine Innensicht aus dem Dunkel des post-nuklearen Winters zu geben: sei es als verzweifelte, aber solidarische Katastrophengemeinschaft in *The Day After*, sei es als Rudel gewalttätiger Motorradrocker, die etwa in der *Mad-Max*-Trilogie (1980, 1981, 1985) einen Hobbesianischen Krieg aller gegen alle führen, als Überlebenskampf in einer untergehenden, winterlichen Großstadt in Paul Austers *In the Country of Last Things* (1989) oder – neuerdings – als trost- und ratlose Gestrandete eines unbenannten Desasters in Michael Hanekes *Wolfzeit* (2003) und Cormac McCarthys *The Road* (2006).[74] Es ist darum nicht nur eine Metapher, wenn Austers und McCarthys Romane in winterlicher Kälte spielen, Hanekes Film in langen Einstellungen von Dunkelheit, Regen oder trübem Licht. Das Klima ist hier die präzise Bestimmung eines sozialen Zustands. ›Winter‹ ist Schutzlosigkeit, Ressourcenknappheit, eine Situation, in der alles davon abhängt, sich entweder im Verein mit oder gegen andere Menschen einen Raum der Wärme, Sicherheit und Versorgung zu sichern. ›Winter‹ ist die radikale Verschärfung sozialer Konkurrenz.

Vor allem McCarthys drastischer Roman *The Road* ist eine radikale Analytik dessen, was vom Menschen in diesem katastrophischen ›Winter‹ bleibt. Er erzählt die seltsam monotone, quälende und doch ergreifende Erzählung einer Reise: Ein Mann wandert mit seinem kleinen Sohn durch eine öde Landschaft irgendwo im Osten Nordamerikas mitten in einem eisigen, nicht enden wollenden Winter. Alle Pflanzen sind abgestorben oder verbrannt, der Schnee ist grau von Asche, es ist düster und kalt, ein nicht endender Winter des Hungers, der Schutzlosigkeit und permanenten Gefahr. Ihre wenigen, aber lebensentscheidenden Besitztümer transportieren die beiden in einem Einkaufswagen. Sie sind auf dem Weg in den Süden und an die Küste, in der Hoffnung, dass es dort wärmer ist. Die wenigen anderen Überlebenden der Katastrophe leben überwiegend in Banden, die Menschen jagen, einfangen und verzehren. Die einzige Sorge des Vaters gilt dem Schutz und Überleben seines Sohns. Immer wieder muss er sich und ihn gegen die Kannibalen verteidigen, sich verstecken und fliehen; immer wieder muss der Vater anderen Personen Hilfe verweigern, obwohl der Sohn darum bittet. Und immer wieder verständigen sich Vater und Sohn darüber, dass sie nicht zu denen werden, die wie Tiere andere Menschen schlachten. Am Ende des Romans stirbt der Vater an Erschöpfung. Das Kind wird von einer anderen Familie aufgenommen – und es bleibt offen, was weiter mit ihm geschieht. Wärmer jedenfalls wird es nicht.

Der Erfolg von McCarthys düsterem Roman verblüffte sogar seinen Autor. Das Buch gewann mehrere Preise, wurde von Oprah Winfrey in ihrem Literaturclub vorgestellt und 2009 mit Viggo Mortensen und Charlize Theron verfilmt.[75] Der Roman, der sogleich als Öko-Parabel gefeiert wurde, schildert ein Ende des Menschen als Ende der Natur. Er ist ein anthropologisches Experiment auf das, was man dem Menschen wegnehmen kann: die Welt, die Natur, die elementaren kulturellen Tabus, die einfachsten Regeln des Zusammenlebens, die Bedeutung der Dinge und der alltäglichen Praktiken. »Winter« ist die klimatische Metapher für diese Entblößung. Als Bild für ein letztes, nicht endendes Klima ist der Winter der experimentelle Beweis dafür, dass eine menschliche Zivilisation nicht denkbar ist ohne eine intakte Natur.

Der verblüffende Erfolg des Romans hängt aber auch damit zusammen, dass er die Katastrophe, die sich ereignet hat, bewusst undeutlich hält. Obwohl McCarthy sehr präzise die Auswirkungen der Verheerung beschreibt, vermeidet er es, den Ursprung des Desasters ausdrücklich festzulegen. Es bleibt bei einem vagen Ereignis irgendwo zwischen Naturkatastrophe und Atomschlag.

> Die Uhren blieben um 1 Uhr 17 stehen. Eine lange Lichtklinge, gefolgt von einer Reihe leiser Erschütterungen. Er stand auf und trat ans Fenster.[76]

Sehr viel deutlicher dagegen sind die Folgen: Eisige Kälte, Schnee, Frost, eingetrübtes, fahles Licht. (Engl. 149, dt. 158) Gelegentlich ist der Himmel sogar mittags »black as the cellars of hell« – »schwarz wie die Kerker der Hölle«. (Ebd.) Nichts lebt mehr. Pflanzen sind verdorrt, schwarz und verbrannt, überall Asche. Asche fällt auch Jahre nach der Katastrophe noch aus dem Himmel, sie färbt frisch gefallenen Schnee grau:

> Das Land war zerfurcht, erodiert und öde. In den Auswaschungen verstreut die Knochen toter Geschöpfe. Haufen unbestimmbaren Mülls. In den Feldern Farmhäuser, ihr Anstrich abgescheuert, die Schindeln verzogen und von der Verlattung abgeplatzt. Alles schatten- und gesichtslos. (Ebd.)

Es muss intensive Brände gegeben haben, die den Asphalt der *Straßen* zum Schmelzen gebracht haben. Nichts wächst, Tiere und Menschen sind überwiegend verhungert, nicht mal in den

Flüssen und Seen gibt es noch Fische, das Wasser ist verschmutzt oder vergiftet. Der Schnee ist schwarz von Asche. Die Sonne ist kalt und grau.

Mag die Katastrophe nur angedeutet sein, so lässt sie sich doch dem ökologischen Desaster, das ihr folgt, sehr präzise entnehmen. Es ist das exakte Szenario des nuklearen Winters, wie es Crutzen/Birks und die TTAPS-Gruppe entworfen haben. Im Zentrum dieses Szenarios stehen nicht mehr die lokale Explosion und Verstrahlung einer gegebenen Region, sondern die Aschepartikel und toxischen Aerosole in der Folge großflächiger Brände, die noch über Jahre hinweg in der oberen Atmosphäre schweben und jegliches Pflanzenwachstum unmöglich machen würden: »[…] praktisch alle essbaren Pflanzen und Nutztiere würden, jedenfalls in der Nordhemisphäre, absterben. […] Die meisten menschlichen Überlebenden würden verhungern.«[77] Nur eine atomare Explosion, nicht aber alternative Szenarien wie ein Kometeneinschlag, ein Vulkanausbruch oder ein Chemieunfall, würden zu den großflächigen Feuern führen, die im Roman geschildert werden: »Sie saßen am Fenster […] und sahen zu, wie ferne Städte brannten.« (Engl. 50, dt. 55) Die geschmolzenen Straßen, die regnende Asche, die abgebrannten Zonen – all das verweist auf diejenigen möglichen Folgen eines Atomschlags, die nicht unmittelbar aus der nuklearen Detonation abzuleiten sind – aber mit denen, so die Autoren des *nuclear-winter*-Szenarios, gleichwohl gerechnet werden muss. McCarthy lässt keinen Zweifel an der Natur des Ereignisses, aber man muss es entziffern. Sein Winter ist *menschengemacht*, *plötzlich* und vor allem *global.* Was aussieht wie eine Naturkatastrophe, ist de facto ein menschlicher Akt der Zerstörung gewesen, oder genauer: eine Katastrophe, in der sich natürliche und zivilisatorische Ursachen nicht mehr voneinander unterscheiden lassen. In dem Desaster, das McCarthy entwirft, sind die Sphären des Sozialen und die Sphären der Natur untrennbar miteinander vermischt.

Zwar versuchen die Protagonisten des Romans durch ihren Weg nach Süden diesem Winter zu entkommen: »Noch ein Winter hier war nicht zu überleben.« (Engl. 4, dt. 8) Aber es gibt kein ›Außen‹ dieses Wetters, keine Grenze dieses globalen Klimas. Am Ende stehen sie am toten, kalten Meeresufer, einige hundert Meilen weiter südlich – und nichts ist wärmer oder irgendwie besser geworden. Auch hier wächst nichts, auch hier kein Essen, nichts Lebendiges. Der Winter ist überall.

In diesem Winter sind alle Menschen Überlebende. Aber die Frage ist, was es unter Bedingungen des globalen Winters eigentlich heißt, zu überleben. Überlebende in einem Atomkrieg sind – das machen schon Crutzen/Birks klar – einfach nur diejenigen, die *etwas später sterben*: »Kaum mehr als ein winziger Bruchteil der unmittelbar Überlebenden [...] würde den Hunger und die Krankheiten im folgenden Jahr überstehen können.«[78] Wenn man die Hitze- und Druckwelle, vielleicht auch die Verstrahlung überleben kann, aber nicht den folgenden langen Winter, stellt sich die Frage, was ›überleben‹ hier eigentlich heißen kann, wenn nicht einfach: später sterben (s. dazu Kap. 4, S. 223–240). Denn die restlose Vernichtung der Natur, die das Winterszenario impliziert, hinterlässt ausgerechnet den Menschen als letztes lebendes Wesen auf der Erde, als Ressource seiner selbst. Während in post-apokalyptischen Szenarien von Mary Shelleys *The Last Man* (1826) bis zu Alan Weismans *The World Without Us* (2007) und Glavinics *Die Arbeit der Nacht* das tröstliche Bild einer Natur ersteht, die sich ihren Raum zurückerobert und üppig über die Ruinen menschlicher Hybris wuchert, ist in McCarthys Winter *die Natur selbst vernichtet*. Wo es keine ›Natur‹ mehr gibt, kann man auch nicht sinnvoll behaupten, dass die Kannibalen, die durch die Welt des Romans ziehen, zu Tieren geworden seien. Der Mensch ist das letzte Tier, ein Tier, das die Natur vernichtet und hinter sich gelassen hat und nun als Ressource einfach nichts anderes mehr hat als seinesgleichen. Nicht nur dieser Winter ist ein menschengemachtes, letztes Klima, sondern auch die Umwelt, die nach dem Ende der Natur noch da ist, besteht nun aus nichts anderem mehr als den verrottenden Überbleibseln des Menschen. Der Mensch hat die Welt aufgezehrt. Nun wendet er sich seinesgleichen zu.

Den Bogen von einer intakten Natur *ohne den Menschen*, von der die Imaginationen einer »Welt ohne uns« mit einiger Naivität träumen, und einer *Welt nach dem Menschen* schlägt auch der rätselhafte Schluss des Romans. In ihm spricht plötzlich der Erzähler zum Leser, so wie der Vater zu seinem kleinen Jungen, der die Welt vor der Zerstörung nie gesehen hat.[79] Dem Leser wird ein Element der Welt vor Augen gerufen, die in der Welt des Romans schon zerstört ist. Ein Bild aus einer Zeit *vor* dem Einbruch des Winters.[80]

> Früher gab es Bachforellen in den Bergbächen. Man konnte sie in der bernsteingelben Strömung stehen sehen, wo die weißen Ränder ihrer Flossen sanft im Wasser fächelten. Hielt man sie in der Hand, rochen sie nach Moos. Glatt, muskulös, sich windend. Ihr Rücken zeigte wurmlinige Muster, die Karten von der Welt in ihrer Entstehung waren. Karten und Labyrinthe. Von etwas, das sich nicht rückgängig machen ließ (*Of a thing which could not be put back.*). Nicht wieder ins Lot gebracht werden konnte. In den tiefen Bergschluchten, wo sie lebten, war alles älter als der Mensch und voller Geheimnis.« (Engl. 241, dt. 253)

Das Bild der Bachforelle, das den Roman schließt, ist rätselhaft und will es auch sein. Es verweist noch einmal auf jene Natur, deren ultimative Zerstörung erst vorführt, dass nach ihr auch vom Menschen nichts übrig bleiben wird. Mit ihren mysteriösen Mustern ist sie ein Bild für das empfindliche Rätsel, das sie gewesen ist. Ein Rätsel, das offensichtlich ebenso verschwunden ist wie die Forellen, die einst seine »Karten und Labyrinthe« auf ihrem Rücken trugen. Was das Bild ausdrückt, ist das Verhältnis eines Menschen zu dieser rätselhaften Natur, ein Verhältnis, das sich zwischen zwei Extremen entspannt: der instrumentell zupackenden Rationalität, die den Fisch fängt und in der Hand hält, und der kontemplativen Verwunderung über die Bedeutung seiner Zeichen und über die moosige Fremdheit seines Geruchs. Die Forelle in der Hand des Menschen, außerhalb der bernsteingelben Strömung, die eigentlich ihr Element ist: Es ist ein Verhältnis zur Natur als eines der Nutzung, so wie man Forellen eben als Speisefische fängt und verzehrt; aber auch ein Verhältnis der genauen Beobachtung, der Kontemplation rätselhafter Naturzeichen. Die Zeichen auf dem Rücken des Fischs verweisen auf eine Bedeutung, die mit dem Menschen nichts mehr zu tun hat. Sie verweisen nicht *auf* den Menschen und nicht *für* den Menschen, sie sind für ihn in keinem technischen und keinem semiotischen Sinne entschlüsselbar. Vielmehr weisen sie über das Lineament und den Körper, der es trägt, hinaus auf die Welt, in das große Ganze, in dem dieser Körper sich bewegt: »Karten von der Welt in ihrer Entstehung«. Sie zeigen in die Tiefe der Zeit, in der diese Welt schon existiert hat, vor dem Menschen, ohne den Menschen. Ein Verhältnis der »Aneignung« und »Bemeisterung«, das Michel Serres als das Erbe des cartesischen Weltzugangs beschrieben hat – das ist die Forelle in der Hand: »Herrschaft und Besitz – das sind die Schlüsselwörter, wie sie von Descartes zu Beginn des wissenschaftlich-technischen Zeitalters ausgesprochen wurden, als unsere abendländische Vernunft zur Eroberung des Universums aufbrach. […] Unsere grundlegende Beziehung zu den Dingen läßt sich in Krieg und Besitz zusammenfassen.«[81] Eine Kritik der cartesischen Wissenschaft stellt diesem Zugriff, wie wir zu Anfang gesehen haben, das »unerhörte Wissen von den Meteoren« entgegen, das Wissen vom Schwebenden, Atmosphärischen, global Wirksamen, nicht experimentell Erfassbaren: »der Ort der Unordnung und des Unvorhersehbaren, des lokalen Zufalls, des Ungeformten«.[82] Genau dies sind die Zeichen auf dem Rücken des Tieres, die zarten weißen Ränder an den rötlichen Flossen der Bachforelle, der Geruch nach Moos – sie sind die Signaturen eines anderen Weltzugangs, jenes Weltzugangs der »Bauern« und »Matrosen«, der Experten für das Unsichere, mit allem anderen Zusammenhängende, Erfahrungsgeleitete vom Wetter und Klima.[83]

In der zugleich ungeheuer präzisen und andeutungshaften Weise, in der McCarthy die Welt seines Romans entwirft, verfährt er auch im mysteriösen Schluss seines Textes. Denn die Forelle, an der sich gleichermaßen der technisch-instrumentelle *Zugriff des Menschen* wie die subtile Kontemplation über die *Welt jenseits des Menschen* vollzieht, ist nicht zufällig eine *Bach*forelle (brook trout, *salvellinus fontinalis*). Sie verweist schon in ihrem Namen auf die Quelle (lat. *fons*), in der sie lebt, ein Tier vom Ort jenes Ursprungs, »wo alles älter als der Mensch war und voller Geheimnis.« Salvellinus fontinalis ist eine der empfindlichsten Forellenarten, sie erträgt weder Verschmutzungen des Wassers noch Abweichungen im pH-Wert, Sauerstoffgehalt oder in der Temperatur. Die Haut von Forellen ist extrem verletzlich: den Fisch in der Hand zu halten birgt die Gefahr, die schützende Schleimschicht abzustreifen, die das Tier vor Infektionen schützt. Die geheimnisvolle Trägerin eines Zusammenhangs der Welt vor dem Menschen ist so auch das Symbol einer extremen Zartheit und Fragilität, deren Beschädigung »nicht mehr rückgängig gemacht werden kann«.[84] Die Forelle, die man mit rauen Händen gepackt hat, kann nicht mehr ins Wasser zurückgesetzt werden, sie wird sterben. Sie ist *»a thing which could not be put back«* – in der Doppeldeutigkeit des »ins Wasser zurücksetzen« und allgemeiner »wiederherstellen«. Sie ist so in ihrer spezifischen Physis, ihrer Empfindlichkeit und Fremdheit, die präzise Verkörperung jener Fragilität aller gegenwärtigen Dinge, die das Katastrophenszenario McCarthys vorführt. Diese Fragilität umfasst den Menschen und seine sozialen Bindungen ebenso wie die Natur und das unendliche, labyrinthische Geflecht ihrer Interdependenzen zwischen Tieren, Pflanzen, Licht, Wasser, Materie, Wärme. Das Zerreißen dieses zugleich zarten und machtvollen Geflechts ist das, was nicht mehr ins Lot kommen wird.

Frühling: Politik des unsicheren Wissens

Bald würde es zu heiß werden.
J. G. Ballard: The Drowned World[85]

Auf den Winter der Katastrophe folgt kein Frühling. Er ist ein *letztes Klima.* Aber er ist auch – anders als in der romantischen Verdunklung, die über den Menschen *von außen* hereinbricht – eine Demonstration der Wirkmächtigkeit jenes »kleinen Riesen«, der nach Herder das Klima mit seiner »schwachen Faust« verändert und gegebenenfalls die Welt vernichtet.[86] Denn die düsterste Pointe dieser Katastrophe liegt darin, dass der Winter auf den Menschen zurückzuführen ist, aber ohne eine willentliche Entscheidung, ohne einen momentanen und lokalen Atomschlag, wie ihn die Phantasie des Kalten Kriegs durchspielt. Der nukleare Winter ist die klimatische und somit aktualisierte Variante jener seit der Rede von der ›atomaren Apokalypse‹ beschworenen menschlichen Macht, sich selbst und die Erde zu vernichten. Aber die Katastrophe liegt hier nicht mehr im gezielten Schlag, der gezielten und lokalen Vernichtung einer Landschaft und Bevölkerung, sondern in einer *globalen Neben- oder Nachwirkung* nuklearer Kriegführung. Dieser Winter ist weltweit und endgültig, ein Stillstand der menschlichen Geschichte, aber auch ein Stillstand der Gezeiten der Natur. Spätestens mit diesem globalen Winter ist Klima nicht mehr ein lokaler Differenzbegriff, sondern ein *zeitlicher Begriff* geworden – in diesem Fall der Begriff für das Ende aller Zeit(en). Aber anders als in den herbstlichen Szenarien eines naturgesetzlichen allmählichen Verlöschens, der vielbeschworenen »Eiszeit«, geht es hier um einen einzigen Akt, den berühmten »Knopfdruck« des Kalten Krieges. Es ist eine einzelne, von einem benennbaren Akteur getroffene Entscheidung, die diesen Winter herbeiführt – oder auch *nicht.* In diesem Willensakt kann der Mensch des Anthropozäns sich ein letztes Mal zum Herrn über die Natur machen und ihr und sich selbst ein Ende setzen.

Genau darin liegt aber die fast noch tröstliche Prägnanz des atomaren Szenarios, an dem andeutungsweise auch McCarthy noch festhält. Denn es geht davon aus, dass die Katastrophe eine *Entscheidung* wäre: getroffen von *einer* benennbaren Instanz und damit auch verhinderbar, kontingent. Das Katastrophenszenario der globalen Erwärmung dagegen – der unheimliche ›Frühling‹ langsam tauender Gletscher und Eiskappen, steigender Temperaturen und wachsender Dürrezonen – hat diese Prägnanz gerade *nicht*. Es ist eine Katastrophe ohne einen Lichtblitz und eine Zeitangabe. Der Frühling ist unheimlich, schleichend, kaum wahrnehmbar und darstellbar; ein Prozess, keine plötzliche Wendung. Der Klimawandel hat kein benennbares Subjekt, sondern eine Unendlichkeit von Faktoren und Akteuren; er ist menschengemacht wie der nukleare Winter, aber diese Menschen sind *namenlos und unzählig*; er hat keinen Ort, sondern ist eine abstrakte Mittelung unendlich vieler Daten; er ist nicht experimentell überprüfbar, sondern eine Antizipation im Modell oder eine Extrapolation heterogener Daten.

Die sogenannte Klimakatastrophe ist keine Katastrophe im klassischen Sinn des Worts, als plötzliches kataklysmisches Ereignis, sie ist keine abrupte »Wendung nach unten«: sie ist das zutiefst unheimliche Phänomen einer *Katastrophe ohne Ereignis*. Mit dem Frühling der allmählichen Erwärmung tritt die gleichermaßen grandiose und grauenhafte Perspektive auf den Plan, »dass«, wie Paul Crutzen formulierte, »der Mensch eine globale Katastrophe auch herbeiführen kann, *ohne es zu wissen und zu wollen*«.[87] Genau das ist der unheimliche Grund jenes Begriffs, den Crutzen geprägt hat: *Anthropozän*.[88] Die Welt in der Hand eines machtvollen, »kleinen Riesen«, der nicht weiß, was er tut.

Wie der ›Herbst‹ der Abkühlung und allmählichen Degeneration des Menschen, der dem 19. Jahrhundert vor Augen stand, ist der Frühling der globalen Erwärmung eine Katastrophe der *longue durée*, der kleinen, unmerklichen Veränderungen über unendlich lange Zeiträume. Wie die Abkühlungserzählungen bei Wells und Flammarion bedarf auch der Frühling darum spezifischer Darstellungsverfahren der zeitlichen Raffung und des Vorgriffs, der Inszenierung eines Vorgangs als *Ereignis*. Eine Möglichkeit ist, Klimaprozesse durch Wetterereignisse darzustellen: eine Sturmflut, riesige Wirbelstürme, Hagelschauer und tiefer Frost (etwa in *The Day After Tomorrow*), eine gleißende Hitze und Dürre (etwa im deutschen Film *Hell* von 2011, eine heiße, helle Version von McCarthys dunklem kalten Winter in *The Road*), ein monströser Hurricane in Bruce Sterlings *Heavy Weather* (1994). Verfließende Zeit, graduelle und dislozierte Prozesse müssen in die Sichtbarkeit eines einzelnen Ereignisses oder einer subjektiv erlebbaren Perspektive gebracht werden. Ilya Trojanows Roman *Eistau* wählt dafür den zunehmend wütenden Blick des Gletscherforschers Zeno, dem sein Forschungsobjekt, ein Gletscher in den Alpen, weggetaut ist und der sich deshalb als wissenschaftlicher Begleiter auf einem Touristenschiff in der Antarktis verdingt. Der persönliche Augenschein und das zerstörte Leben des Glaziologen werden zum Beleg für einen Prozess, der eben *nicht* einfach evident und darum auch nicht einfach erzählerisch abzubilden ist – wenn man einmal absieht von Fiktionen, die die (möglichen, wahrscheinlichen, bizarren) Effekte der globalen Erwärmung einfach als gegeben voraussetzen, um ›Zukunft‹ anzudeuten. Seltsames Klima wird zur poetischen Signatur der Zukünftigkeit. Octavia Butlers *The Parable of the Sower* (1993), Will Selfs *The Book of Dave* (2006), T.C. Boyles *A Friend of the Earth* (2000) oder Jean-Christophe Rufins Kapselstadt-Parabel *Globalia* (2004) nehmen mögliche Folgen der globalen Erwärmung – vom backofenheißen Kalifornien bis zur Überschwemmung Londons – einfach als Hintergrund ihrer dystopischen Plots. Wenn es ungewöhnlich heiß ist, so der narrative Trick, dann muss die Handlung wohl in der Zukunft spielen.

Diese relative Einfallslosigkeit der Fiktion ist bezeichnend angesichts einer Katastrophe, die etliche lokale Szenarien und

Symptome hat, aber *keine abbildbare Evidenz*. Dem Frühling der schleichenden Erwärmung fehlt die Anschaulichkeit einer Eiszeit und die Plötzlichkeit eines Wintereinbruchs oder einer Sintflut. Auch wenn ein Ereignis als *»tipping point«* erwartbar sein mag, so liegt das Gespenstische von Kipp-Punkten gerade darin, dass sie in komplexen Systemen schwer zu antizipieren sind. Bevor sie eintreten, geht alles seinen Gang, Veränderungen sind kaum bemerkbar. Die interessanteren Beiträge zum Thema machen genau diesen Mangel an Evidenz zu ihrem Ausgangspunkt, um von hier aus die Verknüpfung von wissenschaftlicher Prognose und politischem Handlungsgebot auszuleuchten. Nicht nur der Diskurs des *global warming* ist damit politisch – sondern politisch ist schon die *Form seiner Darstellung*: Bilder zu finden, die etwas anschaulich machen, was ›an sich‹ keine Anschaulichkeit hat – und dennoch nicht einfach ›erfunden‹ ist. Es geht darum, Techniken der Evidenzerzeugung zu finden. So beginnt Al Gores preisgekrönte »Dia-Show« *An Inconvenient Truth* (2004) nicht zufällig mit einer Serie von Bildern.[89] Die Erde wird – ein altes Motiv des Umweltdiskurses – aus dem All gezeigt: eine in ihrer Schönheit fragile Einheit, ein zartes, einzigartiges Wunder im Universum. Carl Sagans Rede von der Erde als *»pale blue dot«* hatte die Fragilität dieses blauen Wunders gerade durch den Blick aus dem All sinnfällig gemacht: »Den Betrachter in der Erdumlaufbahn beeindruckt der zartblaue, gewölbte Horizont – die dünne Atmosphäre der Erde in Tangentialsicht. Auf einmal versteht man, *warum es keine örtlich begrenzten Umweltprobleme geben kann.*«[90] Der Blick von außen auf den Planeten verweist nicht nur auf die Verletzlichkeit der hauchdünnen Schutzhülle, sondern bebildert wortwörtlich die Bedeutung des Worts »global«. Es gibt keinen Ort, der von einer Veränderung dieser feinen Hülle *nicht* betroffen wäre. Gerade im Blick von außen erscheint diese als Einheit – und wird so zum Sinnbild für deren Gefährdung.

Der zarten blauen Kugel in *An Inconvenient Truth* folgen weitere Kaskaden von Bildern. Ihnen geht es darum, verflie-

Abb. 11: Das Bild der Erde aus dem All zeigt nicht nur die Gesamtheit des Globus, sondern auch seine Fragilität. Hier »Erdaufgang« vom Mond aus. »Mit diesem Bild«, so Al Gore, »begann die Umweltbewegung.« Mit diesen Bildern des Globus beginnt auch Al Gores Dokumentarfilm An Inconvenient Truth, USA 2004

ßende Zeit abbildbar zu machen: Bilder von Gletschern, die dreißig Jahre später braunem Gestein gewichen sind, Kurven, die das Ansteigen von Temperaturen über 150 Jahre in einem einzigen scharfen Knick illustrieren, Computeranimationen, die die Überflutung Floridas, Shanghais, New Yorks in wenigen Sekunden simulieren. Um den langsamen Prozess der Erwärmung sichtbar zu machen, braucht es Medien der Zeitachsenmanipulation, Medien, die Zeit verkürzen – vom Vorher/Nachher-Foto über Graphen, Zeitrafferaufnahmen bis zu visuellen Simulationen (zu dieser Medialität s. Kap. 6, S. 340–347). Sie bringen die Latenz und Undarstellbarkeit allmählicher Klimaveränderungen in die visuelle Evidenz von schlagenden Bildern: dramatisch geschrumpfte Gletscher, veränderte Küstenlinien. Gore belässt es nicht bei der Vorführung visueller Evidenzen. Im Film kommentiert er die Bilder mit einem Narrativ, das die einzelnen Beweisstücke – die Einzelmessungen, die lokalen Temperaturen, deren Schwankungen – zu einem

Gesamtbild verbindet. So erklärt Gore eine knallrote, deutlich ansteigende Kurve (die ohne jede Legende gezeigt wird): »Das ist das Bild, mit dem mein Interesse an diesem Thema begonnen hat. Ich sah es als Collegestudent.« Gezeigt habe ihm diese Kurve sein Professor Roger Revelle, einer der ersten Geochemiker, die den Anstieg des CO_2-Gehalts in der Atmosphäre erforscht haben. Von ihm sagt Gore: »Er sah, worauf die Geschichte hinausläuft schon nach den ersten paar Kapiteln [...] Er zog die Verbindung zwischen den großen Umbrüchen in unserer Zivilisation und diesem Muster, das sich nun in der Atmosphäre des gesamten Planeten zeigt. Und dann rechnete er hoch, wohin dies alles in Zukunft führen würde, wenn wir nicht ein paar Weichen anders stellen. So einfach war das.« »*It was just as clear as that.*« Die Technik der Evidenzerzeugung ist hier schlicht gestrickt: Graphen und Bildern muss ein Narrativ unterlegt werden, das zeigt, wohin es geht. Und dann wird auf einmal alles klar. Aus Daten muss eine Erzählung werden, eine Tendenz ablesbar sein. Gore ist sehr explizit in Bezug auf den erzieherischen Anspruch seiner »Dia-Show«: Es geht ihm darum, das abstrakte und komplexe Wissen der Klimaforschung in Anschaulichkeit zu überführen, langsame, unsichtbare Prozesse in überzeugende, einfache Bilder und eine klare Botschaft.

Aber Klimaforschung ist eben nicht »*just as clear as that*«. Es ist bezeichnend für die kognitive und darstellungstechnische Schwierigkeit, vor die uns der Klimawandel stellt, dass der Roman, der sich wohl am intensivsten mit dem seinerzeit aktuellen Wissensstand zum Thema beschäftigt, Michael Crichtons *State of Fear* (2004), ein Manifest des sogenannten ›Klima-Skeptizismus‹, ist. Die selbsternannten »Klima-Skeptiker« denunzieren die Klimawissenschaft und ihre Prognosen einer menschengemachten Erwärmung des Weltklimas als wissenschaftlich »nicht belegbar«, eine sinnlose Panikmache auf Basis schlimmstenfalls sogar manipulierter Daten. Sie bemühen

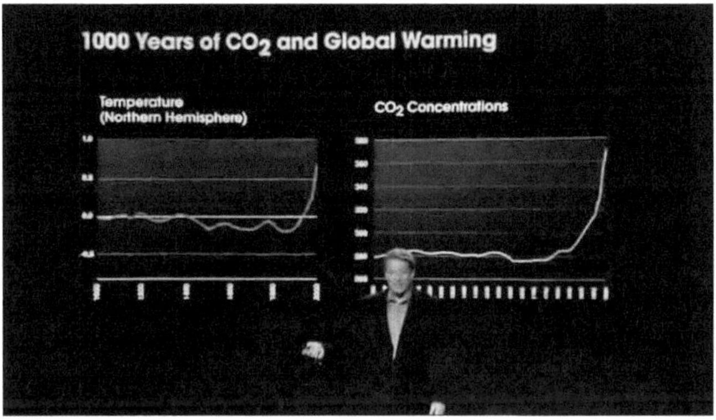

Abb. 12: 1000 Jahre CO_2 und globale Erwärmung. Bei Al Gore sieht alles ganz einfach aus: zwei exakt parallele Graphen (CO_2 und globale Temperaturen) in Form des berühmten »Hockeyschlägers« machen evident, dass die Erderwärmung und der Kohlendioxidgehalt aneinander gekoppelt sind und rasant ansteigen. An Inconvenient Truth, USA 2004

sich, eine Kontroverse in Gang zu halten, die suggerieren soll, dass es keinen wissenschaftlichen Konsens oder belastbaren Forschungsstand über den Klimawandel aufgrund erhöhter CO_2-Emissionen gäbe. Geübt wurde diese wissenschaftspolitische Strategie des lautstarken »Zweifelns« jahrelang in der Kritik an den medizinischen Studien über die Schädlichkeit des Rauchens und an der Forschung zum nuklearen Winterszenario.[91]

In genau diese Kerbe schlägt auch Crichtons Thriller. Er ist ein narrativer Rundumschlag gegen Klimaforscher, Umweltaktivisten und Naturschützer, deren Positionen er als selbstverliebten Alarmismus schlecht informierter Hollywood-Schauspieler und dümmlicher Gutmenschen hinstellt und ihnen wissenschaftlich ›harte Fakten‹ entgegensetzt. Das macht den Roman zu einer Mischung aus datenreicher Schulmeisterei (inklusive Fußnoten und Graphiken) und rasanter Thrillerhandlung, in der die Guten beherzte Wissenschaftler und treuherzige Juristen, die Bösen perfide Öko-Terroristen sind, die im Privatflugzeug durch die Welt jetten und künstliche Naturkatastrophen auslösen, um die Lüge vom Klimawandel glaubhaft zu machen. Den Öko-Terroristen geht es darum, die latenten und unsichtbaren (Crichton würde sagen: inexistenten) Prozesse des Klimawandels sichtbar zu machen: durch das gewollte Erzeugen von Überschwemmungen, die gezielte Sprengung des Antarktiseises, und schließlich einen Tsunami, der von der Südsee aus die Westküste der USA verheeren soll. Glücklicherweise gelingt es den tapferen Klima-Skeptikern, diesen Manipulateuren des Katastrophismus noch rechtzeitig das Handwerk zu legen.

Dabei geht es Crichton allerdings tatsächlich um eine faktenorientierte Auseinandersetzung mit einigen Einsichten und methodischen Problemen der Klimaforschung. Die schulmeisterliche Seite des Romans präsentiert darum lange Abhandlungen zur Unzuverlässigkeit der Klimamessungen, zu den angeblichen Übertreibungen und tendenziösen Vereinfachungen der Klimapolitiker. Crichton kritisiert auch das falsche Konzept von einer harmonischen und in der Balance befindlichen Natur, das der Ökologiebewegung zugrunde liege:

> Beim Thema Umwelt läuft es ganz ähnlich, [zetert ein exzentrischer Soziologe, der die kaum verhüllte Stimme Crichtons ist, EH] 1960 ging man allgemein davon aus, dass es so etwas wie ein ›Gleichgewicht der Natur‹ gibt. Man bräuchte nur die Natur in Ruhe zu lassen, dann würde sie einen Balancezustand erreichen, in dem sie sich selbst erhält. Nette Idee mit langem Stammbaum. Vor dreitausend Jahren glaubten die Griechen daran, völlig unbegründet. War einfach nur ein netter Gedanke. Aber im Jahre 1990 glaubt kein vernünftiger Wissenschaftler mehr an das Gleichgewicht der Natur. Die Ökologen haben die Vorstellung als schlicht falsch aufgegeben. Als unwahr. Als Wunschdenken. Sie sprechen von einem dynamischen Ungleichgewicht, von multiplen Gleichgewichtszuständen. Jedenfalls haben sie erkannt, dass die Natur *niemals* im Gleichgewicht ist – sie war es nie und wird

> es nie sein. Im Gegenteil, Natur ist immer aus dem Gleichgewicht, und das bedeutet, [...] dass der Mensch gar nicht der große Zerstörer der natürlichen Ordnung ist, als der er immer gesehen wird. Die gesamte Umwelt befindet sich ohnehin in einem dynamischen Prozess.[92]

Natur ist grausam, so das Mantra der Anti-Naturschützer und Klimaskeptiker bei Crichton, und sie ist in ständiger Veränderung begriffen. Man kann sie gar nicht zerstören, weil sie selbst permanente Zerstörung und Wandel ist. Es sei naiv, in ihr eine prästabilierte Harmonie zu sehen, die man vor den Eingriffen des Menschen zu schützen habe. Klimawandel mag es geben, denn Natur ändert sich nun mal ständig, aber es gebe, so Crichton, keine Hinweise darauf, dass er menschengemacht sei oder auch besondere Schritte des Menschen erforderlich mache. Klima- und Naturschutz, so die von dem Soziologen vorgetragene Kernthese des Romans, seien nichts anderes als eine Neuauflage jenes Regimes der Angst, das sich mit dem Ende des Kalten Kriegs verflüchtigt hatte. Durch einen neuen »*state of fear*«, der nicht mehr die Russen, sondern die Umweltzerstörung im Blick habe, machten die Regierungen der westlichen Welt ihre Bevölkerungen mit Verdummung und Einschüchterung regier- und manipulierbar.

Jenseits dieser erwartbaren Figuren amerikanischen konservativen Denkens trifft Crichton allerdings durchaus einen wunden Punkt der globalen Klimaforschung: die Extrapolation eines Gesamttrends aus lokalen und oft nicht standardisierten Daten.[93] Der Roman präsentiert etliche lokale Temperaturkurven, die mal ein Ansteigen, mal eine Seitwärtsbewegung, häufig aber auch einen Abfall lokaler Temperaturen der letzten hundert Jahre zeigen. Die Schlussfolgerung ist naheliegend: Das Klima ist überall anders, die Daten höchst heterogen und nicht auf einen globalen Erwärmungstrend zu bringen. In gewisser Weise ist das nicht einmal ganz falsch, auch wenn Klimaforscher und Mathematiker mittlerweile die Halbwahrheiten und Fehler in Crichtons Ausgangsmaterial nachgewiesen ha-

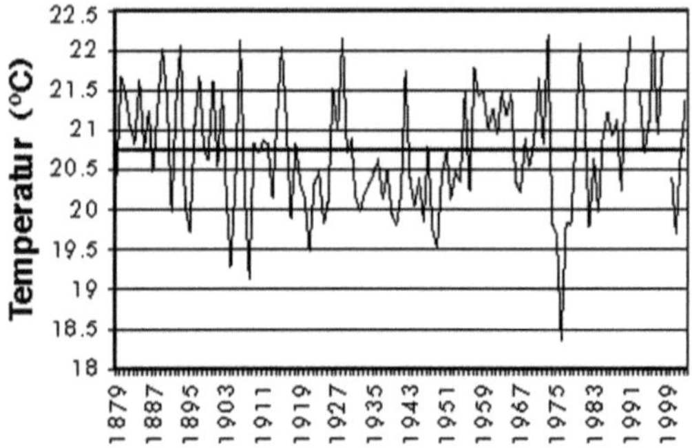

Alice Springs,
Australien
1879–2003

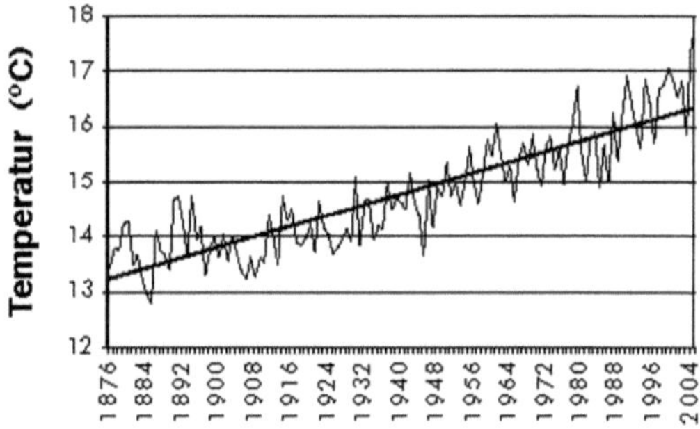

Tokio, Japan,
1876–2004

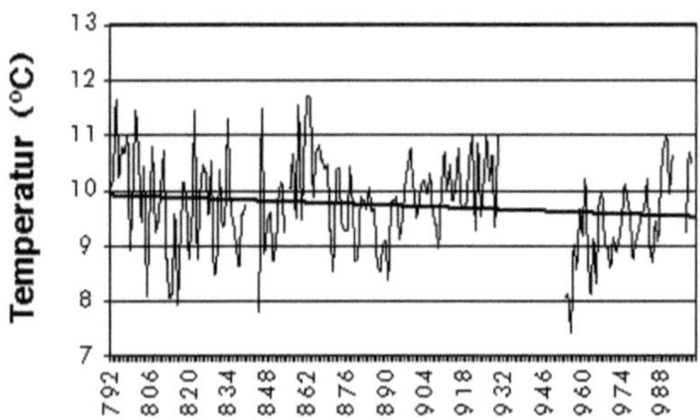

Stuttgart,
Deutschland,
1792–1999

Abb. 13A–C: Crichton stützt seine klimaskeptischen Thesen mit lokalen Temperaturkurven, die beweisen sollen, dass ein globaler Temperaturanstieg empirisch nicht zu beweisen ist. Aus: Michael Crichton: State of Fear, S. 321–322

ben.[94] Lokale Abkühlung oder das Anwachsen von Gletschern muss einem globalen Trend zur Erwärmung durch Treibhausgase nicht widersprechen. Aber Crichton folgert aus der Heterogenität der Daten, den Ausnahmen und Abweichungen, dass die Prognosen der Klimaforschung insgesamt nicht verlässlich seien.[95] Im Grunde, so die These der Klimaskeptiker, wissen wir nichts Gesichertes über die Entwicklung des Weltklimas.

Die Klimaforschung ist sich dieser methodischen Probleme sehr bewusst. Paul Edwards' Studie über die Klimawissenschaften hat den Übergang von lokalen, nicht immer standardisierten Messdaten zu einem globalen Gesamtmodell als eine epistemische Crux dieser Forschung analysiert, als sogenannte »*data friction*«.[96] Daten widersprechen sich, unterliegen unterschiedlichen Standards und Skalierungen, sind lückenhaft: »Es ist, als würde man einen Film aus Standbildern machen wollen, die von Millionen verschiedener Fotografen mit tausend verschiedenen Kameras gemacht wurden.«[97] Sie müssen standardisiert werden, um überhaupt als Teile des riesigen und hyperkomplexen Gesamtbilds ›Weltklima‹ fungieren zu können. Vor allem aber sind sie abhängig von Modellen, die ihren Stellenwert in einem größeren Szenario überhaupt erst festlegen. Das Modell – seinerseits eine hypothetische Annahme – liest die Daten und integriert sie in ein Gesamtbild, dem das einzelne Datum durchaus widersprechen kann. Diese epistemische Crux, die hypothetische oder ›fiktionale‹ Natur der Modelle, wird von Crichton (und anderen Klimaskeptikern) nun als Ausweis ihrer Unzuverlässigkeit und der Ungesichertheit jedes Wissens über Klimaentwicklungen verstanden. Was nicht empirisch belegbar ist, muss notwendig ›falsch‹ oder ›unzuverlässig‹ sein. Genau in dieser Verwechslung liegt der Fehlschluss einer Vorstellung von Wissenschaft, die sich ausschließlich am wiederholbaren Experiment, an homogenen Datensätzen und an physisch gesicherten Beweisen orientiert. Das prognostische Wissen über die Veränderung des Klimas besteht aber, so zeigt

Edwards' Geschichte der Klimawissenschaft, aus »flimmernden« Daten: »eine ständig expandierende Sammlung globaler Bilder, die weiter anwachsen wird, aber niemals auf ein einziges, definitives Ergebnis kommen wird«,[98] Die hypothetische Natur von Modellen, das Medium der Computersimulation und die »Friktion der Daten« sind nicht Ausweis ihrer mangelnden Belastbarkeit, sondern verdanken sich der singulären Natur ihres Gegenstands. Sie sind darum vor allem ein Grund zur ständigen methodischen Selbstreflexion auf die hyperkomplexe und hypothetische Natur dieses Wissens. Nicht anders als Molekularbiologie oder Physik ist auch Klimaforschung auf Simulationen und Modelle angewiesen, die man dennoch nicht einfach als ›pure Konstruktion‹ und damit Unwahrheit verwerfen kann.[99]

Dennoch sind Crichtons Einwände ein wichtiges Symptom für die epistemische Schwierigkeit, nicht nur Modelle und Simulationen nicht mit ›bloßer Fiktion‹ zu verwechseln, sondern auch für die fundamentale Schwierigkeit, ein Wissen wie das der Klimaforschung umstandslos in politische Handlungsanweisungen zu überführen.[100] Das unsichere Wissen über zukünftige und langfristige Prozesse globalen Ausmaßes wird immer auf Modellierungen und Hypothesen angewiesen sein und enthält mithin Elemente des Fiktiven: der Hypothese, der Simulation, des Konjunktivs. Aber während diese unvermeidlichen Fiktionen in der Sicherheitstechnik oder Technikfolgenabschätzung akzeptierte heuristische Prinzipien sind – niemand würde eine Sicherheitsstudie für ein Atomkraftwerk deshalb verwerfen, weil sie *hypothetische* Annahmen über *mögliche* Unfälle enthält! –, wird dieser Anteil an Hypothetik bei den Leugnern des anthropogenen Klimawandels zum Pauschalargument gegen eine ganze Disziplin und ihre Ergebnisse. Crichtons anti-katastrophischer Skeptizismus ist damit – so falsch seine Schlussfolgerungen sind – ein wichtiger Hinweis auf den komplizierten Status unseres Wissens von möglichen zukünftigen Katastrophen und die Schwierigkeiten ihrer Darstellung.

Unser gegenwärtiges Vergnügen an Katastrophenszenarien und post-apokalyptischen Perspektiven scheint genau mit dieser epistemologischen Schwierigkeit zu tun zu haben. Globale Erwärmung ist eine latente, nicht wahrnehmbare und schwer darstellbare Katastrophe, kein plötzlich über uns hereinbrechender Untergang, den man in satten Farben ausmalen kann. Das Wissen von ihr ist komplex und abstrakt, es kann keine allgemeingültigen Prognosen machen, sondern nur heterogene, lokal stark divergierende Szenarien zeichnen, wie es etwa der Klimaforscher James Powell in seiner fiktiven »*oral history*« des Jahres 2084 tut.[101] Er schreibt eine Zukunftsgeschichte der kleinen und großen lokalen Desaster, die die Klimaerwärmung gegen Ende des 21. Jahrhunderts angerichtet haben wird. Die Pointe ist, dass diese Desaster überall anders ausfallen; einige eher unbequem, andere katastrophisch. Auch wenn das Buch darauf angelegt ist, die Ubiquität des Desasters eines sich wandelnden Klimas deutlich zu machen, wird in ihm gerade auch sichtbar, wie unterschiedlich und ungerecht die lokalen Folgen von *global warming* verteilt wären. Leichte Überschwemmungen stehen neben verheerenden Dürren, sinkende Immobilienpreise neben Tausenden von Toten und Millionen von Flüchtlingen.

Das Szenario des Frühlings ist so zweifellos das *unheimlichste* unter allen Imaginationen klimatischer Katastrophen. Diese ›Unheimlichkeit‹ der allmählichen Erwärmung – im durch und durch psychoanalytischen Sinn des Worts – hat J. G. Ballard früh mit seinem Roman *The Drowned World* (1962) erfasst, der mit dem nur scheinbar harmlosen Satz beginnt: »*Soon it would be too hot.*«[102] Er spielt in einem überfluteten und tropisch heißen London der nahen Zukunft, in einer voll entfalteten Klimakatastrophe also, wie selbst die pessimistischsten Szenarien des IPCC sie derzeit nicht einmal denken würden. Eine letzte Gruppe von Wissenschaftlern und Militärs bricht aus dem glühenden Sumpfgebiet in die Arktis auf, die letzte Zone des gemäßigten Klimas, eine kleine Gruppe bleibt aber und zieht schließlich noch weiter südlich. Die tropische Hitze ist dabei nicht nur eine Zukunft, sondern eine *Rückkehr* des Planeten – und damit auch des Menschen – in eine paläologische Vergangenheit des warm-feuchten Trias-Klimas. Erwärmung ist, ähnlich wie bei Flammarion die Abkühlung, Devolution, Wiederkehr uralter und riesiger Reptilienarten. Vor allem aber ist es die Wiederkehr einer urtümlichen neuronalen Verfassung des Menschen, der so in seine eigene physische und psychische Vorgeschichte eintaucht. Die Erwärmung ist eine Zeitreise in die Urzeit des kognitiven Apparats:

> […] wie die Psychoanalyse die ursprüngliche traumatische Situation rekonstruiert, um das, was unterdrückt wurde, herauszulösen, so werden wir jetzt in die archäologische Vergangenheit zurückgeworfen und decken uralte Tabus und Triebe auf, die seit Urzeiten schliefen. Die kurze individuelle Lebensspanne ist irreführend. Jeder von uns ist so alt wie das ganze biologische Reich, und unsere Adern sind Nebenflüsse des großen Meeres seiner Gesamterinnerung. (Engl. 56, dt. 51)

Es ist kein Zufall, dass in Ballards Roman die Uhren beginnen, rückwärts zu laufen. Die Protagonisten des Romans, die in der Hitze bleiben, tauchen ein in die Traumwelt ihres Unbewussten, das sich nicht mehr als individuelles, sondern kollektives und paläologisches erweist. Lange vor der Entdeckung der tatsächlichen Erwärmung des Weltklimas knüpft Ballard damit noch einmal an jene anthropologischen Theorien des Klimas an, die den Menschen als Produkt seiner klimatischen Umwelt denken. Ballard sieht ihn – noch radikaler – als Extension des Klimas, seine Psyche als Schauplatz jener Energien des Lebens, die die veränderten Temperaturen freisetzen. Sein Protagonist, der Biologe Kerans, verschmilzt buchstäblich mit der Welt um ihn:

> Kerans spürte den gewaltigen Lockruf der heulenden Reptilien wie seinen eigenen Puls, er stieg aufs Wasser hinaus, das nichts als eine Erweiterung seines Blutstroms zu sein

schien. Das dumpfe Dröhnen wurde noch stärker, er spürte, wie die Hüllen seiner eigenen Zellen sich auflösten, wie er eins wurde mit dem ihn umgebenden Medium, wie er schwamm, sich über das schwarze, pulsierende Wasser verbreitete. (Engl. 86, dt. 80)

Inspiriert von Psychoanalyse und den surrealistischen Dschungelwelten Max Ernsts, auf dessen Bilder *Europa nach dem Regen I* und *II* er offensichtlich Bezug nimmt, ist Ballard damit ein später und schräger Gefolgsmann einer Anthropologie des Klimas, die seit der Antike gerade auf dem Klima als lokaler Kategorie insistiert hatte, um damit die Unterschiede zwischen Menschen und Kulturen erklären. Ballard verlegt diese Klima-Anthropologie allerdings auf die Zeitachse: Der Mensch wird zum Medium einer Welt-Zeit, die sich in seinen Reflexen, seinen Wünschen, Träumen und schließlich auch seinem sozialen Verhalten ausdrückt. Er ist ein Speicher urtümlicher Stadien des Lebens, ein Gedächtnis älterer Klimaverhältnisse. Und dieser Speicher wird nun wieder aktiviert, die Welt-Zeit läuft mit der Erwärmung wieder in sich selbst zurück zu den früheren

Abb. 14: Max Ernst: *L'Europe après la pluie II* (Europa nach dem Regen II), 1940. Ballards Roman *The Drowned World* ist voll von Anspielungen auf die surrealen Landschaftsbilder Max Ernsts und Salvador Dalís. Die Rückkehr der archaischen Fauna und Flora, die der Roman als eine Art phylogenetische Reise ins Unbewusste schildert, entwirft eine Szenerie wie auf Ernsts Bild. Die menschlichen Figuren scheinen aus der gleichen Substanz zu sein wie die Landschaft um sie herum

Stadien des Lebens, den früheren Temperaturen des Planeten. Der Mensch wird zum Zeitgenossen der Lebensformen, die einst das Trias bevölkert haben.

Ballards *The Drowned World* hat nichts vom Alarmismus oder Engagement anderer Klimawandel-Fiktionen. Der Roman ist weder Anklage (wie Crichton oder Trojanow) noch Entwurf einer dystopischen Zukunft (wie die Klimakapsel-Fiktionen oder die Winterszenarien), sondern ein narratives Experiment, das noch einmal danach fragt, was ›Klima‹ für den Menschen ist und wie nicht nur seine Kultur, sondern auch sein Körper und seine Psyche von ihm geprägt sind. Klima erscheint hier als Medium einer Geschichte, die den Menschen ebenso umfängt, wie sie über ihn hinausgeht. Gerade weil er die Erwärmung zugleich als anthropologischen und individuellen Prozess der Regression schildert und die Dimension des Politischen eher zurücknimmt, entwirft Ballard dabei ein fundamentales Wissen vom Klimawandel, das tiefer zielt als die vordergründig politischen Katastrophenszenarien: Er zeichnet Klima als den heimlichen ›Kern‹ des Menschen, als historisches Reservoir aller kollektiven Existenzweisen, Einstellungen und Institutionen, aber auch aller individuellen Träume, Qualen, Erinnerungen und Bewusstseinszustände. Ballard ist es, der die Anthropologie der Katastrophe, die die Romantik verfolgt, mit den Mitteln und in der Ästhetik des 20. Jahrhunderts aufgreift und auf den präzisesten Punkt bringt. Ob als temperierte Technikutopie, als Horror einer ausgelöschten Natur, als Schreckbild der sozialen Kälte oder als schleichendes Desaster – das Klima ist zugleich Außen und Innen, Umwelt und Kern des Menschen. Es ist *Ort* (von Aristoteles bis Montesquieu und Herder) und *Zeit* des Menschen (von Cuvier bis zu den Expertisen des IPCC). Es ist innere und äußere Zeit, Zeit, die den Menschen prägt – aber auch Zeit, die für ihn verfließt. Der »phantasmagorische Wald«, in dem Ballards Protagonist am Ende des Romans ganz einfach verschwindet, ist der Ausdruck einer Umwelt, die zugleich Innenwelt ist, eines Innen, das als Außen manifest wird.

Kapitel 4
Überleben: Die Biopolitik der Katastrophe

Die Alarmbereiten: Survival-Bewegungen

> Jeder [...] kann unerwartet in eine gefährliche Situation geraten und sollte deshalb mit grundlegenden Überlebenstechniken vertraut sein. [...] Auch und gerade unser Alltag steckt voller Gefahren, die uns bedrohen, im Extremfall unser Leben fordern. Selbst in der Wohnung, im eigenen Haus sind wir nicht sicher. [...] Der Überlebenskampf beginnt spätestens vor der Haustür.[1]

Es geht ums *Überleben*, spätestens vor der Haustür. Gemeint sind damit nicht die 925 Millionen Menschen, die heute unterhalb des Existenzminimums oder in Krisengebieten leben und deren Alltag tatsächlich ein ständiger Kampf ums Überleben ist. Wen der Survival-Autor Harald Kruse hier anspricht, ist jene breite Bewegung bestens versorgter Bürger in Europa und den USA, die Überlebenstechniken trainieren und sich auf den Ernstfall vorbereiten. Sie lesen Survival-Handbücher. Sie legen Wasser- und Essensvorräte an, bunkern Benzin und halten Marschgepäck bereit. Sie stellen ihren Garten auf Gemüsewirtschaft um, suchen sich einen sicheren Ort fernab der Städte und lernen, einen Hasen zu fangen und abzuhäuten. Diese sogenannten »Survivalists« oder »Preppers« (von *to be prepared* – vorbereitet sein, zugleich das Motto der Boyscouts) leben in einer Haltung der ständigen Alarmbereitschaft: Sie bereiten sich auf eine kommende Katastrophe vor, auf den Ausfall aller Versorgung mit Lebensmitteln, Energie und Wasser, auf allgegenwärtige Gewalt, auf Hunger, Seuchen, Plünderung. Dabei erzeugen und verbreiten sie ein ganz spezifisches Wissen: Techniken des Überlebens abseits der Zivilisation. Ursprünglich von Fernreisenden, Militärs und Jugendorganisationen wie den Boyscouts für längere Aufenthalte im unzugänglichen oder gefährlichen Terrain entwickelt, hat sich die Survival-Bewegung seit den achtziger Jahren vom Outdoor-Sport zu einer permanenten Katastrophenübung gewandelt.[2] Heute muss man zum Überleben nicht mal mehr das Haus verlassen: Das Computerspiel-Genre »Survival Horror« ermöglicht ein Überlebensexperiment in post-apokalyptischer Szenerie als Egoshooter oder Adventure-Spiel. Die Spieler müssen sich Ressourcen verschaffen, können krank werden, werden von anderen Überlebenden (oder Zombies) bedroht, können aber auch mit ihnen kooperieren. Im Open-World-Spiel *DayZ* (2012) zum Beispiel, das sein Szenario und seine Ästhetik deutlich Vorlagen wie *I am Legend* und *The Road* verdankt, gibt es kein Spielziel mehr – der einzige Inhalt ist es, das Spiel so lange wie möglich zu überleben. Dafür können die Spieler töten, andere bestehlen, Leichen fleddern, aber auch mit anderen Spielern kommunizieren und zusammenarbeiten. Damit wird *DayZ* zu einem virtuellen sozialen Experiment über die Möglichkeiten menschlichen Verhaltens im Katastrophenfall.[3]

Betont Kruse, für den der Überlebenskampf »vor der Haustür« beginnt, noch die Gefahren für den Einzelnen bei Sport und Reisen, so geht es heutigen Ratgebern um nicht mehr und nicht weniger als das Überleben im sogenannten TEOTWAWKI (*The End Of The World As We Know It*). Das Akronym der bekannten Formel ist das Stichwort, das alle Survivalists verbindet, ein Kürzel für die Überzeugung, dass »die Katastrophe« wahrscheinlich ist und unmittelbar bevorsteht. Aber worin sie bestehen wird, weiß keiner so genau. Dies zeichnet das gegenwärtige Katastrophendenken aus: Es geht nicht mehr um ein konkretes Szenario, sondern um einen nicht voraussehbaren Abbruch des Bestehenden: *katastrophè*, die ›plötzliche Wendung nach unten‹. Wie genau diese Wendung aussehen wird, weiß man nicht, außer dass sie im Zusammenbruch jeglicher Infrastruktur und sozialen Ordnung bestehen wird. Das Gebot dieser diffusen Bedrohung lautet: auf alles vorbereitet zu sein.[4]

Den Kalten Krieg hatte ein einzelnes, dominierendes Desasterszenario umgetrieben: der Atomschlag. Ein lokaler, wenngleich großflächiger Einschlag, eine Druckwelle, Brände, Tote, Strahlenkranke – und in der Folge Langzeitschäden wie erhöhte Krebsraten und Missbildungen. Herman Kahn füllt Bände mit Zahlen und Szenarien über das Ausmaß der Schäden.[5] In den achtziger Jahren wird der lokale Angriff, den Experten wie Kahn in unzähligen Varianten durchspielten, dann zum globalen Szenario erweitert, dem *nuclear winter* (s. dazu Kap. 3, S. 149–164), und im Zuge der Umweltbewegung und Tschernobyl 1986 um weitere Verstrahlungs- und Vergiftungsszenarien ergänzt: Gifte und Radioaktivität in Wasser und Nahrung, Versorgungsengpässe, langfristige Schädigungen über Generationen hinweg (s. dazu Kap. 5, S. 282–296). Gemessen an diesem gleichwohl noch relativ überschaubaren Desasterkatalog von Verstrahlung und Vergiftung haben heutige Überlebenswebsites und -ratgeber ein fast unüberschaubares Portfolio von Katastrophen im Blick: »Sie können fast alles überleben. Acht undenkbare Szenarios: Tsunami, Wassermangel, Lawine, Großfeuer, Stromausfall, Seuche, Zusammenbruch des Staates, Zusammenbruch des GPS-Systems«, heißt es etwa auf der Homepage von *National Geographic Adventure*, die ein Special über Survival-Literatur vorstellt.[6] Das Arsenal der Szenarien ist heute völlig heterogen geworden: Der Ausfall von Infra- und Informationsstrukturen oder der Zusammenbruch staatlicher Institutionen steht gleichwertig neben Naturkatastrophen oder menschengemachten Desastern wie Umweltkatastrophen, Großunfällen oder Atomangriffen. Die lokalen Desaster, auf die sich *National Geographic* konzentriert, werden ergänzt um globale Verheerungen wie Meteoriteneinschlag oder Supervulkanismus. Auch der »wirtschaftliche Kollaps«, »weitreichendes

Chaos oder irgendein anderes unerklärliches apokalyptisches Ereignis« werden als Möglichkeiten genannt, gegen die man sich wappnen sollte.[7] Das Desaster heute ist zugleich *greifbar nah* und doch denkbar *ungewiss* in seiner konkreten Gestalt. So kann die Kunst des Überlebens nur darin bestehen, sich auf diese ungewisse Form eines zukünftigen Zusammenbruchs vorzubereiten.

Mit diesem unklaren Szenario ändern sich auch die Vorschläge, wie man sich aufs Überleben nach dem Doomsday vorbereiten könnte. Dabei dramatisiert sich das Verhältnis von Überlebenstechnik und erwartetem Desaster, je unklarer das Bild der Bedrohung wird. Die Zivilschutzkampagnen gegen Atomangriffe beispielsweise, die die USA und Großbritannien in den späten fünfziger und sechziger Jahren auflegten, sind berüchtigt für ihren lustig-infantilen Ton und für ihre Trivialisierung der Bedrohung: »*Alert Today – Alive Tomorrow*«. In Aufklärungsfilmen wurde die Bevölkerung durch eine Schildkröte namens »Bert the Turtle« aufgefordert, sich durch Ducken unter einen Tisch oder an eine Wand – »*Duck and Cover*« – vor

Abb. 15A und B: Bert the Turtle war die Figur des berühmtesten Zivilschutzwerbefilms, *Duck and Cover*, USA 1951. Der Film erklärt Kindern, wie sie sich gegen einen Atomangriff schützen können, indem sie unter Tische kriechen und ihren Kopf schützen. Bemerkenswert an dem Film ist nicht nur die Verharmlosung der Gefahr, sondern auch der Hinweis darauf, dass die Bombe jederzeit fallen kann und man ständig darauf vorbereitet sein muss

Druckwelle, fallenden Trümmern und Hitze zu schützen. Hausfrauen sollten gegen den Fallout im Haus gründlich Staub wischen. Und den Vätern wurden Bauanleitungen zur Verfügung gestellt, um für die Familie einen privaten *Fallout Shelter* zu bauen. Schutz gegen den Atomkrieg, so Guy Oakes, ist ein »do-it-yourself-Unternehmen«, das der Eigeninitiative und den »typisch amerikanischen Tugenden der Entschlossenheit, Eigenverantwortlichkeit und freiwilligen Kooperation« anheimgestellt wurde.[8]

Schon in den siebziger Jahren beginnt das Bedrohungsszenario sich zu ändern: mit einem zunehmenden Bewusstsein für die Bedrohung der Umwelt, aber auch für die Krisenanfälligkeit des westlichen Lebensstils (Ölkrise, Inflation) wird »Survivalism« vor allem zu einem Rückzug aus der urbanen Zivilisation in die Natur. Don und Barbie Stephens *The Survivor's Primer & Up-dated Retreater's Bibliography* von 1976 etwa gibt Hinweise, wie man sich einen sicheren Rückzugsplatz auf dem Land einrichtet, weil man im Katastrophenfall schleunigst aus der Stadt herauskommen sollte. (Oder besser schon vorher: bald nach Erscheinen ihres Buchs zogen die Autoren von Kalifornien in die Berge im Nordwesten der USA.) Wo die Natur der Gefahr zunehmend diffus ist, kann man nicht mehr konkrete Handlungsanweisungen in Comicfilmen verpacken, sondern muss sein ganzes Leben auf den möglichen Ernstfall einstellen. Katastrophenschutz wird zum Lebensstil.

Was sich hier bereits zeigt, ist die Grundidee der späteren Survival-Bewegungen. Es gilt, gänzlich »vom Netz« (*»off the grid«*) zu gehen, sich von der staatlichen Infrastruktur wie Stromnetz und Wasserversorgung oder auch dem Lebensmittelmarkt etc. abzukoppeln und selbst mit allem zu versorgen, was man brauchen wird. Klar ist, dass man nicht nur modernen Technologien im Katastrophenfall nicht wird trauen können, sondern auch dem Staat und der Wirtschaft: Sie werden weder die ›öffentliche Ordnung‹ aufrechterhalten noch elementare Versorgung gewährleisten können. Darum besteht

Abb. 16: Titelbild von Chuck West: Fallout Shelter Handbook, 1962. Das Buch enthält Ernährungstipps, Rezepte, Bauanleitungen, Hinweise zur Ersten Hilfe, Wasserbeschaffung und vieles mehr. Die Einleitung erklärt, »wie man einen Nuklearkrieg überleben kann«

Überleben, so die Überzeugung der »Retreaters«, einzig allein in der Flucht ins Grüne – und der Kunst, dort dann auch zurechtzukommen.

Gerade die gänzlich diffuse Lage heutiger Katastrophenszenarien macht die Formen der Vorbereitung sehr viel komplexer. Nicht wenige neueste Survival-Seiten sprechen daher nicht mehr von *preparedness* (Vorbereitetsein), sondern von *Resilienz*, also Belastbarkeit, so etwa die Website *resilientcommunities.com*, die von dem Militär- und Unternehmensberater John Robb betrieben wird. Robb mokiert sich über die *»preppers«*, die Bereitschafts-Freaks, die ein paar Lebensmittel horten und immer einen vollen Tank haben, aber nicht auf einen langfristigen Zusammenbruch aller Infrastruktur gefasst sind: »Ein Prepper mag sich um kurzfristiges Überleben nach einem Katastrophenfall kümmern; Resilienz fordert, dass wir für langfristigen Erfolg planen; heute und in einer zunehmend unsicheren Zukunft.«[9] *»Don't just survive, thrive!«* (»Nicht bloß überleben, gedeihen!«) ist das Motto der Bewegung. Während die klassischen Survivalists sich auf kurzfristige Ausfälle des Systems vorbereiten, stellt die Resilienzbewegung ihren gesamten Lebens- und Versorgungsstil so um, dass möglichst wenig Abhängigkeit von der offiziellen Infrastruktur mehr besteht: Stromversorgung durch Solarmodule, »Proteinversorgung« durch Kaninchen- und Hühnerhaltung (was einfacher ist als Rinderhaltung, aber schwieriger als Hülsenfrüchte anzubauen), eigene Wasserzisternen, Gemüseanbau im Garten usw. Selbstversorgung und Autarkie sollen hier zwei Probleme gleichzeitig lösen: Einerseits soll ein ökologisch nachhaltiger, ressourcensparender Lebensstil eingeführt werden; andererseits soll man sich dadurch gegen den möglichen Zusammenbruch der offiziellen Infrastruktur wappnen. Der Fokus ist hier nicht mehr die reine Katastrophenvorbereitung, sondern die Fähigkeit, von Katastrophen nicht so schwer betroffen zu sein, ihr Ausmaß gering zu halten oder sich schnell wieder von ihnen zu erholen.

Bemerkenswert sowohl an den staatlichen Zivilschutzprogrammen wie an den dezidiert anti-staatlichen Survival- und »Prepper-«Programmen ist, dass sie sich ausschließlich auf eine einzige gesellschaftliche Einheit beziehen: das Individuum und seine Kleinfamilie. »Duck and Cover« hatte die von einem Atomschlag betroffene Bevölkerung als Agglomeration von Einzelhaushalten adressiert, die sich in ihren Häusern verschanzen und schützen sollten; klassische Familienwerte, so vermittelten die Aufklärungskampagnen, würden auch gegen Druckwelle, Fallout und Strahlung helfen. Auch den späteren »Retreater«- und »Survivalist«-Bewegungen geht es darum, sich aus der (urbanen) Gesellschaft zu entfernen, um als Einzelne zu überleben. Die Grundüberzeugung ist, dass man es nur als Einzelner oder Kernfamilie schaffen kann und dass größere Menschenansammlungen eher eine Bedrohung als eine Chance auf Hilfe darstellen. Waffen sind darum ein wichtiger Bestandteil des Bunkers oder Rückzugsortes. »Im Angesicht der drohenden Massenvernichtung konzentriert sich die Survival-Bewegung vor allem auf das übersichtlichere und kontrollierbarere Überleben des Individuums, welches sich eher allgemein auf den Zusammenbruch der zivilen Ordnung und einen möglichen Rückzug aus den Städten in die Wälder vorbereitet«, so Uta Kornmeier.[10] Man mag das als Indiz für jene »Individualisierung« verstehen, die die Soziologie im Gefolge Ulrich Becks der modernen Industrie- und »Risikogesellschaft« bescheinigt hat. Während sich das Risiko mit der Atomkraft, der Umweltverschmutzung und dem Klimawandel zwar demokratisiert hat, so Beck, wird die Risikovorsorge zunehmend in die Hand des Einzelnen gelegt. Diese Entsicherung und diesen Stabilitätsverlust der Individuen beantworten die Survivalists mit Stärkung und Autarkie des Einzelnen.[11]

Aber es geht hier nicht nur um Individualisierung, es geht auch um *andere* Formen der Gemeinschaft, die geprägt sind von einem tiefen Misstrauen gegen die Handlungsfähigkeit des Staats im Katastrophenfall. In den Foren und Ratgebern wird ständig diskutiert, wie man soziale Netzwerke und Gemeinschaften aufbauen kann, die sich im Ernstfall als »katastrophentauglich« erweisen. Die Resilienz-Bewegung setzt sich von den reinen »Preppern« dadurch ab, dass sie nachhaltige soziale Netzwerke aufbauen will, die z. B. in der Lage sind, Kompetenzen und Güter gegeneinander zu tauschen. Andere Überlebensratgeber empfehlen die Bildung von zuverlässigen Kleingruppen in Vorbereitung auf den Katastrophenfall.[12] Und in keiner Einführung zur Kunst des Überlebens fehlt eine Zeitdiagnose zum Verlust der Solidarität in unserer Gesellschaft, gelegentlich mit deutlich xenophoben Untertönen.[13] Das katastrophische Imaginäre, welches die Survival-Bewegung antreibt, dreht sich nicht nur um den Traum von einem gänzlich autarken Individuum, sondern gerade auch um die Frage nach den Formen von Gemeinschaft im Katastrophenfall. Genauer gesagt: Es fragt nach den Möglichkeiten einer *Gemeinschaft als Überlebensgemeinschaft.* Einig sind sich die Überlebenstechniker dabei vor allem, dass auf staatliche Institutionen und öffentliche Infrastrukturen im Ernstfall keinerlei Verlass sein wird. Es ist diese gegen Institutionen gerichtete Haltung, die sie entweder zum Rückzug aus dem Einzugsbereich staatlicher Macht oder zum Aufbau alternativer sozialer Netzwerke bewegt. Denn Institutionen und Infrastrukturen werden nicht nur als lebensfeindlich und beklemmend, sondern vor allem als grundsätzlich schwach eingeschätzt. So sind die Vorsorge- und Autarkiebemühungen der Survivalists Ausdruck einer tiefen Verunsicherung, eines Gefühls der sozialen Bodenlosigkeit, in der nur noch die eigene Initiative – sei es als Rückzug, sei es als Wechsel des Lebensstils, sei es als Aufbau informeller sozialer Netze – den Einzelnen vor dem Untergang retten kann. Damit ist die Katastrophe wiederum Offenbarung: Sie lässt die grundsätzliche Fragilität und Unzuverlässigkeit staatlicher Macht nur besonders krass hervortreten – der Wirbelsturm Katrina 2005 war dafür ein anschauliches Beispiel. Der Zusammenbruch des Sozialen, gegen den sich die Survival- und Resilienz-Bewegungen wappnen, ist in seinen Vorzeichen schon überall sichtbar: ein Sturm, eine Börsenblase, ein Hochwasser, eine Epidemie kann die Ordnung mit einem Mal zum Einsturz bringen.

Das Pathos des Ernstfalls

Die tiefe Institutionenskepsis der Survival-Bewegung ist nur die eine Seite einer populären Phantasie über Gemeinschaften in der Katastrophe. Ihr Gegenbild ist allerdings nicht minder verbreitet: die Notgemeinschaft. Der Überzeugung, dass das nächste Desaster – welcher Art auch immer – unvermeidlich bevorsteht, dass keine Hilfe außer Selbsthilfe zu erwarten ist und man sich deshalb auf radikale Autarkie einstellen müsse, steht das Pathos von Krisengemeinschaften gegenüber, die sich unter dem Druck der Verhältnisse zu spontaner Solidarität zusammenschließen. Im Ernstfall, so hofft man, zeigen sich plötzlich unerwartete Formen praktischer Hilfe, gelegentlich sogar des Heroismus: Einzelne setzen sich für die Gruppe ein, Fremde helfen Fremden, Gut wird geteilt, Aufgaben werden gemeinsam geschultert. So lässt sich zumindest hoffen. Genau darin liegt der Grund für die Begeisterung, mit der bei jeder Überschwemmung Nachbarschaftshilfe und Solidarität der Bevölkerung in den Medien gefeiert werden. Kleinere Desaster – wie etwa die Hochwasser 1997, 2002, 2006 und 2013 in Deutschland oder der Hurricane Sandy 2012 an der amerikanischen Ostküste – werden jedes Mal zum Fanal staatlicher Ordnungskraft und praktischer Menschlichkeit erklärt.

Gleichwohl gibt es berechtigte Zweifel daran, ob die Notsituation wirklich jeden von uns edel, hilfreich und gut aussehen ließe – oder ob nicht vielleicht auch ganz andere Impulse zum Vorschein kämen. Byrons frühes Gedankenexperiment über die Desastertauglichkeit des Menschen in *Darkness*

(1816) jedenfalls fällt verheerend aus; McCarthys thematisch engverwandte Katastrophenvision in *The Road* (2006), auf die noch einmal zurückzukommen ist, sind kaum optimistischer. Klar ist jedoch, dass die Katastrophe etwas sichtbar machen würde, was sich im Raum intakter Zivilisation, verlässlicher Versorgung und funktionstüchtiger Infrastrukturen nicht erkennen lässt: die Katastrophentauglichkeit der Gesellschaft und ihrer Institutionen. Niemand will in die Lage kommen, die Desasterfestigkeit seiner Mitwelt im akuten Fall zu prüfen, aber es ist verlockend, sie wenigstens im Gedankenexperiment durchzuspielen. Genau darin liegt der Reiz von Katastrophenfiktionen. Sie ermöglichen es, die ökonomische und ökologische Krisenanfälligkeit des westlichen Lebensstils einerseits zu vergegenwärtigen und zu beobachten, anderseits sie aber in einen fernen Raum der Zukunft, der Imagination und »Science-Fiction« auszulagern. In diesem fiktiven Raum werden Vorstellungen darüber entfaltet und durchgespielt, was unterhalb der Oberfläche unserer Zivilisation und unserer lockeren sozialen Verbindlichkeiten *als Wirklichkeit* lauert.

Die Katastrophenfiktionen der Moderne führen Krisenexperimente großen Stils vor. Das Desaster figuriert als »Einbruch des Realen« – oder genauer: als *Phantasie* vom Einbruch des Realen.[14] Diese Phantasie eines »Realen«, das sich nur im Ernstfall zeige, leitet die Vorsorgemaßnahmen der Survivalists ebenso an wie sie angesichts von Sandsäcke schleppenden Bürgern beim nächsten Hochwasser anrührt: eine Phantasie, dass die Katastrophe das »wahre Gesicht« des Sozialen hervorbringen würde – sei es das Lächeln unvermuteter Solidarität, sei es die Fratze von Chaos, Anomie und Brutalität. Der »Ernstfall« leuchtet aus, was den Menschen jenseits der Cocons einer intakten Zivilisation als soziales Wesen ausmacht. Denn in der imaginierten Krise werden Spielarten des Sozialen unter verschärften Bedingungen vorgeführt: von der gegenseitigen Hilfe oder heroischen Selbstaufopferung bis zur radikalen

Selbstverteidigung und zum rücksichtslosen Überlebenswillen. Die Katastrophe ermöglicht so eine spezielle Form der experimentellen Erkenntnis: In ihr zeigt sich, welche Bindungen tragfähig sind und welche nicht, welche Formen von Solidarität möglich sind, aber auch, mit welchen asozialen Impulsen zu rechnen sein kann, mit Schwäche, Egoismus oder sogar Grausamkeit. Es zeigt sich, welche Werte und Güter wirklich zählen, welche Gemeinschaften tragfähig sind und welche Entscheidungen möglicherweise getroffen werden müssen: Entscheidungen zwischen Freund und Feind, Entscheidungen aber auch darüber, wer überleben darf und wer geopfert werden muss.

Dabei haben die fiktiven Katastrophen vor den realen den Vorzug der narrativen Überschaubarkeit. Denn so blutig und zerstörerisch sie sein mögen, leiden sie nicht an dem Chaos und der Unübersichtlichkeit, die echte Katastrophen so traumatisch machen, selbst wenn sie ganz weit weg sind. Katastrophenfiktionen konzentrieren sich auf einzelne Akteure, die dann (meist) glücklicherweise auch noch überleben. Sie fokussieren das Geschehen auf die, die es am Ende geschafft haben werden und die sich anständig, heroisch oder hilfsbereit verhalten haben. Aus deren Perspektive, der Perspektive der Überlebenden und der Guten, wird erzählt. So ermöglichen sie es, sich einerseits identifizierend mitten hinein ins Desaster zu begeben und es zugleich reflektierend von außen zu beobachten. Auf diese Weise bringen Fiktionen narrativ Ordnung ins Desaster: Sie erzählen von einem Blickpunkt aus, der immer schon deshalb recht zu haben scheint, weil er überlebt hat. Und gleichzeitig kommt dieser Blick aus dem Inneren der Katastrophe, von einem Opfer. Sie vermitteln so einen Realitätseffekt: Das ist die Wirklichkeit. Das ist der Blick der Betroffenen. So ist es gewesen.

Blutsbande: Die Biopolitik der Katastrophe

Das 20. Jahrhundert hat Tausende solcher fiktiven Katastrophenszenarien aufgelegt. Sie folgen den Konjunkturen kollektiver Ängste einer jeweiligen Epoche: Ist es Degeneration und Artenkrieg am Ende des 19. und Beginn des 20. Jahrhunderts, totale Feindschaft im Gefolge der zwei Weltkriege und ein unsichtbarer, entweder von außen einbrechender oder heimlich in die eigene Gesellschaft infiltrierter Gegner im Kalten Krieg, so sind es in den letzten Jahren zunehmend Naturkatastrophen, Ressourcenknappheiten, Epidemien oder eine restlose Umweltzerstörung, die in den jeweiligen fiktiven Szenarien ausgemalt werden. Bei allen Unterschieden des Szenarios und der jeweiligen Protagonisten ist ihnen untergründig stets gemeinsam, dass eine Gemeinschaft plötzlich zur Überlebensgemeinschaft wird. Sie wird auf den Prüfstand gestellt: Was muss getan werden, um gemeinsam zu überleben? Manchmal ist das nur eine Dorf- oder Stadtbevölkerung, die von einem lokalen Desaster betroffen ist – seien es Killerbienen, Erdbeben, Feuer oder auch ein lokaler Atomschlag, der etwa in *The Day After* (1983) eine amerikanische Kleinstadt trifft. Gelegentlich – und insbesondere im Kalten Krieg – war es eine Nation (normalerweise die USA), die von dürftig als Aliens, Zombies oder Monster verbrämten Sowjets angegriffen wurde und sich oder die Welt durch individuelles Heldentum, ziviles »*duck and cover*« und militärische Entschlossenheit retten muss. Nicht selten aber geht es in den populären Katastrophenfiktionen um nichts Geringeres als die *Gemeinschaft aller Menschen*. Die Untergangsvisionen besonders des Kalten Krieges lassen sie entweder zur Todesgemeinschaft werden (etwa in Shutes *On the Beach*, Kubricks *Dr. Strangelove* oder Lumets *Fail-Safe*, s. Kap. 2) – oder aber zur Kampfgemeinschaft: Die Menschheit wird zur Spezies, die sich gegen eine fremde Lebensart (Marsianer, intelligente Maschinen, Mutanten, Tiere, Untote etc.) zur Wehr setzen muss.

Die entscheidende Vorlage ist hier H.G. Wells' Roman *War of the Worlds* von 1898. Seither verteidigt die Menschheit wieder und wieder die Erde gegen Angreifer – und findet überhaupt erst darin eine Solidarität *als Menschheit*. Die Bedrohtheit als Spezies, die Möglichkeit eines kollektiven Todes der ganzen Menschheit, den insbesondere der Kalte Krieg zu einem seltsam reizvollen Phantasma stilisiert hat, wird hier zum Auftakt eines plötzlichen Zusammenhalts über alle kulturellen und politischen Differenzen hinweg. In den Wiederauflagen des Szenarios vom *Krieg der Welten*, (1938 als Radiohörspiel durch Orson Welles, 1953 durch Byron Haskin, 1981 Pjotr Szulkin, 2005 Steven Spielberg) bis zu Roland Emmerichs *Independence Day* (1996), M. Night Shyamalans *Signs* (2004) oder jüngst Marc Forsters *World War Z* (2013), lernt man vor allem, dass sich die Menschen erst in dieser Bedrohung durch eine radikal andere Spezies als Einheit fassen können und nur in dieser Einheit zu der nötigen Schlagkraft finden, die fremde Spezies zu bekämpfen.[15] Mit schöner Regelmäßigkeit sind Weltuntergangsfiktionen so Apotheosen einer Globalgemeinschaft, die offenbar nur unter der Bedingung der drohenden Vernichtung entstehen kann.

Neben diesen Großgemeinschaften, die erst unter dem Druck einer maximalen (und daher ausdrücklich *fiktiven*) Bedrohung entstehen, fehlt aber niemals eine höchst vertraute Mikrogemeinschaft: die Kleinfamilie. Ihre Rettung oder Wiederherstellung im allgemeinen Gemetzel liefert fast immer den roten Faden der Katastrophennarrative. Wenn, wie Georg Seeßlen bemerkt hat, die »Bösen sterben, die Guten sich opfern und die Wertvollen gerettet werden«, dann ist die Familie die Gruppenfigur des »Wertvollen«, das es zu retten gilt.[16] »Gerettet« wird sie im doppelten Sinne: Die Familienmitglieder müssen überleben, aber die Familie muss auch als solche zusammenbleiben und in ein neues Leben starten können. Denn die Kernfamilie dient als einfaches und einleuchtendes Modell für eine ›richtige‹ Form von Gemeinschaftlichkeit: unverbrüchliche, biologisch verbürgte Bande jenseits aller Optionalität. Wenn es ums Überleben geht, so lehren die meisten Desasterfiktionen, zählen nicht mehr Freundschaften oder Mitmenschlichkeit, sondern nur noch Verwandtschaftsgrade. Genau darum werden Singles in Katastrophenfilmen mit schöner Regelmäßigkeit ausgemerzt – wenn sie sich nicht freiwillig selbst opfern. Patchworkfamilien werden – wie etwa in Emmerichs *2012* – um den Eindringling ›bereinigt‹, um die ursprüngliche Familie wieder zusammenzusetzen. So sind viele der konventionelleren Desasterfilme Hollywoods in ihrem dominanten Erzählstrang kaum mehr als Familienzusammenführungsromanzen. Im Vordergrund der Handlung wird man gerettet, im Hintergrund wird massenweise gestorben. In einem klugen Aufsatz über die Katastrophenlust des Kinos hat Kathrin Röggla darin das besondere Kennzeichen aktueller Desasterfilme identifiziert: »in den gegenwärtigen produktionen [wird] hauptsächlich die *eine* familienzusammenführung thematisiert, die zu gelingen hat und tatsächlich meist gelingt, auch wenn die welt dabei arm aussieht. so als wollte man permanent margret thatchers legendär gewordene aussage loswerden: *there is no such thing as society, there are only individuals and families.*«[17]

Gemeinschaften, die überleben, sind also entweder Kampfgemeinschaften oder Kleinfamilien – Gemeinschaften jedenfalls, deren Bindungen durch Blut gestiftet sind: das eigene oder das der anderen. Jenseits einer ideologischen Fixierung auf »Individuen und Familien« und vielleicht noch einen wehrhaften Staat, die Röggla hier zu Recht am Werk sieht, zeigt sich darin, so meine ich, aber noch etwas anderes: das den Katastrophenfiktionen unterliegende *biopolitische Programm*. Sie präsentieren, wie Nitzan Lebovic angesichts einer Fülle von aktuellen »biopolitischen« Katastrophenfiktionen bemerkt hat, »Gesellschaften, die sich selbst im Spiegel eines historischen Katastrophenmodells (»jeder gegen jeden«) betrachten und stellen Fragen von Regulierung und Regeneration nach der Katastrophe.«[18] Denn die Phantasie vom »Einbruch des Realen« in der Katastrophe kreist exakt um jene Verkopplung von biologischem Leben und Politik, für die Michel Foucault den Begriff der »Biopolitik« geprägt hat: »Jahrtausende hindurch ist der Mensch das geblieben, was er für Aristoteles war: ein lebendes Tier, das auch einer politischen Existenz fähig ist. Der moderne Mensch ist ein Tier, in dessen Politik sein Leben als Lebewesen auf dem Spiel steht.«[19] Die Moderne hat das *Leben* zum eigentlichen Gegenstand des Politischen gemacht: Bevölkerungspolitik, Sozialversicherung und die Sicherstellung der Volksgesundheit von der Krankenversicherung bis zur Seuchenprävention sind die ebenso vielfältigen wie segensreichen Elemente dieser genuin modernen Sorge des Staats um das biologische Leben und Überleben der Bevölkerung. In dieser Dimension des Politischen geht es nicht mehr primär um eine juridische Verfassung von Macht – also um Gesetze, Rechte und Strafen –, sondern um Steuerung und Regulierung des psychischen Wohlergehens einer Population. Biopolitik ist damit nicht der Ausdruck einer juridischen Souveränität, sondern die Verwaltung von Lebensprozessen auf jener Ebene des Lebendigen, die schon Malthus in den Fokus gerückt hatte: den Bevölkerungen. Biopolitik zielt auf lebendige Wesen statt auf Rechtssubjekte, bzw. »sie behandelt Rechtssubjekte, die zugleich auch lebende Wesen sind.«[20] In dieser Politik, die das Leben und Überleben zu ihrem eigentlichen Gegenstand gemacht hat, hat Roberto Esposito aber gerade das unterliegend katastrophische Element herausgestrichen: »Gegenstand der Politik ist nicht mehr eine irgendwie geartete ›Lebensform‹ [...] sondern das Leben selbst – das ganze Leben und einzig allein das Leben in seiner simplen biologischen Realität. Ganz gleich, ob es sich dabei um individuelles Leben oder um das Leben der Gattung handelt: Es ist das Leben selbst, das zu schützen die Politik berufen ist, indem *sie es gegen das Risiko seiner Auslöschung immunisiert, das es stets bedroht.*«[21] Diese Arbeit der »Immunisierung« aber ist eine Arbeit der ständigen Eingriffe ins Leben, eine Arbeit des Segregierens, Sterbenlassens, Tötens, dem Tod Aussetzens. Biopolitik geht es darum, die dem Leben stets immanent drohende »Auslöschung« zu verhindern, sie abzuwehren, ihr vorzubeugen. Sie ist (in ihrem Selbstverständnis) eine permanente Arbeit der Katastrophenprävention – allerdings eine, die bei Licht betrachtet, selbst zur Katastrophe umschlägt.

Denn die moderne Biomacht ist, wie Foucault und nach ihm vor allem Giorgio Agamben und Roberto Esposito argumentiert haben, nicht nur eine Macht, Leben zu produzieren und zu fördern: Sie ist immer auch eine Macht gewesen, die um des Lebens willen *tötet*. Sie suspendiert Rechte und Gesetze, um ein »nacktes« Leben zu erzeugen, das dem Tod preisgegeben ist, wie Agamben an der Figur des *homo sacer* vorgeführt hat.[22] ›Ungesunde‹ Lebensformen müssen verhindert, ›unwertes‹ oder infiziertes Leben ausgemerzt, ›andersartige‹ Körper an der Fortpflanzung gehindert, konkurrierende oder feindliche Lebensformen vernichtet werden. Die Rassismen, ethnischen Säuberungen, Segregationen, Massensterilisierungen und Vernichtungskriege des 20. Jahrhunderts sind, so Foucault, als Teil und Kehrseite einer *Politik des Lebens* zu verstehen, die – als ihre untrennbare andere Seite – immer auch eine *Politik des Todes und des Tötens* ist. Biopolitik ist in ihrem Kern »ein Mittel, um in diesen Bereich des Lebens, den die Macht in Beschlag genommen hat, eine Zäsur einzuführen: die Zäsur zwischen dem was leben, und dem, was sterben muss.«[23] Sie ist immer auch Thanatopolitik – die paradoxe Geste einer Politik des Tötens (der Einzelnen) gegen den Tod (des Ganzen). Die grundlegende biopolitische Entscheidung ist damit genau dieser Akt der Trennung: die Scheidung zwischen denen, die leben dürfen, und denen, die – um dieses Lebens willen – sterben müssen (oder nicht geboren werden dürfen). Das (Über-)Leben der einen, so die unerbittliche biopolitische Ökonomie von Leben und Tod, muss erkauft werden mit dem Sterben der anderen.

Genau diese für die Moderne zentrale Kopplung von Überleben und Sterben wird in den globalen Katastrophenszenarien nun geradezu exaltiert. Man überlebt nicht durch Tüchtigkeit, Tugend oder Unerschrockenheit, man überlebt auch nicht, weil man bestimmte Rechte hat – sondern *weil andere sterben*. Aber je nachdem, wer im katastrophischen Moment getötet werden muss, gibt es zwei Typen von Narrativen, zwei Typen von politischer Zäsur. Man könnte vielleicht sagen: ein modernes und ein nachmodernes Narrativ. Nennen wir sie »Krieg der Arten« und »Rettungsboot Erde«. Für das erste – wenn man so will: das ›klassisch moderne‹ – Modell, den »Krieg der Arten«, hat H. G. Wells in seinem Weltuntergangsroman *War of the Worlds* (1898) die Matrix entworfen: Ein gemeinsamer Feind muss sterben, damit die Menschheit überlebt.

Wells' genrebildender Roman schildert eine Invasion von Mars-Wesen, die zunächst vor der staunenden und neugierigen Bevölkerung Südenglands in Zylindern auf der Erde aufschlagen. Als ihre Raumkapsel abgekühlt ist, bewaffnen sie sich mit riesigen dreibeinigen Kampfmaschinen und beginnen sogleich, die Menschen mit Hitzestrahlen und Giftgas auszurotten. Ein namenloser Ich-Erzähler berichtet in journalistischem Ton vom aussichtslosen Kampf der britischen Artillerie gegen die Waffen der Marsianer. Was er beobachtet, ist die planvolle Abschlachtung aller auffindbaren Menschen, die Zerstörung von Häusern und Landschaft, die Entvölkerung der ganzen Gegend. Gänzlich unklar dagegen bleibt das Ziel der Marsianer – außer der restlosen Vernichtung der Menschheit. Die Zerstörung ist verheerend und die Menschheit gänzlich wehrlos dagegen. Am Ende irrt der Erzähler durch ein London voll verkohlter Leichen und sucht nach den plötzlich spurlos verschwundenen Marsianern, um sich freiwillig von ihnen töten zu lassen. Dabei entdeckt er, dass diese wie durch ein Wunder selbst umgekommen sind: gestorben an einer Infektion mit terrestrischen Bakterien, gegen die sie – anders als die Menschheit – nicht immun waren.

Ganz Darwinianer, geht es Wells' Roman nicht um ein apokalyptisches Strafgericht, sondern um eine biologische Konfrontation der Arten. Jeder Hinweis auf eine religiöse Interpretation des Geschehens als Apokalypse und göttliches Strafgericht wird vom Roman ausdrücklich ironisiert. Stattdessen geht es um zwei Arten im Kampf um den gleichen Lebensraum: Die Marsianer sind aufgebrochen, weil ihr Planet langsam zu kalt wird, um noch eine Lebensgrundlage zu bieten. Geradezu lehrbuchmäßig bebildert nun das erstaunliche Ende der Invasoren Darwins Theorem vom Überleben desjenigen Organismus, der am besten an die Umweltbedingungen angepasst ist. Denn anders als der Mensch sind die Angreifer nicht für die terrestrische Umwelt ausgestattet und daher nicht immun gegen ihre Erreger. Aber diese Ausstattung, daran erinnert Wells, hat auch der Mensch nicht umsonst bekommen. Die lebensrettende Immunität der Menschen gegen viele irdische Bakterien, so resümiert der Erzähler, sei durch Millionen Tote erkauft:

> Durch das Opfer Millionen Toter hat der Mensch sich sein Erstgeburtsrecht auf der Erde erkauft, und trotz aller fremden Eindringlinge ist sie sein; sie ist sein, und wären die Marsleute auch zehnmal so mächtig, als sie sind. Denn weder leben die Menschen noch sterben sie vergeblich.[24]

Ausgerechnet das einigermaßen friedliche Happy End vom plötzlichen Schnupfentod der Marsianer bekräftigt jene biopolitische Verknüpfung von Leben und Tod in der Moderne, die das Leben nur um den Preis des Todes sichern kann. Nur das Opfer von Millionen hat die lebensrettende Immunität der Menschen hergestellt. Der Kern der Geschichte ist also das Grundmotiv des darwinistischen Lebensbegriffs: der Kampf zweier Arten um ein und denselben Lebensraum.

Das klingt phantastischer, als es tatsächlich ist. Denn in dieser ausweglosen, auf Leben und Tod geführten Konfrontation, die Wells als einen Krieg der Arten entwirft, liegt skizzenhaft bereits die Essenz jener Modellierung von ›totaler Feindschaft‹, die das 20. Jahrhundert prägen wird. Was den Feind schon bei Wells kennzeichnet, ist seine radikale Andersartigkeit: andere Körper, andere Sinnesorgane, andere Formen der Kommunikation und eine kaum nachvollziehbare Intention, die auf nichts anderes hinausläuft als die Ausrottung des anderen zum Zwecke des eigenen Überlebens. Weder sehen die Marsianer die Menschen als gleichwertiges Leben an noch die Menschen die Marsianer. Der Angriff gegen die Menschen wird verglichen mit einem Schuh, der in einen Ameisenhaufen tritt und sich wenig um die Aufregung der Insekten schert. Wells' Krieg der Arten bebildert so vorausschauend eine Ontologie der Feindschaft, die den politischen Diskurs der Moderne spätestens seit dem Ersten Weltkrieg prägen wird. Sie geht aus von einem Feind, der nicht um bestimmte Güter kämpft oder in gewissen Aspekten anders ist, sondern *radikal und wesensmäßig anders* ist. Gemeinschaft entsteht nun – vage und abstrakt, aber absolut kriegerisch – vor dem dunklen Grund dieser Andersartigkeit und dieser Feindschaft. Gemeinschaft ist essentiell Kampf- und Verteidigungsgemeinschaft, eine Gemeinschaft, die zusammengehalten wird durch Operationen im Lebendigen: Überleben, Töten oder Sterben. Der Feind ist der schlechthin Andere, der mich in meiner Existenz bedroht und daher mit allen (wirtschaftlichen, intellektuellen, religiösen, waffentechnischen, strategischen) Mitteln zu bekämpfen ist. Insbesondere Carl Schmitt hat diese Ontologie eines »totalen Feindes« ins Zentrum seiner Definition des Politischen gestellt und aus ihr die gänzliche Entrechtlichung und Entgrenzung des Konflikts abgeleitet, die die Kriege des 20. Jahrhunderts geprägt haben. Es gibt nicht mehr Kombattanten und Zivilisten, sondern die Feindschaft umfasst und betrifft immer schon ganze *Bevölkerungen*.[25] Konflikte, so diese Theorie der Feindschaft, drehen sich nicht mehr um spezifische Güter, Territorien, Vorrechte etc. – sondern um das andere *Sein* des Gegners. Der Feind »ist eben der andere, der Fremde, und es genügt zu seinem Wesen, dass er in einem besonders intensiven Sinne *existentiell etwas anderes und Fremdes ist …*«. Seine Fremdheit ist »die Negation der eigenen Art Existenz«.[26] Es ist ein Feind, mit dem keinerlei gemeinsame Basis des Menschseins mehr besteht, er ist Schädling, Über- und Untermensch gleichermaßen. Genau darum ist für diese Modellierung von Feindschaft der Extraterrestrische (und neuerdings der Untote) die prägnanteste und populärste Figur.

Wie diese Ontologie des Feindes historisch wirksam geworden ist, ist bekannt: Gemeinschaft kann nur noch als antagonistische Abgrenzung von einem (wie auch immer definierten) Anderen gedacht werden.[27] Der Erste Weltkrieg wird darum zum »Krieg der Kulturen« stilisiert, in dem »Händler« gegen »Helden«, »Kultur« gegen »Zivilisation« zu Felde ziehen – also inkompatible Lebensformen, die um ihre Existenz kämpfen.[28] Die rassistische Feind-Modellierung des Nationalsozialismus ist eine besonders radikale, aber nicht die einzige Ausprägung dieser existentiellen, nur noch auf Vernichtung angelegten Feindschaft, die in der bloßen Existenz des Anderen schon den eigenen Untergang wähnt. Der Kalte Krieg wird dieses Modell schließlich als Krieg der Systeme und Weltbilder durchspielen. Die einschlägigste Katastrophenfiktion sind auch hier immer wieder Alien-Invasionen, deren besondere Pointe gelegentlich darin liegt, die Feinde als unsichtbar und in der eigenen Gesellschaft allgegenwärtig zu imaginieren (insbesondere in den verschiedenen Filmfassungen von *The Invasion of the Body Snatchers*, zuerst 1956, spätere Remakes 1978, 2007). Eine Gemeinschaft, die ihren Zusammenhalt über Feindschaft definiert, ist ständig der Frage ausgesetzt, ob der Feind nicht längst in sie eingewandert ist und unerkannt in ihr schläft, wie die »*Reds under the beds*« oder jene als »Schläfer« bezeichneten Terroristen des 11. September. Das Desaster liegt dann vor allem in der Unsichtbarkeit eines Feindes, der enttarnt und eliminiert werden muss.[29]

Spätere ›Krieg der Arten‹-Varianten wie insbesondere die

Abb. 17: Die Invasion der Aliens in *Independence Day* zitiert den verdüsterten Himmel der romantischen Weltenden. Wie eine Grabplatte schieben sich die Schiffe der Außerirdischen über die Städte der Menschen. Aber statt melancholischer Kontemplation ist das Motto der Moderne: Kampf. Independence Day, USA 1996

kongeniale Wiederauflage des Motivs in *Independence Day* (1996) von Roland Emmerich werden diese klassisch-moderne Ontologie der Feindschaft in die Postmoderne herüberretten.[30] In eindrucksvollen Bildern inszeniert *Independence Day* ein Bedrohungsszenario, das wie eine technisch modernisierte Fassung der romantischen Verdunklung anmutet, wenn sich die Alien-Raumschiffe wie eine bleierne Platte zwischen die Menschheit und den Himmel schieben. Indem sie den Himmel versperren, schließen die Raumschiffe die Offenheit des menschlichen Horizonts und werden so, schon vor ihrem Angriff, zum Inbegriff des Endes. Ganz auf den Spuren von Wells' Darwinismus fasst auch Emmerich die Konfrontation von Menschen und Aliens als puren Vernichtungswillen zweier Arten. Dabei sind die Menschen wieder einmal die auf den ersten Blick eindeutig unterlegene Gattung – auch weil einige von ihnen die Natur der Gefahr nicht begreifen und die Aliens fröhlich willkommen heißen. Auf die Frage des amerikanischen Präsidenten, was die Menschen denn tun sollen, antworten die Aliens knapp: »Sterben.« Gegenseitige Vernichtung ist das zentrale Thema des Films. Und aus diesem Vernichtungswillen lassen sich dann auch alle Formen des individuellen Heroismus ableiten, die das Filmnarrativ in seinem Vordergrund voranbringen: als Bereitschaft zum Kampf (überzeugend verkörpert vom jungen Will Smith als tollkühnem schwarzen Bomberpiloten und Jeff Goldblum als seinem jüdisch-intellektuellen Gegenstück) und zur Selbst- und Familienverteidigung (verkörpert durch ihre jeweiligen Frauen). Und in einer ironischen Verbeugung vor Wells' mikrobischem *deus ex machina*, der die Aliens an einem Schnupfen eingehen lässt, wird das Team Smith/Goldblum die Aliens dann mit einem Computervirus infizieren, der ihre Abwehr zerstört und sie damit für terrestrische Artillerie angreifbar macht.

Aber dieser schwarz-weiße Geniestreich ist nur die eine, individuelle Seite des Überlebenskampfs. Die ebenso grund- wie restlose Vernichtungsdrohung lässt eine globale Kampfgemeinschaft entstehen, die Emmerich in folkloristischen Einstellungen in Szene setzt. Vor der entscheidenden Schlacht gegen die Aliens (die dieses Mal nicht mit Hilfe biologischer Erreger, sondern mit Computerviren gewonnen wird) zeigt der Film pathetische Szenen der weltweiten Völkerverbrüderung: Israelis, die mit Arabern gegen die Aliens kooperieren; jubelnde Schwarze in afrikanischer Stammeskleidung, die ihre Speere gen Himmel schütteln; staunende Asiaten; und schließlich mit deutlich britischem Akzent sprechende Europäer, die sich allesamt vereint am Kampf gegen die Invasoren beteiligen. Natürlich unter der Leitung der wie immer in Hollywood menschheitsrettenden USA. Die Menschheit als globale Gemeinschaft kann sich erst in der existentiellen Bedrohtheit als ›Ganzes‹ denken. Und was sie in letzter Konsequenz vereint, ist nicht mehr und nicht weniger als das biopolitische Argument der Blutsbande: ihr Wesen als Spezies im Kampf gegen eine andere Spezies. Der Schluss von *Independence Day* bringt das mit schöner Deutlichkeit auf die Formel, dass – nach erfolgreicher Zurückschlagung der Invasion – die ganze Menschheit nun ihren ›Unabhängigkeitstag‹ (den amerikanischen 4. Juli) feiern könne. Einmal abgesehen

Abb. 18A: Am Ende gelingt es der Menschheit doch, den Vernichtungskrieg der Aliens zurückzuschlagen. Weltweit havarieren deren Raumschiffe vor berühmten Baudenkmälern, hier den ägyptischen Pyramiden. Independence Day, USA 1996

Abb. 18B: Beim globalen Krieg der Arten dürfen auch die eher leicht bewaffneten Afrikaner die Speere schütteln. In folkloristischen Bildern inszeniert Emmerich eine Gemeinschaft der Menschen als Kampfgemeinschaft. Independence Day, USA 1996

vom amerikanischen Chauvinismus, der die eigenen nationalen Symbole zu Menschheitsformeln erhebt, zeigt diese Figur noch einmal sehr präzise das Wirken von Biopolitik in der Moderne: Die biopolitische Agenda eines Vernichtungskriegs der Arten (Mensch gegen Alien), die den ganzen Film hindurch trägt, löscht alle internen politischen Differenzen. Die lokalen

Konflikte, die kulturellen Differenzen verschwinden vor der radikalen Fremdartigkeit des Feindes. Die Menschheit ist *eine* Gemeinschaft, die um nicht mehr und nicht weniger als ihren biologischen Fortbestand kämpft. Bezeichnenderweise wird diese Vernichtungsagenda ummantelt mit der Symbolik des amerikanischen Unabhängigkeitstages – so, als ginge es im Kampf gegen die Aliens wie 1776 um Freiheit und Rechte. Unterhalb dieser Symbolik der Befreiung, die die biopolitische Agenda am Ende elegant verschleiert, lässt der Film aber keinen Zweifel, worum es wirklich geht: um nichts als Vernichtung oder Überleben.

Rettungsboot Erde

Die Kopplung von Überleben und Töten, die die Ontologie des Feindes aufwirft, macht das Überleben des einen von der Auslöschung des anderen abhängig. Die ideologische Wirksamkeit dieses Katastrophenszenarios liegt auf der Hand: Wo keine Aliens zur Verfügung stehen, lassen sich Gemeinschaften schnell durch die Stilisierung eines radikal andersartigen Feinds zusammenschweißen. Zur Katastrophe existentiellen Ausmaßes wird dann gern erklärt, was eigentlich nur ein begrenzter Konflikt ist. Aber das Katastrophenmodell des *Kriegs der Arten* ist nur eine mögliche Spielart jener modernen Biopolitik, die Leben und Töten existentiell aneinander bindet. Möglicherweise wird die hochmoderne Ontologie der Feindschaft, die zwar noch immer das Katastrophenkino beseelt, neuerdings zunehmend von einem anderen Katastrophennarrativ abgelöst. Ein seit den neunziger Jahren, also dem Ende des Kalten Kriegs, immer häufiger werdendes Katastrophenszenario geht nicht von der Andersartigkeit, sondern der Gleichartigkeit der menschlichen Gemeinschaft aus. Statt des brachialen Biologismus (oder Rassismus) im »Krieg der Arten«-Katastrophenmodell scheint seine Logik zeitgemäß egalitär: Alle sind gleich, alle haben das gleiche Recht zu leben – und dennoch müssen einige sterben, um das Überleben der anderen zu ermöglichen. Die Katastrophe figuriert hier nicht als Endkampf verschiedener Lebensformen, von denen nur eine am Ende überleben kann, sondern als Krise, die »tragische Entscheidungen« nötig macht.

Für dieses Szenario müssen nicht böse Alien-Angreifer (und ihre Varianten in Form von Zombies, intelligenten Maschinen, bösen Schwärmen etc.) herhalten. Hier geht es meist um Naturkatastrophen, also schicksalhafte, aber moralisch neutrale Unglücksfälle oder aber katastrophische Folgen menschlicher Unvorsichtigkeit: Beliebt sind aufgrund ihrer globalen Wirksamkeit Meteoriteneinschläge, unheilbare Seuchen, Klimaveränderungen, Umweltzerstörung bis hin zu einem nuklearen Winter. Einen ›Anderen‹ gibt es in ihnen nicht, die Menschheit ist mit ihrer Katastrophe allein. Filme wie *Deep Impact*, *Armageddon*, *The Day After Tomorrow*, *Outbreak*, *Contagion*, *Blindness* oder *2012* denken Katastrophen, die keine Rettungsmöglichkeit im Kampf eröffnen. Was nun zählt, ist nurmehr der scheinbar unpolitische Akt des Überlebens. Natürlich spielt auch hier stets die Rettung der Kleinfamilie eine prominente Rolle: kein Klimadesaster, ohne dass ein Mann seinen Sohn aus der Kälte holt (*The Day After Tomorrow*); keine Seuche, ohne dass sich ein Vater verzweifelt bemüht, seine Restfamilie in Sicherheit zu bringen (*Contagion*); keine Quarantäne, ohne dass eine Frau ihrem erkrankten Mann dahin folgt (*Blindness*); keine Kontinentalverschiebung, ohne dass eine Patchworkfamilie doch wieder zurück zur alten Kernform findet (*2012*). Aber diese Figur der in doppelter Hinsicht geretteten Kernfamilie verdeckt zuverlässig eine andere Problematik, die in diesen Desastergemeinschaften regelmäßig auftritt: Es können nicht alle gerettet werden. Damit einige – auf die die Erzählung natürlich ihr Hauptaugenmerk richtet – überleben, müssen andere sterben. Nicht alle können in den Bunker, nicht alle können in die Arche, nicht alle können aus der Quarantäne wieder entlassen werden. In *Contagion* soll eine ganze amerikanische Kleinstadt ausgerottet werden, in der es einen Virenausbruch gegeben hat, damit das Virus sich nicht weiter verbreiten kann. Es müssen Entscheidungen getroffen werden, wer gerettet wird und wen man untergehen lässt. Das ganz private und scheinbar nur von Glück oder Tapferkeit abhängende Überleben, das im Vordergrund solcher Katastrophenfiktionen steht, geschieht so vor einem Hintergrund des massenhaften, aber bewusst in Kauf genommenen Sterbens anderer.

Dieser dunkle Hintergrund ist selten so explizit und klarsichtig ausgeleuchtet worden wie in dem Film *Deep Impact* von Mimi Leder (1998) – mit einem Szenario, das schon der Katastrophen-Klassiker *When Worlds Collide* (1951) bearbeitet hatte. Ein Asteroid wird entdeckt, der in etwa einem Jahr die Umlaufbahn der Erde kreuzen wird. Mit dem Einschlag des Himmelskörpers sind verheerende Flutwellen und Erdbeben zu erwarten, vor allem aber eine jahrelange Verdunklung des Planeten durch Asche und Staub in der Atmosphäre – ähnlich wie nach dem Ausbruch des Vulkans Tambora 1815. In dem Jahr, das bis zum Aufprall bleibt, hat die Welt Zeit, einerseits das kommende Desaster zu verhindern, andererseits sich auf das Schlimmste vorzubereiten. Es wird ein Raumschiff losgeschickt, das den Asteroiden sprengen soll; die Sprengung scheitert aber. Nach dem abgebrochenen Rettungsmanöver im Weltall präsentiert die US-Regierung nun einen Notfallplan für das Land. Bemerkenswert daran ist, dass das kein Notfallplan *für alle* ist. Man hat in den Kalkstein von Missouri Bunker gebaut, die insgesamt Platz für eine Million Menschen bieten, wenn die Erde nach dem Einschlag für etwa zwei Jahre gänzlich unbewohnbar sein wird. Nun müssen »Entscheidungen getroffen werden«. So präsentiert es jedenfalls die Rede des amerikanischen Präsidenten angesichts der gescheiterten Rettungsmission und des kommenden Meteoriteneinschlags:

Wir müssen jetzt gemeinsam einige Entscheidungen treffen.

Was werden wir tun? Sie haben eine Wahl, wir alle haben

> jetzt eine Wahl. Seit der Komet entdeckt wurde, haben wir auf eine Lösung gehofft und hingearbeitet. Aber wir haben uns auch auf das Schlimmste vorbereitet.

Der Präsident stellt diesen Notfallplan so dar, als beträfe er alle. Die Höhlenbunker von Missouri sollen die Million beherbergen, bis der Fallout sich gesetzt haben wird und wieder Licht durch die Atmosphäre dringt. Was unausgesprochen bleibt, ist, dass der Rest der Amerikaner, immerhin 99,7 Prozent der Bevölkerung, unweigerlich in Dunkelheit, Kälte und Ressourcenmangel zugrunde gehen wird. Das politische Problem, das sich nun stellt, ist die Frage, wer nun in diese Bunker darf – und damit eine Chance zum Überleben bekommt. Der Präsident erklärt weiter:

> Am 10. August wird ein Computer achthunderttausend Amerikaner auslosen, die zusammen mit den zweihunderttausend Wissenschaftlern, Ärzten, Ingenieuren, Militärs und Künstlern, die bereits ausgewählt wurden, in die Arche kommen dürfen. Andere Länder bereiten ähnliche Verfahren vor, Verfahren, die sie für den besten Weg halten, um ihre Lebensformen zu bewahren. Wir haben dieses gewählt.[31]

Eine Million von knapp dreihundert Millionen amerikanischen Einwohnern ist nicht viel: 0,3 Prozent dürfen überleben. Während hier von Rettung und »Bewahrung unserer Lebensformen« gesprochen wird, geht es also eigentlich darum, sehenden Auges 299 Millionen sterben zu lassen. In Roland Emmerichs *2012* ist die Ratio des Überlebens noch übler: Während der überwiegende Teil der Menschheit durch Erdbeben und riesige Flutwellen zugrunde geht, haben sich 400 000 Regierungschefs und Superreiche für eine Milliarde Euro pro Kopf einen Platz in einer von sechs Archen gesichert.

Was die Katastrophe also nötig macht, sind Rettungsmaßnahmen, die aber niemals für alle und nicht einmal für einen größeren Teil der Menschheit greifen können. Die Katastrophe wird damit zum Moment einer *anderen* biopolitischen Entscheidung, die mitten durch die Gemeinschaft geht: die Entscheidung darüber, *wer überleben darf und wen man sterben lässt.* Sie macht eine Trennung notwendig, die nicht mehr zwischen dem Eigenen und dem Fremden scheidet, dem ›Normalen‹ und dem ›Entarteten‹, sie kennt keine qualitativen Zuschreibungen mehr, die die Entscheidung zwischen Leben und Tod, Freund und Feind tragen und begründen. Diese Entscheidung schneidet mitten durch die Menge der eigenen Leute. Damit stellt sich die Frage nach den Verfahren dieser Entscheidung mit einer ganz anderen Dringlichkeit. Wenn die ›Überlebenswürdigkeit‹ nicht eine Eigenschaft des einzelnen Körpers ist, dann dreht sich alles um die *Verfahren*, mit denen die, die leben dürfen, von denen gesondert werden, die man sterben lässt. Die Katastrophe ist ein Experimentierfeld dieser Verfahren.

In *Deep Impact* werden genau genommen zwei Verfahren eingesetzt, die es lohnt, genauer zu betrachten. Einerseits werden »Wissenschaftler, Mediziner, Ingenieure, Militärs und Künstler« (!) in die Arche geschafft, Personen also, die als besonders bewahrenswert oder nützlich für das Projekt eingeschätzt werden, nach dem Desaster »unsere Lebensformen zu bewahren«. Es gibt also ein qualitatives Kriterium – aber diesmal ein positives, das Kriterium der besonderen ›Überlebenswürdigkeit‹, einen ›Wert‹, den manche Individuen haben, andere nicht. Eine bestimmte Qualifikation, Macht, Prominenz – all dies wird plötzlich zum positiven Kriterium, das eine Person ›wertvoll‹ genug macht, in der Arche zu überleben. Das andere Verfahren bezieht sich gerade nicht auf Kriterien und Eigenschaften, sondern arbeitet auf der Grundlage, dass alle gleich viel ›wert‹ sind: Es wird eine Lotterie durchgeführt, die aus allen restlichen US-Bürgern weitere 800 000 Personen auslost. Eine indistinkte, abstrakt-statistische Auswahl, wenngleich mit verheerend kleiner Gewinnchance. Aber auch hier gibt es dann doch Kriterien, diesmal aber negative. Denn die Lotterie hat zwei Einschränkungen: Personen über fünfzig dürfen nicht an ihr teilnehmen, Immigranten ohne Pässe werden

Abb. 19: Eine dünne rote Linie: Klimaforscher Jack Hall (Dennis Quaid) zieht die Linie zwischen den Bewohnern des Südens der USA, die noch aus dem nahenden Frost evakuiert werden können, und denen im Norden, für die man nichts mehr tun kann. Die Linie, die man zwischen den Geretteten zieht, und denen, die man dem Tod preisgibt, ist das Emblem einer Biopolitik der Knappheit. The Day After Tomorrow, USA 2004

nicht einmal erwähnt. Das biopolitische Messer schneidet auch hier noch einmal eine nicht ganz kleine Gruppe weg und überlässt sie dem sicheren Sterben. Andere Filme bieten andere Selektionsverfahren: Im Wetterkatastrophenthriller *The Day After Tomorrow* wird in der einbrechenden Eiszeit nur die Bevölkerung südlich des 40. Breitengrads evakuiert – für den Rest, so dekretiert der beratende Meteorologe, sei sowieso kaum noch etwas zu tun. Und in *2012* wird die Frage des Überlebens pekuniär geregelt, womit der Film, der ansonsten viel Pathos auf menschliche Solidarität verschwendet, erstaunlicherweise kein Problem zu haben scheint.

Anders als Emmerichs Katastrophen-Blockbuster ist aber *Deep Impact* intelligent genug, die Tragik dieser Verfahren sehr deutlich ins Bild zu setzen. Der Film zeigt mit einigem Nachdruck, wie diese Trennung durch Gruppen und Familien schneidet: Vater und Mutter der Protagonistin, einer prominenten TV-Journalistin, sind von vornherein wegen ihres Alters ausgeschlossen: Ihr Vater wird von seiner jüngeren Gattin verlassen; ihre Mutter begeht Selbstmord. Die Familie des jungen Hobby-Astronomen, der einst den Meteoriten entdeckt hat, ist – anders als ihr Sohn – nicht ›wichtig‹ genug, um Platz in der Arche zu finden. Und vor den Augen ihrer zum Bleiben verdammten Kollegen soll die TV-Journalistin ausgeflogen werden, um als VIP ihren Platz in der Arche einzunehmen. (Ganz der Familienlogik Hollywoods folgend, gibt sie ihren Platz schließlich einer Kollegin mit Kleinkind und stirbt gemeinsam mit ihrem Vater.) Anders als im üblichen Schema werden Familien hier aber überwiegend *nicht gerettet*, sondern auseinandergerissen, weil nur eines ihrer Mitglieder ›wertvoll‹ genug ist, in den Schutzraum zu dürfen. Die Politik des Überlebens in der Katastrophe ist eine Politik, die scharfe Schnitte zieht – und dabei selbst vor dem biopolitischen Allerheiligsten, der Familie, nicht haltmacht.

Tragische Entscheidungen

Was diese Szenarien vorführen und plausibel machen wollen, ist die Vorstellung von der *Erde als einem Rettungsboot*: einem Ort mit drastisch begrenzten Ressourcen. Die Katastrophe schafft eine Situation der Knappheit, die es nötig macht, die *eigenen* Leute sterben zu lassen oder zu töten. Die Katastrophenfiktion macht diese Knappheit plötzlich narrativ plausibel. Während im Szenario vom ›Krieg der Arten‹ der Ernstfall ein radikales *Tötungsgebot* des Anderen bedeutet, ist er im ›Rettungsboot‹-Szenario der Moment einer unausweichlichen *Selektion* unter Gleichen. Die Überlebensgemeinschaft im Rettungsboot ist immer schon in sich zerrissen – und damit die ungleich kompliziertere Form der Notgemeinschaft. Sie wirft einige fundamentale ethische und politische Probleme auf, die lange nicht so apokalyptisch sind wie die Filmszenarien, in denen dieses Szenario seine scheinbare Plausibilität entfaltet.

Bemerkenswert ist, dass diese Biopolitik der Knappheit sich

einerseits als Situation einer ausweglosen, gleichsam physischen Notwendigkeit präsentiert; andererseits wird versucht, diese Notwendigkeit in juridische Termini zu überführen und sie als Frage von individuellen Rechten und Verteilungsgerechtigkeit zu diskutieren. Unter dem Titel *Lifeboat Earth* hat die Philosophin Onora O'Neill 1975 einen wegweisenden Aufsatz publiziert, der Fragen der Verteilungsgerechtigkeit und des Sterbenlassens ausgehend von der Situation eines Rettungsboots reflektiert, in dem nicht für alle Insassen die zum Überleben nötigen Ressourcen vorhanden sind.[32] Nach einigen generellen Überlegungen zum Unterschied von ›töten‹ und ›sterben lassen‹ beginnt sie, Szenarien von Notlagen zu entwerfen, um Kriterien dafür herauszuarbeiten, wann ein Akt als Tötung und damit als nicht zu rechtfertigen gewertet werden muss. Die Notlagen leiten sich alle aus einer klassischen, schon in der Antike verbreiteten Modellsituation ab: einer Gruppe Menschen in einem Rettungsboot mit nicht ausreichenden Ressourcen (Wasser, Plätze, Nahrung). Von hier aus stellen sich nun gravierende Entscheidungsprobleme: Darf man einen von sechs Insassen verdursten lassen, weil nur Wasser für fünf da ist? Darf man sich weigern, einen siebten und achten Menschen überhaupt an Bord zu lassen? Und wem sollte das Wasser vorenthalten werden: dem Gesündesten oder dem Kränksten? – Genau wie die Katastrophen-Blockbuster Hollywoods sind auch diese Gedankenexperimente der Philosophin Fiktionen: Ganz offensichtlich braucht es Geschichten, anschaulich nachvollziehbare Situationen, um den Möglichkeitsspielraum solch einschneidender ethischer Entscheidungen auszuleuchten.

O'Neills grundlegende Unterscheidung zwischen ›töten‹ und ›sterben lassen‹ fasst alle Situationen als »Tötung«, in denen Menschen durch die Handlungen oder Unterlassungen anderer Menschen sterben, wenn sich dieser Tod durch andere Entscheidungen hätte vermeiden lassen. Ausgehend von einem grundsätzlichen »Recht, nicht getötet zu werden«, fordert sie, dass unvermeidbares Töten – etwa wenn einem der Insassen eines Rettungsboots das Wasser vorenthalten wird, weil es nicht für alle reicht – immer »gerechtfertigt« werden muss. Erforderlich dafür sind u. a. ein faires Auswahlverfahren und nachvollziehbare Kriterien der Ressourcenverteilung. Der Präsident, der in *Deep Impact* den Notfallplan vorstellt, hat diesen Teil der Argumentation O'Neills ganz offensichtlich beherzigt: Die Lotterie, die die wenigen Überlebenden auswählt, kann dabei als eben solch ein »faires« Verfahren gelten (jeder hat die gleichen Chancen, ausgewählt zu werden). Problematischer dagegen ist das Prinzip, keine Menschen über fünfzig zuzulassen (vermutlich weil ihre Brauchbarkeit für die Fortpflanzung der menschlichen Spezies nicht mehr gegeben ist) oder einige »besonders wichtige« (d. h. prominente, mächtige, verdienstvolle, reiche etc.) Menschen auf jeden Fall zu retten. Aber genau in diesen Fällen zeigt sich der nicht zu verrechtlichende, physische Rest der Biopolitik. In ihnen geht es eben nicht um Rechte, sondern um Körper.

Beide Auswahlverfahren, die *Deep Impact* vorführt, figurieren unter vier grundlegenden Verfahren zur Allokation knapper Ressourcen in einer mittlerweile zum Klassiker gewordenen Studie über solche »tragischen Entscheidungen«, die Guido Calabresi und Philip Bobbitt 1978 unter dem Titel *Tragic Choices* vorgelegt haben.[33] Das Buch liefert einen ersten Vorstoß in der Debatte um die Verteilung knapper Güter und diskutiert mögliche Verfahren dafür. Es war ein erster Vorschlag zur Implementierung von Regeln für die Verteilung von tragisch knappen Gütern und damit der Grundstein einer noch immer aktuellen Debatte um die sogenannte »Allokationsethik« (d. h. die Frage nach den Prinzipien der Verteilung von knappen Ressourcen wie etwa medizinischer Versorgung oder Grundnahrungsmitteln in Hungersnöten). Calabresi/Bobbitt entwerfen in ihrem Einleitungskapitel vier grundlegende Verfahren der möglichen Verteilung: 1. Freier Markt (jeder entscheidet, wie viel ihm der Zugang zur Ressource wert ist); 2. der »politisch verantwortliche Ansatz« (»accountable political approach«: die

Idee, dass Ressourcen so verteilt werden, dass es für die Gemeinschaft besonders nützlich ist); 3. Lotterie (jedes zufällige Auswahlverfahren, z. B. auch einfach nach der Reihenfolge der eingehenden Fälle zu versorgen); 4. das Gewohnheitsprinzip (im Grunde das Absehen von begründbaren Verfahren). Anerkannt wird damit, dass es Entscheidungen gibt, die »tragisch« sind in dem Sinne, dass keine der möglichen Optionen wirklich wünschenswert ist – aber dass es Situationen geben kann, in denen solche Entscheidungen unausweichlich sind. Calabresi und Bobbitt fordern daher rationale Verfahren der Zuteilung inklusive einer Einschätzung ihrer moralischen und sozialen »Kosten« (»the costs of costing«).[34]

Wenn also im Katastrophenszenario von *Deep Impact* der Präsident davon redet, dass »wir eine Wahl haben und Entscheidungen treffen müssen«, dann tut er das in genau diesem Sinne einer »tragischen Entscheidung«: Wir haben eine Wahl, die immer falsch ist; eine Wahl, die zwei gleichermaßen wichtige Werte – in diesem Fall die Gleichwertigkeit aller individuellen Leben und die Notwendigkeit einer Auswahl zur Sicherung des Überlebens der Spezies – gegeneinander abwägen kann. Oder auch die Wahl, von zwei schlechten Möglichkeiten die nur etwas weniger schlechte zu wählen: 100 Prozent Tote oder ›nur‹ 99,7 Prozent? Aber darf man Leben überhaupt quantitativ gegeneinander aufrechnen?[35]

Biopolitik der Knappheit: Malthus (2)

Was die Katastrophenszenarien vom Typus ›Rettungsboot Erde‹ aufwerfen, ist eine *Biopolitik der Knappheit*, eine Politik, die das Leben und Überleben der Menschheit unter Bedingungen knapper und knappster Ressourcen denkt. Was in zivilen Zeiten als Debatte über Verteilungsgerechtigkeit und Rechte erscheint, wird im »Ernstfall« plötzlich zu einem Fall der Notwendigkeit des Überlebens: ein juridisches Problem des Politischen erhält, so die Logik der Biopolitik, eine Antwort, die nicht mehr Rechte und Fragen der Gerechtigkeit, sondern *Lebensnotwendigkeiten* in den Vordergrund rückt. Damit wird die pathetische Vorstellung von der Notgemeinschaft in der Katastrophe zu einer nicht mehr tröstlichen oder kämpferisch-heroischen, sondern zu einer *tragischen* Figur. Das Überleben der einen erfordert das ›Töten‹ der anderen (im Sinne O'Neills: ihnen Zugang zu Ressourcen verweigern). *Politisch* an dieser Bio*politik* ist, dieses »Töten« oder »Sterbenlassen« nun mit Begründungen und rationalen Verfahren zu versehen, statt es schamhaft »im Dunkel des Schicksalhaften« zu belassen, wie die Philosophin Weyma Lübbe bemerkt hat.[36] Die Entscheidung über Leben und Tod soll wenigstens eine sein, die zu rechtfertigen und zu begründen ist. *Bio*politisch ist sie dennoch, weil sie, wie Georgio Agamben argumentiert hat, eine »Zone der Ununterscheidbarkeit« zwischen der Sphäre des Juridischen (also der Frage von Rechten und Gerechtigkeit) und der Sphäre der rein physischen Notwendigkeit (also der Frage des Lebens und Sterbens) eröffnet.[37] Sie beruft sich auf eine brutale Faktizität, die keinen dritten Weg, keine untragische Lösung zuzulassen scheint. Hergestellt aber wird diese Faktizität gerade durch die Erzählungen von Rettungsbooten, Archen und knappen Vorräten, die als fiktive Szenarien dem Gerechtigkeitsproblem zugrunde gelegt werden.

Diese Verschiebung von einer Ontologie der Feindschaft hin zur Vorstellung notwendiger tragischer Entscheidungen in der Katastrophe hat ihren präzisen historischen Ort. Die ersten Überlegungen zur Allokationsethik erscheinen in den siebziger Jahren, wenige Jahre nach dem einschneidenden ersten Bericht des Club of Rome, *Grenzen des Wachstums* (1972), der eine Prognose des »superexponentiellen« Bevölkerungswachstums mit katastrophalen Ressourcen-Kämpfen (insbesondere um Wasser, Grundnahrungsmittel und fossile Brennstoffe) stellte.[38] »Knappheit«, »Überbevölkerung« und »Umweltzerstörung«

prägen als Schlagworte seit den späten sechziger Jahren die Zukunftsprognosen, die – je nach angenommenen Wachstumsraten – für das Jahr 2030 oder erst 2100 bei erschöpften Ressourcen und vergifteter Landschaft einen desaströsen Niedergang der Menschheit entwerfen.[39] Deutlich wird das auch im Aufsatz O'Neills von 1975. Sie macht sich ganz ausdrücklich Gedanken über die Aktualität der »Rettungsboot«-Metapher:

> Rettungsbootsituationen kommen nicht sehr häufig vor. Wir sind nicht oft in einer derart schonungslosen Weise mit der Wahl zwischen töten und getötet werden konfrontiert, einer Wahl, bei der wir eine Entscheidung über die Art und Weise der Verteilung knapper Ressourcen umsetzen müssen. Das wird jedoch die Situation der menschlichen Spezies auf diesem Globus werden. Die verbreitete Metapher vom »Raumschiff Erde« lässt eher an eine Abenteuergeschichte denken, weniger an Gefahr; wenn wir die Situation nüchtern betrachten, könnte »Rettungsboot Erde« aussagekräftiger sein.[40]

Historischer Hintergrund von O'Neills Prognose sind zweifellos die akuten Hungerkatastrophen der frühen siebziger Jahre (Biafra, Sahel, Äthiopien, Bangladesch). Seit den sechziger Jahren ergeht man sich in Voraussagen einer weltweiten, massiven Hungerkatastrophe in der Dritten Welt. So prognostizieren beispielsweise die Brüder William und Paul Paddock in ihrem Bestseller *Famine 1975!* schon 1967 für das Jahr 1975 eine globale Hungersnot.[41] Von hier aus hat die Frage, ob das »Sterbenlassen« ferner Bevölkerungen nicht einer Form des »Tötens« gleichkommt, eine akute historische Dringlichkeit.

In den siebziger Jahren erfährt Malthus' pessimistische Zukunftsprognose, die, wie wir gesehen haben, schon die Katastrophenimagination der *romantischen Verdunklung* informiert hatte (Kap. 1, S. 57–63), so eine ebenso überraschende wie drastische Wiederauflage. Malthus' statistischer Blick auf die europäische Bevölkerung in Relation zu ihren Ressourcen wird nun in einem globalen Maßstab wieder aufgenommen.

Die pointierteste Publikation in dieser Hinsicht war Paul und Anne Ehrlichs Studie *Die Bevölkerungsbombe* von 1968.[42] Ihre Prognose ist kaum weniger alarmistisch als die von Malthus. So beginnt ihr Buch apodiktisch:

> Der Kampf um die Welternährung ist entschieden. In den siebziger Jahren werden gewaltige Hungersnöte die Menschheit heimsuchen. Hunderte von Millionen Menschen werden trotz aller sofort eingeleiteten Hilfsprogramme verhungern. Es ist zu spät, eine ernste Zunahme der Weltsterberate zu verhindern.[43]

Die katastrophische Prognose der Ehrlichs besagte, dass es noch in den siebziger Jahren zu massiven Hungerkatastrophen in der Dritten Welt kommen würde und selbst die westliche Welt auf eine unerträgliche Bevölkerungsdichte zusteuere. Hinzu kommen Faktoren wie Umweltverschmutzung und urbaner Raummangel. *Die Bevölkerungsbombe* liefert so ein Update des malthusianischen Katastrophenmodells, erweitert um Umweltverschmutzung und Platzmangel, aber auch um die Möglichkeit aktiven Eingreifens in die Reproduktion des Menschen. Hier werden allerdings rabiate Optionen wie Zwangssterilisierungen oder Streichen von Entwicklungshilfe für Länder mit zu hohem Bevölkerungswachstum vorgeschlagen. – Auch

Abb. 20: Der Vorspann von Soylent Green bebildert das katastrophische Gegenwartsgefühl der 1970er Jahre: Überbevölkerung, Umweltverschmutzung, Luftverpestung, Müllberge. Soylent Green, USA 1973

wenn sich die unmittelbaren Voraussagen des Buchs nicht bestätigt haben, auch wenn sich die Weltbevölkerung seit 1968 sogar noch stärker vermehrt hat als angenommen, ohne dass dies zu einer globalen Ressourcenkrise geführt hat, so beginnt doch mit der Entdeckung der Knappheit in den siebziger Jahren ein neues biopolitisches Denken, das sich auch in den fiktiven Katastrophen und Dystopien spiegelt, etwa in dem Thriller *Soylent Green* (1973).

Der Film von Richard Fleischer wirkt wie eine ausführliche Bebilderung der Thesen von Ehrlich: Schon der Vorspann ist eine Sequenz sämtlicher politischer Schreckensvisionen der späten sechziger Jahre: verseuchte Landschaften, Dürren, Menschenmassen, Müllberge. Überbevölkerung, das zeigt sich hier mit besonderer Prägnanz, ist eine Katastrophe, die sich gut in Bilder fassen lässt, die bereits bekannt sind. So beginnen auch die Ehrlichs mit der Beschreibung einer »heißen, übelriechenden Nacht in Delhi«, die ihnen das Problem der »Bevölkerungsexplosion« schlagartig klargemacht habe:

> Während wir im Schritttempo durch die Stadt fuhren, kamen wir durch ein dichtbevölkertes Elendsviertel. Es waren fast 40 Grad, und die Luft war dick von Staub und Rauch. Die Straßen waren voll von Menschen. Menschen, die aßen, sich wuschen, schliefen. Menschen, die schwatzten, stritten und kreischten … die urinierten und ihren Darm entleerten. Die sich an Busse klammerten und Vieh trieben.[44]

Exakt dieses Szenario der Beklemmung in einer zu dicht bevölkerten Stadt, das die Amerikaner Ehrlich in Neu Delhi empfinden, ist der Zustand New Yorks im fiktiven Jahr 2022 in *Soylent Green*.[45] Die Stadt hat mittlerweile 40 Millionen Einwohner. Was der Film zeigt, ist eine klassische »Dritte-Welt«-Situation mit verstopften Straßen, Menschen, die in Hauseingängen und Treppenhäusern schlafen, vor Essensausgabestellen Schlange stehen. Beißende Hitze, knappes Wasser, das für die armen Leute rationiert ist, bei den Reichen aber in Fülle aus der Dusche fließt. Mit der Verdichtung der Bevölkerung, so die vom

Film transportierte Botschaft, wird auch New York zur Dritten Welt. Der Plot, in dem ein Polizeibeamter (Charlton Heston) den Mord an einem Vorstand der Nahrungsproduktionsfirma Soylent aufklären soll, ist eher wirr. Klar wird, dass der Ermordete ein wichtiges Betriebsgeheimnis der Firma kannte und daher umgebracht wurde. Worum es dem Film aber eigentlich geht, ist die Vision einer restlos übervölkerten Stadt: ein Zustand, in dem klassische Nahrungsmittel wie Erdbeeren, Gemüse oder Fleisch nur noch zu horrenden Preisen zu erhalten sind; wo nur die Privilegierten eigene Wohnungen bekommen (in welchen Frauen dann zum »Inventar« gehören und bei Mieterwechsel »übernommen« werden); wo selbst Treppenhäuser von Massen von Menschen »bewohnt« werden; wo fließendes Wasser ein unerschwinglicher Luxus geworden ist. Ständig drohen Hungeraufstände. Bei einer dieser Revolten werden zur Aufstandsbekämpfung Schaufelbagger eingesetzt, wie sie zur Beseitigung von Sperrmüll gebraucht werden: In der dystopischen Welt der »Bevölkerungsbombe« sind Menschen Abfall und werden entsprechend »weggeräumt«.

Das eigentliche Geheimnis des Films, dem der Polizist erst gegen Ende des Films auf die Spur kommt, ist die Ersatznahrung »Soylent«, die anstelle klassischer Nahrungsmittel ausgegeben wird. Die besonders eiweißreiche Variante »Soylent Green« besteht, anders als der Name andeutet, weder aus Soya und Linsen noch, wie offiziell behauptet wird, aus Plankton. Am Ende findet der Polizist heraus, dass Soylent Green aus Menschen gemacht wird. Sterbend schreit Charlton Heston »*Soylent Green is people!*« – und der Film lässt offen, ob diese Wahrheit je offiziell werden wird. Das Ressourcenproblem, das im Rettungsboot-Szenario auf eine momentane, katastrophische Ausnahmesituation verdichtet wird, wird hier als Normalzustand geschildert – und findet seine abtraumhafte Lösung im »Recycling« des Menschen zu seinem eigenen Nahrungsmittel. Menschen müssen (mehr oder minder freiwillig) sterben, damit die anderen zu essen haben.

Genau hier liegt die neo-malthusianische Wende des biopolitischen Denkens: Die Biopolitik der Knappheit geht wie Malthus davon aus, dass menschliches Leben auch *›zuviel‹ sein könnte* – eine Vorstellung, die den (eher vom Darwinismus geprägten) Szenarien vom ›Krieg der Arten‹ gänzlich fremd ist. Biopolitik als Politik des Lebens wird nun plötzlich zu einer selbstgefährdenden Tautologie: Das Leben könnte sich gerade durch seine Prosperität selbst ersticken, sich selbst *aufzehren*. Genau darauf zielt das immer wieder verwendete Bild des Kannibalismus, der das Katastrophendenken von Byron bis heute durchzieht. Im Bild der »Bevölkerungsbombe« wird das menschliche Leben sich selbst zur Bedrohung. So droht Biopolitik an ihrem eigenen, desaströsen Erfolg, das Leben des Menschen zu befördern, »Leben zu machen«, zu scheitern. – In den siebziger Jahren werden darum drastische Programme zur Geburtenreduktion gefordert und teilweise auch umgesetzt (beispielsweise die Ein-Kind-Politik in China seit 1979); in den Industrieländern werden erste Technologien zur Energieersparnis und zum Umweltschutz entwickelt; in den achtziger und neunziger Jahren wird auf sozialen Wandel, Umwelttechnologien und eine grundsätzlich flexible Obergrenze der »Tragfähigkeit« (*carrying capacity*) der Erde gesetzt.[46] Seit Ende der sechziger Jahre greift dann auch – für die Autoren um 1968 noch nicht sichtbar – zumindest in der industrialisierten Welt der »Pillenknick« und sorgt dort für fallende Geburtenraten (was mittlerweile auch schon wieder als Problem gesehen wird). Damit wird das Thema Überbevölkerung dann für fast drei Jahrzehnte aus dem Blickwinkel der westlichen Welt verbannt – ausgelagert in die »Dritte Welt« und die Schwellenländer.

Aber der Optimismus einer durch bessere Agrartechnologie und Ressourcenerschließung technisch unendlich erweiterbaren *»carrying capacity«* der Erde, die seit den achtziger Jahren geherrscht hat, wird neuerdings wieder vehement in Frage gestellt. Etwa von jenem Alan Weisman, dessen letztes Buch der »Erde ohne Menschen« gewidmet war. Sein jüngstes Buch

Countdown über die drohende Zerstörung der Erde durch Überbevölkerung liest sich wie der alarmistische Klartext zum surrealen Traum einer Welt ohne Menschen. Beschrieb die von Weisman entworfene Vision einer vom *Homo sapiens* gereinigten Erde in *The World Without Us* (s. Einleitung, S. 8–12) eine Heilung, so beschreibt *Countdown* nun in schrillen Tönen die Krankheit: eine immer schneller anwachsende Menschheit, die sich und ihrer Lebensgrundlage, der Erde, selbst zur Katastrophe wird.[47]

Die Biopolitik der Knappheit ist damit kein rein historisches Phänomen und beschränkt sich auch nicht auf die globalen Fragen der Überbevölkerung und der Tragfähigkeit der Erde. Mit der Anerkennung der *grundsätzlichen Knappheit* bestimmter Ressourcen (und nicht nur ihrer ungerechten Verteilung) stellen sich auch andere tragische Entscheidungen, die heute unter dem Sammelbegriff »Allokationsethik« in ganz unkatastrophischen Zusammenhängen intensiv diskutiert werden: etwa als Fragen nach den noch akzeptablen Kosten für teure Therapien oder für aufwendige Pflege bei alten oder unheilbar kranken Patienten. »Tragische Entscheidungen« stehen immer dann an, wenn es nicht für alle reicht – aber alle einen legitimen Anspruch auf eine bestimmte Ressource haben. Allerdings können auch diese gänzlich unkatastrophischen Anwendungen ihren Ursprung aus dem Denken der Katastrophe nicht verleugnen. Denn jenseits des schon in der Antike diskutierten Rettungsboot-Szenarios war eine historisch erste Praxis solchen tragischen Entscheidens die sogenannte *Triage*: die Entscheidung, wer von den Verwundeten eines Schlachtfelds (später auch eines Unglücksortes) zuerst medizinisch behandelt werden solle. Die Schwerverletzten, die am dringendsten Hilfe brauchen? Die mittelschwer Verletzten, bei denen es ›auf der Kippe‹ steht? Oder die leichter Verletzten, die bei Hilfe die größere Überlebenschance haben? Die Soldaten oder die Zivilisten zuerst versorgen?[48] Ob real, antizipiert oder imaginiert: Es sind die Katastrophen, deren Intensität und Dramatik tragische

Entscheidungen nicht nur nötig, sondern auch entschuldbar machen. Sie sind Situationen begrenzter Handlungsmöglichkeiten, großen Zeitdrucks, höchster Gefahr – eben »Ernstfälle«, die einen besonderen Handlungs- und Entscheidungszwang entfalten.

Damit wird klar, dass die Fiktion vom katastrophischen Ernstfall eine eminent politische Wirksamkeit hat. Die Überlebensgemeinschaften, die sie entwirft, sind zerrissener und gewalttätiger, als die rührenden Bilder von der Nachbarschaftshilfe bei Flutkatastrophen es ahnen lassen. Unter ihren heroischen oder tröstlichen Plots, die regelmäßig die Familie zur einzig rettenswerten Gemeinschaft erklären, wird eine Biopolitik der Blutsgemeinschaft als einzig belastbare Form des Zusammenhalts verkauft. Überleben folgt dann Graden der Verwandtschaft: wenn schon nicht als Familie, dann doch wenigstens als Spezies im *Krieg der Arten.* Die neuere Biopolitik der Knappheit, die sich in den intelligenteren Katastrophenfiktionen der letzten Jahre niederschlägt, ist demgegenüber weniger leicht als pure Ideologie abzutun. Anders als Emmerichs hochideologische Verbindung von Familien- und Kampfethos in *Independence Day* entfaltet ein Film wie *Deep Impact* ein Narrativ, das bestimmte Entscheidungssituationen denkbar macht und zugleich Entscheidungen rechtfertigt. Dieses Narrativ führt vor, dass die Notgemeinschaft eben nicht einfach der Ort von individuellem Heldentum und zwischenmenschlicher Solidarität ist. Vielmehr zeigt sich, dass die Überlebensgemeinschaft ungemein grausame Trennungen zieht. Sie weiß zu töten und weiß dieses Töten auch zu rechtfertigen. Im Moment des Ernstfalls sind tödliche Entscheidungen gerade deswegen begründbar, weil sie einer Logik der Ausnahme folgen, in der andere Regeln gelten. Die Katastrophe figuriert als »Ausnahmezustand«, in dem Werte suspendiert werden (müssen), die als eigentlich unantastbar gelten. Katastrophennarrative funktionieren so nicht nur als Phantasie vom »Einbruch des Realen«, sondern nicht selten als *Einübung in eine Politik des Ernstfalls.*

Indem sie das Pathos der Notgemeinschaft und die rührende Rettung der Kleinfamilie mit der Tragödie des zu vollen Rettungsboots oder der Härte der Kampfgemeinschaft verbinden, machen sie denkbar, was als Regel weder ethisch noch politisch zu rechtfertigen wäre. Der Moment des Untergangs suspendiert die Verbindlichkeit unserer normalen ethischen Werte und politischen Grundkonsense. Aber er kann auch zum Reflexionsraum werden: Ein Film wie *Deep Impact* ist ein ethisch-politisches Gedankenexperiment vor zahlendem Publikum. Er wirft damit ein unangenehm scharfes Licht auf Konflikte und »tragische Entscheidungen«, die sich auch jenseits aller Katastrophen ständig ereignen.

Nach dem Ende: Becketts »Endgame«, McCarthys »The Road«

Wird im Moment des drohenden Untergangs eine Gemeinschaft auf die Probe gestellt, so werden ihre unterliegenden politischen Logiken nach außen gekehrt – sei es als Ontologie der Feindschaft oder als Tragödie der Knappheit. Mag sein, dass das Überleben im Rahmen jener Ontologie der Feindschaft, die die klassische Moderne entworfen hat, durchaus noch ein Triumph sein kann: der Triumph, zahllose Feinde zu überleben, ein Sieg, eine Affirmation der Macht – wie Elias Canetti in *Masse und Macht* argumentiert hat: »Der Augenblick des *Überlebens* ist der Augenblick der Macht. Der Schrecken über den Anblick des Todes löst sich in Befriedigung auf, denn man ist nicht selbst der Tote. […] im Überleben ist jeder des anderen Feind.«[49] Canetti denkt Überleben ganz vom Szenario des Kriegs der Arten her. Überleben ist für ihn stets ein Sieg.

Aber Überleben in und nach der Katastrophe bedeutet nicht unbedingt Rettung oder gar Triumph – im Gegenteil. Der Kern des Katastrophendenkens, das sich von der Möglichkeit einer gänzlichen Zerstörung der Welt her schreibt, ist ein anderer:

nicht Triumph des Überlebens, sondern einsames, welt- und trostloses Nach-Leben. Nicht umsonst ist jener Letzte Mensch, den die Romantik erfindet und der zur emblematischen Figur einer Zukunft als Katastrophe in der Moderne wird, eine zutiefst melancholische Gestalt. Die Welt ist zerstört, soziale Bindungen sind zerrissen, aber der Einzelne ist immer noch da. Überleben ist ein *Leben nach dem Leben*, eine Existenz, die aus der Welt gefallen ist, weil es die Welt nicht mehr gibt. Kein Autor hat diesen *leeren Kern* bloßen Überlebens schärfer ins Auge gefasst als Samuel Beckett, über dessen Figuren Günther Anders treffend bemerkte: Seine »Helden sind also nur noch am Leben, nicht mehr in der Welt«.[50] Wer überlebt, ist »nur noch am Leben«, er ist reduziert auf sein rein biologisches Dasein. Der Überlebende rettet sein »nacktes Leben«, während die Welt, die Zeit und die Gemeinschaft, die ihm Identität, Bindungen, Normen, Sinn und Ziele gegeben haben, untergegangen sind. Die antike Unterscheidung zwischen *bios*, politischem Leben, Leben in Gemeinschaft, und *zoé*, nacktem, biologischem Leben, wird nirgendwo krasser sinnfällig als in diesem nackten Überleben: *bios* ist ein Leben in Gemeinschaft, ein Leben in der Welt, ein Leben in Bezugssystemen, ein Leben als Mensch; *zoé* das, was nach deren Wegfall noch übrig bleibt. Giorgio Agamben nun hat argumentiert, dass gerade dieses »nackte Leben« (*zoé*) in der Moderne zum eigentlichen Gegenstand eines politischen und diskursiven Zugriffs der Souveränität wird. Um *zoé*, nicht um *bios*, so Agamben, dreht sich der eigentlich katastrophische Kern moderner Biopolitik.[51] Es sind nun ausgerechnet Szenarien des Überlebens, eines Weiterlebens nach dem Ende der Welt, die den Existenzmodus eines solchen »nackten Lebens« mit besonderer Schärfe ausleuchten.

Becketts Protagonisten, insbesondere die von *Waiting for Godot* und *Endgame*, sind solche Überlebenden. Sie sind, wie Günther Anders formuliert hat, gefangen in einem »Sein ohne Zeit«.[52] Und es ist kein Zufall, dass Becketts frühe Stücke mitten in der kältesten Phase des Kalten Kriegs entstehen, jener Zeit, die nicht aufhört, sich unter dem Bann der Atombombe als letzte Generation der Menschheit zu beschreiben (s. Kap. 2). Wenn, so Anders, die Apokalypse ›immer schon‹ stattgefunden hat, weil die Möglichkeit einer nuklearen Auslöschung der Menschheit nicht mehr zurückgenommen werden kann, dann ist das Überleben, das Gerade-noch-am-Leben-Sein, das angemessene Bild dieses »Immer schon«.[53] Zwar hat Beckett selbst jeden zeithistorischen Bezug seiner Stücke stets abgewiesen, und die Forschung ist dieser Ansage fast ausnahmslos gefolgt.[54] Aber gerade *Endgame* (entstanden ab 1954, uraufgeführt 1957 als *Fin de partie*) bietet eine Lektüre als post-apokalyptisches Szenario des Atomzeitalters fast überdeutlich an.[55] Der Ort des Spiels ist ein bunkerartiger, fast unmöblierter Raum, der als *»refuge«* (Zufluchtsort) bezeichnet wird; die Landschaft draußen ist »grau«, »hellschwarz« (46/47–48/49); es gibt keinen Horizont, keine Sonne. Der Leuchtturm liegt im Kanal (46/47). Die Personen sitzen in einer »Hölle«, aber jenseits der Wände ist »die andere Hölle« (40/41). »Draußen ist der Tod« (18/19), heißt es. Die Figuren, Hamm, sein Diener Clov und Hamms Eltern Nagg und Nell sind alle vier körperlich mehr oder weniger schwer versehrt und können den Raum nicht verlassen. Hamm sitzt im Rollstuhl, die Eltern in Tonnen, Clov seinerseits kann nicht sitzen. Clov schaut aber in regelmäßigen Abständen aus dem Fenster und berichtet von dem Nichts, das er dort sieht. Hamm deliriert von Wäldern – im Wissen, dass diese Wälder nicht nur für ihn unerreichbar, sondern vor allem *nicht mehr da* sind. Samenkörner keimen nicht mehr – ein Zeichen dafür, dass sie vergiftet oder wahrscheinlicher noch *verstrahlt* sind. (24/25). Kurz: *Endgame* ist ein Spiel unter Überlebenden eines Atomschlags.

Die Protagonisten dieses Endspiels existieren in einem Raum und einer Zeit nach dem Ende. Überleben ist ein Warten auf das Ende – und in dieser Zwischenzeit wird geredet, über das Enden, das Warten, das Reden selbst. »... Ende, es ist zu Ende, es geht zu Ende, es geht vielleicht zu Ende«, so der Anfang des

Stücks. »Schluss damit, es wird Zeit, dass es endet, auch in dem Unterschlupf. *Pause.* Und doch zögere ich, ich zögere noch zu … enden.« (12/13) Überleben im Zeitalter atomarer Zerstörung ist ein Leben nach dem Ende des Lebens, etwas, das dabei ist zu enden und exakt in jenem »Zögern« besteht, das Hamm am Anfang zum Ausdruck bringt. Die Welt draußen, das wird schnell klar, ist ein Zustand, in dem es »nichts mehr gibt«. »Es gibt keine Fahrräder mehr.« (18/19) »Es gibt keinen Brei mehr.« (ebd.) »Es gibt keine Natur mehr.« (20/21) Draußen erstreckt sich eine Trümmerlandschaft, die Wellen des Meers sind »aus Blei« (46/47), eingefroren wie im Schlussbild von Byrons *Darkness.* Was bleibt, sind essende, sprechende, sich quälende, wartende Körper, die sich in einer statischen Choreographie der gegenseitigen Macht- und Abhängigkeitsbeziehungen befinden: Herr und Knecht Hamm und Clov, Mutter und Vater Nell und Nagg. Hamm und Clov, so ist gelegentlich bemerkt worden, spielen ein Spiel, einen Wettkampf oder Kampf zwischen Herr und Knecht.[56] Es ist dieses »Spiel« des Sprechens, Bewegens und Wartens, das im Zentrum der unzähligen Analysen und Deutungen des Stücks steht.

Seltener dagegen hat man den Rahmen näher betrachtet, *in dem* dieses Spiel stattfindet, die Bedingungen, unter denen es überhaupt möglich wird – in dem Sinne, dass keine der Personen überhaupt die Möglichkeit hat, die Szene und damit den Kampf zu verlassen. Dieser Rahmen von *Endgame* ist ein Setting der Post-Katastrophe, eine Existenz im Bunker. Ein Überleben in einem Moment und an einem Ort, der offenbar durch eine atomare Explosion verwüstet ist, wie ihn unzählige zeitgenössische Visionen der atomaren Apokalypse wieder und wieder ausmalen (s. Kap. 2).[57] Beckett dagegen ist sichtlich bemüht, den Zustand des Überlebens von allen Bezügen zu einer konkreten, historisch verortbaren Situation zu reinigen und in einer existentiellen Vagheit zu halten – und kann doch an etlichen Stellen nicht umhin, auf die Szenarien einer atomaren Apokalypse anzuspielen, die seine Zeit umtreiben. Er »hält es«, wie Adorno anmerkte, der die post-apokalyptischen Bezüge des Stücks sehr präzise sah, »nebulos«: »Der Weltuntergang ist diskontiert, als wäre er selbstverständlich.«[58] Becketts Überlebende sind Körper, die keine Rettung mehr zu erwarten haben – eben weil sie schon ›gerettet‹ sind: zerfallende, beschädigte Körper. »Wir atmen doch, wir verändern uns! Wir verlieren unsere Haare, unsere Zähne! Unsere Frische! Unsere Ideale!« (20/21–22/23) Das kann eine Metapher fürs Altern sein – aber auch der Hinweis auf einen mittelschweren Strahlenschaden, ein Leben, das sich selbst bei seiner absehbaren Desintegration zusehen kann, ein Leben, dem sein baldiges Ende schon eingeschrieben ist.

Dafür spricht nicht nur die zerstörte Landschaft, die »Wogen [...] aus Blei« (46/47), das graue Licht, die verschwundene Sonne, die Trümmer und die Tatsache, dass auch Clov, der noch laufen kann, nicht mehr den Raum verlässt, auch wenn er immer wieder Gesten des Aufbruchs und Abschieds unternimmt. Der Raum ist offensichtlich ein Schutzraum, vermutlich ein *Fallout shelter*, wie ihn die Zivilschutzprogramme der fünfziger Jahre entwerfen und mit allem ausstatten, was die Familie zum sorgenfreien Überleben braucht. Dafür spricht auch, dass immer wieder Hilfesuchende bei Hamm um Brot und Öl angesucht haben. Hamm hat Vorräte, die die anderen nicht haben. Er hat es ihnen verweigert, aber sinniert später voller Pathos:

> Alle, denen ich hätte helfen können. *Pause.* Helfen! *Pause.* Die ich hätte retten können. *Pause.* Retten! *Pause.* Sie krochen aus allen Ecken. *Pause. Heftig.* Denkt nach, denkt! Ihr seid auf der Erde, dagegen gibt es kein Mittel! *Pause.* Macht euch *weg* und liebt und leckt einander!« (96/97, Übs. geändert EH)

Überleben, das wird an den Geschichten und Reminiszenzen Hamms deutlich, ist immer auch eine Frage der *Rettung von anderen* – jene anderen, die »man hätte retten können«, aber ganz offensichtlich nicht gerettet hat. Am Ende des Stücks taucht (möglicherweise) ein Knabe draußen auf – Clov zumindest gibt an (oder vor), ihn zu sehen. »Wenn er existiert«, kommentiert Hamm, »kommt er hierher oder er stirbt dort«. (110/111) Der Unterschied scheint nicht so sehr im Sterben oder Leben zu liegen, sondern in der Frage »hier oder dort«. Entweder stirbt man im Bunker oder draußen, in der »anderen Hölle«. Hamm gefällt sich in Geschichten darüber, wie er Rettung verweigert hat – in der langen, zerfaserten Erzählung vom Mann, der um Brot für sein Kind bat; in der Erinnerung Clovs daran, dass die Mutter Pegg »an der Dunkelheit« starb, weil Hamm ihr Öl verweigerte. (104/105) Charles A. Carpenter hat darum vorgeschlagen, das Stück als »Dramatisierung des Privatbunker-Dilemmas« zu lesen: Angesichts einer besonders in England intensiv betriebenen Kampagne zum Ausbau privater Bombenbunker in den fünfziger Jahren dramatisiere *Endgame* das Dilemma des Bunkerbesitzers, Hilfesuchende einzulassen oder vielmehr den privaten Schutzraum und die eigene Familie gegen andere zu verteidigen.[59] Becketts Stück wäre dann nicht nur ein Stück über die Sprachspiele und den Kampf der Insassen des geschlossenen Raumes, sondern verweist an diesen Rändern, in diesen Referenzen auf ein Außen, auch auf die ethische und politische Frage nach dem Außen dieses Raums, nach »allen, denen ich hätte helfen können«.

Auch wenn Carpenters Lesart Becketts Stück auf einen vielleicht allzu punktuellen Zeitbezug reduziert, trifft sie doch den politischen Kern des Überlebens, der *Endgame* untergründig durchzieht. Mit den Geschichten über das Nicht-Retten, Nicht-Teilen und Nicht-Helfen, deren Hamm sich voller Sentimentalität erinnert, hat Becketts Stück durchaus Teil an jener biopolitischen Logik der Katastrophe, die besagt, dass Überleben in der Katastrophe immer das Sterben anderer impliziert – und gelegentlich auch rechtfertigt. Hamm ist ein Akteur im »Rettungsboot Erde« und repräsentiert dessen Logik in aller Schärfe: Wer überlebt hat, hat andere sterben lassen. Aber die Logik von Becketts Stück löscht die angebliche »Tragik« der

»tragischen Entscheidungen«, die ja darin besteht, dass eine gegebene Faktizität dazu zwingt, eine so oder so schwer erträgliche und schwer begründbare Entscheidung zu fällen – und zu begründen. Hamm dagegen hat durchaus keine *tragischen* Entscheidungen gefällt. Denn tragische Entscheidungen sind solche, die gleichwohl mit Rücksicht auf Rechtfertigung stattfinden, Entscheidungen, die es ermöglichen sollen, nicht nur physisch, sondern auch moralisch zu überleben, Entscheidungen, die im Augenblick eines unausweichlichen Handlungszwangs zwischen zwei schlechten Alternativen gefällt wurden. Diesen Unterschied zwischen bloßem Überleben und moralischem Überleben, einem Überleben, das seine »tragische Entscheidung« immer noch begründen kann, hat Bonnie Honig als Differenz zwischen »*mere life*« und »*more life*« gefasst.[60] »*More life*« ist ein Leben, das sich angesichts tragischer Entscheidungszwänge immer noch auf Rechtfertigungen bezieht; »*mere life*« als ein einsames, isoliertes Agieren, das sich auf nichts bezieht als die eigene Erhaltung. Becketts Figuren erstaunen nun gerade dadurch, dass sie nichts anderes sind und sein wollen als »*mere life*«, eine Existenz jenseits moralischer Entscheidungen, jenseits von Gründen, jenseits von Rechtfertigung. Hamm begründet seine Entscheidungen deshalb nicht, sondern streicht gerade ihre *Kontingenz* und *Willkür* heraus, seinen Verzicht auf Kriterien des Ethischen, seinen Verzicht auf Begründbarkeit. Sein Seufzer, »alle, denen ich hätte helfen können!« besagt ja, dass er sehr wohl hätte *anders* entscheiden können und dass er dies sehr wohl wusste. Hamm verkörpert so die brutale, nackte und *un-tragische* Seite einer Biopolitik des Überlebens: die Möglichkeit, dass gar kein Notstand herrscht, sondern dass die Entscheidung über Leben und Sterbenlassen eine ist, die willkürlich getroffen wird. Eine Entscheidung, für die es keine Gründe, keinen tragischen Konflikt, keine Rechtfertigung gibt – außer den Capricen eines halbtoten Haustyrannen.

Es ist dabei kein Zufall, dass nicht nur die Figur der »tragi-

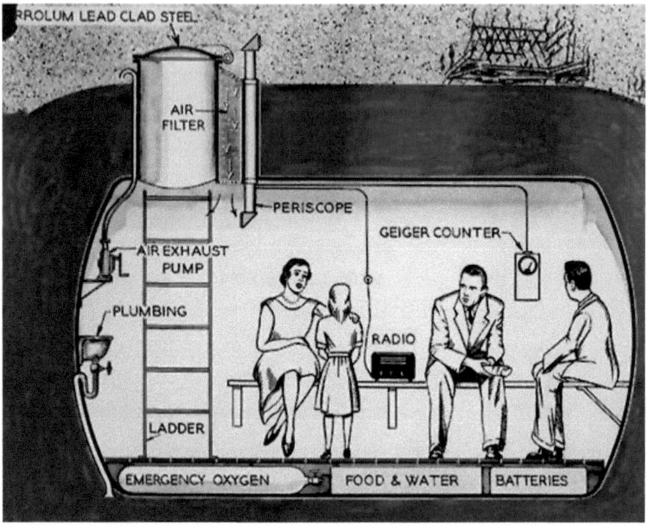

Abb. 21: Der Fallout Shelter birgt die Kleinfamilie, wie Becketts Raum ohne Möbel. Modell eines privaten Schutzbunkers aus den fünfziger Jahren

schen Entscheidung« von Beckett ins gleichermaßen Böse wie Lächerliche gezerrt wird, sondern auch die Kerneinheit der Überlebensgemeinschaft, die Familie. Das Personenarsenal des Stücks ist nämlich nicht mehr und nicht weniger als eine klassische Kleinfamilie, die »*nuclear family*«, die im Zentrum der Zivilschutzfilme und Aufklärungskampagnen des Kalten Krieges steht: Vater–Mutter–Sohn und – wie oft bemerkt wurde – Clov in der Rolle eines ›Sohns‹ von Hamm. Diese Kleinfamilie ist aber nicht einfach eine zwar bizarre, aber in ihrem Unglück »ganz normale« Familie, wie Stanley Cavell fand.[61] Es ist vielmehr eine Familie im Ausnahmezustand, eine Familie, die gemeinsam das *überlebt* hat, was die Welt draußen so »hellschwarz« und sonnenlos macht. *Endgame* dreht sich, das wäre mein Vorschlag, also nicht um eine seltsame, aber ›normale‹ Welt, in der mit den Regeln ›normalen‹ Sprechens gespielt würde, wie Cavell vorschlägt, sondern um eine Welt im Ernstfall. Und dieser Ernstfall ist ganz deutlich vom katastrophischen Imaginären der fünfziger Jahre geprägt. Denn wie in ausdrücklicher Abwehr des familienfixierten *Duck-and-Cover*-Katastrophenschutzes des frühen Kalten Krieges werden hier Blutsbande gerade nicht als einzig rettende Bindungen gefeiert, sondern ausdrücklich *verflucht*. So beschimpft Hamm seinen Vater als »verfluchten Erzeuger!« (»*maudit progéniteur!*«) (18/19): »Du Schweinehund! Warum hast du mich gemacht?« (70/71) Die Eltern, die in *Endgame* in Mülltonnen stecken, signalisieren die ausdrückliche Verwerfung der Familie als biopolitische Einheit der Rettung oder des Untergangs. Familie ist bei Beckett nicht mehr heroische Überlebensgemeinschaft, sondern nur noch eine jämmerliche Erinnerung an das pure biologische Gezeugt-Sein. Dieses Gezeugt-Sein aber ist jenes nackte, isolierte Leben, *mere life*, das im Überleben allein gerettet werden kann. Becketts Überlebende schultern dieses nackte biologische Leben wie eine Bürde, die sie weder ablegen noch (er)tragen können. Sie führen vor, wie Adorno mit nachdrücklichem Zeitbezug formuliert, dass »auch die Überlebenden nicht überleben können, auf einem Trümmerhaufen, dem es noch die Selbstbesinnung auf die eigene Zerschlagenheit verschlagen hat.«[62] Becketts Analytik des Überlebens dreht sich genau darum: um die Frage, was es heißt, in einem Trümmerhaufen weiterzuexistieren, zu dem die Welt geworden sein wird.

Bei Beckett wird Überleben zu einer Experimentalanordnung der Reduktion. Seine Figuren sind reduziert aufs Essen und Sprechen – und auf ein Warten auf das Ende, das eigentlich schon stattgefunden hat. Eine Welt, auf die sich ihr Reden beziehen und in die man (jedenfalls Clov) noch entweichen könnte, scheint es nicht mehr zu geben. Damit entblößt *Endgame* nicht nur Sprechen von seiner Bedeutung, sondern auch seine Figuren von einem sozialen Zusammenhang, der ihrem Handeln einen sinnvollen Rahmen geben könnte. In gewissem

Sinne wiederholt Beckett – in einer anderen Zeit, mit einem anderen Szenario und einem anderen Erkenntnisinteresse – ein weiteres Mal jenes Entblößungsexperiment, mit dem schon Byrons Gedicht *Darkness* eine Anthropologie der Katastrophe freigelegt hat (s. Kap. 1). Geht es Byron um die Zerstörung der Idee vom vernunftgeleiteten und edelmütigen Menschen, so legt Beckett die schiere Willkür und Kontingenz jener Normen und Bindungen frei, die im Ernstfall dazu dienen, eine Biopolitik des Überlebens zu implementieren und zu rechtfertigen. Das »Reale«, das sich in der Katastrophe zeigt, wird zum Hohlraum der Sprache und des Handelns. Überleben ist bei Beckett die äußerste Reduktionsstufe des In-der-Welt-Seins, ein Leben als Warten auf ein Ende, das bereits stattgefunden hat.

Die wohl zeitgemäßeste und radikalste Aktualisierung dieses literarischen Entblößungsexperiments ist – um ein letztes Mal auf diesen Text zurückzukommen – Cormac McCarthys Roman *The Road* (2006). Er erzählt die Geschichte vom Überlebenskampf eines Mannes mit seinem kleinen Sohn nach einem Desaster, das ich als als Szenario eines *»nuclear winter«* zu entziffern versucht habe (s. Kap. 3, S. 149–164).[63] Durch diese zerstörte Welt der Kälte, einer nicht mehr regenerationsfähigen Natur und letzter Menschenhorden, die auf andere Überlebende Jagd machen, bewegen sich Vater und Sohn auf der Suche nach Nahrung, einem Schutzraum und auf dem Weg an eine Küste, an der es vielleicht wärmer wäre. McCarthy bringt so Becketts Überlebende aus den für Beckett typischen geschlossenen Räumen hinaus in eine Welt *außerhalb des Bunkers:* eine Welt, in der es keine Natur mehr gibt, keine Ressourcen und vor allem keinerlei Schutzraum. Eine Welt, in der Byrons verzweifelte Letzte Menschen in purem Terror übereinander herfallen. McCarthy überträgt diese moderne Anthropologie der Katastrophe in ein Setting, das gerade dadurch so unheimlich und so aktuell wirkt, weil es kein fernes Zukunftsszenario zeigt und auch keinen abstrakt-zeitlosen »Innenraum ohne Möbel« (Beckett, 8/9), sondern sehr präzise unsere gegenwärtige Welt – nach ihrer restlosen Zerstörung.

Was McCarthys trostloses Szenario so eindrucksvoll macht, ist die präzise Verknüpfung des ökologischen mit dem sozialen Desaster und damit eine explizit politische und ethische Lesbarkeit, der sich Beckett gerade zu verweigern sucht. Wovon kann man leben, wenn nichts mehr wächst? Welche Verhaltensweisen, welche Vorsichtsmaßnahmen macht das Überleben notwendig? Welche Formen von Gewalt generiert es? Mit der rührenden Sorge des Vaters um seinen kleinen Sohn, so bemerkten Kritiker erleichtert, stelle McCarthy einen Rest Menschlichkeit mitten in eine entmenschlichte Welt. Oprah Winfrey nannte den Roman treuherzig *»a love story«*.[64] Der Erfolg des Buchs beruht aber auch auf einem kalkulierten Missverständnis: McCarthy vermeidet es, die genaue Natur des Ereignisses, das die Welt zerstört hat, ausdrücklich zu nennen. Aufgrund dieser Vagheit konnte der Roman flugs als Ökoparabel gelesen werden, als »das wichtigste Umweltbuch, das je geschrieben wurde«, wie George Monbiot im *Guardian* rühmte.[65]

Aber die Pointe des Romans ist weder die »Liebesgeschichte« zwischen Vater und Sohn noch sein angebliches Umweltschutzplädoyer. McCarthy schildert Überleben in einem Desaster, das uns heute unmittelbar greifbar erscheint, weil die Trümmer, durch die Vater und Sohn irren, die Trümmer *unserer* Welt sind: Coladosen, Einkaufswagen, Häuser, in denen wir heute wohnen, Alltagsgegenstände, mit denen wir heute umgehen. Es ist die Fragilität dieser gegebenen Welt, dieser Welt, in der wir leben, die McCarthy vorführt, in dem er sie nach ihrer Zerstörung imaginiert: »Die Zerbrechlichkeit aller Dinge endlich enthüllt.« (Engl. 24, dt. 29) In der Zerstörung der Natur wie der menschlichen Gesellschaft ist Überleben eigentlich kein Überleben mehr, auch nicht eines, das wie Beckett einsam ein nacktes, rein biologisches Leben fortsetzt, abgekoppelt von jeder Dimension des Politischen oder

Ethischen. McCarthy geht es nämlich gerade um diese Dimension, um Fragen der unverbrüchlichen Bindung, der gebotenen oder verweigerten Solidarität, und nicht zuletzt der ultimativen moralischen Depraviertheit. Zwar sind die Affinitäten zwischen Becketts post-apokalyptischen Bunkergemeinschaften und McCarthys Szenario ebenso oft bemerkt worden wie die zwischen den mageren Sprachspielen Becketts und der formelhaft einfachen Sprache McCarthys.[66] Aber gerade die Unterschiede sind instruktiv. Denn Überleben in *The Road* ist nicht das Zuwarten, sondern der mühsame Aufschub eines Sterbens, das unmittelbar bevorsteht. In einem letzten Dialog zwischen dem Mann und seiner Frau, die sich wenig später selbst töten wird, wird deutlich, dass Überleben in der Katastrophe, die der Roman schildert, eigentlich keines mehr ist – es ist nur ein Aufschub des Getötetwerdens.

> Wir sind Überlebende, sagte er ihr über die Flamme der Lampe hinweg.
> Überlebende?, gab sie zurück.
> Ja.
> Um Himmels willen, was redest du denn da? Wir sind keine Überlebenden. Wir sind die wandelnden Toten in einem Horrorfilm.
> Ich bitte dich.
> Das ist mir egal. Es ist mir egal, wenn du heulst. Das lässt mich völlig kalt.
> Bitte.
> Hör auf. Ich bitte dich. Ich tue alles.
> Was denn zum Beispiel? (Engl. 47, dt. 52)

Die »Überlebenden«, das macht McCarthy unmissverständlich deutlich, sind Zombies, eigentlich schon tot. Ihre Fortexistenz ist ein böses Nachleben nach einer Zerstörung, über die man sich nicht hinwegretten kann. Der Suizid der Frau besiegelt nur, was längst stattgefunden hat. Der Mann und sein Sohn hingegen schieben ihren endgültigen Tod nur mit unendlicher Zähigkeit und Vorsicht immer noch ein wenig länger vor sich her. Überleben ist Aufschub: »… *borrowed time and borrowed world and borrowed eyes with which to sorrow it.*« »… geborgte Zeit, geborgte Welt und geborgte Augen, um sie zu betrauern.« (Engl. 110, dt. 118, Übs. verändert) Es gibt kein Leben, keine Welt, in die sich die Menschen noch retten können, keinen ›Süden‹, der aus dem Winter des Desasters herausführen würde. Es gibt auch keinen kommenden Horizont irgendeiner noch denkbaren Zukunft, in die man sich hinüberretten könnte. »Alte, quälende Streitfragen in Nichts und Nacht aufgelöst. Mit dem letzten Exemplar von etwas geht die ganze Gattung zugrunde.« (Engl. 24, dt. 29) Alles Leben, alle Fragen sind zu Ende. Noch einmal taucht hier die romantische Figur des Letzten Menschen auf; Vater und Sohn sind die letzten Exemplare eines Menschen, der bereits untergegangen ist.

Im zähen Kampf um jeden weiteren Tag wird dieser Mensch bei McCarthy auf genau jenen Prüfstand gestellt, auf den ihn – unter ähnlichen Wetterverhältnissen – schon Byron gestellt hatte. Was sich dabei zeigt, ist noch einmal das dunkle, malthusianische Bild vom Mensch als Wolf des Menschen (s. Kap. 1, S. 70–76): »*The meagre by the meagre were devour'd.*« Die beiden Protagonisten sind kaum mehr als »zwei gehetzte Tiere« (engl. 110, dt. 118) oder Schlachttiere (»*farm animals*«) im Regen auf der Weide. (Engl. 17, dt. 19) Ständig auf der Suche nach Nahrung, ständig auf der Hut vor den anderen, den Kannibalen, zwischen deren verrotteten Zähnen menschliches Fleisch hängt. »Das reptilienhaft Berechnende in den kalten, ruhelosen Augen […] Der mit jedem Wort eine Lüge aus der Welt gemacht hat.« (Engl. 64, dt. 70) Die Menschheit spaltet sich bei McCarthy in die Kannibalen und die »Guten«, wie der Vater nicht müde wird, dem Sohn zu erklären.

So sind die Antworten, die McCarthys Härtetest über den Menschen gibt, zumindest ambivalent – im Gegensatz zu Byron und Beckett. Seine Anthropologie des Desasters ist ebenso niederschmetternd wie letztendlich doch tröstlich – und in dieser Kombination auch typisch amerikanisch. Denn anders als

Byron oder Beckett fällt McCarthy publikumswirksam auf die guten alten Familienbande zurück, die in der Biopolitik des Überlebens als letzte Bastion der Hilfe und Menschlichkeit figurieren. Was nach dem Ende bleibt, ist die unverbrüchliche Gemeinschaft von Vater und Sohn. Was bleibt, ist eine Form von zähem Durchhaltewillen, der kein Ziel mehr hat, als nur noch den nächsten Tag zu überleben: »Genau das tun die Guten. Sie versuchen es immer wieder. Sie geben nicht auf.« (Engl. 116, dt. 123)

In dieser Mischung von Heroismus und Familiensinn liegt zweifellos das Geheimnis der Marktgängigkeit des Romans. Sie verdankt sich einem Humanismus, der gerade am Punkt der tiefsten Depravation des Menschen eine Essenz der Menschlichkeit gleichsam *ex negativo* aufsucht. Wo es nichts mehr zu essen gibt, wo es keine Pflanzen mehr gibt und keine Tiere überlebt haben, werden Menschen die einzige Jagdbeute, die noch zu bekommen ist. Eine der wohl grässlichsten Szenen, die je ihren Weg in die Literatur gefunden haben, schildert die Entdeckung eines Kellers, in dem eine Gruppe von Menschen eingesperrt ist. Halb verfault und kaum noch am Leben, mit amputierten Gliedmaßen, dienen diese Gefangenen den Kannibalen als menschlicher Fleischvorrat. (Engl. 93 ff., dt. 100 ff.) Vater und Sohn, die einen kurzen, traumatischen Blick in den Keller werfen, entkommen nur knapp dem gleichen Schicksal. In dürren Worten verständigen sie sich darüber, dass sie das niemals und unter keinen Umständen tun werden.

Wir würden nie jemanden essen, oder?
Nein. Natürlich nicht.
Auch wenn wir verhungern?
Das tun wir doch gerade.
Du hast gesagt, das würden wir nicht.
Ich habe gesagt, wir würden nicht sterben. Ich habe nicht gesagt, wir würden nicht hungern.
Aber wir würden es trotzdem nicht tun.
Nein.

Ganz gleich, was passiert.

Nein, ganz gleich, was passiert.

Weil wir die Guten sind.

Ja.

Und wir bewahren das Feuer.

Und wir bewahren das Feuer. Ja. Okay. (Engl. 108, dt. 116f.)

Die Frage des Kannibalismus wird zur Entscheidung über Menschsein oder nicht mehr Menschsein, zum Moment jener ethischen Differenz zwischen »*mere life*« und »*more life*«, die bei Beckett ausdrücklich verweigert wird. Vorgetragen wird das Ganze in einer ostentativ verknappten Sprache, aber einer, die nicht wie Beckett mit Bedeutungen spielt und das Alltagsverständnis von Redewendungen gerade enttäuscht und *entleert*, sondern die vielmehr die einfachsten, simpelsten Formeln – insbesondere das immer wieder benutzte »okay« – mit der Aura einer grundsätzlichen Affirmation auflädt: eine Affirmation des Menschseins *nach* dem Menschen.[67] McCarthys Dialoge feiern die gegenseitige Bestätigung von Vater und Sohn in permanenten Wiederholungen kürzester Formeln. Bewusst greift McCarthy dabei auf ziemlich abgedroschene Floskeln zurück (»*we're the good guys*«, »*we're carrying the fire*«) – aber nur, um diese mit Sinn und Humanität *zu füllen*: »Die Guten sein«, »das Feuer zu bewahren« bedeutet, einen letzten Rest menschlicher Zivilisiertheit in einer Situation zu bewahren, die für diese Zivilisiertheit keinen Raum mehr lässt: Man verhungert ja gerade. Ist der Kannibalismus der Letzten Menschen bei Byron noch ein Detail im grauenhaften Szenario der Selbstzerfleischung des untergehenden Menschen, so wird er bei McCarthy zum zentralen Kriterium für eine äußerste Reduktionsstufe des Menschen im Krisenexperiment Katastrophe. McCarthy ist auf der Stufe einer Biopolitik der Knappheit angekommen, die die Lektion von *Malthus (2)* verstanden hat: Der Mensch wird zur Ressource seiner selbst. Was in diesem Stadium radikaler sozialer Anomie übrig bleibt, ist jenseits aller »tragischen Entscheidungen« angesiedelt. Denn »die Guten zu sein« – das macht der Roman immer wieder deutlich – heißt nicht, anderen zu *helfen*, andere zu retten. Es heißt nicht, einem aufklärerischen Ethos des Mitleids oder der Solidarität zu folgen. Der Vater verweigert das, gegen den Einspruch des Sohnes, immer wieder. Es heißt nicht, den Menschen in dem Keller zu helfen.[68] Was Vater und Sohn mit »*carrying the fire*« meinen, ist eine Rest-Ethik, die sich auf ein einfaches und archaisches Tabu reduziert: nicht töten, Menschen nicht essen. Die politischen und ethischen Dilemmata, die die Biopolitik des Überlebens in der Katastrophe aufwirft, werden von McCarthy an ihre äußerste Reduktionsstufe getrieben. Es ist ein Blick auf *letzte Reste*, nicht nur der Natur, sondern auch der menschlichen Zivilisation.

Dieser Blick auf die Reste betrifft nicht nur den Menschen, sondern auch die Dinge. Vater und Sohn durchwandern und durchwühlen die Ruinen und Überreste der zerstörten Zivilisation auf der Suche nach Dingen, die noch in ihrem Schrottwert einen Nutzen fürs Überleben haben könnten: Reste von Benzin, abgelaufene Konserven, vertrocknete Äpfel, Lumpen, Planen, alte Kleidungsstücke, ein Einkaufswagen, in dem sie ihre schäbige Habe vor sich her schieben. Diese Dinge werden nun in der neuen, post-zivilisatorischen Welt des Überlebens neuen Bedeutungen und neuen Nutzungsformen zugeführt.[69] So fällt noch einmal ein ganz anderer Blick auf die alltäglichen Gegenstände, die in der intakten Zivilisation einfach zur Hand sind. Was ist der Überlebenswert eines Kugelschreibers, einer Decke, eines Einkaufswagens? McCarthy wirft auf sie das Licht des Endes, in dem alles auf seine Nutzbarkeit in der Katastrophe hin betrachtet wird. Eine der glücklichsten Szenen des Romans beschreibt, wie Vater und Sohn einen jener privaten *Fallout shelter* finden, die der Kalte Krieg (oder die Survivalists der Gegenwart) eingerichtet haben: Für einen kurzen Moment finden sie alles, was sie zum Überleben brauchen, Nahrung, sauberes Wasser, Verbandszeug, Schutz.

McCarthy greift so sehr präzise jenen Blick auf, den die Survival-Manuale schon heute auf die Welt werfen: Was kann man noch verwenden, wenn es keinen Strom und kein Internet mehr gibt? Wie macht man Feuer? Es ist ein Blick auf den *Katastrophenwert* der gegenwärtigen Welt. Teure elektronische Geräte sind so wertlos, dass sie unberührt in den Auslagen stehen; Sommerkleider, Backpulver, Bücher sind nichts wert, aber vergammelte Lebensmittel so wertvoll, dass sie kaum mehr zu finden sind und dafür notfalls auch getötet wird. Decken werden von Leichen gewickelt, Schuhe gestohlen. Die Verzweiflung, mit der Vater und Sohn den Müll und die Reste der zerstörten Welt nach Essbarem durchwühlen, wirft ein fahles Licht auf den Wert aller Dinge, die uns gegenwärtig sind. Was McCarthy deutlich macht, ist, dass der Wert der Dinge selbst sich von einer noch zu erwartenden Zukunft herleitet, von einer Gegenwart, die sich in die Zukunft hinein erstreckt. Wenn diese ausfällt, dann hat nichts mehr seinen Ort oder seine Funktion: »Er hätte nicht gedacht, dass der Wert des geringsten Gegenstandes eine künftige Welt voraussetzte. Das überraschte ihn. Dass der Raum, den diese Gegenstände einnahmen, selbst schon eine Erwartung war.« (Engl. 158, dt. 167)

Damit wird noch einmal deutlich, worum es McCarthy geht – und warum der Roman den Nerv eines gegenwärtigen Bewusstseins trifft. In der Gegenwart liest *The Road* die ihr eingeschriebene Zukunft als Katastrophe. Aber anders als die aktivistische Survival-Bewegung, die die »Zerbrechlichkeit aller Dinge«, »*the frailty of everything*«, in eine Programmatik des ständigen »Vorbereitet-Seins« und der Resilienz umsetzt, analysiert McCarthy die Gegenwart mit dem melancholischen Blick dessen, der weiß, was es zu verlieren gibt. Es gibt Dinge und Ereignisse, gegen die man sich nicht wappnen kann – nicht zuletzt die »Zerbrechlichkeit« des Menschen selbst. Zukunft ist nicht nur der Erwartungshorizont menschlicher Entwürfe und Ziele, sondern – darin liegt die Pointe, in der McCarthy über Byrons vernichtende Anthropologie hinausgeht – der Funktionshorizont aller Dinge, die uns jetzt umgeben und aller Tätigkeiten, die wir jetzt ausüben. Die Katastrophe des unwiederbringlich hereingebrochenen Winters, den *The Road* schildert, liegt in diesem Ausfall der Zukunft, ein Ausfall, der jede Rettung und jedes Überleben aussichtslos macht. Mit seinen »geborgten Augen« schaut der Letzte Mensch auf eine Welt, die schon *vor ihm* zu Ende gegangen sein wird. Eine Welt, die nur noch aus dem Schrottwert dessen besteht, was der Mensch gemacht hat und was er gewesen ist. Von hier aus gesehen wird das Anthropozän die letzte Epoche der Erdgeschichte geworden sein, der Mensch das letzte Lebendige.

Kapitel 5
Die Zukunft der Dinge. Unfall und technische Sicherheit

Alles, was der Mensch mit seinen Händen erschafft, kann einen Unfall erleiden. Aufgrund einer Art von ausgleichender Macht [...] werden die Unfälle um so schwerer, je perfekter die Apparate werden.
Félix Tourneux: Lexikon-Artikel »Unfälle«[1]

Super-GAU

Eigentlich war es ein Sicherheitstest, der noch vor der Inbetriebnahme hätte durchgeführt werden sollen. Hastig und halbherzig in den Normalbetrieb eingeschoben, aber eigentlich viel zu spät vorgenommen, sollte das Experiment die Notstromversorgung des Reaktors testen: eine Maßnahme, die hochriskante Nukleartechnologie kontrollierbarer zu machen, indem man ein Wissen über seine Störungen erzeugt. In der Nacht des 26. April 1986 sollte überprüft werden, ob bei einem Netzausfall die Rotationsenergie der Turbinen die Stromzufuhr für etwa eine Minute gewährleisten könnte. Außerdem sollte eine Revision des auf 20 Prozent seiner Nennleistung heruntergefahrenen Reaktors stattfinden. Was folgte, war die Reaktorkatastrophe von Tschernobyl. Sie kostete 31 Menschenleben, kontaminierte 150 000 Menschen schwer mit Radioaktivität, sorgte für erhöhte Krebsraten und Missbildungen in der Region, überzog ganz Europa mit radioaktivem Fallout und hinterließ eine verstrahlte Zone, die bis heute unbewohnbar ist.

Die Vorgeschichte des Desasters beginnt in der Nacht davor. Am 25. April um ein Uhr morgens fängt man an, die Leistung

Abb. 22A: Ruine des explodierten Reaktorblocks 4 im Kernkraftwerk Tschernobyl, April 1986. Bilder des zerstörten Reaktors kamen erst Tage später in die Öffentlichkeit. Sie wurden in dieser Form nur in westlichen Medien gezeigt. In Russland wurden sie nur retuschiert veröffentlicht, um das Ausmaß der Katastrophe herunterzuspielen

des Blocks 4, an dem der Test durchgeführt werden soll, langsam herunterzufahren. Aufgrund erhöhten Strombedarfs in Kiew aber wird sie dann tagsüber bei 50 Prozent des Nennwerts belassen, statt auf 20 Prozent abgesenkt zu werden wie geplant. Dadurch entsteht, vom Wartungspersonal unbemerkt, eine Xenonvergiftung des Reaktorkerns, die in den folgenden Stunden zu einem unkontrollierbaren Leistungsabfall führen wird. Um 14 Uhr wird für den Test das Notkühlsystem abgeschaltet. Am späten Abend wird dann die Freigabe für den Test erteilt und der Reaktor auf 25 Prozent Nennleistung heruntergefahren, die Crew wechselt um Mitternacht. 28 Minuten später beginnt der Test unter der Leitung des stellvertretenden Chefingenieurs

Anatoli Djatlow. Durch einen Bedienfehler oder einen technischen Defekt sinkt die Leistung weiter, bis auf ein Prozent der Nennleistung, weit unterhalb des zulässigen Schwellenwerts von 20 Prozent, unterhalb dessen der Reaktor instabil wird. Durch die Absenkung verstärkt sich die Xenonvergiftung des Reaktorkerns und verhindert eine nötige Leistungssteigerung. Darum ordnet Djatlow an, alle Steuerstäbe aus dem Reaktor zu ziehen, und schaltet den automatischen Havarieschutz aus. Dadurch wird der Reaktor noch unkontrollierbarer. Gegen den Einspruch der anderen Ingenieure insistiert er auf der Weiterführung des Tests. Die Wasserzufuhr in den Reaktor wird erhöht, um Warnsignale auszuschalten. Um 1.23 Uhr wird der eigentliche Test durch Schließen der Turbinenschnellschlussventile begonnen. Die Kühlflüssigkeit erhitzt sich, der Dampfdruck ist so hoch, dass die 350 kg schweren Abdecksteine auf den Brennstäben zu tanzen beginnen. Die automatische Reaktorregelung fährt die Steuerstäbe in den Reaktor ein, wodurch sich aber durch einen Baufehler des Reaktors die Leistung nur noch weiter erhöht. Nach 30 Sekunden betätigt der Schichtleiter Alexandr Akimow darum manuell die Notabschaltung des Reaktors. Damit löst er die eigentliche Katastrophe aus. Denn die Bauart der Steuerstäbe des Reaktors, die mit Spitzen aus Graphit ausgerüstet sind, bewirkt beim Einfahren der Stäbe zunächst eine kurze intensive Leistungssteigerung. Die Notabschaltung des Reaktors lässt nun alle Steuerstäbe gleichzeitig in den Reaktorkern fallen, die Leistung steigt dadurch in wenigen Sekunden auf das 100-fache des Nennwerts. Durch die entstehende Hitze verkeilen sich die Steuerstäbe im Reaktorkern und können nicht tiefer eingefahren werden. Die Druckleitungen bersten, die Ummantelung der Stäbe und das Graphit reagieren mit dem eindringenden Wasserdampf. Es kommt zu mehreren Explosionen und zu einem Brand des Reaktorkerns. Das 1000 Tonnen schwere Dach des Reaktors wird durch die Explosionen weggesprengt. Der brennende Reaktor liegt nun unter offenem Himmel.

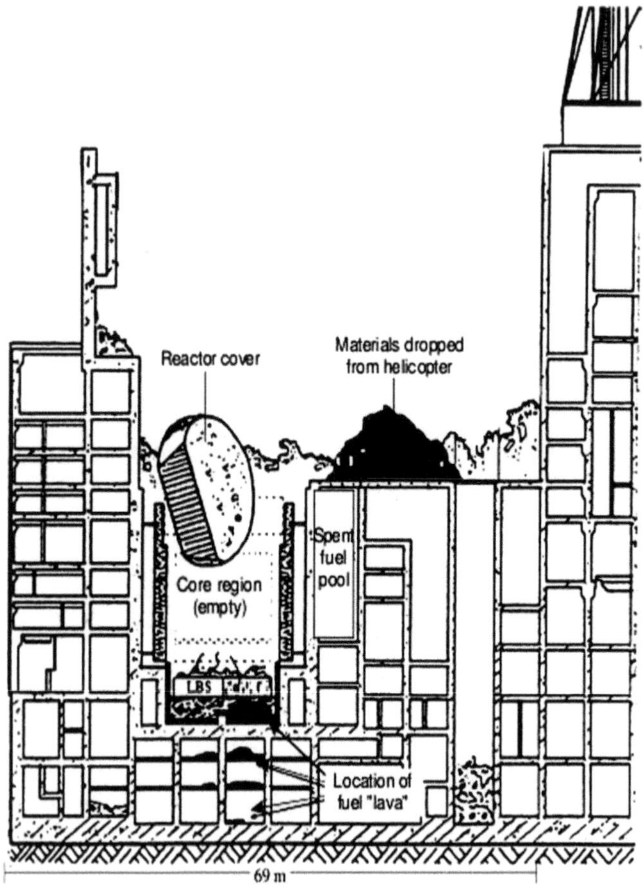

Abb. 22B: Die Zeichnung zeigt einen Querschnitt durch den havarierten Reaktorblock 4. Copyright: World Nuclear Association

Durch das brennende Graphit werden radioaktives Jod und Caesium hoch in die Atmosphäre getragen, wo sie sich als riesige Wolke zuerst nordwärts nach Skandinavien und dann westwärts nach Süd- und Westeuropa verbreiten. 237 Personen, die unmittelbar nach dem Desaster zu Löscharbeiten kommen oder sich in der Nähe aufhalten, werden massiv verstrahlt, 31 von ihnen sterben in den nächsten Wochen an akuter Strahlenkrankheit. 135 000 Personen werden erst zwei Tage später aus der nahegelegenen Stadt Prypjat und Umgebung evakuiert. Die Informationspolitik der Sowjetregierung lässt erst Nachrichten über den Reaktorunfall in die Öffentlichkeit, als westliche Medien darüber bereits ausführlich berichten. Krebsraten und Missbildungen bei Menschen und Tieren in der Region sind bis heute erhöht. Die Zone um den Reaktor ist gesperrt, einige wenige Bewohner sind trotz der hohen Strahlenbelastung in die Umgebung zurückgekehrt. Die verlassene Stadt Prypjat ist zu einer faszinierend-gespenstigen Szenerie geworden, die seit Jahren Fotografen und neuerdings auch Touristen anzieht: überwucherte Straßen zwischen verlassenen Wohnblocks, leere Räume, in denen bis heute die Hinterlassenschaften der ehemaligen Bewohner verrotten, das verlassene Riesenrad für die Maifeier 1986, die nie stattfand. 2012 kam *Chernobyl Diaries* in die Kinos, ein Horrorfilm, der ganz von der unheimlichen Szenerie in der verlassenen Stadt lebt und gespenstische Bilder der verstrahlten Zone und des Reaktorinneren in Szene setzt.[2] Prypjat ist die Mumie einer Stadt, das Mal einer Katastrophe, die noch immer andauert.

Tschernobyl ist der Prototyp des *Unfalls* als *Zivilisationskatastrophe.* In ihr ist keine Naturgewalt wirksam, aber auch keine zerstörerische Intention, wie im Kriegsfall. Der Unfall ist nichts als die Interaktion des Menschen mit der von ihm geschaffenen Technik. Der Unfall ist die spezifische Katastrophe der Moderne, denn er ist essentiell an einen fortgeschrittenen Stand der Technik gebunden. Nicht die romantische Verdunklung, nicht die Erwärmung oder Abkühlung der Erde, nicht die Überbevölkerung der Spezies Mensch, sondern die aller Technik immer schon immanente Störung ist die eigentliche Signatur des *modernen* Katastrophismus. Im Unfall enthüllt sich das Wesen des Technischen als immer schon angelegte Tendenz zur Dysfunktion, zur Zerstörung, zum Katastrophischen. Nicht zu-

Abb. 23: Der Horrorfilm *Chernobyl Diaries* setzt die gespenstische Atmosphäre der verwaisten Stadt Prypjat eindrucksvoll in Szene. Stadtbild der verlassenen und überwucherten Wohnblocks. Chernobyl Diaries, USA 2012

fällig führte die Reaktorkatastrophe von Tschernobyl die vormals nur Experten für technische Sicherheit bekannten Termini »GAU« und »Super-GAU« in die deutsche Alltagssprache ein (wenngleich, wie man in der Berichterstattung über den Unfall sehen kann, in völliger Verzerrung seiner eigentlichen Bedeutung).[3] GAU ist der »Größte Anzunehmende Unfall« oder »Auslegungsstörfall«; der »*Super*-GAU« dagegen seine nicht-antizipierbare, nicht-verhinderbare Überschreitung. Mit dem Konzept des »Auslegungsstörfalls« wird ein Sicherheitskonzept auf den Begriff gebracht, das darin besteht, dass komplexe technische Systeme stets auf eine Störung hin ausgelegt sein müssen, die sie ›auszuhalten‹ haben. Ein Kernkraftwerk muss den GAU überstehen, ohne dass radioaktives Material in die Umwelt gelangt. Das Problem ist, dass Unfälle sich eben nicht an die Regeln der Auslegung technischer Systeme halten. Ihr Wesen besteht darin, über die Plan- und Vorhersehbarkeit des GAU hinauszugehen. Tschernobyl war kein GAU, sondern eben dessen massive Überschreitung, ein *Super*-GAU.

Jede Technik trägt immer schon ihren eigenen Super-GAU in sich, jenen Unfall, für den sie eben *nicht* mehr ›ausgelegt‹ ist. »Der Schiffbruch«, so Paul Virilio, »ist also die ›futuristische‹ Erfindung des Schiffs und der Flugzeugabsturz jene des Überschallflugzeugs, genauso wie Tschernobyl jene des Kernkraftwerks ist.«[4] Die Katastrophe offenbart so das immanente Wesen der Technik: die Störung, die Entgleisung, die Fehlfunktion, die jedem Funktionieren immer schon innewohnt. Sie sind »keine Abweichungen, sondern Teil der Sache selbst«.[5] Dabei verdichten sich im Unfall von Tschernobyl verschiedene Dimensionen von Unfällen, die noch genauer zu betrachten sein werden:

Erstens zeigt Tschernobyl geradezu lehrbuchartig die Natur eines Großunfalls mit hochkomplexer Technologie und einem entsprechend komplex ablaufenden Unfallgeschehen. Am 25. und 26. April 1986 kommen viele verschiedene Faktoren zusammen: Ein falsch ausgelegter Reaktor, dem wesentliche Sicherheitsmechanismen fehlen (wie etwa ein Sicherheitsbehälter unter dem Reaktorkern) und der bei Notabschaltung durch die graphit-moderierten Steuerstäbe die Leistung unkontrolliert *steigert*, nicht senkt; die Verschiebung des Tests um einen halben Tag und die dadurch bewirkte Xenonvergiftung; Fehler des Bedienpersonals bei der Vorbereitung und Durchführung des Tests, allem voran die Entscheidung Djatlows, den Test beim Zustand des Reaktors überhaupt durchzuführen; Unerfahrenheit und mangelnde Kenntnisse beim Umgang mit einem mit ^{135}Xe vergifteten Reaktor; Verstöße gegen Sicherheitsvorschriften; möglicherweise auch ein technischer Defekt, durch den der Sollwert für die Gesamtleistungsregelung falsch eingestellt war. Tschernobyl war, ähnlich wie jüngst Fukushima, ein höchst komplexer Unfall, der sich aus dem unwahrscheinlichen Zusammentreffen verschiedener Einzelfaktoren ergab: eine »Verkettung unglücklicher Umstände«. Die Komplexität solcher Unfallabläufe ist das negative Spiegelbild der komplexen Technologie, die sie hervorbringt. Sie sind unwahrscheinlich, haben nicht eine, sondern vielfältige Ursachen und überschreiten in dieser Komplexität genau die Sicherheitstechnologie, die sie kontrollierbar halten soll.

Zweitens zeigt sich an Tschernobyl die intrikate Verkopplung von Risikotechnologie und Sicherheitsregime. Die Havarie war, wie gesagt, das Resultat einer doppelten Sicherheitsmaßnahme: Notfallsimulation und Wartung. Gerade die Sicherheits- und Kontrolltechnologie, die den Reaktor steuerte, aber ist auch der Grund für das endgültige Desaster: Nicht nur der Test selbst und seine unsachgemäße Durchführung, sondern auch die Steuerungstechnologie selbst führte zu jenem Typ von Unfall, für den kein Reaktor ausgelegt ist, zum Super-GAU. Der Super-GAU ist der blinde Fleck aller Sicherheitstechnologie, der Punkt, der alle Sicherungs- und Kontrollmechanismen außer Kraft setzt. In Tschernobyl lag dieser blinde Fleck buchstäblich im Herzen des Reaktors: in den Graphitspitzen der Steuerstäbe.

Drittens verdichtet sich in der mumifizierten Stadt Prypjat die unauflösliche Verknüpfung von Vergangenheit und Zukunft der Katastrophe. Die Stadt ist nicht nur das gespenstische Nachbild des Desasters, sondern auch der Ort seines unabsehbaren und unsichtbaren Weiterwirkens. Sie ist, wie Guillaume Grandazzi bemerkt hat, das Labor eines Langzeittests geworden.[6] Die Menschen, die 1986 mehr oder minder stark verstrahlt evakuiert wurden, die »Liquidatoren«, die halfen, den strahlendämmenden Sarkophag um Reaktor 4 zu bauen, die Leute, die auf den Märkten von Kiew besonders billigen Hausrat kauften, von dem sich erst später herausstellte, dass er aus der verbotenen Zone geholt und stark radioaktiv verseucht war – diese Menschen wurden »Versuchstiere« eines seit fast 30 Jahren andauernden Experiments über die Folgen von

Strahlenbelastung.[7] Die Tiere und Pflanzen in der Gegend von Prypjat ebenfalls. Die Europäer, die sich plötzlich darüber klarwurden, dass durch diesen fernen Störfall die selbstverständlichsten Alltagstätigkeiten wie Milchtrinken und Spazierengehen auf eine diffuse Weise »gefährlich« waren, wie Christa Wolfs Text *Störfall* (1987) anschaulich macht. Aber es geht nicht nur um das unmittelbare Ereignis, sondern sein unabsehbares Andauern. »Die Opfer von Tschernobyl«, so Ulrich Beck 1999, »sind heute, Jahre nach der Katastrophe, noch nicht einmal alle *geboren.*«[8] Was sich in Tschernobyl zeigt, ist eine Latenzperiode der Katastrophe, die weitergeht, wenn das sicht- und fühlbare Ereignis längst vorbei ist. Die Katastrophe wirkt unsichtbar und unabsehbar fort und entwirft so ihre eigene katastrophische Zukunft – eine Zukunft der Angst.

Das Licht des Unfalls

Über Unfälle, so ist oft gesagt worden, kann man nur im Nachhinein etwas wissen. Erst in der nachträglichen Rekonstruktion eines Ablaufs, erst im Erzählen und damit Anordnen der einzelnen Momente, die zum Unfall geführt haben, kann man sich eines Geschehens gewiss werden, das man nie in seiner blitzhaften Gegenwart erleben oder beobachten kann. »Schon einen Augenblick vorher war etwas aus der Reihe gesprungen, eine quer schlagende Bewegung«, so beginnt, gänzlich unvermittelt, Musils berühmte kleine Unfall-Erzählung aus dem ersten Kapitel des *Mann ohne Eigenschaften.*[9] Der Unfall geschieht stets ›einen Augenblick vorher‹, ist immer schon geschehen. Diese »epistemologische Nachträglichkeit« des Unfalls[10] speist eine Fülle des Wissens über ihn. Denn kaum geschehen, setzt eine Unzahl von Wissensformen und -praktiken an, um an den Resten, Trümmern, Leichen, Wracks und Ruinen jenen unverfügbaren Augenblick aufzuschlüsseln, in dem alles geschehen ist. Aber diese

Nachträglichkeit, so populär sie gegenwärtig in einer Flut von forensischen Unterhaltungsformaten sein mag, so enorme Mühen und Kosten sie fordert – ist nur die *eine* Seite des Unfalls.

Die andere ist seine *Zukünftigkeit.* Die Katastrophe, so hatten wir gesehen, ist ein Modus der Offenbarung, ein Hervortreten des Latenten und Verborgenen, ein Sich-Zeigen dessen, ›was uns droht‹. Das gilt auch für Zivilisationskatastrophen. Jeder Unfall verweist auf einen weiteren, noch nicht geschehenen, noch kommenden, noch möglichen Unfall. Indem jeder geschehene Unfall eine machtvolle Demonstration all dessen ist, was an einem Ding, einer Technologie, einer Praktik schiefgehen kann, ist der Unfall die ›Zukunftsform‹ einer jeden Technologie, einer Praktik oder eines Dings. In einem Wortspiel mit dem französischen *accident* und dem Aristotelischen Akzidenz ist für Virilio der Unfall das Akzidentielle, ein zur Substanz Hinzukommendes oder Hinzustoßendes. Akzidenz ist eine Eigenschaft, ein Zustand, den die Substanz annehmen kann. So gesehen, ist der Unfall eine Möglichkeit, die jedem Ding, jeder Technologie, jeder Praktik immer schon anhaftet als ihre latente Eigenschaft oder ihr Potential. »Jede Technik produziert, provoziert und programmiert ein spezifisches Akzidens, einen spezifischen Unfall.«[11] Eine solche ›futuristische‹ Perspektive auf Dinge oder Technologien muss nicht notwendig bedeuten, in jene aufgeregte Technophobie zu verfallen, die das Werk Paul Virilios seit einigen Jahren prägt. Es heißt vielmehr, Dinge und Technik unter dem Aspekt ihrer Störung, ihrer Unsteuerbarkeit, ihrer Dysfunktionalität oder ihres Missbrauchs zu betrachten. In der Unendlichkeit seiner Erscheinungsweisen exploriert der Unfall den Möglichkeitsraum des Schiefgehens. Das heißt aber auch, dass jeder Gegenstand auf diesen kommenden Unfall hin betrachtet und untersucht werden kann und muss. Der Unfall ist nicht nur das, was immer schon passiert ist, sondern auch das, was *immer schon droht.* Alle Maßnahmen und Dispositive der technischen Sicherheit sind damit solche ›futuristischen‹ Betrachtungen ihres Gegenstands: der

Versuch, herauszufinden, was unter welchen Bedingungen wie schiefgehen kann oder wird. In diesem Sinne ist der Unfall – der *mögliche, zukünftige* Unfall – eine Betrachtungsweise. Er »belichtet die Welt«, so Virilio.[12]

So blitzartig und rätselhaft diese Belichtung sein mag, speist sie doch eine immense und epistemologisch heterogene Masse von Wissensarten, Praktiken, Institutionen, Disziplinen, rechtlichen Regelungen und administrativen Maßnahmen dessen, was englisch *safety*, ›technische Sicherheit‹, heißt.[13] Einige Bereiche dieses Wissens von der technischen Sicherheit, wie Arbeitssicherheit, Brandschutz, Umweltschutz oder Katastrophenschutz, sind Gebiete der Sammeldisziplin »Sicherheitswissenschaften« oder »Sicherheitstechnik« (*safety sciences*) mit eigenen Ausbildungen, Forschungsprogrammen und multidisziplinären Publikationsorganen.[14] Andere Wissensbereiche der Sicherheit – wie Reaktorsicherheit oder Flugsicherheit – sind Spezialbereiche der betroffenen Technologie. Ein weiterer Bereich der Sicherheitstechnik ist die Entwicklung von Normen – etwa für elektrische und elektronische Systeme oder die Sicherheit von Maschinensteuerungen, die bei der Herstellung von technischen Geräten oder der Inbetriebnahme von Anlagen beachtet werden müssen. Normen regeln auch die Vorgehensweise bei der Risiko- und Gefährdungsanalyse von Technologien und einzelnen Anlagen, Sicherheitsregelungen klassifizieren Substanzen nach ihrer Gefährlichkeit und bestimmen Fragen der Verpackung, des Transports und der Zirkulation dieser Stoffe. Neben Normen (auf nationaler und europäischer Ebene) sind Institutionen der technischen Wartung und Überprüfung ein zentrales Instrument der Unfallprävention. In Deutschland überprüften Technische Überwachungsvereine (TÜVs) seit dem 19. Jahrhundert zunächst die Explosionssicherheit von Dampfkesseln, heute testen sie die technische Sicherheit von Kraftfahrzeugen und neuen technischen Geräten und sind einerseits zu Prüfungs- und Zertifizierungsinstanzen mit staatlichem Auftrag, andererseits zu finanzstarken

Forschungsinstitutionen der Sicherheitstechnik geworden, die höchst lukrativ ihre Sicherheitszertifikate vertreiben. Die großen deutschen Sicherheitskonzerne TÜV Nord, TÜV Süd und TÜV Rheinland, die aus regionalen Vereinen gewachsen sind, sind heute international operierende Dienstleister, die Einzelüberprüfungen von großen technischen Anlagen, Genehmigung von neuen Produkten oder die Erforschung von KFZ-Unfallverhalten – etwa in Form von Crashtests – durchführen. Und nicht zuletzt gibt es eine weitreichende sicherheitstechnische Erziehung von Verbrauchern, Verkehrsteilnehmern und Freizeitsportlern: Vereine wie *Das sichere Haus e. V.* oder die Unfallprävention des *Deutschen Grünen Kreuzes* verbreiten in Broschüren und Kurzfilmen Wissen über Gefahren beim Fensterputzen, nächtlichem Schwimmen oder beim Erhitzen von Fett. So ist mit der Verbreitung von Technik im öffentlichen Raum eine unübersichtliche Wissenslandschaft von der Gefährlichkeit der Dinge entstanden: seien es Dampfkessel, Automobile, Alltagsgegenstände, Maschinen am Arbeitsplatz oder als gefährlich eingestufte Stoffe.

Die Wissenschaften, Normen und Klassifikationen, die sich auf mögliche und kommende Unfälle beziehen, modellieren diese Gefährlichkeit, um sie in kalkulierbare Risiken zu überführen. Eigentümlich sind ihnen dabei bestimmte ästhetische und epistemische Verfahren, die ein Wissen von der gefährlichen Zukunft der Dinge überhaupt erst konstituieren, ordnen und darstellbar machen. Um den Augenblick eines Crashs zu verstehen, muss dieser in winzigste optische Bruchstücke zerlegt werden (wie in den Filmaufnahmen von Crashtests). Durch die Zeitdehnung und -zerlegung, die das Medium Film möglich macht, wird der enigmatisch kurze Aufprall in seinen einzelnen Phasen analysierbar (zum Medium Film als Visualisierung von Zukunft s. allgemeiner Kap 6).

Um den Zusammenhang eines komplexen *möglichen* Unfallgeschehens vorwegzunehmen, müssen – im weitesten Sinne – *narrative* Verfahren entwickelt werden, die nicht nur die chro-

Abb. 24A–C: Aufprallphasen aus einem Crashtest der fünfziger Jahre. Im Hintergrund einer der Kameramänner, die den Crash filmen.

nologische Abfolge des Unfalls, sondern auch die kausalen Kopplungen mehrerer Faktoren und ihre Abhängigkeitsverhältnisse darstellbar machen. Das Denken von Sicherheit entfaltet so seine eigenen Imaginationen und seine Darstellungsverfahren, vom Unfallprotokoll über den Crashtest bis hin zu graphisch darstellbaren sogenannten »Störfallablaufanalysen« oder »Ausfalleffektanalysen«. Es hat – wenn man so will – seine *epistemische Ästhetik*, um ein Wissen von der möglichen und fatalen Zukunft der Dinge hervorzubringen. Genau diese erkenntnisstiftende und -ordnende Ästhetik ist es, welche die trockenen Expertisen von Sicherheitswissenschaftlern mit den grellen Bildern des Action- oder Horrorfilms oder den Skurrilitäten literarischer Unfallgeschichten kurzschließt. Die heimliche Verbindung, die zwischen Crashtestaufnahmen und Hollywoodunfällen, zwischen technischen Sicherheitsanalysen und Horrorfilmen besteht, zeigt, dass im katastrophischen Imaginären des Unfalls immer schon ein Störungs-Wissen steckt, ein Wissen über die Technik und ihr Funktionieren, vor allem aber über die unendlichen Spielarten und Potentiale des Nichtfunktionierens.

Parallel zur Entwicklung eines modernen Sicherheitsdenkens hat sich eine reiche Imaginationsgeschichte des Unfalls entfaltet. Unfälle werden zu emblematischen Situationen der Moderne, in denen eine tiefgreifende Ambivalenz angesichts technischer Innovationen und ihrer gesellschaftlichen Resonanzen bearbeitet wird. Der Unfall ist, wie Virilio formuliert, »futuristisch«: eine Figur, in der in die Euphorie der technischen Innovation das Bewusstsein der möglichen, zukünftigen, wahrscheinlichen oder unwahrscheinlichen Katastrophe unmittelbar eingeschrieben ist. Dabei hat er als Ereignis einen seltsamen Status: ein Ereignis, das ohne Intention und Akteur (sei es als göttliches Verhängnis oder als menschliche böse Absicht), scheinbar ›zufällig‹ stattfindet. Seine Kausalität gibt nicht selten Rätsel auf.[15] Er ›stößt zu‹. Sein eigentlicher Akteur scheint nicht der Mensch, sondern eine bestimmte Technologie oder Praktik zu sein: das moderne Verkehrswesen für die Auto- und Eisenbahnunfälle, Großtechnologie wie Luftfahrt, Chemie, Schifffahrt oder Atomkraft für die Großunfälle mit teilweise riesigem Schadensausmaß, aber auch die täglichen kleinen Verrichtungen des Alltags, die plötzlich in ein Desaster umschlagen können. Als Zivilisationskatastrophe kommt der Unfall nicht aus einem für den Menschen unverfügbaren Außen, sondern aus dem Kern seiner Kultur, genauer gesagt: aus ihrer technischen, logistischen, praktischen Basis, die überhaupt erst durch ihre Störung dramatisch ins Bewusstsein tritt.

Wie der Unfall keinen Täter hat, hat er auch keine Gegenwart und keine Dauer – nur ein unabsehbar langes Nachwirken. Seine Blitzartigkeit oder seine Komplexität, das hebt schon die frühe Unfallforschung zum »*railway spine*« und Aufpralltrauma immer wieder hervor, machen ihn als Ereignis unüberschaubar, unerlebbar und unbeobachtbar in der Aktualität seines Vollzugs – aber dafür um so insistenter in seinen Langzeitfolgen.[16] Er existiert nur in der Nachträglichkeit seiner mühevollen Rekonstruktion oder in den traumatischen Erinnerungsspuren, die er im Opfer hinterlässt. Oder aber er wird in der Zukünftigkeit seiner Prävention durch Sicherheitsmaßnahmen und der hypothetischen Ermessung seiner Spätfolgen ausgelotet. Die Unfallimaginationen, die Literatur und Film zu Tausenden vorgelegt haben, füllen oder umkreisen genau diese Lücke der Unbeobachtbarkeit von Unfällen. Sie ermöglichen damit nicht nur eine ästhetische und soziale ›Erlebbarkeit‹ des Un-Erlebbaren, sondern liefern auch eine eigene Analytik des Unfalls. In der Unfallimagination von Literatur und Film können nicht nur das Zustandekommen, der Verlauf und die Folgen des Unfalls im Einzelnen auseinandergelegt werden, hier kann der Verunfallte sein – wie auch immer fragmentarisches – Erlebnis narrativ entfalten. Hier können die Zeugen sich darüber klarwerden, was sie gesehen oder eben auch nicht gesehen haben. Hier kann eine Innenperspektive des Unfalls eingenommen werden – und sei es in der diffusen Angst der Opfer vor den »Spätfolgen« eines Unfalls. Im imaginierten Unfall können Regelhaftigkeiten auf das einzelne, unverfügbare Ereignis bezogen werden, sei es als Statistik, die jedem Unfall eine bestimmte Häufigkeit zuweist; sei es als theologische Figur, die im Unfall die immer gleiche Strafe für menschlich-technische Hybris erblickt oder in der Rettung ein Zeichen göttlicher Gnade;[17] sei es als Frage nach den Formen der Kausalität, die zu einem komplexen und unwahrscheinlichen Unfall geführt haben. Unfallimaginationen sind Darstellungen von Undarstellbarem – und das ermöglicht nicht nur eine Analytik des Unfalls, sondern auch seine affektive Bearbeitung. Vom abstürzenden Flieger, aus dem etwa d'Annunzio den Heros einer technischen Selbstüberbietung des Menschen macht,[18] bis hin zu den endlosen Crashs und Explosionen des Actionkinos sind die imaginierten und inszenierten Unfälle immer »Schiffbrüche mit Zuschauer«, in Ruhe und Muße beobachtbare Katastrophen, an die sich jene Affekte und Einsichten knüpfen können, die im eigentlichen Unfallgeschehen auf traumatische Weise ausgesetzt sind.[19] Evident ist dabei, dass die imaginierten Unfälle durchaus keine ›realistischen‹ Unfalldarstellungen sind oder sein wollen. Vielmehr müssen sie verstanden und gelesen werden als Modellierungen, als heuristische Fiktionen, die sehr spezifische Aspekte von Unfällen explorieren: Geht es um die individuelle Erlebbarkeit eines als Erfahrung unverfügbaren Geschehens? Geht es um die Gefahren bestimmter Technologien? Geht es um die sozialen Rahmungen von Unfällen, etwa im Versicherungswesen, im Katastrophenschutz oder in den Praktiken der Prävention? Geht es um eine Reflexion auf Zufall, Kausalität und Wahrscheinlichkeit? Geht es um die speziellen Sicherheitsregimes, die sich um bestimmte Unfalltypen ansiedeln? – Es macht daher keinen Sinn, von ›*dem* Unfall‹ und seiner ›Poetik‹ zu sprechen. Es gilt, imaginierte Unfälle daraufhin zu befragen, welche Typen von Unfällen in ihnen entworfen und welches Wissen vom Schiefgehen (und von der Absicherung gegen dieses) in ihnen bearbeitet wird.

Der wahrscheinliche Unfall: Crash

Der Prototyp des Unfalls im modernen Imaginären ist aber nicht die hässliche, überkomplexe und nicht enden wollende Reaktorhavarie, sondern ein einziger kurzer Knall: der Autounfall. Das frühe 20. Jahrhundert kreist fasziniert um den Autounfall als Desaster einer zugleich glückhaften und fatalen Beschleunigung.[20] Und noch heute ist der Crash, bevorzugt mit mehrfachem Überschlag und abschließender Explosion des Fahrzeugs, der wohl verbreitetste Spezialeffekt des Kinos überhaupt. Der Autounfall ist von Anfang an der neuen Mobilität eingeschrieben und zunächst ein Gegenstand permanenter öffentlicher Erregung, ein immer neu vorgetragener Einwand gegen das Autofahren schlechthin. Gerade durch seine leichtere Wendigkeit und höhere Geschwindigkeit ist das Desaster immer schon Teil des Automobils: Fußgänger, Kinder, Tiere geraten buchstäblich »unter die Räder«, Automobile kollidieren zuerst mit Hindernissen, später dann mit wachsender Verkehrsdichte zunehmend mit anderen Automobilen. Mit der

Abb. 25: Unfälle sehen selten so spektakulär aus wie die inszenierten Crashs des Kinos, hier aus dem Film Mad Max, Australien 1979

Eroberung des öffentlichen Raums durch die neue Fahrtechnologie wird diese schnell als das verstanden, was sie auch tatsächlich ist: als Gefährdung dieses Raums, als Gefährdung durch »wilde Autler« (rücksichtslose Fahrer), aber auch Gefährdung durch die Geschwindigkeit selbst, die das Auto ermöglicht.[21]

Das Auto ist damit das wohl mächtigste Kollektivsymbol einer höchst ambivalenten Zukünftigkeit: einerseits Symbol einer immer weiter steigerbaren Beschleunigung und unbeschränkten räumlichen Eroberung der Welt, verkörperte und körperlich erfahrbare Modernisierung. Andererseits ist ihm immer schon der mögliche und wahrscheinliche Unfall eingeschrieben: Wo gefahren wird, da wird kollidiert. Der Autounfall, so schreibt Matthias Bickenbach, ist »die reine Gewalt der Geschwindigkeit. Der Unfall, den das Auto erfindet, ist der Zusammenstoß, der Aufprall in all seinen Variationen.«[22] Diese Variationen des Aufpralls werden seither in unendlicher Wiederholung und Abwandlung im Imaginären von Literatur, Film und Kunst durchgespielt, mal als explosiver Schlusspunkt, auf den alles zuläuft, mal als tragische Zäsur, mal als Ausdruck purer Zufallsunterworfenheit. Immer aber – und das scheint zunächst eine banale Beobachtung, unterscheidet den Autounfall aber von anderen Unfallimaginationen – ist der Crash ein Geschick des Einzelnen. Es verunglücken Individuen, oder besser: Der Autounfall ist der individuierte Unfall, das zufällige Aufeinandertreffen von genau zwei Objekten, von denen sogar nur eines den fragilen Körper eines Menschen enthalten muss. Dieser Einzelne spielt natürlich die entscheidende Rolle: Der Verkehrsunfall gilt wie kein anderer Unfalltyp als abhängig vom ›menschlichen Faktor‹ und wird von Anfang an auf diesen zurückgerechnet. Aufmerksamkeit, Können, Fahrstil, Müdigkeit, Alkoholspiegel entscheiden laut Statistik über 90 Prozent aller Unfälle; nirgendwo sonst – auch und insbesondere nicht beim Fliegen – wird der Mensch als fast ausschließliche Ursache des Unfalls angesehen, nicht als *ein* Faktor unter vielen. Gerade diese Individualität des Unfalls aber macht ihn auch zu einem Fall unter vielen. Dieser individualisierende Blick, der ausgerechnet von Statistikern eingenommen wurde, prägte schon die frühen Studien zur Verteilung von Unfällen. Der Statistiker Karl Marbe leitete aus der Tatsache, dass bestimmte Menschen mehrfach in ihrem Leben verunfallen, eine individuelle »Unfallneigung« ab.[23] Der Blick auf die Regelmäßigkeiten der großen Menge geht hier einher mit Individualisierung des einzelnen Falls.

Besonders anschaulich wird dies in jener berühmten Unfallszene im ersten Kapitel von Musils *Mann ohne Eigenschaften.* An jenem »schönen Augusttag des Jahres 1913« schießen »Autos aus schmalen tiefen Straßen in die Seichtigkeit heller Plätze«, ein Blick von oben auf eine Stadt voller Verkehrsströme, eine Stadt als Ort der unzähligen »Zusammenstöße von Dingen und Angelegenheiten«.[24] Dann der Crash: »Schon einen Augenblick vorher war etwas aus der Reihe gesprungen, eine quer schlagende Bewegung; etwas hatte sich gedreht, war seitwärts gerutscht, ein schwerer jäh gebremster Lastwagen war es, wie sich jetzt zeigte [...].« Ein traumatisierter Fahrer und ein »wie tot« daliegender, offensichtlich angefahrener Fußgänger. Die zwei zufällig vorbeikommenden Zeugen, so erzählt der Text dann weiter, beginnen nun sofort, sich über diesen zu verständigen. Der Herr verweist auf den »zu langen Bremsweg« und zitiert (völlig übertriebene) amerikanische Unfallstatistiken: »Nach den amerikanischen Statistiken [...] werden dort jährlich durch Autos 190 000 Personen getötet und 450 000 verletzt.«[25] Das Besondere, das die Dame glaubt erlebt zu haben, ist demnach durchaus nichts Besonderes. Gerade das Individuelle des erlebten Verkehrsunfalls ist nichts als ein Geschehen mit einem bestimmten Grad an Wahrscheinlichkeit. So wird der Autounfall schon früh zum Prototyp eines Ereignisses, das zwar nur Individuen zustößt, aber gerade nicht unter dem Aspekt seiner Singularität, sondern vielmehr dem seiner statistischen Häufigkeit gesehen wird. Wo Verkehr herrscht, da geschehen mit einer angebbaren Häufigkeit Kollisionen. Der alles erfassende Überblick, den Musils Romananfang auf die Großstadt wirft, zielt auf eine solche statistische Erhebung, die die Häufigkeit der Unfälle auf die Gesamtzahl aller sich in der Stadt bewegenden Fahrzeuge zurückrechnet. Ein gewisser Prozentsatz davon »verunfallt« mit erwartbarer Regelmäßigkeit. »Mit der Ausbreitung der Wahrscheinlichkeitsrechnung [...] verbindet sich deshalb ein Ereignistyp, der die Dichotomie von Fiktiv und Real hinter sich lässt und Geschehnisse in verschiedene Wahrscheinlichkeitsgrade auflöst. [...] Tatsache wird damit auch, was nicht der Fall ist.«[26] Und das heißt: was noch nicht geschehen, noch nicht Faktum, sondern Möglichkeit, Wahrscheinlichkeit, Zukunft ist. Die »Tatsache«, die der Unfall ist, ist eine Tatsache der Zukunft.

Um den Autounfall ranken sich darum Praktiken der Sicherheit, die eines gemeinsam haben: Sie versuchen zwar, die Schwere und Häufigkeit von Unfällen zu mindern, akzeptieren aber grundsätzlich deren Möglichkeit und Wahrscheinlichkeit. Die Praxis des Autofahrens an sich wird nicht in Frage gestellt. Stattdessen werden Unfälle zu allererst versichert. Das verhindert keine Unfälle, kompensiert aber die finanzielle Belastung durch den Unfall. Daneben gibt es Praktiken und Regelungen der Prävention, die die Schwere und Häufigkeit von Unfällen mindern sollen, wie etwa die Straßenverkehrsordnung oder die ständigen Verbesserungen der Fahrzeugsicherheit in der Entwicklung neuer Fahrzeugtypen. Diese verwerten Einsichten aus vergangenen Unfällen und Unfallstatistiken (etwa bei Einführung der Gurtpflicht oder der Höchstgeschwindigkeit von 130 km/h in den meisten Ländern) oder simulieren Unfälle in Crashtests und ziehen daraus Konsequenzen für zukünftige Unfälle, die idealiter vermieden, zweitbestens glimpflicher ablaufen sollen. Klar ist aber, dass der Verkehrsunfall ein akzeptierter Unfall ist, ein Fall im Rahmen einer umfassenden Regelmäßigkeit, der quantitativ reduziert, aber nicht restlos verhindert werden soll. Er ist ein Typ von Unfall, der »immer schon geschehen sein wird«.[27] Ein Typ von individualisierter, fein verteilter Störung, die gerade deshalb nicht als »Katastrophe« verstanden wird, genauso wie Krebs, Herzinfarkte und andere Gebrechen des Einzelnen. Der Autounfall ist damit der paradigmatische Unfalltyp für ein doppeltes Sicherheitsdispositiv der Moderne, das auf Statistik setzt: einerseits die Versicherung des entstehenden Schadens bzw. seines monetären Äquivalents, andererseits eine Form von Prävention, die man »palliativ« nennen könnte. Sie zielt nicht auf durchgreifende Verhinderung von Unfällen, sondern dämpft und mindert sie – in der Statistik. Sicherheitsgurte retten nicht bei jedem Unfall das Leben der Fahrer (bei ihrer Einführung wurde sogar argumentiert, dass sie unter bestimmten Umständen etwa die Rettung des Fahrers, etwa aus einem brennenden Wagen, verhindern könnten). Sie senken aber *statistisch* die Häufigkeit schwerer Verletzungen und Todesfälle bei Autounfällen. Das Sicherheitsdispositiv des Crashs dreht sich so vor allem um seine *sozialen* Folgen (wie Gesundheitskosten, Sachschaden, Verdienstausfall, Versorgungsausfall etc.) und genau diese sind versicherbar. Aber insofern gerade diese sozialen Kosten relativ gering und darum auch sozial tragbar sind (durch Umverteilung auf eine Allgemeinheit im Versicherungssystem), ist der Crash ein akzeptabler Unfall, keine Katastrophe – so entsetzlich die Folgen im einzelnen Fall sein mögen. Verkehrsunfälle werden weiter geschehen und dürfen auch weiter geschehen. Als Zukunft, die jedem mit einer gewissen Wahrscheinlichkeit blüht, der sich mit oder ohne Auto auf die Straße wagt, sind Autounfälle gleichsam didaktische Vorführungen von Risiko, eines Risikos allerdings, das den modernen Gesellschaften als durchweg annehmbar erscheint. Die Erzählung oder das Bild vom Unfall sagt: dies kann jedem passieren, dies ist eine Möglichkeit unserer Endlichkeit, dies ist eine Zukunft, die uns treffen kann.

Der unwahrscheinliche Unfall: Die Verkettung unglücklicher Umstände

Nun gibt es aber Unfalltypen, die ganz anders funktionieren und für die darum auch ganz andere Bilder, Erzählungen und Wissensformen gefunden werden. Wo der Crash das vereinzelte und einmalige Aufeinanderprallen zweier Objekte ist, sich somit als ein einziger blitzartiger Moment darstellt, gibt es Unfälle wie Tschernobyl, die nicht einen Moment, sondern einen Verlauf haben. Ihre zentrale Größe ist auch nicht der Mensch; er ist bestenfalls – selbst im Falle von Tschernobyl – nur *ein Faktor* unter vielen in einem komplexen Geflecht von scheinbar banalen, kaum wahrnehmbaren Geschehnissen, die sich zu einem Unfall aufaddieren. Dieser Typ von Unfall ist jene sogenannte ›Verkettung unglücklicher Umstände‹, die häufig als etwas ratlose Erklärung für ein Desaster mit komplizierter Ätiologie herhalten muss. Aber diese Verkettung ist eher selbst ein Rätsel denn eine valide Erklärung. Sie verweist auf eine Form von Unfall, der nicht im einmaligen Zusammentreffen von zwei Gegenständen besteht, sondern in einer höchst unwahrscheinlichen, aber um so folgenreicheren Verknüpfung von mehreren Größen, eine Kettenreaktion, ein Dominoeffekt, eine Eskalation – ein Unfall als Prozess und Verlauf. Ist der Aufprall eines Vehikels auf ein Hindernis ein – wie oft behauptet wurde – in seiner Plötzlichkeit unerlebbares Ereignis, das nur rekonstruiert und als statistische Häufung antizipiert werden kann, so muss die Verkettung immer schon erzählt, gezeigt, inszeniert werden, wenn man sie überhaupt als solche wahrnehmen will. Denn das Ergebnis – die vollendete Katastrophe, die Trümmer, der Brand – wird den filigranen und heimtückischen Prozess, dem sie sich verdankt, löschen und unlesbar machen, möglicherweise sogar ganz falsche Spuren legen. Die Verkettung ist ein komplexes Geheimnis, sie stellt eine Aufgabe der Dechiffrierung im Nachhinein: Was ist eigentlich geschehen? Welche Faktoren haben zu diesem Ablauf beigetragen? Aber sie gebietet ebenso eine Entzifferung in der Zukunft: Unter welchen Umständen können sich Gegenstände oder Kräfte so miteinander verkoppeln, dass diese Interaktion zu einem unkontrollierbaren, katastrophischen Ergebnis führen wird? Welches ist die Dynamik solcher unglücksschwangeren Verknüpfungen? Und schließlich: wie kann man sie durch Sicherheitsmaßnahmen unterbinden? Welche Sicherheitsmaßnahmen müssten das sein?

Bei der Betrachtung solcher Verkettungsunfälle fällt zu allererst ihre Unwahrscheinlichkeit auf. Ist der Crash der schlechthin wahrscheinliche Unfall, so sind die Verkettungen unglücklicher Umstände das, was statistisch nicht erfassbar ist. Die Verkettung wirkt wie eine gezielte Intention, eine Absicht, die plötzlich von den Dingen selbst verfolgt wird, eine Heimtücke, die die Dinge zu erklärten Feinden des Menschen werden lässt. Eine frühe Theorie und Phänomenologie dieses Phänomens findet sich bei Friedrich Theodor Vischer, die unter der Formel von der »Tücke des Objekts« berühmt geworden ist. In seinem Roman *Auch Einer* (1878) gibt es folgende kleine Szene von einem Hochzeitsbankett, die dieser Tücke einen fulminanten Auftritt beschert:

> »Wer sollte zum Beispiel«, so erzählt die leidgeprüfte Hauptfigur, »einem simplen Knopf seine Verruchtheit ansehen? Aber ein solcher Racker hat mir neulich folgenden Possen gespielt. Ich lies mich gegen alle meine Grundsätze zur Teilnahme an einem Hochzeitsschmaus verleiten; eine große silberne Platte, bedeckt mit mehrerlei Zuspeisen kam vor mich zu stehen; ich bemerkte nicht, dass sie sich etwas über den Tischrand heraus gegen meine Brust hergeschoben hatte; einer Dame, meiner Nachbarin, fällt die Gabel zu Boden, ich will sie aufheben, ein Knopf meines Rockes hatte sich mit teuflischer List unter den Rand der Platte gemacht, hebt sie, wie ich schnell aufstehe, jäh empor, der ganze Plunder, den sie trug, Saucen, Eingemachtes aller Art, zum Teil dunkelrote Flüssigkeit, rollt, rumpelt, fließt, schießt über den Tisch, ich

will noch retten, schmeiße eine Weinflasche um, sie strömt ihren Inhalt über das weiße Hochzeitskleid der Braut, ich trete der Nachbarin heftig auf die Zehen; ein anderer, der helfend eingreifen will, stößt eine Gemüseschüssel, ein dritter ein Glas um – o es war ein Hallo, ein ganzes Donnerwetter, kurz ein echt tragischer Fall: die zerbrechliche Welt alles Endlichen überhaupt schien in Scherben gehen zu wollen […].«[28]

Die »Verruchtheit« des Knopfes, von dem alles ausgeht, erklärt sich Vischers Held mit einer Theorie, die den unbelebten Dingen selbst Handlungsmacht und Intentionen zuspricht:

»Von Tagesanbruch bis in die späte Nacht, […] denkt das Objekt auf Unarten, auf Tücke. Man muss mit ihm umgehen, wie der Tierbändiger mit der Bestie, wenn er sich in ihren Käfig gewagt hat; er lässt keinen Blick von ihrem Blick und die Bestie keinen von seinem […] So lauert alles Objekt, Bleistift, Feder, Tintenfass, Papier, Zigarre, Glas, Lampe – alles, alles auf den Augenblick, wo man nicht acht gibt. Aber um Gottes Willen, wer kann's durchführen? Wer hat Zeit?«[29]

Die Dinge, so Vischers These, handeln mit Absicht und Plan, sie führen ein Eigenleben, das sich direkt gegen den Menschen richtet. Sie sind nicht mehr zuhanden, sondern verstecken sich oder lauern dem Menschen auf wie an der Hochzeitstafel, um dann ihr ganz eigenes Fest zu geben. Vischers Roman entfaltet so eine groteske Poetologie des Schiefgehens: von der widerborstigen Taschenuhr über den mittelgroßen Haushaltsunfall bis zum unabsichtlichen Tod der Geliebten.

Die Dämonie der Dinge, die Vischer literarisch entwickelt,[30] ist dabei allerdings nicht einfach eine witzige Alltagsbeobachtung, sondern ein neuer historischer Reflexionsstand im Denken über Technik, das diese grundsätzlich als anthropomorph denkt. Denn der groteske Dominoeffekt-Unfall von der Hochzeitstafel erscheint wie die Kehrseite und Konsequenz der ein Jahr vor dem Roman erschienenen *Philosophie der Technik* von Ernst Kapp, die in den Werkzeugen des Menschen die »Projektionen« seiner Körperteile sieht.[31] Der Anthropomorphismus der Technik, den Vischer und Kapp hier gleichsam von zwei Seiten her entwerfen, führt nicht nur die Geräte auf den Menschen zurück, sondern funktioniert eben auch umgekehrt: Er begabt die Geräte mit einem eigenen, menschenähnlichen Handlungsvermögen und macht sie so zum aktiven, listigen Gegenspieler des Menschen. Mag dieser Anthropomorphismus der Technik heute als eine eher abwegige Idee erscheinen, so hat er doch weitreichende Konsequenzen für ein Denken der technischen Sicherheit. Denn durch die »Tücken« seiner Dinge und Geräte wird der Mensch zu einer Haltung absoluter und ungebrochener Aufmerksamkeit und ständigen Misstrauens gezwungen. Die Dämonie der Dinge fordert vom Menschen eine genaue Kenntnis ihrer Möglichkeiten, eine ständige Prüfung dessen, wozu etwa ein scheinbar harmloser Knopf, ein Bleistift oder ein Eisenbahnwaggon unter unglücklichen Umständen in der Lage sein könnte. Und es erfordert permanente Aufmerksamkeit, einen ständig wachsamen Blick auf das seltsame Treiben der Dinge.

Aber auch dieses fundamentale Misstrauen den Dingen gegenüber hilft, so weiß jedenfalls Vischer, nicht restlos gegen ihre bösartige Dämonie. Für den Hegelianer Vischer ist der Zufall eine unmittelbare Qualität des Objekts, eine Widerständigkeit gegen die Zwecke, die das Subjekt dem Objekt anweist. Mensch und Dinge stehen in einer Herr-Knecht-Beziehung, die ja bekanntlich stets prekärer für den Herrn als für den Knecht ist. Diese Qualität des Zufälligen verkoppelt die Dinge miteinander zu einem nicht mehr handhabbaren Geschehen, das der Mensch weder steuern noch stoppen kann. Dabei erscheint diese Verkopplung gerade dadurch so dämonisch und absichtsvoll, weil sie in so hohem Maße unwahrscheinlich ist. Die Koinzidenz von gefallener Gabel, unter die Platte gerutschtem Hemdknopf und der Unaufmerksamkeit des Tischherrn ist so wenig erwartbar, wie sie statistisch selten ist. Gerade darum aber, in dieser maximalen Unwahrscheinlichkeit, illustriert sie einen Zufall, dessen Dynamik scheinbar mit Notwendigkeit abläuft, ein Zufall also, der *als Gesetzmäßigkeit getarnt* ist. Das Gesetz, dem diese Verkettung folgt oder jedenfalls zu folgen scheint, ist bekannt unter dem ironischen Namen ›*Murphy's Law*‹, ein »Gesetz«, das besagt, dass schiefgeht, was schiefgehen kann. Ironisch deshalb, weil sein Prinzip eben gerade keine Gesetzmäßigkeit ist, sondern völlig kontingent. Was schiefgehen kann, geht schief und bestätigt damit das ›Gesetz‹ – und wenn es nicht schiefgeht, dann ist mit dem Ausbleiben des Unfalls eben gar kein Fall eingetreten, der unter das Gesetz fallen würde. Dabei stammt Murphy's Law, benannt nach dem amerikanischen Luftwaffen-Ingenieur Edward A. Murphy, aus der Crashtest-Forschung. 1949 unternahm die Airforce ein Bremsexperiment, um zu sehen, wie viel Bremskräfte ein menschlicher Körper bei einem Crash aushalten kann. Dass die für die Versuchspersonen riskanten Experimente einigermaßen verletzungsfrei abliefen, begründeten die Ingenieure mit einer Reihe von höchst pessimistischen Regeln, die besagten, dass grundsätzlich immer das schlimmste nur technisch mögliche Ergebnis erwartet werden muss.[32] Murphy's Law ist demnach kein Gesetz, sondern eine Regel präventiven Sicherheitshandelns, die ein Kollege Murphys dann so formulierte: »Vermeide jede Handlung, deren Ausgang für Dich nicht akzeptabel wäre.«

Aber es gibt noch eine andere, ästhetisch-psychologische Dimension der Vorstellung von einer Dämonie der Dinge und einer intrinsischen »Bosheit« des Zufalls. Vischers Theorie von der »Tücke des Objekts« erinnert nicht zufällig an die belebten magischen und eigensinnigen Gegenstände der Romantik.[33] Den eigentümlichen psychischen Effekt dieser romantischen Dinge hat Sigmund Freud als »Unheimlichkeit« beschrieben. De facto ist »Unheimlichkeit« die Reaktion der Psyche auf Erfahrungen höchst unwahrscheinlicher Koinzidenz, mithin eine massive Konfrontation mit dem Zufall. »Unheimlichkeit«, so Freud, speist sich gerade aus einer besonders ›dichten‹, scheinbar von einer Intention gesteuerten Koinzidenz, die sich beispielsweise in der Wiederholung eines immer gleichen Motivs äußert: »An einer Reihe von Erfahrungen erkennen wir [...] mühelos, dass es nur das Moment der unbeabsichtigten Wiederholung ist, welche das sonst Harmlose unheimlich macht und uns die Idee des Verhängnisvollen, Unentrinnbaren aufdrängt, wo wir sonst vom ›Zufall‹ gesprochen hätten.«[34] Die Dämonie der Dinge, ihr scheinbar planmäßiges und intentionales Vorgehen ruft für Freud archaische, längst verdrängte Impulse wieder auf: den Glauben an die Allmacht der Gedanken und die Belebtheit der Dinge oder die Vorstellung, dass hinter allem eine heimlich planende und strafende Macht steht. Unwahrscheinliche Koinzidenzen oder komplexe Verkettungen von Zufallsereignissen werden so von der Psyche mit urtümlichen Affekten wie Angst oder Schuldgefühl verarbeitet – gerade weil wir offenbar affektiv nicht in der Lage sind, Zufälle als das zu verarbeiten, was sie sind: Zufälle.

Der ästhetische Ort dieses Effekts einer Unheimlichkeit der Dinge ist heute der Horrorfilm – und, als dessen burleskes Gegenstück, der Slapstick.[35] In diesen Genres leben die Gegenstände und verbünden sich zu entweder diabolischen Schlachtfesten oder urkomischen Verschwörungen gegen den Menschen. Durch die Genremarkierung wissen wir immer schon, dass die scheinbar unbelebte Welt der Objekte tückisch lauert und dass es natürlich keinen Zufall gibt, nur das eherne Regiment von Murphy's Law. Anders als im Slapstick, wo der Mensch als überforderter, aber letztlich immer siegreicher Dompteur der Dinge auftritt, wird er im Horrorfilm ihr hilfloses Opfer. Nirgendwo ist so viel vom Schicksal die Rede, das sich seine Opfer mit unerbittlicher Strenge eines nach dem anderen holt, wie im Horrorfilm – auch und gerade wenn sie für einen kurzen trügerischen Moment ihrem sicheren Tod entgangen sind. Normalerweise sind die Akteure solcher Gemetzel Monstren, Psychopathen, Untote, unerbittliche Rächer oder eben dämonisch-belebte Gegenstände wie Autos, Häuser, Fetische etc.

Abb. 26A–F: Der Unfall der Französischlehrerin läuft ab wie in einem Schulungsfilm zur Prävention von Haushaltsunfällen. Zuerst wird die Versuchsanordnung aufgebaut: offenes Feuer, hochprozentiger Alkohol, heißes Wasser. Dann eine unaufhaltsame Serie von miteinander

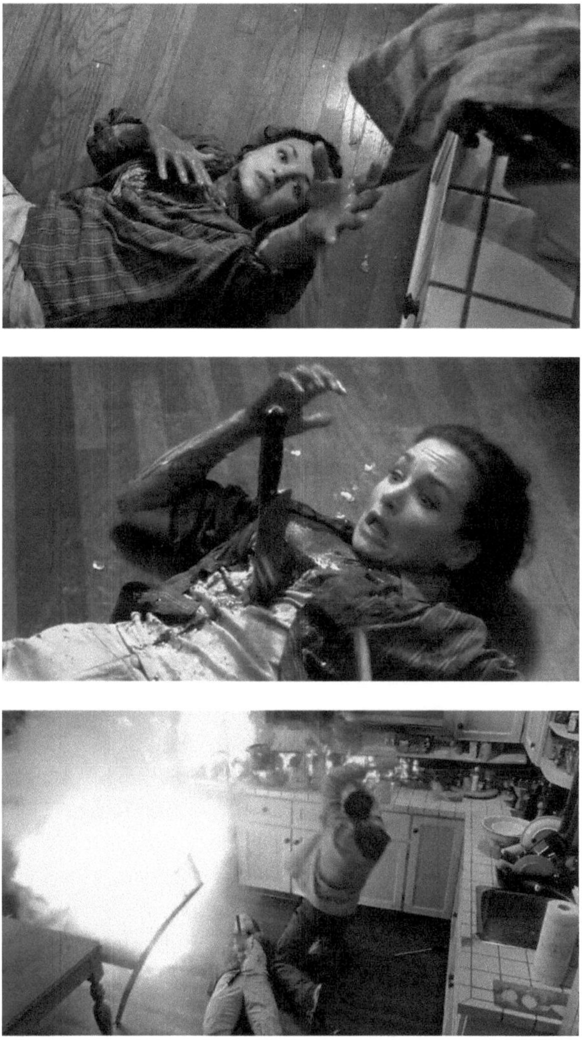

verketteten Einzelunfällen: Bildschirmexplosion, Glasscherbe im Hals, Messer, die mit der Klinge nach unten fallen, brennende Küche, die am Ende explodiert. Final Destination, USA 2000

Der Film *Final Destination* (2000), dessen anhaltender Erfolg es mittlerweile zu fünf Sequels gebracht hat, hat den unwahrscheinlichen Unfall selbst zu seinem Thema gemacht: eben jene Kaskaden von unglücklichen Zufällen, die alle stets mit dem Tod enden. Alles beginnt mit dem Flugzeugabsturz einer Highschool-Klasse auf dem Weg nach Paris. Einer der Schüler träumt, schon in seinem Flugzeugsessel angeschnallt, von der Explosion des Flugzeugs und stürzt panisch noch vor dem Start wieder aus dem Flugzeug, gefolgt von fünf Mitschülern und einer Lehrerin. Minuten später explodiert das Flugzeug tatsächlich mit dem Rest der Klasse kurz nach dem Start. – In der Folge sterben aber alle Geretteten an seltsam komplizierten Haushalts- und Verkehrsunfällen. Der beste Freund des Helden rutscht im Bad aus und stranguliert sich dabei an einer Wäscheschnur, andere werden von Bussen überfahren oder von herabfallenden Werbetafeln erschlagen.

Die Lehrerin wird Opfer eines besonders kleinteilig geschilderten Küchenunfalls – in einer Szene, die die Detailverliebtheit des Slapstick brillant ins düstere Genre des Horrors überführt. Sie kocht sich einen Tee und füllt heißes Wasser in eine Tasse, entdeckt dann aber mit Entsetzen, dass die Tasse ein Emblem ihrer Schule trägt; traumatisiert vom Tod ihrer Schüler gießt sie im Reflex das Wasser weg. Danach will sie lieber einen Wodka und füllt Eis und kalten Alkohol in dieselbe Tasse, die durch den raschen Temperaturwechsel einen kleinen Sprung bekommt. (Abb. 26A) Aus der Tasse tröpfelt unbemerkt Wodka, der in ihrem Röhrenbildschirm einen Kurzschluss auslöst. Der Bildschirm explodiert direkt vor ihrem Gesicht (Abb. 26B). Eine Scherbe des Bildschirms trifft ihre Halsschlagader, sie taumelt blutüberströmt in die Küche. (Abb. 26C) Auf dem Boden liegend versucht sie, ein Küchentuch, das auf einem Messerblock hängt (Abb. 26D), zu sich herunterzuziehen, um das Blut zu stillen – natürlich fällt der Messerblock so um, dass die Messer mit der Klinge nach unten auf die Frau fallen und sie erstechen … (Abb. 26E) Am Ende, als ihr ein Schüler zu Hilfe eilt, gerät die ganze Küche in Brand und fliegt in die Luft (Abb. 26F). Zuletzt explodiert das Haus, entzündet von der noch immer brennenden Herdflamme und dem danebenstehenden Alkohol.

Das Bemerkenswerte an dieser Szene ist einerseits die aberwitzige Verkettung der fatalen Zufälle: der kleine Riss in der Tasse, die Tropfen, die von der Tasse in den Bildschirm fallen, der Kurzschluss im Bildschirm und die folgende Explosion, die sich gerade ereignet, als die Frau direkt vor der Röhre steht, die Verletzung ihrer Halsschlagader und schließlich die Messer, die genau mit der Klinge nach unten fallen. Was wir sehen, ist ein hochkomplizierter, extrem unwahrscheinlicher Dominoeffekt, dessen komplexe Aufstellung – Handtuch über den Messern, Becher auf den Bildschirm, Alkohol neben dem brennenden Herd – wir die Heldin am Anfang der Szene selbst vornehmen sehen. Solche eskalierenden Abfolgen von Zufällen, die sich zu einem immer katastrophischeren Unfallgeschehen aneinanderreihen, gibt es nicht nur im Slapstick- und Horrorgenre, sondern auch in nicht wenigen Katastrophenfilmen, wo immer erst mal ein harmloses Kabel durchschmort, bevor das ganze Hochhaus abbrennt wie etwa im genrebildenden Katastrophenfilm *The Towering Inferno* von 1979.

Selten aber werden sie in dieser (durchaus auch komischen) technischen Akribie aufgeschlüsselt, die nicht nur den gesamten Aufbau minutiös schildert, sondern sich die Mühe macht, auch die materiellen Mechanismen des Geschehens herauszuarbeiten: die Natur der Keramik, die bei Temperaturschwankungen reißt, der Kurzschluss in der Bildröhre, das langsame Kippen des Messerblocks durch die Zugwirkung des Handtuchs, die Erwärmung und folgende Explosion des Alkohols.[36] Im Film dient diese lange Verkettung von Zufällen der Illustration einer einzigen These: Der Tod wird sich die holen, die ihm beim Flugzeugabsturz entgangen sind. Der lange, komplizierte Ablauf des Unfalls ist so ein Vorlaufen in die Zukunft, in der nichts als das immer schon geplante Schicksal der Protagonisten auf sie wartet. Aber das sagt etwas aus über die moderne Vorstellung von »Schicksal«: Es ist nicht mehr und nicht weniger als eine Verkettung von Zu- und vor allem *Un*fällen. Die Dämonie der Dinge und die Bosheit des Zufalls haben die Vorstellung einer göttlichen Providenz ersetzt.

Was wir in *Final Destination* sehen, ist ein Szenario für den perfekten Haushaltsunfall, eine Aufstellung riskanter Arrangements, die sich schließlich zu einem Dominoeffekt verketten: Alkohol neben dem Feuer, Tasse auf den Bildschirm, Tuch auf dem Messerblock. In diesem – gänzlich zufälligen, hochgradig unwahrscheinlichen und dann doch perfekt ineinandergreifenden – Arrangement von Einzelfaktoren entfaltet die Szene eine Art Didaktik, die aus einem Lehrfilm für Sicherheit im Haushalt stammen könnte, wie ihn die TÜVs oder *Das sichere Haus e. V.* heute verbreiten. Es ist jener Blick von Vischers gebeuteltem Protagonisten, ein Blick auf die Dinge voller Misstrauen und prognostischer Ahnung. Die Szene liest die Dinge im Hinblick darauf, wozu sie fähig sein könnten, welche Möglichkeiten eine bestimmte Konstellation von Objekten und ihren Materialeigenschaften, physikalischen Prozessen und mechanischen Kräfteverhältnissen entfalten kann. Sie entfaltet eine Analytik der Gefährlichkeit beliebiger Dinge, die gerade auf die Unwahrscheinlichkeit einer komplexen Konstellation setzt. Genau das macht sie zu einem Element in einer Epistemologie technischer Sicherheit. Sie entdeckt dabei nicht nur die latenten Möglichkeiten eines Dings oder einer Technologie, sondern auch eine Dynamik des Ablaufs, wenn nicht der Eskalation des Unfalls, die gleichermaßen hochgradig unwahrscheinlich und doch unaufhaltsam erscheint. Anders als der momenthafte, in Termini der statistischen Wahrscheinlichkeit zu ermessende Crash ist die Verkettung unglücklicher Umstände ein Vorgang, der ebenso wenig aufzuhalten wie auszusteuern ist. Denn er folgt keiner kohärenten eigenen Regel. Nicht die Intensität des Ereignisses, die ›Größe‹ des Unfalls führt hier zur Katastrophe, sondern die Kombination mehrerer

Einzelereignisse, die sich zusammen zum eigentlichen Desaster potenzieren. Die Frage ist, wie diese fatalen Abläufe, die weder statistisch erwartbar noch aufgrund einer ihnen unterliegenden Regelhaftigkeit antizipierbar sind, vorausgesehen und verhindert werden können.

Technische Sicherheit

Die Unheimlichkeit dieser komplexen Verkettung unglücklicher Umstände, die von Vischer bis *Final Destination* ihre Narrative und Inszenierungen findet, hat ihre präzise historische Geburtsstunde und ihre Institutionen. Nicht zufällig ist Vischer der Zeitgenosse einer durchgreifenden Institutionalisierung von Sicherheitstechnik – in der es allerdings nicht mehr um Haushaltsunfälle geht, sondern um eine der für das 19. Jahrhundert wohl wichtigsten Technologien, die Dampfmaschine. Schon der weise Lexikonartikel zum Unfall aus der Pariser Enzyklopädie der Eisenbahnen und Dampfmaschinen von 1844 bemerkt die Dämonie einer Technologie wie der Dampfmaschine, die völlig neue, aber auch gefährliche Mengen an Energie zur Verfügung stellt:

> […] ohne eine strenge und permanente Überwachung können die mächtigsten und perfektesten industriellen Apparaturen – ich meine die Dampfmaschinen und Eisenbahnen – zu den schrecklichsten Katastrophen führen. Die Massen an Dingen, die sie in Bewegung setzen, ihre Geschwindigkeit, kurz ihre gesamte Energieentfaltung kann sich in eine schreckliche Zerstörungskraft verwandeln, wenn sie plötzlich gestoppt oder abgelenkt werden. Die Dampfkraft hat dem Menschen neue und unbekannte Wege eröffnet, aber sie scheint ihn ständig in die Lage eines Menschen zu versetzen, der an einem Abgrund wandelt und dessen kleinster Fehltritt ihn herunterstürzen könnte.[37]

Die Dampfmaschinentechnologie eröffnet zum ersten Mal einen genuin modernen Diskurs der technischen Sicherheit – und mit diesem Diskurs auch die Entwicklung entsprechender Institutionen. Denn mit dem Vormarsch der Dampfmaschine als universellem industriellen Energieerzeuger häuft sich ein spezifischer, äußerst folgenschwerer und dramatischer Typus von Unfall: der sogenannte Kesselzerknall, die Explosion des Dampfkessels. Sie verdankt sich Wassermangel (also Bedienungsfehlern), Materialfehlern oder mangelhafter Wartung, die etwa feine Risse in den Wänden oder Verkalkung der Sicherheitsventile übersieht. Zunächst werden staatliche Wartungen vorgeschrieben, die aber regional schwer zu organisieren sind. Dampfkesselbetreiber gründen darum regionale Vereine, die die regelmäßige technische Überwachung und Wartung der Kessel vornehmen. 1866 wird der erste privatwirtschaftliche »Dampfkessel-Überwachungs- und Revisions-Verein« (DÜV) gegründet, ab 1871 entbindet die Mitgliedschaft in einem solchen Verein von der Inspektion durch einen staatlichen Prüfer.

Abb. 27: Kesselzerknall einer Dampflokomotive 1846 in Leipzig

Dies ist die Geburt der Technischen Überwachungs-Vereine (TÜV) als eine der wirkungsvollsten Unfallverhütungsinstitutionen. Die Dampfkesselprüfer begannen, einen unendlich genauen Blick auf das Ding und seine möglicherweise verborgenen Tücken zu werfen: Der Kessel wurde abgesucht auf Haarrisse, Materialabtragungen, die die Wände dünner machen, Verformungen und Undichtigkeiten, Korrosion der Schweißnähte, Verkalkungen der Sicherheitsventile. Dafür musste der Kessel komplett freigelegt werden und sämtliche Stehbolzen der Feuerbüchse auf Anrisse überprüft und gegebenenfalls ausgetauscht werden. Abschließend wurden Druckprüfungen mit kaltem und heißem Wasser vorgenommen, die Ventile geprüft und gegen Verstellung plombiert. Der große Erfolg dieser spezialisierten Form regelmäßiger technischer Wartung gefährlicher Dinge in der Verhütung von Unfällen ließ die Wartungsaufgaben der Vereine schnell wachsen. Schon um 1900 wird der DÜV Cöln-Düsseldorf (heute: TÜV Rheinland) mit der Wartung von Kraftfahrzeugen und der Abnahme von Führerscheinprüfungen beauftragt.[38] Was mit den TÜVs eingeführt wird, ist die Professionalisierung eines handwerklichen, erfahrungsgeleiteten und auf scharfe Beobachtung und Expertentum gestützten Wissens von den Dingen. Weil kleinste Details Indizien für kommendes Unheil sein können, gilt es, einen professionellen Prüferblick zu implementieren, der genau diese findet und behebt. Dieser Prüferblick wendet sich bald von der reinen Beobachtung hin zum aktiven Testen und Simulieren von Unfällen: Heute werden für jedes neue Auto Crashtests durchgeführt; jedes Haushaltsgerät wird auf Benutzersicherheit getestet. Mit diesen Tests wird – mit Vischer gesprochen – die Tücke des Objekts aktiv hervorgetrieben: Unfälle werden bewusst simuliert, um etwas über ein ›Verhalten‹ des Dings zu erfahren, das im Nicht-Vorhergesehenen – also im Unfall, im falschen Gebrauch, in der Dysfunktionalität des Dings – lauert.

Aber der Blick auf die Tücken und Details des einzelnen Geräts allein ist nicht in der Lage, jene Dynamiken der Verkettung zu antizipieren, die gerade in der Kombination mehrerer Unfallkomponenten bestehen. So wie die Verkettungen einen darstellbaren Verlauf haben, eine Geschichte wie die von Vischers Protagonisten und seinem Knopf, so muss jede Sicherheitsmaßnahme diese möglichen Verläufe und Kombinationen vorwegnehmen und darstellen können – um sie zu unterbrechen oder zu verhindern. Das heißt auch: es müssen Geschichten erzählt werden. Die Sicherheitstechnik dieses Unfalltyps folgt nicht mehr einer Epistemologie der Statistik, also der Häufung des Unfalls, sondern einer des Narrativs: Der Unfall muss erzählt werden, um den ›Ablauf‹ der Sache zu verstehen. Nicht zufällig erzählen Sicherheitswissenschaftler oder Katastrophensoziologen darum gern Geschichten: kurze Narrative von scheinbar banalen, aber durch das Zusammentreffen vieler, sehr heterogener Faktoren hochkomplexen Abläufen. Charles Perrows berühmte Studie zur Hochrisikotechnologie, *Normal Accidents* (1984), beginnt mit einem Frühstück voller sich aneinanderreihender Missgeschicke, die am Ende dazu führen, dass jemand einen ersehnten Job nicht bekommt.[39] Was auf dieses kleine private Desaster bei Perrow dann folgt, sind ähnlich strukturierte Erzählungen, nur diesmal führen sie zur Katastrophe: zu Großfeuern in einer petrochemischen Anlage, zum Unfall in einem Schnellen Brüter, zur Explosion auf einem Frachtschiff oder zur Kollision zweier Schiffe in einem Kanal. Solche Erzählungen bebildern nicht nur jene Verlaufslogik des Verkettungsunfalls, sondern sie sind die konstitutive Grundlage einer systematischen Analyse von Unfällen in ihrer Komplexität und ihrer Dynamik; sie zirkulieren darum etwa auch in einschlägigen Fachpublikationen wie *Nuclear Safety* oder gehen in Unfalldatenbanken ein, um eine Art Narrations-Archiv des Pannenwissens zu generieren.[40] Aus den so festgehaltenen Schritten, die zu einem komplexen Unfall geführt haben, lassen sich nun die Faktoren ableiten, die beim Zustandekommen dieses katastrophischen Ablaufs eine Rolle gespielt haben. Die detaillierte Unfallerzählung lässt sich aber nicht nur retrospektiv entrollen, sondern eben auch *prognostisch*: Man erstellt sogenannte »Störfallablaufdiagramme«, die die möglichen Folgen des Ausfalls einer oder mehrerer Komponenten ausloten; man macht »Ausfalleffektanalysen« für den Ausfall einer einzelnen Komponente; oder man gibt umgekehrt einen Typ von Unfall vor und untersucht in der »Fehlerbaumanalyse«, welche Faktoren zu diesem Ergebnis führen würden.[41] Diese ›narrative‹ Struktur des Wissens vom Unfall ermöglicht es, einzelne Ereignisse als Sequenzen anzuordnen und damit kausale Verknüpfungen darzustellen. Genau dies macht Erzählungen zur idealen Analyseform von komplexen, sich aus vielfältigen Faktoren zusammensetzenden Ereignissen und so zum Instrument eines Dispositivs der technischen Sicherheit. Was die narrativen Analyseformen der Sicherheitswissenschaft freilegen, sind Kopplungen zwischen den einzelnen Elementen eines Systems – oder genauer: Kopplungen zwischen der Dysfunktion eines Elements und der Dysfunktion eines anderen. Perrow unterscheidet dabei »enge« und »lose« Kopplungen und damit entsprechend »eng« oder »lose gekoppelte« Systeme. Enge Kopplung

> bedeutet, dass es zwischen zwei miteinander verbundenen Teilen kein Spiel, keine Pufferzone oder Elastizität gibt. Sämtliche Vorgänge des einen Teils wirken sich unmittelbar auf die Vorgänge des anderen aus. Eine lose Kopplung ermöglicht es also bestimmten Teilen des Systems, gemäß ihrer eigenen Logik oder ihrer eigenen Interessen zu funktionieren. Eine enge Kopplung beschränkt diese Möglichkeit. Lose gekoppelte Systeme können – was nicht immer ein Vorteil sein muss – Erschütterungen, Störungen oder erzwungene Änderungen verarbeiten, ohne sich zu destabilisieren.[42]

In eng gekoppelten Systemen heißt das, dass der Ausfall eines einzigen Teils den Rest des Systems unmittelbar affiziert, während lose Kopplung Ersatz- oder Umgehungsmöglichkeiten bereitstellt – oder auch einfach genügend Ausfallzeit eingeplant ist, um eine Reparatur des defekten Teils vorzunehmen. Selbstredend sind Systeme mit loser Kopplung weniger riskant – sie

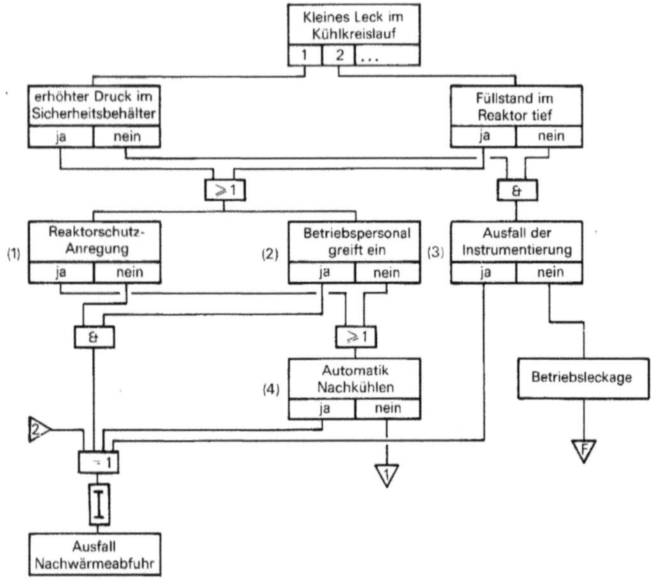

Abb. 28: Beispiel für ein Störfallablaufdiagramm: Ausgangslage ist ein kleines Leck im Kühlkreislauf eines Reaktors, das Diagramm zeigt die möglichen Folgen. Aus: Kuhlmann: Einführung in die Sicherheitswissenschaft, Köln 1981

können zur Not einfach abgeschaltet werden. Aber nicht immer ist lose Kopplung möglich. Hochkomplexe Systeme mit Dauerbetrieb wie etwa Chemiefabriken oder Kernkraftwerke haben diesen Spielraum nicht. Hier herrscht engste Kopplung aller Elemente. Das heißt, dass die Sicherheitsvorkehrungen wie Puffer, Redundanzen oder Substitutionsmöglichkeiten exakt vorgegeben und schon in der Konstruktion mit eingeplant werden müssen. Es gibt kaum die Möglichkeit, im Notfall zu improvisieren oder auch nur Zeit zu gewinnen. Auch dafür ist das Desaster von Tschernobyl ein gutes Beispiel: Eine Verzögerung um einen halben Tag bewirkte die fatale Xenonvergiftung des Reaktors; eine Entscheidung unter höchstem Zeitdruck wie die Akimows zur Notabschaltung erwies sich als fatal. Wo kein Spielraum ist, müssen Systeme also besonders exakt durchdacht werden: Alle potentiellen Störungen, alle Ausfälle und ihre Konsequenzen inklusive der möglichen Kombinationen mehrerer Fehlerquellen müssen im Voraus bereits mit eingeplant werden. Die Logik der Verkettung unglücklicher Umstände muss also antizipiert und *ins System selbst eingetragen* werden als hochkomplexes System von Absicherungen und Verdopplungen. Dass Motoren und Pumpen ausfallen können, muss durch Ersatzmotoren oder -pumpen abgesichert werden, dass Dichtungen nicht halten durch Doppel- und Dreifachdichtungen. Genau hieraus leitet sich dann auch das Konzept des GAU oder »Auslegungsstörfalls« ab: Es ist der Störfall, der gerade noch vom System der Absicherungen und Redundanzen »abgefangen« werden kann bevor es zur wirklichen Katastrophe kommt.

Perrow, der hochkomplexe, eng gekoppelte technische Systeme wie Atomkraftwerke, Chemiefabriken oder Großtanker studiert hat, kommt zu dem Schluss, dass das Risiko, das sie darstellen, nicht mehr tragbar ist. In hochkomplexen, eng gekoppelten technologischen Systemen sind *Unfälle normal*; sie sind intrinsischer Teil ihrer Logik – daher Perrows programmatischer Titel *Normal Accidents.* »Wir haben Konstruktionen ausgedacht, die so kompliziert sind, dass wir nicht mehr alle möglichen Interaktionen der unvermeidbaren Defekte vorhersehen können.«[43] Wer sie dennoch tragbar findet oder auf sie nicht verzichten will, muss also die enge Kopplung des Systems durch ebenso eng gekoppelte Sicherheitsdispositive absichern. Aber diese Konzeption von technischer Sicherheit hat zwei blinde Flecken: *Erstens* machen gerade diese engmaschigen Sicherheitsmechanismen Systeme noch komplexer und erhöhen damit die Möglichkeit von ungeplanten und unabsehbaren Kopplungen. »Weil Technik«, so Michael Hampe, »als beherrschte Kausalität gegen Unliebsamkeiten, auch gegen Zufälle, erzeugt wird, liegt es nahe, die Zufälle, die die Komplexität der Technik selbst mit sich bringt, wiederum technisch bewältigen zu wollen [...]. Das führt zu einer stetigen Steigerung der technischen Komplexitäten und damit auch zu einer Steigerung der Möglichkeit unerwarteter Kopplungen und ungeplanter Ausfälle.«[44] Und *zweitens* wird darin die Planbarkeit technischer Systeme oder genauer die Kontrollierbarkeit von Kausalketten selbst überschätzt. In ihr steckt die Vorstellung, dass alles eine Ursache hat, die man erkennen und beherrschen kann – und dass es darum auch immer einen isolierbaren Materialfehler, einen Konstruktionsirrtum oder einen menschlichen Bedienungsfehler geben muss. Gerade das weite Feld der Sicherheitswissenschaften, das die unendlichen Ausfallmöglichkeiten von technischen Bauteilen, die Schwächen oder schädigenden Effekte von bestimmten Materialien und die vielfältigen Formen des sogenannten ›menschlichen Versagens‹ erfasst und auswertet, gerade diese Epistemologie der Sicherheit unterstellt, dass es immer eine identifizierbare Ursache-Wirkungs-Kette geben wird, die man spätestens für die nächste Sicherheitsmaßnahme oder Neukonstruktion wird in Rechnung ziehen können. Oder dass es einen Verantwortlichen geben wird, der geschlampt, geschlafen, fehlreagiert oder fehlkonstruiert hat und nun juristisch belangt werden kann. (Chefingenieur Djatlow und den Leiter des Kernkraftwerks Tschernobyl, der beim Versuch gar nicht zugegen war, stellte man in der UdSSR vor Gericht, die meisten anderen Beteiligten starben bei oder an den unmittelbaren Folgen des Störfalls.) »Begreift man Kausalzusammenhänge jedoch als Unendlichkeiten, als etwas, das zu jedem Zeitpunkt unendlich verzweigt ist und das historisch unendlich weit in die Vergangenheit führen kann und, wenn Wirkungen verfolgt werden, unendlich weit in die Zukunft führt, so ist klar, dass Unwissenheit ein notwendiger Bestandteil aller Kausalanalysen werden muss.«[45] Wirkliche Einsicht in die Sicherheit eines Systems könnte nur konstatieren, dass nicht alle Kombinationen von Ausfällen bekannt, nicht alle Verhaltensweisen von Materialien antizipierbar und das Verhalten von Menschen am Arbeitsplatz sowieso nicht restlos planbar ist. Eine Absicherung gegen die Tücken der Dinge und ihre Verkettungen kann weder im scharfen Blick der technischen Überwachung noch in den Redundanzen der Sicherheitssysteme liegen.

Etliche Großkatastrophen der letzten Jahrzehnte haben sich als genau solche Verkettungen erwiesen, die alle Vorstellungen von Planbarkeit und prospektiver Absicherung ausgehebelt haben, gerade weil sie sich aus Vorfällen und Unfällen auf sehr verschiedenen Ebenen – vom Konstruktionsfehler über multiple Komponentenausfälle bis hin zu menschlichen Fehlern und winzigen Zufällen – zusammensetzten. Gerade das im Fall der Reaktorsicherheit immer wieder bemühte Konzept des ›Auslegungsstörfalls‹ – vernachlässigt diese Dynamik von Desastern: Es geht von einem großen, aber gleichsam in sich homogenen Unfallgeschehen aus, für das ein Reaktor ausgelegt sein muss, ohne die Grenzwerte der Strahlenschutzverordnung zu überschreiten. Nicht nur Tschernobyl, sondern gerade auch Fukushima 2011 zeigten, dass die eng gekoppelte Großtechnologie Kernkraft aber nicht mit einem einfachen Konzept des *einen* Schadensereignisses – etwa dem initialen Erdbeben – zu erfassen ist. Gerade Fukushima war ein Schulfall der »Verkettung unglücklicher Umstände«. Dem schweren Beben und der dadurch hervorgerufenen Unterbrechung der Stromversorgung folgte die Flutwelle, die auch die Notstromaggregate außer Betrieb setzte. Die darauf folgende Erhitzung der Brennstäbe und ihre behelfsmäßige Kühlung mit Wasser führte in den Blöcken 1, 2 und 3 dann zu Wasserstoffexplosionen, wobei in Block 2 – unerwarteterweise – durch die Explosion auch der Druckbehälter beschädigt wurde. Hinzu kam, dass in Block 4 im Abklingbecken für verbrauchte Kernbrennstäbe ein Brand ausbrach, durch den eine große Menge Radioaktivität freigesetzt wurde, weil die Abklingbecken nicht wie die Reaktorkerne durch schwere Druckbehälter abgeschirmt waren. »Das Konzept vom GAU, dem ›größten anzunehmenden Unfall‹, für den AKWs auch hierzulande ausgelegt sein müssen, muss deshalb überarbeitet werden. Nicht die Größe, sondern die *Kombination der Ereignisse* führt zur Katastrophe. Einen Kernreaktor, für den keine fatale Verkettung unglücklicher Umstände denkbar ist, gibt es aber nicht.«[46] Anders als der quantifizierbare, sozial finanzier- und darum auch tragbare Crash fordert der komplexe Großunfall darum eine nicht mehr quantifizierende Sicherheitslogik, eine Logik jenseits des Konzepts von »Risiko«. Diese fragt nicht mehr danach, wie viele solche Unfälle annehmbar sind, wie wahrscheinlich sie sind und was ihre sozialen Kosten wären – sondern nur noch danach, ob eine Technologie akzeptierbar ist oder nicht.

Spätfolgen: Don DeLillos »White Noise«

Nicht immer zeigt sich jene katastrophische Zukünftigkeit der Dinge, die der Gegenstand von Sicherheitswissen und Sicherheitstechnik ist, in spektakulären Unfallereignissen, sei es als individueller Crash oder industrieller Großunfall. Nicht alle jene »futuristischen« Eigenschaften und Effekte von Dingen, von Technologien oder Materialien sind überhaupt wahrnehmbare Ereignisse, nicht alle Unfälle bestehen in Explosionen oder Kollisionen, akuten Verletzungen, sichtbaren Zerstörungen. Unfälle sind nicht zwingend ereignisförmig. Aber eine Zukunft der Dinge ist auch das, was nicht als Ereignis wahrnehmbar ist: die Nebeneffekte, Spätfolgen oder Langzeitwirkungen von Materialien, Technologien oder Handlungsweisen. Die verlassene Stadt Prypjat, die Angst der Bewohner vor den Folgen der Kontamination, die deformierten Tiere, die Kinder mit Geburtsdefekten sind die Erscheinungsweisen einer Katastrophe, die bis heute nicht beendet ist und möglicherweise noch ganz andere Folgen zeitigen wird als das, was wir heute sehen können. Es gibt die Möglichkeit von Schädigungen, die man weder wahrnehmen noch absehen kann. Schon Christa Wolfs bald nach dem Reaktorunfall publizierter Text *Störfall* nimmt die Unsichtbarkeit der Bedrohung durch die radioaktive »Wolke« in den Blick. Sie verzeichnet den Einbruch einer schwer zu fassenden, Grenzen überschreitenden Gefährdung in den betulichen ostdeutschen Alltag: »Nichts Grünes. Keine Frischmilch für Kinder. Ein neuer Name für Gefahr wird in Umlauf gesetzt: JOD 131 [...] Duschen solle man die Kinder, nachdem sie draußen gewesen seien. Das Bad weiche die Haut auf, öffne die Poren und schwemme die Radioaktivität erst recht in den Körper«.[47] Eine tief greifende subjektive Verunsicherung zieht ein: Plötzlich können auch die kleinsten und banalsten Alltagspraktiken fatale Folgen haben, die sich erst Jahre später zeigen werden.[48]

Ulrich Beck hat in diesen »Nebenfolgen« die eigentliche Crux dessen identifiziert, was die »Weltrisikogesellschaft« ausmacht: eine spezielle Form der Unsicherheit und des Risikobewusstseins, die aus einer Verknüpfung von Wissen und Nichtwissen hervorgeht. »Je größer die Gefahr, desto größer das Nichtwissen, desto notwendiger und unmöglicher die Entscheidung.«[49] (S. dazu auch Kap. 6.) Das Spektrum solcher Spätfolgen und Nebeneffekte der unterschiedlichsten Technologien, um die man wissen *könnte* oder *sollte*, aber die man doch nicht in den Blick nimmt, ist unendlich weit. Es reicht von toxischen oder karzinogenen Wirkungen bestimmter Stoffe (etwa Asbest, Dioxin oder radioaktive Stoffe) über Eingriffe in Ökosysteme (etwa durch Baumaßnahmen oder gentechnisch veränderte Lebewesen) bis hin zu Entsorgungsproblemen (etwa von radioaktivem Material, aber auch einfachem Plastik). Der weite Bereich der sogenannten Technikfolgenabschätzung widmet sich dieser Wissenschaft von einer (in zweifacher Hinsicht) *fernen* Zukunft der Dinge. Fern ist sie, weil es hier um die mittel- und langfristigen Folgen eines Handelns in der Gegenwart geht, Folgen, die in Tests nicht antizipierbar und in Sicherheitsmaßnahmen nicht abzufedern sind. Erst die verstreichende Zeit macht sie – immer zu spät – sichtbar. Fern ist sie aber auch, weil hier Folgen nicht leicht auf ihre Ursachen zurückbezogen werden können. Der kausale Nexus zwischen einer bestimmten Praxis (z.B. dem ungeschützten Sonnenbaden oder der Kontamination mit Asbest) und der späteren Erkrankung an Krebs ist nur durch eine langfristige und statistisch breite Untersuchung überhaupt herzustellen. Technikfolgenabschätzung leidet darum an einem fundamentalen Dilemma: Erst wenn eine Technologie seit einer gewissen Zeit und in einer gewissen Breite durchgesetzt ist, lassen sich ihre tatsächlichen Folgen verlässlich ermessen; das heißt auch: erst wenn ihre Nebenwirkungen und Schäden nicht nur Zeit hatten, sich zu manifestieren, sondern auch schon in einer ausreichend großen Häufigkeit aufgetreten sind, um überhaupt statistisch erfassbar zu werden. Wenn das Risikopotential einer Technologie wirklich greifbar ist, dann ist es zumeist sehr schwer, noch politische und technische Eingriffe durchzusetzen, und zu spät, eine Technologie erst gar nicht zu implementieren.[50] Es gibt Katastrophen, die keinen greifbaren Anfang haben – vor allem aber kein Ende.

Weil das so ist, müssen auch hier immer wieder Geschichten erzählt werden. Es sind Geschichten, die als ›Warnerzählungen‹ (*cautionary tales*) angelegt sind. Sie erzählen von frühzeitigen Hinweisen auf Gefahren, die nicht ernst genommen oder nicht richtig interpretiert werden, von tragischen, aber unverstandenen Todesfällen. Eine besonders anschauliche Sammlung solcher Warnerzählungen ist ein Bericht im Auftrag der European Environment Agency mit dem Titel *Late Lessons from Early Warnings. The Precautionary Principle 1896–2000* (Späte Lehren aus frühen Warnungen. Das Vorsorgeprinzip von 1896–2000).[51] Er umfasst vierzehn Fallstudien über riskante Technologien, Materialien oder Epidemien, in denen jeweils rekonstruiert wird, wie es von ersten Hinweisen auf die Gefährlichkeit bis hin zum endgültigen Ergreifen von Sicherheitsmaßnahmen kam – und vor allem, wie lange dieser Weg gedauert hat. Die Fälle reichen von der Choleraverbreitung durch kontaminiertes Trinkwasser über Gentechnik und Überfischung bis hin zu gefährlichen Stoffen wie Asbest, radioaktiven Materialien, FCKWs oder Wachstumshormonen, aber auch bis zu menschengemachten Krankheiten wie BSE. Ein geradezu emblematisches Beispiel ist der Fall von Asbest. Seine Ironie besteht darin, dass der massive Einsatz von Asbest als Brandschutzmaterial ab dem Ende des 19. Jahrhunderts zunächst als Förderung von Sicherheit verstanden wurde. Aber schon 1898 berichtet die britische Fabrik-Inspektorin Lucy Deane von den »bösartigen Effekten von Asbest-Staub«, auf die eine mikroskopische Untersuchung der scharfkantigen Struktur der Asbestteilchen deutliche Hinweise gegeben hatte.[52] Recht bald folgen erste medizinische Berichte darüber, dass Lungenkrebs durch das Einatmen von Asbeststaub ausgelöst wird. Man versucht, durch Luftfilter dieses Risiko zu minimieren – und verwechselt dabei, dass »*no evidence of harm*«, also kein Beweis einer Schädigung, wie es einer der mit den Krebsfällen betrauten Mediziner ausdrückt, durchaus nicht »*evidence of no harm*«, der Beweis für die Unschädlichkeit ist.[53] In Deutschland werden schon in den dreißiger Jahren Fälle von Asbestose und Lungenkrebs als Arbeitsschäden versicherbar, in England dagegen wird nach wie vor keine kausale Verbindung zwischen Lungenkrebs und Asbestkontamination anerkannt. Verkompliziert wird die kausale Verbindung zudem durch die zunehmende Verbreitung einer anderen Lungenkrebs auslösenden Praxis: dem Rauchen. Außerdem ist die betroffene Industrie wenig hilfreich bei der Untersuchung der Gefährdung ihrer Arbeiter: Arbeitsmediziner und Inspektoren werden zu jenen Störenfrieden, deren unbequeme Rolle schon Henrik Ibsens Stück *Ein Volksfeind* (1882) schildert. Die Schwierigkeit, eine kausale Verbindung zwischen Asbestkontamination und Krebs nachzuweisen, liegt in der Latenzperiode zwischen der Kontamination und der Krebsdiagnose, die bis zu vierzig Jahre lang sein kann.

Nur lange, über zwei bis drei Dekaden durchgeführte Untersuchungen sind überhaupt in der Lage, das Problem statistisch zu erfassen – wobei dann sofort auf die längst verbesserte Arbeitshygiene hingewiesen und jeder aktuelle Handlungsbedarf abgewiesen wird. Das heißt: hat man die Kausalverbindung endlich statistisch nachgewiesen, dann haben sich die Arbeitsbedingungen schon so verändert, dass angeblich längst kein Handlungsbedarf mehr besteht. »Dieses Problem, das man die ›Latenz-Lücke‹ nennen kann, kennzeichnet alle Gefahren mit einer langen Latenzperiode unter den Bedingungen technologischen Wandels. Sie ist einer der wichtigsten Gründe dafür, dass Prävention oft zu spät kommt.«[54] Die Latenzperiode verunklärt die kausale Verknüpfung zwischen Gefahrenquelle und Schaden bis zur Unerkennbarkeit. Erst Ende der 1990er Jahre – hundert Jahre nach Lucy Deans Bericht – wird ein generelles Verbot des Abbaus, der Verarbeitung und des Einsatzes von allen drei Asbestarten durchgesetzt. Noch heute arbeitet man an der schwierigen und gefährlichen Entsorgung und Sanierung asbestverseuchter Gebäude, noch heute klagen Patienten mit Lungenkrebs oder Mesotheliom auf Entschädigung für die Kontamination mit Asbest.

Was solche Erzählungen lehren, sind die epistemologischen und politischen Schwierigkeiten auf dem Weg zwischen frühen Warnungen und späten Sicherheitsmaßnahmen. Gerade weil frühe Hinweise auf die Schädlichkeit von Stoffen zu verbesserter Arbeitssicherheit führen, lässt sich immer gut damit argumentieren, die Gefahr längst gebannt zu haben. Die Lehre, die die Fallgeschichten erteilen wollen, ist aber die, gerade darauf zu beharren, dass man das wahre Ausmaß der Gefahr noch gar nicht ermessen kann. Als Erzählungen stauchen sie die Zeit zwischen Schädigung und Schaden, sie überspringen die Latenzperiode, springen zur Diagnose des Schadens, um so den Nachweis für eine kausale Verbindung sinnfällig zu machen. Dafür müssen sie einen narrativen Trick anwenden: Sie erzählen den mühsamen Prozess der Erforschung zukünftiger und möglicher Schäden von einem Ende her, jenem Ende, an dem man dann alles gewusst haben *wird* – über die hochkarzinogene Wirkung von Asbest oder radioaktivem Material, über die ozonzerstörende Wirkung von FCKWs, über die ökologischen Folgen von Überfischung oder Übersäuerung der Meere. Die Warn- und Lehrgeschichten über eine vergangene Zukunft der Ungewissheit funktionieren nur, indem man sie umgekehrt erzählt, aus der Endposition eines gesicherten Wissens. Es ist eine Erzählposition der Evidenz, aus der heraus die jahrzehntelange Blindheit über die Gefährlichkeit einer Technik oder eines Materials erst als solche sicht- und darstellbar wird. Die *ferne* Zukunft der Dinge wird überhaupt erst als *vergangene* lesbar.

Was die Fallgeschichten der EEA belegen wollen, ist die Berechtigung eines Sicherheitsprinzips, das im Titel des Berichts erscheint: das sogenannte *Vorsorgeprinzip* (*precautionary principle*). Das Vorsorgeprinzip, das insbesondere in Europa mittlerweile zu einem durchgreifenden Prinzip der Sicherheitspolitik geworden ist, geht davon aus, dass gerade bei Unklarheit über die Folgen und Nebenwirkungen einer Technologie diese so lange nicht implementiert werden sollte, bis der Nachweis ihrer Harmlosigkeit aktiv erbracht werden kann. So muss nun nicht mehr die Wahrscheinlichkeit künftiger Schäden, sondern gerade die harmlose Zukunft der Dinge aktiv bewiesen werden. Das Vorsorgeprinzip verschärft jene Logik des Misstrauens, die schon Vischers Tücke des Objekts nahelegt, wenn es fordert, »vor jeder Entscheidung für bestimmte Unternehmungen und Handlungen die Hypothese des Schlimmsten (nämlich jener ›schweren und irreversiblen‹ Konsequenzen) in Erwägung zu ziehen. Es fordert eine aktive Einübung des Zweifels in eben dem Sinn, den Descartes in seinen *Meditationes* kodifiziert hatte. Vor jeder Handlung habe ich nicht allein über das, was ich wissen und meistern muss, sondern auch über das mit mir zu Rate zu gehen, *was ich nicht wissen, sondern allenfalls fürchten oder vermuten kann.* Ich muss mir, zur Vorbeugung, das denkbar Schlimmste ausmalen.«[55] Das Vorsorgeprinzip beruht so auf der fundamentalen Annahme, dass wir nicht alles wissen, was eine Technologie, ein Material oder eine Handlungsweise an Nebenwirkungen und Spätfolgen zeitigen könnte.

Das Vorsorgeprinzip agiert – und dafür sind die Erzählungen aus *Late Lessons* ein exzellentes Beispiel – auf der Basis eines Narrativs, das die Zukunft gleichsam von hinten, im Modus des Futur II erzählt: *Es werden Schäden eingetreten sein*, es wird sichtbar geworden sein, dass es eine kausale Verknüpfung zwischen diesen Schäden und einer Kontamination gibt. Vom Ende, d. h. der zukünftigen Katastrophe her gesehen, so die Schlussfolgerung, die dieses Narrativ nahelegt, würden wir diese Technologie nie eingesetzt haben – ergo setzen wir sie *jetzt* nicht ein. Die ethische Ratio des Vorsorgeprinzips ist jenes »Prinzip Verantwortung«, das Hans Jonas als die »Notstandsethik der bedrohten Zukunft« eingefordert hat: »Handle so, dass die Wirkungen deiner Handlungen nicht zerstörerisch sind für die künftige Möglichkeit solchen Lebens« oder – positiv ausgedrückt – »Handle so, dass die Wirkungen deiner Handlungen verträglich sind mit der Permanenz echten menschlichen Lebens auf Erden«.[56] Zukunft und ihre Unversehrtheit wird hier zum eigentlichen ethischen Gegenüber, zum Standard, an dem sich das Handeln und Entscheiden in der Gegenwart zu messen hat. Die Zukunft der Dinge wird darauf verpflichtet, den Menschen der Zukunft nicht zu schädigen. Das Vorsorgeprinzip – jedenfalls in seinen starken Formulierungen – ist ein Prinzip des Handelns in Situationen der Unwissenheit oder Unsichtbarkeit der künftigen Katastrophe. Ulrich Bröckling hat zu Recht darauf hingewiesen, dass es immer von einem Maximalismus der Katastrophenerwartung getrieben ist: Es geht darum, »immer mit dem Schlimmsten zu rechnen«.[57] Das aber heißt, *Angst* zum erkenntnisstiftenden Prinzip zu machen. Im Zustand der Ungewissheit über die künftigen Katastrophen und Schädigungen, die in den Dingen latent verborgen sind, so die Logik des Vorsorgeprinzips, braucht es eine Grundhaltung der Furcht und des Misstrauens, die uns davor bewahrt, den Tücken der Dinge blauäugig ins Messer zu laufen. Hans Jonas fordert daher eine »Heuristik der Furcht«.[58]

Dem Lebensgefühl einer solchen Heuristik der Furcht hat Don DeLillo, einen Monat nach dem Dioxinunfall von Bhopal und eineinhalb Jahre vor Tschernobyl und Wolfs ängstlichen Reflexionen über Grünzeug, Wannenbäder und das Bedrohliche moderner Technik, einen ganzen Roman gewidmet: *White Noise*, erschienen im Januar 1985.[59] Dass der Roman in der Forschung immer wieder reflexhaft als Bebilderung eines »postmodernen«, von medialen Simulakren überkrusteten Lebensgefühls der achtziger Jahre gesehen wurde, ändert nichts an der Präzision, mit der er die Logik des Vorsorgeprinzips auf den Punkt bringt.[60] Denn er illustriert nicht nur die affektive Struktur oder Subjektivierungsweise einer solchen Haltung permanenter Sorge, sondern leuchtet auch ihre sozialen und epistemischen Aporien aus.[61] Der erkenntnisstiftende narrative Trick der *Late Lessons*, die Ungewissheiten und Sorgen im Umgang mit möglichen Gefahren von hinten, vom Moment bereits erreichter Evidenz her zu erzählen, löscht ja gerade die Dunkelheit, in der die Zukunft epistemisch und affektiv *vor uns* liegt. DeLillos Protagonisten dagegen starren angestrengt aus der Gegenwart nach vorn in eine Zukunft, die voller unsichtbar lauernden Gefahren ist. Der Ich-Erzähler Jack Gladney, ein amerikanischer College-Professor mit Patchworkfamilie und Forschungsschwerpunkt »Hitler Studies«, lebt in einer Welt, die besessen ist von der Rede über Unfälle, Nebenwirkungen von Medikamenten, gefährliche Stoffe in Nahrungsmitteln, Katastrophenschutz. Seine Kinder unterhalten sich über die krebserregenden Ingredienzien von Kaugummi (engl. 41, dt. 66), sein Kollege unterrichtet ein Seminar über Crashfilme (engl. 40, dt. 63), die Schule der Kinder wird auf Schadstoffe untersucht, aber die Männer tragen einen Schutzanzug aus Mylex, selbst ein möglicherweise hochgefährliches Material (engl. 35, dt. 56). Ein Flugzeug stürzt – fast – ab. Gladneys Frau schluckt Dylar, ein noch nicht zugelassenes Medikament gegen die Angst vor dem Tod, dessen Nebenwirkung darin besteht, dass man Dinge mit den Worten für sie verwechselt. Eine ihrer Töchter studiert ständig Medikamentennachschlagewerke auf der Suche nach »Risiken und Nebenwirkungen«. Gladneys Freund Murray bezahlt Prostituierte dafür, an ihnen das »Heimlich maneuver« machen zu dürfen, einen Rettungsgriff bei drohendem Ersticken (engl. 152, dt. 215). Sicherheit wird zu einer ständig nagenden Sorge, zu einer Dauerbeschäftigung von Erwachsenen und Kindern, und bei Murray sogar zu einem Fetisch sexueller Art. Der allgegenwärtige Gefährdungs- und Sicherheitsdiskurs erzeugt unendlich viele Hinweise auf Gefahren, aber es ist völlig unklar, welche Konsequenzen aus diesen Hinweisen wirklich zu ziehen sind. Die Welt des Romans ist so eine der endemischen Angst: Angst als ›Grundrauschen‹ der Existenz, eben *white noise*, indistinkt, kaum hörbar, aber ständig präsent. »Wer wird zuerst sterben?«, fragt sich das Ehepaar Gladney immer wieder (engl. 15, dt. 27).

Diese Frage scheint sich im Roman plötzlich auf eine unheimliche und indirekte Weise zu beantworten. Ein Waggon mit einer Chemikalie ist auf dem Bahnhof entgleist und umgestürzt. Die Chemikalie »Nyodene D« läuft aus und steigt in einer toxischen Wolke auf, dem von den Medien euphemistisch so getauften »*airborne toxic event*«, der »luftübertragene toxische Vorfall«. *Nyodene Derivative* (kurz Nyodene D) ist die konzentrierte Essenz dessen, was die Technikfolgenabschätzung und das Vorbeugeprinzip fürchten und ausleuchten: die schlechthinnige »Nebenfolge«, von der Beck spricht, das *byproduct* – inklusive der absoluten Unsicherheit darüber, *worin* sie eigentlich besteht.

> »Nyodene D«, so erklärt Gladneys Sohn Heinrich expertenhaft, »ist ein Haufen von zusammengewürfelten Stoffen, die Nebenprodukte bei der Herstellung von Insektiziden sind. Das Mittel selbst killt Kakerlaken, die Nebenprodukte killen

alles andere. […] In Pulverform ist es farblos, geruchslos und sehr gefährlich, nur dass keiner genau zu wissen scheint, was es bei Menschen und ihren Nachkommen eigentlich bewirkt. Man hat jahrelang Versuche gemacht, und entweder weiß man es wirklich nicht genau oder man weiß es, und es wird nur nicht gesagt. Manche Dinge sind zu schrecklich, als dass man sie bekanntgeben könnte.« (Engl. 131, dt. 185f.)

Ein Nebenprodukt mit Nebenwirkungen – aber niemand weiß auch nur, ob man über diese Nebenwirkungen überhaupt etwas weiß oder vielleicht auch einfach nicht zugeben will. Die aufsteigende Giftwolke bedroht die Wohngegend der Gladneys und die Familie begibt sich auf die Reise zu einem der Katastrophenschutzräume, einem leerstehenden Boyscout-Camp. Auf der Fahrt dorthin durchqueren sie noch einmal eine geradezu allegorische Landschaft der einschlägigen Unfalltypen der Moderne, die wir hier betrachtet haben: kollidierte Autowracks und Bremsspuren für den Crash (engl. 122, dt. 173); den Ort der Chemiekatastrophe, umschwirrt von Helikoptern und Männern in Mylex-Schutzanzügen für den industriellen Großunfall (engl. 115f., dt. 163f.); fliehende Menschen mit ihren Kindern und Habseligkeiten auf dem Arm (engl. 121f., dt. 172). Es ist das Pandämonium des modernen Unfall- und Sicherheitsdiskurses, düstere, schreckliche Bilder, allzu bekannt aus der Katastrophen-Berichterstattung der Medien, die sofort wieder reflexartig bekannte Diskurse aufrufen. Professor Gladney reagiert ganz im Sinne einer Katastrophensoziologie, die herausgefunden hat, dass Katastrophen vor allem die Armen treffen:

> Solche Sachen passieren Leuten, die in gefährdeten Gegenden wohnen. Die Gesellschaft funktioniert doch so, dass es immer die Armen und Ungebildeten sind, die von den natürlichen oder menschengemachten Katastrophen am stärksten getroffen werden. […] Ich bin Professor an einem College. (Engl. 114, dt. 162)

Sein introvertierter vierzehnjähriger Sohn Heinrich dagegen

verfällt in eine geradezu euphorische Erregung des Ernstfalls. Er »blüht auf« (engl. 131, dt. 186). Wie eine Karikatur des Sicherheitsexperten hält er den anderen Katastrophenflüchtlingen wohlinformierte Vorträge über Nyodene D und seine Zerfallszeit, den Weg der Giftwolke und die Wirkungen auf Tiere und Menschen. Als Kehrseite des stumpfen Grundrauschens der Todesangst erscheint so, am akuten Ereignis, die Eloquenz eines Expertenwissens, das zwar keinerlei praktischen Nutzen hat, niemanden beruhigt und im hohen Maße unzuverlässig ist, aber dessen schiere Performanz einen Effekt von »prophetischer Offenbarung« vermittelt (engl. 130, dt. 184). In Heinrichs Euphorie des Expertentums, in Gladneys katastrophensoziologischer Abwehr (»sowas passiert doch nur armen Leuten!«) und in Murrays sexueller Erregung beim Ausführen des Rettungsgriffs wird hier ein reaktualisiertes ›Katastrophenbegehren‹ spürbar, das das Katastrophenbegehren des Kalten Krieges auf die individuelle und private Ebene verlagert zu haben scheint (s. Kap. 2). Es durchzieht den Sicherheitsdiskurs als Kehrseite der allgegenwärtigen Angst. Es ist eine Sehnsucht nach dem Ernstfall, wo das unhörbare und verdrängte weiße Rauschen der Todesangst plötzlich zum hörbaren Geräusch wird, eine Sehnsucht nach dem Ereignis als Manifestation einer immer nur latenten, lauernden Gefährdung, die als solche nicht fass- und nicht erfahrbar ist.

Die ubiquitäre Angst als Grundgefühl der Existenz Gladneys bekommt durch das *airborne toxic event* plötzlich Gestalt – wenn auch wiederum keine klar konturierte. Auf der Fahrt steigt Gladney für zweieinhalb Minuten aus, um zu tanken. Dabei wird er – möglicherweise – mit dem Fallout der Nyodene-D-Wolke kontaminiert. Bei der Ankunft im Camp wird Gladney dann von einer Katastrophenschutzeinheit namens Simuvac auf seine mögliche Schädigung hin untersucht. Natürlich ist Simuvac keine ›echte‹ Katastrophenschutztruppe, sondern »*simulated evacuation*«, eine Katastrophenschutz-*Übungs*-Truppe, die den Einsatz am Echtfall *simuliert* (hier sind wir tatsächlich mitten in der ›Postmoderne‹ der achtziger Jahre!). Der Simuvac-Mitarbeiter informiert Gladney nun über die möglichen Folgen seines zweieinhalbminütigen Kontakts mit dem Giftstoff. Gladney fragt ihn: »Werde ich sterben?«

> »Nicht als solches.«
>
> »Was meinen Sie damit?«
>
> »Nicht im engeren Sinne des Wortes.«
>
> »In welchem Sinne denn?«
>
> »Es ist keine Frage von Worten, sondern von Jahren. In fünfzehn Jahren wissen wir mehr. In der Zwischenzeit haben wir auf jeden Fall ein Problem.«
>
> »Was wissen wir in fünfzehn Jahren?«
>
> »Wenn Sie dann noch am Leben sind, werden wir sehr viel mehr wissen als jetzt. Nyodene D hat eine Lebensdauer von dreißig Jahren. Sie werden dann die Hälfte erreicht haben.«
>
> [...]
>
> »Um diese Substanz zu überleben, muss ich also wenigstens achtzig werden.« (Engl. 140f., dt. 198f.)

Es ist unklar, was genau die Kontamination bedeutet, und unklar, was ihre Langzeitfolgen sein werden, unklar, ob man überhaupt lange genug lebt, um daran zu sterben. »In fünfzehn Jahren wissen wir mehr« ist die ratlose, aber exakte Formel für jene Latenzzeit, die die epistemologische Crux aller Technikfolgenabschätzung ist. Die Rede ist von Schwellenwerten, Expositionszeiten, der extremen Toxizität von Nyodene D und von Tierversuchen: »Ein Teil auf eine Million Millionen [sic] kann eine Ratte in einen Dauerzustand versetzen.« (Engl. 139, dt. 196) Worin der »Dauerzustand« besteht, den die Ratte im Tierversuch entwickelt, ob die Ergebnisse auf Menschen übertragbar sind, worauf sich das Zahlenverhältnis bezieht – nichts davon ist klar. Und nichts davon ist geeignet, Gladney über seinen Krankheitszustand oder seine gesundheitliche Zukunft in irgendeiner verständlichen Weise zu informieren. Alle Information ist bezogen auf zukünftiges Wissen, das jetzt noch nicht vorliegt, ein Wissen, in dem Gladney bestenfalls als ›Fall‹ auftauchen wird, als ein Wert in etwas, was der Simuvac-Mann in schöner Unklarheit einen »*probability excess*« (139), »einen Wahrscheinlichkeitsüberschuss« (197) nennt. Wie die Einwohner von Prypjat, die noch heute darauf warten, zu wissen, wie sehr sich die Kontamination von 1986 auf ihre Lebenserwartung, ihren Gesundheitszustand und ihre Kinder ausgewirkt haben wird, ist auch der Romanheld Gladney, lebendig oder tot, Teil einer Statistik von Todesfällen. Eine Statistik in der Zukunft. Allein das ist sicher. Die Wahrscheinlichkeitsstruktur einer Statistik, deren Parameter selbst noch vollkommen unklar sind, ist für den Einzelfall eines gegebenen Individuums, für das subjektive Bewusstsein des Betroffenen aber gänzlich unverständlich. Alles, was Gladney begreift, ist: »Der Tod hat Einzug gehalten. Er ist in dir.« (Engl. 141 f., dt. 200) Aber der Tod ist ja immer schon in das Leben des Körpers eingeschrieben, er ist *in* uns – mit und ohne Nyodene D, mit oder ohne Radioaktivität, mit und ohne all jene Gefährdungen, Risikolandschaften und konzentrierten Nebenwirkungen, die das Sicherheitsdenken exploriert. So macht schon Gladneys Frage, »werde ich sterben?« keinen Sinn, denn sie kann nur mit »ja« beantwortet werden. Was für das Individuum angesichts solcher Statistiken verständlich ist, ist nur das, was hinter dem Grundrauschen der Angst und des Sicherheitsdiskurses immer schon lauert und in ständiger Latenz gehalten wird: das Bewusstsein der Sterblichkeit als der einzigen Zukunft, deren wir uns *sicher* sein können.

So ist der Großunfall in *White Noise* das Zu-sich-Kommen eines neuen und anderen ›Katastrophenbegehrens‹ in der Moderne und im modernen Sicherheitsdenken. Es ist nicht mehr, wie im Kalten Krieg, ein obszönes, uneingestehbares Begehren nach dem kollektiven und gleichzeitigen Sterben einer in Blöcke zerklüfteten Menschheit (Kap. 2, S. 101–109) oder auch nach dem Ernstfall aus Ausnahmezustand sozialer Spielregeln (Kap. 4). Wenn das Sicherheitsregime der *safety*, der technischen Sicherheit, in seinem Kern getrieben ist von der Tücke der Objekte und einer Heuristik des Misstrauens und der Furcht, dann zeigt das mit ihm verbundene katastrophische Imaginäre ein *Begehren nach Manifestation des Latenten.* In den Fiktionen von großen technischen Desastern liegt ein Wunsch nach Greifbarkeit und Sichtbarkeit all dessen, was uns in Form einer Tücke der Dinge und Technologien permanent *belauert.* Die Latenz der Gefährdungen und omnipräsenten Risiken wird hierin – endlich – zum *Ereignis.* So bringt auch in *White Noise* die endlich stattfindende Katastrophe nur das alltägliche und anhaltende Gefährdungsbewusstsein zu einer manifesten, greifbaren Form. Im akuten Desaster findet diese Angst ihre Gestalt – und ihre Abfuhr. DeLillos Nyodene D ist das Konzentrat aller denkbaren, noch nicht denkbaren und undenkbaren Nebenwirkungen, die *bête noire* des Vorsorgeprinzips und der Technikfolgenabschätzung.

Es ist darum kein Zufall, dass eines der Symptome der Kontamination das Gefühl von *Déjà vu* ist. Denn wenn der Unfall eintritt, dann immer schon als das *Wiedererkennen einer Zukunft, die wir seit langem ausmalen.*

> Warum glauben wir, dass diese Dinge schon einmal passiert sind? Ganz einfach. Sie *sind* schon einmal passiert, als Zukunftsvisionen in unseren Gedanken. Weil dies Präkognitionen sind, können wir das Material nicht in unser Bewusstseinssystem einpassen, so wie es jetzt strukturiert ist. […] Wir blicken in die Zukunft, aber wir haben nicht gelernt, das Erlebnis zu verarbeiten. Also bleibt es verborgen, bis die Präkognition sich verwirklicht, bis wir dem Ereignis Auge in Auge gegenüberstehen. (Engl. 151, dt. 214)

Vielleicht funktioniert Fiktion im Hinblick auf das Unfall- und Sicherheitsdenken genau wie das »*airborne toxic event*« im Hinblick auf das unhörbare Grundrauschen der Angst vor dem Tod: Es bringt etwas aus der Latenz hervor, es schafft ein Ereignis, etwas Erzähl-, Darstell- und Erlebbares, in dem die ungreifbare und bedrohliche Zukunft greifbar wird. Es zeigt sich hier, was die Fiktionen für eine katastrophische Zukunft der

Dinge leisten. Die wissenschaftlichen und politischen Diskurse der technischen Sicherheit beleuchten die möglichen Unfälle zwar immer neu und schlaglichtartig, können sie aber nicht erhellen. So sind die literarischen und filmischen Unfälle das Manifestwerden von etwas, das immer schon lauert: sei es als statistische Wahrscheinlichkeit des Crashs, sei es als fatale Kopplung unwahrscheinlicher Umstände zur Großkatastrophe, sei es als schleichende, über Jahrzehnte sich hinziehende Nachwirkung – als *nahe* oder *ferne* Katastrophe. Fiktion macht etwas sichtbar und anschaulich, was weder die Diskurse der Sicherheitswissenschaften, der Katastrophensoziologie, der Technikfolgenabschätzung oder der wissenschaftlichen Politikberatung so umsetzen können, dass es für den Einzelnen nachvollziehbar wäre. Als schrilles Bild, Slapstick, Horrorszene, ratloser Monolog eines von der Tücke des Objekts Verfolgten oder dumpfe Angst eines College-Professors dagegen können sie Gegenstand eines subjektiven Bewusstseins und eines individuellen Affekts werden. In der Fiktion können wir der Unheimlichkeit der tückischen Technologien ins Auge sehen. In ihnen findet die Angst als Grundrauschen der Moderne ihre Erzählungen und Situationen, aber auch ihren Witz.

Kapitel 6
Die Paradoxien des Voraussehens

Narrative der Prävention

Die Zeit verzweigt sich beständig zahllosen Zukünften entgegen.
Jorge Luis Borges: Der Garten der Pfade, die sich verzweigen[1]

»*The future sucked*«, stand im Frühjahr 2012 an einer Mauer der Station Union Street in Brooklyn, wo Teile dieses Buchs entstanden sind. Dass die Zukunft *Scheiße* ist oder sein wird, ist kaum mehr als die prägnante Zusammenfassung jener Katastrophenerwartung, deren Motive und Geschichte wir in den vorherigen Kapiteln betrachtet haben. Sie trifft in knappen Worten jene für die Moderne prägende Vorstellung von Zukunft als Katastrophe im Wortsinne des griechischen *καταστροφή*: die plötzliche Wendung nach unten, zum Schlimmen.[2] Ursprünglich ein poetologischer Begriff, bezeichnet »Katastrophe« den plötzlichen Bruch oder Einbruch in ein Handlungsgefüge (s. Einleitung). Genau als dieser Einbruch wird Zukunft heute gefasst: »Zukunft ist das, was sich gravierend vom Gegenwärtigen unterscheiden wird.«[3] Zukunft ist nicht mehr ein Versprechen, sondern eine Drohung: die Zerstörung alles Vertrauten, sei es ein erhabenes Desaster, das vom Menschen nichts übriglässt als den erschütterten Blick des Letzten Menschen (Kap. 1), die Zerstörung der Lebensgrundlage durch einen Atomkrieg (Kap. 2), die unheimliche Katastrophe einer kaum wahrnehmbaren Veränderung des Klimas (Kap. 3), der »Ernstfall«, der tragische Entscheidungen zwischen Leben und Tod nötig macht (Kap. 4), oder der unvorhersehbare und unwahrscheinliche Unfall (Kap. 5). – Aber der Satz sagt noch etwas anderes: Die Zukunft *war* Scheiße. Von der Zukunft in der Vergangenheitsform zu sprechen – und eben nicht im Modus des Futur II: *die Zukunft wird Scheiße gewesen sein* –, ist eine logische Unmöglichkeit.[4] Dass die Zukunft Scheiße *war*, besagt vielmehr, dass verlässliches Wissen von der Zukunft nur in Form eines Narrativs vorliegen kann, das fiktiv auf die Zukunft als etwas Vergangenem zurückblickt. Wie sich die Zukunft als Zukunft zu einer gegebenen Gegenwart verhält (verhalten haben wird), lässt sich nur als Abfolge von Entscheidungen, Handlungen und Ereignissen erzählen, die man in ihrer Gesamtheit überblicken muss. Nur vom fiktiven Standpunkt des Rückblicks aus wird man sehen, was die Folgen einer Entscheidung oder die heimlichen, übersehenen Anzeichen einer kommenden Entwicklung *gewesen sind.*

Wenn Zukunft als radikaler Bruch, als künftiger Schaden oder gar Desaster gedacht wird, dann kann der Bezug zu ihr nur ein negativer sein: *Diese* Zukunft muss verhindert werden. So ist die lange Geschichte der Techniken und Institutionen des Vorhersehens – von der antiken Divination bis zu modernen Prognoseverfahren – zu einem guten Teil eine Geschichte der Reflexion darauf, wie Übel verhindert, wie künftige Schäden erkannt und wie ihnen vorgebeugt werden kann. Insbesondere in der Moderne rückt dabei die Möglichkeit (oder Unmöglichkeit) von *Prävention* als dem eigentlichen Zweck prognostischen Wissens zunehmend in den Vordergrund. Kant etwa bemerkt über das Voraussehen, die *praevisio*:

> Dieses Vermögen zu besitzen interessiert mehr als jedes andere; weil es die Bedingung aller möglichen Praxis und der Zwecke ist, worauf der Mensch den Gebrauch seiner Kräfte bezieht. Alles Begehren enthält ein (zweifelhaftes oder gewisses) Voraussehen dessen, was durch diese möglich ist. Das Zurücksehen aufs Vergangene (Erinnern) geschieht nur in der Absicht, um das Voraussehen des Künftigen dadurch

möglich zu machen; in dem wir im Standpunkte der Gegenwart überhaupt um uns sehen, um etwas zu beschließen, oder *worauf gefaßt zu sein.*[5]

Für Kant ist Zukunftswissen entweder Grundlage für Entscheidungen oder für Maßnahmen der Vorsicht, Vorsorge und des Vorbereitet-Seins. »Worauf gefasst zu sein«, also kommendes Unglück ins Auge zu fassen oder es durch vorsorgende Schritte zu verhindern, erscheint schon hier als existentieller Kern jeden Versuchs, die Zukunft vorauszusehen. Der Wunsch *vorherzusehen* ist der Wunsch *zuvorzukommen.* Ein Auguste Comte zugeschriebenes Zitat hat diese moderne Verknüpfung von Vorherwissen und Zuvorkommen auf die bündige Formel gebracht *»voir pour savoir, savoir pour prévoir, prévoir pour prévenir«.*[6] Sehen, um zu wissen; wissen, um vorherzusehen; und vorhersehen, um Vor-Sicht walten zu lassen, um zuvorzukommen. Aber was in dieser Formelhaftigkeit wie eine einfache logische Folge klingt, ist in Wirklichkeit ein höchst heterogener Prozess unterschiedlichster Erkenntnisformen und Handlungsstrategien. Denn der positivistische Glaube, aus Beobachtung die Kenntnis allgemeiner Gesetzmäßigkeiten und aus dieser ein Wissen um zukünftige Entwicklungen ableiten zu können, beruht auf der Annahme einer grundsätzlichen Kontinuität von Entwicklungen und deren rationaler Erkennbarkeit oder Ableitbarkeit. Wenn Kant (wie Comte) davon ausgeht, dass das »Zurücksehen aufs Vergangene« das »Voraussehen des Künftigen« möglich macht, dann erscheint Zukunft als bestenfalls milde modifizierte Verlängerung der Vergangenheit und Gegenwart. Die gleichen Gesetze, die die Gegenwart geprägt haben, werden auch die Zukunft bestimmen.

Eine solche Fassung von Zukunft, die ableitbar aus den Gesetzen der Gegenwart und Vergangenheit wäre, mag für bestimmte Weisen, »auf etwas gefasst zu sein«, durchaus praktikabel sein. Ulrich Bröckling hat für die Moderne drei grundsätzliche »Dispositive der Vorbeugung« unterschieden und ihre politischen und sozialen Strategien an bestimmte epistemische Strukturen des Vorhersehens gebunden.[7] (1) Ein Regime der »Hygiene«, das zukünftige Schadens-»Erreger« immer schon erkannt haben will – sei es etwa in Form von Krankheitskeimen, sei es in Form von »sozialen Schädlingen«. Es sucht diese in Gegenwart und Zukunft aufzustöbern und zu eliminieren, um künftige Schädigungen dadurch vermeiden zu können. Zweifellos entspricht dieses Dispositiv sehr genau dem Optimismus des 19. Jahrhunderts, unmittelbar vom »Sehen« zum »Vorhersehen« und »Vorbeugen« übergehen zu können. Vorhersehen ist hier vor allem Extrapolation des Gegenwärtigen, ein Hochrechnen vom Bekannten aufs Künftige.[8] (2) Ein zweites, zweifellos aktuelleres Dispositiv, das Bröckling »Immunisierung« nennt, ist weniger vertrauensvoll in Bezug auf die Möglichkeit, die Auslöser künftiger Schäden schon in der Gegenwart identifizieren zu können. Es setzt daher weniger auf die Eliminierung von Bedrohungen als auf deren *Management*, etwa durch Stärkung der Abwehrkräfte, durch Risikoeinschätzung und -reduktion, durch Sicherheitsregelungen, Versicherungen etc. Kennzeichnend für die epistemologische Grundlage dieses Präventionsregimes ist nicht mehr das Vertrauen auf ein Wissen vom Kommenden, sondern das Wissen um die eigenen Unbekannten, die *known unknowns*: Wissen, das sich darum eher in Wahrscheinlichkeitsberechnungen (etwa Unfallstatistiken), Hypothesen und Schätzungen (wie etwa Alarmstufen) niederschlägt. Zukunfts*management* sieht sich als kybernetisches Aussteuerungssystem. Es weiß nicht genau, was kommen wird, aber es weiß, was wahrscheinlich und was unwahrscheinlich ist – und wie man entweder die Wahrscheinlichkeit von Schäden reduzieren (Regime der *»safety«*) oder Schäden kompensieren kann (Versicherungen). Für eine Zukunft, die aus kleinen bis mittelschweren, aber häufigen Schadensfällen besteht – eine Zukunft des »wahrscheinlichen Unfalls« wie dem Crash oder regelmäßigen Erkrankungen – ist dieses Präventionsregime heute vorherrschend.

Aber radikale Brüche und seltene, aber katastrophische Ereignisse kann ein solches Prinzip des Beobachtens und Errechnens von Wahrscheinlichkeiten nicht mit in Rechnung ziehen. (3) Ein drittes Vorsorgeregime bezieht sich daher genau auf die Möglichkeit, dass wir von künftigen Desastern (fast) *nichts wissen*. Oder genauer: dass das Desaströse dieser Katastrophen genau darin bestehen wird, dass sie nicht nur keiner Logik der Versicherung und Kompensation mehr folgen, sondern vor allem radikal neu und unableitbar aus der sorgsamen Beobachtung der Gegenwart sind: »Wenn die Bedrohungsszenarien zugleich post-probabilistisch und katastrophisch sind [...] sind das Hygiene- wie das Immunisierungsdispositiv konstitutiv überfordert.«[9] Genau darum werden auch andere Formen der Antizipation und Absicherung der Zukunft eingesetzt: Nicht mehr klassische Maßnahmen wie Sicherheitskontrollen und Versicherung – sondern die imaginativen Verfahren eines »Denkens des Undenkbaren« (s. dazu Einleitung).[10] Das Sicherheitsregime dieses katastrophischen Typs von Zukunft ist das »Vorsorgeprinzip« (*precautionary principle*). Seine epistemische Grundlage ist die Überzeugung, dass wir möglicherweise *nicht einmal wissen*, was wir über die Zukunft alles *nicht wissen*. In der Politik der technischen Sicherheit (*safety*), die wir im letzten Kapitel betrachtet haben, wirkt es als Prinzip einer möglichst weitreichenden, hochgradig misstrauischen Abschätzung von Langzeitfolgen und damit verbunden einer »Heuristik der Furcht« (Hans Jonas), die lieber auf die künftigen Vorteile einer unsicheren Technologie verzichtet, als ihre unabsehbaren Langzeitfolgen in Kauf zu nehmen. Im Raum der politischen Sicherheit (*security*) dagegen tendiert das Vorsorgeprinzip zu einem präventiven (oder präemptiven) Aktivismus, der gerade daraus, dass man über Form und Ausmaß eines kommenden Angriffs oder Verbrechens nichts weiß, ein Maximum an Gegenmaßnahmen ableitet: »Die Risiken des Nicht-Handelns sind sehr viel größer als die des Handels«, brachte Vizepräsident Dick

Cheney das Credo des sicherheitspolitischen »Kriegs gegen den Terror« auf den Punkt.[11] Das Vorsorgeprinzip zieht die »*unknown unknowns*«, also strukturell Unwissbares, in Rechnung und konzentriert sich darauf, »vorbereitet« zu sein und »immer mit dem Schlimmsten zu rechnen«.[12] Es ist diese selbstreflexive *Orientierung am Nicht-Wissen*, die das Präventionsdispositiv des Vorsorgeprinzips für die Frage nach der epistemischen Struktur von Zukunftswissen besonders interessant macht.

Denn die Herausforderung, die Zukunftswissen stellt, das nicht von einer Kontinuität, sondern einer Diskontinuität von Gegenwart und Zukunft ausgeht, ist seine intrikate Verknüpfung von Wissen und Nicht-Wissen.[13] Es ist ein Wissen *unter der Bedingung des Nicht-Wissens.* Diese Verknüpfung von Wissen und Nicht-Wissen kann durchaus auch optimistisch ausfallen, etwa als fortschrittsgläubige Hoffnung, demnächst mehr zu wissen. Dann ist Nicht-Wissen kaum mehr als ein Noch-nicht-Wissen, ein Wissen über die Zukunft, das sich *in Zukunft* einstellen wird.[14] In der Moderne aber tendiert sie dazu, pessimistisch ausgelegt zu werden: als radikale Unsicherheit angesichts nicht antizipierbarer künftiger Gefährdungen. Die pessimistische Variante generiert dabei einen Typus von Wissen, der eine untrennbare Beziehung zum Nicht-Wissen unterhält, ein »Sicherheitswissen«. »Sicherheit (*security*)«, so Peter Burgess, »betrifft genau das, *was wir nicht wissen.* Ihre ganze Rationalität, Politik und Normativität organisieren sich um diese epistemische Irritation herum: Sicherheit ist in ihrem Wesen ein Verhältnis zu dem, was nicht wissbar ist.«[15] Ein präventives Zukunftswissen, das Vorsorge gegen künftige Schäden informieren könnte, erfordert eine »negative Epistemologie« (Burgess), die genau diesen Zusammenhang von Wissen und Nicht-Wissen denken kann.

Diese »negative Epistemologie« aber ist notwendig angewiesen auf eine strukturelle Fiktionalität, die einerseits in der Lage wäre, ein Wissen von der Zukunft zu entwerfen und gleichzeitig bewusst zu halten, dass diese Prognose nur unter den Bedingungen eines konstitutiven Nicht-Wissens über die Zukunft entsteht. Genau darum ist gerade das Vorsorgeprinzip so intensiv an *imaginativen* Verfahren der Vorausschau interessiert und entwickelt ein eigenes »emergency imaginary«.[16] Umgekehrt sind fiktionale katastrophische Zukunftsimaginationen in Literatur und Kino ihrerseits eine Form, das Dunkel dieses Nicht-Wissens auszuleuchten, und das heißt: gerade auch unwahrscheinliche Desaster – wie etwa den Super-GAU oder die »Verkettung unglücklicher Umstände« – in den Blick zu nehmen. ›Fiktionalität‹ (sei es von wissenschaftlichen Szenarien, sei es von Romanen oder Filmen) in Hinblick auf eine Beleuchtung künftiger Welten bedeutet, dass sich Zukunft gleichsam aufspaltet in einen möglichen Verlauf, der erwartet, vorausgesagt, möglicherweise verhindert oder herbeigeführt werden kann – und einen anderen, ebenso möglichen, der nicht erwartet, nicht gewusst, nicht verhindert werden kann. Die »negative Epistemologie« präventiven Voraussehens muss diese Spanne eines Erwartungsraums ermessen und ausloten, dessen Diesseits die bekannte Gegenwart, dessen Grenze aber das Unerwartbare, nicht Auszudenkende ist. Das katastrophische Wissen von der Zukunft entsteht so immer über dem Abgrund eines Ereignisses, das man zugleich gewusst und (doch) nicht erwartet hat.

Ein Wissen von der Zukunft, das ein Vorsorgen und Verhindern des Kommenden auf den Plan ruft, hat, wie Peter Fuchs argumentiert hat, eine grundsätzlich »paradox anmutende Zeitstruktur«:[17] Einerseits muss sie als herannahende Entwicklung erkannt und ausgemalt werden, andererseits müssen in der Gegenwart Schritte unternommen werden, damit diese Zukunft *nicht* eintritt. »Daraus folgt, dass die Prävention immer mit mindestens zwei Zukünften rechnet, nämlich einer, die ohne Prävention, und einer, die mit Prävention auskommen muss. Und welche Zukunft die wirkliche Zukunft gewesen ist, entscheidet sich, wenn die Prävention Vergangenheit und die

Zukunft Gegenwart geworden ist.«[18] Das heißt nicht nur, dass der vorsorgende Vorgriff auf die Zukunft erst dann überhaupt in seiner Wirksamkeit sichtbar wird, wenn die Gegenwart der Prävention schon als Vergangenheit überblickt werden kann, wenn also ein abgeschlossenes Narrativ vorliegt, das von seinem Ende her erzählt werden kann. Es heißt auch, dass eigentlich nie verlässlich entschieden werden kann, ob eine vorsorgende Handlung auch tatsächlich ›gewirkt‹ hat: »Es gibt keinen empirischen Test, der belegen könnte, dass eine Zukunft (die es nicht gibt) tatsächlich eingetroffen ist.«[19] Es gibt keinen »Test«, aber es gibt natürlich Erfahrungswerte oder Wahrscheinlichkeiten, etwa dass ein Kind von einem ungesicherten Balkon fallen kann, dass Häuser ohne Blitzableiter eher durch Blitzschlag entzündet werden können oder dass Ungeimpfte bei einer Infektion mit einem sehr viel schwereren Krankheitsverlauf zu rechnen haben. Aber auch dieses Wissen über erwartbare, regelmäßige oder wahrscheinliche Zukunftsfolgen kann nur in Gestalt eines minimalen *plots* abgerufen werden, eine Handlungsabfolge, die ein *wenn-dann*-Gefüge in ein *vorher-nachher*-Gefüge überführt, oder genauer gesagt: es als ein *vorher-nachher*-Gefüge erzählt. Erzählt werden muss das, was gerade nicht eintreten soll. Erzählt wird also eine Hypothese über eine mögliche Zukunft, die in der Gegenwart verhindert werden muss.

> »Prävention konstruiert die bedrohlichen Zukünfte, gegen die sie Abhilfe verspricht«, so Ulrich Bröckling. »Das bedeutet keinesfalls, dass es keine Wirklichkeit außerhalb des Diskurses gäbe, aber es bedeutet im strikten Sinn, dass Prävention nur dort geschieht und geschehen kann, wo Bedrohungen als Bedrohungen thematisiert, d. h. wo sie zum Gegenstand von Diskursen werden.«[20]

Prävention ist also auf ein *Narrativ* angewiesen, das einen Ablauf der Dinge schildert, wie er nicht geschehen soll. Sie leistet damit eine *Interpretation* der Gegenwart, die ein Mittel gegen diesen Ablauf anbietet. Der Effekt dieses Narrativs soll nun genau darin bestehen, dafür zu sorgen, dass es sich nicht verwirklicht. Prävention beruht so auf einer Struktur der *self-defeating prophecy* – einer Zukunftsvorhersage, deren Performanz genau darin liegt, dass sie sich selbst durchkreuzt. Prävention will also genau das verhindern, was sie kommen sieht. So verhalten sich die »zwei Zukünfte«, mit denen Prävention also nach Peter Fuchs rechnen muss, als zwei mögliche Optionen zueinander, die einander ausschließen und doch zugleich als alternative Möglichkeiten aufeinander bezogen, unlösbar miteinander verknüpft sind.

Genau hier liegt der fiktionstheoretische Kern im Zukunftsverhältnis der Prävention: Sie entwirft die Gegenwart als Verzweigungspunkt von mehrfachen alternativen Geschichten, von denen sie eine zu verwirklichen, eine andere zu verhindern sucht. »Die Zeit«, so schreibt Jorge Luis Borges in seiner Geschichte *Der Garten der Pfade, die sich verzweigen*, »verzweigt sich beständig zahllosen Zukünften entgegen.«[21] Die Gegenwart hätte demgemäß die Form eines Romans, in dem sich »ein Mensch angesichts verschiedener Möglichkeiten für eine [entscheidet] und die anderen eliminiert.«[22] Was Borges nun in seiner kleinen Erzählung entwirft, ist ein Modell für das, was ›Fiktion‹ epistemologisch leistet: Sie ist in der Lage, einen Roman zu entwerfen, in dem sich der Protagonist nicht für *eine* Möglichkeit entscheidet, vielmehr »entscheidet er sich – gleichzeitig – für alle. Er erschafft so verschiedene Zukünfte, verschiedene Zeiten, die ebenfalls auswuchern und sich verzweigen.«[23]Diese Verzweigungsstruktur alternativer möglicher Welten, als die die Zeit sich in die Zukunft hinein entfaltet, nennt Borges »Fiktionen« (*ficciónes*).[24] Gemeint ist mit »Fiktion« also nicht die Differenz zwischen Wirklichkeit und Erfundenem, sondern ein *Möglichkeitsraum alternativer Verläufe*, gleichermaßen plausibler und doch einander dementierender oder durchkreuzender Varianten eines Geschehens. Zeit ist demnach ein *Labyrinth aus Fiktionen* oder – mit dem Titel der Erzählung – ein »Garten der Pfade, die sich verzweigen«. Eine

»Fiktion« in Borges' Sinne ist einer dieser Pfade, eine Wirklichkeitsvariante unter anderen, aber nur in dem Sinne, dass er stets auf diese anderen, auf das Labyrinth von alternativen Möglichkeiten verweist, dessen Teil er ist. Denn dass ein Pfad *eine* Variante oder Version ist, wird erst sichtbar im Gefüge *alternativer* Varianten. »Fiktion« ist darum nicht einfach eine Erfindung, sondern strukturell das, was man in der Wissenschaft eine »Arbeitshypothese«, eine »heuristische Fiktion« oder eben ein »Szenario« nennt, das ja bekanntlich nie allein kommt. (S. dazu auch Einleitung) Eine Geschichte oder Wirklichkeitsfassung als Fiktion in diesem Sinne zu verstehen heißt, die kontingente Divergenz zwischen zwei oder mehr möglichen Versionen zu bedenken; es heißt, die Gegenwart als einen solchen Verzweigungspunkt wahrzunehmen. Fiktion situiert sich exakt am Punkt einer »Bifurkation« in der Gegenwart, an dem noch vielfältige, aber einander ausschließende Wirklichkeiten möglich sind und ausgemalt, ausgerechnet oder auserzählt werden müssen.[25]

Mit Erfindung und Wirklichkeitsferne hat ein solcher Begriff von »Fiktion« nichts zu tun. Denn es liegt ja im Wesen der Prävention, dass ihre imaginierten Verläufe einerseits massiv *wirksam sind* – Konstruktionen, die Handlungen und Eingriffe in der Wirklichkeit informieren und auslösen – und dass sie doch idealiter *nie Wirklichkeit werden sollen*. Gerade wenn es funktioniert, bleiben sie nichts als *Erzählungen*, Versionen und Imaginationen einer Welt, die nie Wirklichkeit geworden ist. Wenn die »negative Epistemologie« eines Vorhersehens der Zukunft Wissen und Nicht-Wissen unauflösbar miteinander verbindet, dann tut sie das im Sinne von alternativen Versionen eines Ereignisses: So wie eine Version nicht ohne die andere, ebenso mögliche gedacht werden kann, ist ein Wissen von der Zukunft konstitutiv nicht denkbar ohne Nicht-Wissen – eine notwendige Verkennung, eine unumgängliche Blindheit. In jeder Prognose, jeder Prophezeiung oder hypothetischen Schilderung künftiger Desaster öffnet sich der Abgrund dieser Verkennung: die Möglichkeit, dass man alles, was man weiß oder zu wissen glaubt, für wahrscheinlich oder unwahrscheinlich hält, von einem anderen Narrativ, einer anderen Instanz des Wissens aus durchkreuzt werden kann, das zeigt, *dass alles ganz anders gewesen sein wird.* Diese Struktur der Bifurkation multipler Verläufe, die Angewiesenheit auf ein Narrativ und die Notwendigkeit imaginativer Verfahren nähert das Zukunftswissen damit strukturell dem fiktionalen Erzählen – der Literatur und dem Film. Auch sie erzählen, nach einer sehr alten Definition von Literatur, wie *es gewesen sein könnte* oder auch *was geschehen könnte*,[26] auch sie explorieren Möglichkeitsräume, die – wie Borges' Idee der sich verzweigenden Pfade – stets darauf verweisen, dass es auch anders sein könnte. Dass unterhalb des Gesagten, Erzählten und Gezeigten eine ganz andere Geschichte lauern könnte und gelesen werden müsste.

Wissen von der Zukunft ist einer der klassischen Gegenstände der Literatur. Und es ist vor allem dann ein Gegenstand der Literatur (und eben neuerdings des Films), wenn das Vorherwissen eines ist, das unmittelbar Handlung erfordert: das Wissen einer kommenden Katastrophe. Eine solche Handlung zu erzählen, die von einem Wissen um die Zukunft ausgelöst ist, bedeutet, die Verknüpfung von Wissen und Nicht-Wissen nicht einfach zum ›Thema‹ zu machen, sondern sie unmittelbar in die *Struktur der Darstellung* aufzunehmen. Es bedeutet, die Paradoxien einer sich in mehrere Möglichkeiten aufspaltenden Zukunft in den Blick zu nehmen. Damit wird einem Leser oder einem Zuschauer etwas lesbar oder sichtbar, was die in die Gegenwart der erzählten Welt verstrickten Protagonisten eben gerade nicht sehen können. Auf diese Weise »teilt« Literatur das Dunkel, in dem die Zukunft liegt: Sie wirft ein Licht hinein und ist doch auch Ort dieses Dunkels.

Unterhandlungen mit der Zukunft: Kroisos und Ödipus

Wehe! Wehe! Wie furchtbar ist das Wissen für den,
der weiß / Und dem das Wissen nichts nützt.
Sophokles: König Ödipus[27]

Zweifellos gehört die Vorstellung der Prävention und ihrer epistemischen und politischen Dispositive, wie ich sie oben skizziert habe, zu einem genuin modernen Zukunftsverständnis, das die Zukunft als kontingent, als in der Gegenwart veränderbar, planbar und damit eben auch *verhinderbar* denkt. In jedem Moment des Jetzt treffen wir Entscheidungen (sei es durch Handeln oder Unterlassen), deren Folgen die Zukunft mit bestimmen werden. Dennoch lohnt es sich, einen Blick auf die Antike zu werfen – schon deshalb, weil sie die vielleicht bis heute wirkmächtigsten Mythen und Erzählungen über das Vorauswissen hervorgebracht hat. Wie kaum eine andere Epoche hat die Antike nicht nur intensiv über die Möglichkeiten eines Wissens von der Zukunft nachgedacht. Vor allem hat sie die Aporien jener zwangsläufigen, aber nicht selten fatalen Verbindung von *Zukunftswissen* und *Handlungsgebot* beleuchtet, die dem Voraussehen innewohnen. Und sie hat mit der Tragödie eine ästhetische Form für eine intrikate und unauflösliche Verknüpfung von Wissen und Nicht-Wissen der Zukunft gefunden, an der noch das heutige Sicherheitsdenken laboriert: dass gerade im Sehen des Künftigen immer schon eine Verkennung steckt, die am Ende die Katastrophe erst eigentlich herbeiführen kann.

Das antike Verhältnis zur Zukunft unterscheidet sich vom modernen vielleicht am deutlichsten in einem Punkt: Für die antiken Gesellschaften von Mesopotamien, Ägypten oder China, von den Hebräern bis zu den Griechen und Römern ist die Vorstellung, dass der Mensch ein Wissen von der Zukunft erlangen kann, selbstverständlich.[28] Die Antike stellt nicht die (moderne) Frage nach der *Möglichkeit* von Zukunftswissen, sondern die nach dem *richtigen Umgang* des Menschen mit ihm. Daher legen antike Divinationstechniken großes Gewicht auf Interpretation: Ihre Verfahren sind entweder semiotische Ausdeutungen von Naturzeichen (wie Eingeweideschau, Vogelflug, Sterne oder auch Losverfahren) oder eines göttlichen Worts, das sich durch ein Medium wie der Delphischen Pythia oder einen Propheten mitteilt.[29] Beim semiotischen Verfahren gibt es Experten, die die Zeichen der Zukunft lesbar machen; im Falle der göttlichen Prophetie oder des Orakels dagegen wird die Ausdeutung der dunklen Worte des Gottes zumeist den Adressaten selbst überlassen. Die Welt der Divination ist eine der endlosen Verweisungszusammenhänge; sie ist zwar wohlgeordnet und geplant – aber für die begrenzte Einsicht des Menschen intransparent. Gott oder die Götter dagegen überblicken diese Weltordnung, und aus diesem Überblick speisen sich die dunklen Auskünfte, die Orakel und Prophezeiungen den Lebenden erteilen.

Zukunftswissen erfordert darum immer Deutung, und in dieser Deutungsbedürftigkeit liegen Chance und Gefahr seiner Anwendung: Einerseits ermöglicht die Dunkelheit der Zeichen oder Worte einen Interpretationsspielraum, um ein notwendiges oder erwünschtes Handeln in Einklang mit dem göttlichen Willen zu bringen. Dies ermöglicht einen pragmatisch-politischen Gebrauch der Orakel als Entscheidungshilfe oder Handlungsanweisung.[30] So interpretiert Themistokles erfolgreich ein für die Athener eigentlich verheerendes Orakel, dass die Stadt im Krieg gegen Xerxes fallen und nur eine »hölzerne Mauer« allein »zur Rettung für dich und die Kinder« bleiben würde. In einer genauen Lektüre des Wortlauts zeigt Themistokles, dass mit dieser Mauer Schiffe gemeint sind und vom Gott eine Seeschlacht bei der »göttlichen [Insel] Salamis« vorgeschlagen werde. Das Wort »göttlich«, so argumentiert er, sei ein Hinweis darauf, dass einer solchen Seeschlacht doch Erfolg in Aussicht gestellt sei.[31] Die Dunkelheit eröffnet so einen Handlungsspielraum, der für die politische Nützlichkeit des Orakels unabdingbar ist. Ähnlich funktionieren auch manche der biblischen Prophezeiungen: Der Pharao, der von sieben fetten und sieben mageren Kühen geträumt hat, lässt sich von Joseph diesen Traum als Prognose auf sieben reiche Ernten und nachfolgend sieben Missernten deuten. (1 Mose 41) Wenn er daraufhin Kornspeicher anlegen lässt, dann zeigt er, was Vorsorge in dieser Logik ist: die Zukunft nicht zu verhindern, sondern mit ihr zu rechnen und abmildernde, schützende Maßnahmen zu treffen.

Andererseits liegt in der Zweideutigkeit der Orakel die Gefahr einer Fehlinterpretation, die nur die eigenen Pläne bestätigt. Ein Lehrbeispiel dafür ist König Kroisos, dessen gesamtes Leben in Herodots *Historien* ein Dauerdialog mit dem Orakel von Delphi ist. Dabei ist er von Anfang an ein wählerischer Kunde: Er testet verschiedene Orakel mit einem schwierigen Rätsel und ist einzig mit der Antwort der Delphischen Pythia und dem Orakel des Amphiaraos zufrieden.[32] Die nachfolgenden Geschenke, die er beiden Orakelstätten sendet, werden sogleich von einer Anfrage begleitet: Kroisos will wissen, ob er gegen die Perser zu Felde ziehen soll. Die Antwort, die beide geben, ist bekannt: wenn Kroisos gegen die Perser zu Felde zöge, würde er ein großes Reich zerstören.[33] Zukunftswissen erscheint hier nur vordergründig als Entscheidungsgrundlage – für Kroisos ist es aber eher ein Tauschgeschäft: affirmative Orakel gegen Gold. Nach seiner Niederlage gegen die Perser beklagt sich der enttäuschte König in Delphi darüber, dass der Gott ihn »durch den Orakelspruch zum Kriege gegen die Perser und zum Sturze des Kyros angetrieben […] habe. […] [Seine Boten] sollten auch fragen, ob es Brauch bei den hellenischen Göttern wäre, undankbar zu sein.«[34] Kroisos sieht den Gott als Vertragspartner, für ihn ist Zukunftswissen eine Ware, die man kaufen und deren Qualität bemängeln kann. Die Antwort des Gottes an Kroisos ist höchst instruktiv:

> Selbst ein Gott kann dem Schicksal, das ihm beschieden, nicht entgehen. Kroisos muss den Frevel seines Vorfahren fünften Gliedes büßen […]. Apollon Loxias hatte gewollt,

daß Sardes' Fall erst unter Kroisos' Kindern, nicht zu Kroisos' Lebzeiten einträte; aber er vermochte das Schicksal nicht abzuwenden. Was die Schicksalsgöttinnen zugestanden, das hat er Kroisos zuliebe auch wahr gemacht. [...] Den Orakelspruch aber, den er erhalten, tadelt Kroisos zu Unrecht; denn Apollon Loxias hat gesagt, wenn Kroisos gegen die Perser zöge, würde er ein großes Reich zerstören. Wollte Kroisos gut beraten sein, so mußte er schicken und anfragen, ob der Gott sein oder des Kyros Reich meinte. Er verstand aber den Orakelspruch nicht, fragte nicht weiter und hat sich also selbst die Schuld zuzuschreiben.

Was Apollon Loxias, der zweideutige Gott, seinem enttäuschten Kunden hier erklärt, ist nicht nur der eigentliche Sinn seiner Weissagungen. Die Zweideutigkeit des Spruchs verlagert die Verantwortlichkeit für das daraus abgeleitete Handeln ganz auf die Seite des Fragenden. Die Zweideutigkeit öffnet immer eine andere Lesbarkeit in einer Zukunft, in der es anders gekommen ist, als der Gott geweissagt hat. Damit integriert die Orakelpraxis ihre eigenen möglichen Fehler immer schon ins System: »Die divinatorische Technik«, so resümiert Elena Esposito, »geht vom Bewusstsein ihrer Grenzen und der Möglichkeit von Fehlern aus, was aber gerade dazu führt, dass Prophezeiungen unabhängig vom faktischen Verlauf der Dinge immer bestätigt werden können.«[35] Aber Apoll erklärt auch den Status des geweissagten Zukunftswissens: Die Zukunft ist geplant, gesponnen wie ein Faden, und liegt in den Händen der Schicksalsgöttinnen. Ein Gott weiß um diese Zukunft, aber kann sie nur zeitweilig aufhalten oder sanft modifizieren. Er ist nicht Herr über das Schicksal, sondern ein *Medium des Wissens* – allerdings eines unendlichen Wissens über alles Vergangene, Gegenwärtige und Zukünftige, über das Unendliche und Unmögliche. So hatte das Orakel schon seine Antwort auf die Testfrage Kroisos' eingeleitet: »Weiß ich doch, wieviel Sand am Ufer, wie weit auch das Meer ist, Höre ich doch des Stummen Gespräch und des Schweigenden Worte!«[36] Dieses totale Wissen, das die

Zukunft ebenso umfasst wie die Sandkörner am Ufer, bedeutet jedoch *nicht*, in sie eingreifen zu können. Die Zukunft existiert bereits und wird von den Sterblichen notwendig realisiert, egal ob sie sich wie Kroisos göttliches Vorherwissen erkaufen können oder nicht. Der Schicksalsfaden ist fertig, bevor er von den Moiren abgespult wird. Genau darum kann der Wert einer menschlichen Lebensgeschichte nur vom Tod her ermessen werden, im Überblick über alle Wendungen und Stürze dieses Lebens. Kroisos erfährt das sehr früh, als er auf dem Höhepunkt seiner Macht den Weisen Solon fragt, wer denn der glücklichste Mensch auf der Welt sei – in der Hoffnung, Solon würde wohl ihn nennen. Solon erzählt stattdessen von Toten, zufrieden und heldenhaft Verstorbenen, die allein als wirklich glücklich einzuschätzen seien.[37] Für den mit unzureichenden Erkenntniskräften ausgestatteten Menschen kann Zukunft in der Antike nur gedacht werden als endgültige Schließung: Nur wenn die Erzählung beendet ist, wird ihr Sinn sichtbar, nur vom Tod her der Wert eines Lebens erkennbar. Das Leben ist ein narrativer Faden, ein Pfad, der sich gerade *nicht verzweigt*. Mit ihrem totalen Wissen kennen die Götter diese Geschichte schon, bevor sie von den Sterblichen durchlebt werden wird.[38] Aber mehr auch nicht. Sie sind nicht mehr und nicht weniger als die idealen, weil allwissenden Erzähler und Zuschauer des menschlichen Schicksals. Das Problem der Menschen ist, die winzigen Bruchstücke und Prolepsen dieser Geschichte, die das Orakel ihnen zu lesen gibt, richtig zu entziffern.

Dies gilt ganz besonders für die tragischsten Klienten des Delphischen Orakels, die thebanische Königsfamilie um Ödipus. Im Mythos von Ödipus zeigt sich mit seltener Schärfe eine grundlegende Aporie präventiven Wissens und Handelns: dass gerade das *Wissen* über die Zukunft ein *Unwissen* über die Folgen präventiven Handelns ist. Prävention handelt »blind« – aber handeln *muss* sie. Ödipus ist eine Geschichte von exakt dieser Blindheit, in die das Wissen von der Zukunft ihren Träger verwickelt. Während nämlich Kroisos einfach hätte auf seinen Feldzug gegen Kyros verzichten können, so ist das Orakel, das zuerst König Laios, später seinen Sohn und Mörder Ödipus einholt, so grauenhaft, dass es zum Handeln *zwingt.* Im Wissen, dass ihr Sohn den Vater töten und die Mutter zur Frau nehmen werde, müssen Laios und Iokaste versuchen, das Verhängnis zu umgehen. Ebenso muss seinerseits Ödipus, der das gleiche Orakel erhält, seine Zieheltern in Korinth verlassen, um sie vor sich zu schützen – und gelangt so ausgerechnet nach Theben zu seinen leiblichen Eltern. Wie die Backen einer Zange ergreifen so die Orakelsprüche Eltern und Sohn und treiben sie im Versuch, das Übel zu verhindern, aufeinander zu. Im Mythos von Ödipus zeigt sich damit eines der zentralen Probleme präventiven Handelns auf der Basis von Zukunftswissen: Die Ankündigung von kommendem Unglück, das vermeidbar erscheint, zwingt notwendig zu einer Entscheidung. Auch nichts zu tun und dem Verhängnis seinen Lauf zu lassen wäre ein Handeln, für das Eltern wie Sohn die Verantwortung tragen. Nicht umsonst wird Ödipus sich darum bei Sophokles selbst *verantwortlich* für die Taten machen, die er unwissentlich begangen hat, und ein unwiderrufliches Urteil über sich selbst sprechen.[39] Ödipus legt damit die inhärent tragische Struktur präventiven Zukunftswissens frei: Es *zwingt* zum Handeln und Entscheiden in der Gegenwart *um der Zukunft willen*, aber in gänzlicher Unkenntnis dessen, wo dieser *andere* Pfad hinführen wird. Prävention hat immer einen Preis, der konstitutiv unbekannt ist. Für Laios und Iokaste ist dieser Preis schon in der Gegenwart ihrer Entscheidung offensichtlich, wenn sie ihr Neugeborenes willentlich dem Tod aussetzen. Ödipus dagegen – und darin liegt seine spezifische Blindheit – glaubt, durch die Flucht vom Korinthischen Hof schad- und schuldlos, also gleichsam ›gratis‹, präventiv handeln und das Schicksal umgehen zu können.

Diese Blindheit des Ödipus im Hinblick auf die Zweischneidigkeit warnenden Zukunftswissens ist das Thema von Sophokles' Tragödie *König Ödipus*. Bekanntlich wird hier die Geschichte von hinten aufgerollt – von den Ergebnissen also, die das präventive Handeln bereits gezeitigt hat. Das Drama beginnt in dem Moment, wo Ödipus als Nachfolger des Königs Laios und Gatte von Iokaste in Theben herrscht, dort die Pest wütet und nach Aussage des Orakels nur aufhören wird, wenn der Mörder des früheren Königs gefunden wird. Die folgende Untersuchung mit Zeugenaussagen und Befragung des Sehers Teiresias, die König Ödipus dann anstellt, ist eine retrospektive Rekonstruktion dessen, was wirklich vorgefallen ist. Am Ende hat er nicht nur sich selbst als Mörder seines Vorgängers überführt und über sich geurteilt; am Ende hat sich auch gezeigt, dass gerade die Maßnahmen der Vorsorge und Verhinderung des Übels dieses herbeigeführt haben. Peter Szondi hat in diesem inhärenten Scheitern vorsorgenden Handelns den Dreh- und Angelpunkt des Tragischen verortet, eine »Einheit von Rettung und Vernichtung«: »Denn nicht Vernichtung ist tragisch, sondern dass Rettung zu Vernichtung wird; nicht im Untergang des Helden vollzieht sich die Tragik, sondern darin, dass der Mensch auf dem Weg untergeht, den er eingeschlagen hat, um dem Untergang zu entgehen. [...] Tragisch ist nicht, dass dem Menschen von der Gottheit Furchtbares zuteil wird, sondern *dass es durch des Menschen eigenes Tun* geschieht.«[40] Diese Tragik einer sich selbst durchkreuzenden Intention führt ins Zentrum der antiken Vorstellung von Zukunftswissen und Unglücksprävention: gerade in dem Maße, wie ein Wissen von der Zukunft möglich ist, ist Prävention als aktives Eingreifen angesichts eines kommenden Unglücks *unmöglich*. Auch und gerade dann, wenn das Zukunftswissen den Fragenden unter Handlungszwang setzt.

Zu versuchen, dem geweissagten Unglück zu entgehen, bedeutet, dieser tragischen Struktur gegenüber blind zu sein – und doch nach ihrem Gesetz zu agieren. Es ist diese Blindheit der thebanischen Königsfamilie, die den zentralen Gegenstand von Sophokles' Tragödie bildet. Dabei wird das Verhältnis von

Wissen und Nicht-Wissen schon früh in eine Semantik von Sehen und Nicht-Sehen gebracht. Denn als ersten Schritt im Dienste einer Aufklärung des Mordes an seinem Vorgänger ruft Ödipus den Seher Teiresias auf. Der blinde Seher weiß um die Identität des Mörders (und damit auch die Identität des Ödipus), lässt sich aber erst nach langen Provokationen des Königs dazu hinreißen, sein Wissen auszusprechen. Wenig überraschend glaubt Ödipus ihm kein Wort und beschimpft Teiresias als unfähig in seiner Seherkunst, unverschämt und vor allem *blind*. Wissen wird hier als Fähigkeit zu sehen diskutiert – und die Frage stellt sich, wer hier eigentlich der Blinde – das heißt Unwissende – ist.

> ÖDIPUS: Die Kraft [der Wahrheit, EH] gibt es, doch nicht für dich. Du hast sie nicht
> Denn du bist blind an Ohren, Geist und Augen. [...]
> Die Nacht, in der du lebst, ist derart tief, daß keiner von uns dir je sichtbar wird
> Weder ich, noch sonst einer, der das Licht des Tages schaut.
> (v. 370–375)

Teiresias antwortet nur knapp auf die Unterstellung, er sei Teil eines Komplotts des Kreon, um Ödipus durch falsche Anschuldigungen zu entmachten. Er antwortet aber ausführlich auf die Beleidigung als Blinder, in dem er das Verhältnis von Sehen und Wissen, Blindheit und Nicht-Wissen umkehrt:

> TEIRESIAS: Ich spreche, weil du den Blinden in mir verhöhnt hast.
> Du hast zwar Augen und siehst dennoch nicht
> In welchem Haus du wohnst noch mit wem du zusammenlebst.
> Weißt du denn, wessen Kind du bist? Du weißt auch nicht, daß
> Die deinen dir feind sind, unten im Totenreich und auf der Erde.
> Denn der Fluch, der heranstürmt, von der Mutter und auch vom Vater her,

> Ein doppelter Hieb, wird einst dich aus diesem Lande verjagen.
> Noch hast du scharfe Augen, später siehst du die Finsternis.
> Da ist kein Hafen, der nicht zur Stätte deines Aufschreiens wird! (v. 412–420) […]
> […] Zum Blinden wird der Sehende werden,
> Zum Bettler der Reiche; er wird über eine Erde gehen, die für ihn
> Zur Fremde geworden ist, mit dem Stock vor sich hintastend. (v. 454–456).

Im Streit zwischen dem wissenden Teiresias und dem ungläubigen Ödipus wird die Semantik von Blindheit und Sehen aufgerufen, wenn Ödipus physisches Sehen mit Wissen gleichsetzt. Teiresias belehrt ihn darüber, dass es genau umgekehrt ist: Der Sehende ist eigentlich blind, verblendet, unfähig zur Erkenntnis; der physisch Blinde dagegen der, der weiß, der die Zusammenhänge erkennt. Mit dieser Überkreuzung von Wissen und Sehen liefert Sophokles einen ersten Hinweis auf das Verhältnis von Wissen und Nicht-Wissen im Wissen von der Zukunft. Während das Sehen eine Form des Wissens impliziert, das gerade in der Verkennung besteht, weil man durch den Augenschein *zu sehen/wissen glaubt*, ist die Blindheit gekoppelt an eine tiefere, nicht-evidente Einsicht: das Erkennen der Wahrheit. Der Glaube zu wissen ist, wie die Überzeugung zu sehen, eine Verkennung der wahren Verhältnisse. Evidenzen, das lehrt Teiresias Ödipus, sind trügerisch. Genau darum prophezeit er ihm den baldigen Untergang, die Verkehrung aller Verhältnisse – und damit auch der Verhältnisse von Sehen und Blindheit: »Zum Blinden wird der Sehende werden, / Zum Bettler der Reiche.« (v. 454/5) Die Juxtaposition von Sehen und Wissen aber betrifft nicht nur die aktuellen Zustände in Theben, sondern auch das Wesen des Zukunftswissens: Etwas von der Zukunft *zu sehen* bedeutet immer auch, etwas Wesentliches *zu verkennen*. Es ist ein abgeschattetes, trügerisches Wissen, dessen größte Tücke gerade darin besteht, dass man glaubt, einen Wissensvorsprung zu haben, *es besser zu wissen.*

Sowohl Ödipus' als auch Iokastes Reaktion auf die Aussagen des Teiresias zeigen die Mechanismen dieser Verkennung, dieses Unwissens-im-Wissen. Ödipus vermutet eine Intrige seines Schwagers Kreon, der ihn mit Hilfe gefälschter Orakel und gefälschter Sehersprüche entmachten will. Iokaste ihrerseits zweifelt an der Zuverlässigkeit des Mediums des Zukunftswissens, wenn sie betont, dass das Orakel nicht vom Gott, sondern von seinen Dienern überbracht wurde: »Ein Orakelspruch erreichte eines Tages den Laios, ich will nicht /Sagen von Phoibus selbst gesandt, *doch von seinen Dienern.*« (v. 711/2, Hervorhebung EH) Mag der Gott die Zukunft kennen oder, wie sie sagt, »eine Sache verfolgen, die ihm zustatten kommt«, so garantiert doch nichts, dass die Medien der Übertragung dieses Wissens – delphisches Personal, Boten wie Kreon oder Seher wie Teiresias – nicht korrupt sind. Die Zukunft und das Wissen von ihr sind in dem Maße voneinander ablösbar, als die Instanzen der Übertragung gestört sein können. So gesehen lässt sich, so Philipp Theisohn, die Tragödie als »Tragödie der mantischen Medialität« lesen: »Der Irrtum, die *hamartía* der Könige von Theben liegt dabei keineswegs in einer Fehllektüre der Sehersprüche [wie sie etwa Kroisos unterläuft, EH], sondern vielmehr in der Hybris, diese Sprüche für einen abgeschlossenen und gefahrlos zu interpretierenden Text zu halten. [...] Die mantische Rede vollzieht sich an ihren Boten und Adressaten im gleichen Grade, sie wirkt durch diese hindurch und verleibt sie sich ein.«[41] Was an der Blindheit Iokastes und Ödipus' sichtbar wird, ist die *selbst-erfüllende Performanz* des antiken Zukunftswissens, das der *selbst-zerstörenden Performanz* moderner Prävention, die *gerade Unrecht haben will*, diametral gegenübersteht. Einmal ausgesprochen, verwirklicht es sich selbst notwendig und unerbittlich gerade dadurch, dass es dazu verleitet, die Zukunft verhindern zu wollen.

Dabei zeigt sich diese selbst-erfüllende Kraft der Wahrheit exakt in den Worten, die Iokaste und Ödipus benutzen, um ihre Version zu stützen: Sie sprechen sie aus, ohne zu wissen, was sie da gerade sagen. Gerade indem Iokaste den Beweis dafür bringen will, dass die Weissagung des Apoll nicht eingetroffen sein kann, liefert sie Ödipus den entscheidenden Hinweis darauf, dass sie eingetroffen *ist*. (v. 708–725) Besonders schlagend wird diese unfreiwillige Zweideutigkeit der Rede in der berühmten Verfluchung, mit der Ödipus den Mörder seines Vorgängers (und damit sich selbst) belegt:

ÖDIPUS: Diesem Mann, wer er auch sei, gebiete ich, in diesem Land
[…] Keinen bei sich aufzunehmen und an keine das Wort zu richten,
[…] Jeden soll er aus seinem Haus verstoßen; dies ist der Frevel,
Der auf uns lastet wie das pythische Orakel
Des Gottes mir soeben enthüllt hat.
In solcher Weise kämpfe ich im Bündnis
Mit dem Gott und auch mit jenem Mann, der erschlagen wurde.
Den, der es getan hat und der uns verborgen bleibt, mag er es allein
Getan haben oder mit anderen zusammen, diesen Mann verdamme ich
In Grund und Boden: Er soll ein von allen geächtetes Leben fristen.
[…] Jetzt, da es sich trifft, daß ich es bin
Der die Macht besitzt, die früher dem anderen gehörte
Und der das Bett und die gemeinsam besamte Frau besitzt,
Und es gar zwischen uns eine gemeinsame Vaterschaft gäbe
Von gemeinsam entsprossenen Kindern […]
[…] Hat er ein Recht darauf, daß ich, als ob es um meinen eigenen Vater ginge,
Mich für ihn einsetze, und nichts wird mich abbringen
Von meinem Entschluss, den Mann zu fassen, der den Mord beging. (v. 236–266)

Zwar im Modus des Hypothetischen (»es gar zwischen uns eine gemeinsame Vaterschaft gäbe«), aber mit erstaunlicher Genauigkeit bringt Ödipus hier das ganze Ausmaß dessen, das ihn mit Laios verbindet, auf den Punkt: Laios ist sein Vater, er hat seine eigene Mutter geheiratet, die Kinder mit Iokaste sind zugleich seine Geschwister. Die Zweideutigkeit der Worte des Apollon Loxias, die Kroisus in die Irre geführt hatte und das Orakel immer recht behalten lässt, erfährt bei Sophokles eine radikale Verschärfung. Sie macht noch einmal klarer, worin die Verbindung von Erkenntnis und Verblendung liegt, die Teiresias auf den Punkt bringt. Sophokles lässt nämlich die Zweideutigkeit ins Sprechen der verblendeten Protagonisten selbst einwandern. Ihre Rede benennt die Zusammenhänge, ohne sie erkennen oder ändern zu können, sie *enthält* das Wissen, ohne dass die Sprecher dieses Wissen bewusst zur Verfügung haben. Diese in den Personen selbst inkarnierte Doppeldeutigkeit – ein Wissen in sich zu tragen und auszusprechen, ohne es *als Wissen* zu haben – bringt dabei eine Ironie hervor, die der tragischen Struktur von präventivem Handeln inhärent ist. Diese »tragische Ironie«, so Christoph Menke, besteht in einer Aufspaltung des Protagonisten in eine Instanz des Handelns und eine des Erzählens und Betrachtens dieser Handlungen: »Der Held bringt durch sein Handeln sein eigenes Schicksal hervor, weil dieses Handeln in einem Sprechen besteht, in dem nicht nur er selbst oder er nicht nur als er selbst spricht – in dem er unbewusst als sein Anderer, als sein Autor und Zuschauer spricht.«[42] In der doppeldeutigen Verfluchung sagt Ödipus damit sein Schicksal nicht nur aus (ohne es zu wissen), sondern »er schreibt es sich vor; der ironische Doppelsinn seines Sprechens spiegelt nicht nur sein Schicksal, er *macht* sein Schicksal.«[43]

Von hier aus lässt sich die retrospektive Aufdeckung der eigenen Vergangenheit, die Ödipus bei Sophokles vornimmt, als eine ›umgestülpte‹, in Gegenrichtung sich vollziehende Herstellung von Zukunftswissen in der Antike lesen. Solon hatte recht, wie der Chor am Ende der Tragödie es auch noch einmal sagt:

> So wird denn ein sterblicher Mensch, der sich diesen einen Tag, den letzten,
> Den jener gesehen hat, vor Augen hält, niemanden je glücklich preisen bevor er
> Sein Leben nicht zu Ende gelebt hat, ohne Leid zu erfahren. (v. 1528–30)

Nur ex post, *vom Ende her*, und in einer Umkehrung der Handlungsfolge lässt sich zeigen, was Wissen vom Zukünftigen sein kann und wie es sich in das Leben des Handelnden einschreibt. Das Wissen von der Zukunft bedarf einer narrativen Schließung, um überhaupt erst »komplett« zu sein. Aber Sophokles *erzählt* seine Geschichte nicht wie Herodot die des Kroisos, sondern entfaltet sie im Drama, im Handeln und Sprechen der *dramatis personae* als jeweils in der Aufführung aktualisierte Gegenwart. Und genau hier hat die tragische Ironie ihren Ort: das *Nicht-Wissen im Wissen von der Zukunft*, auf das es der antiken Divination ankommt, zeigt sich im gegenwärtigen Sprechen und Handeln der Personen, in ihrer akuten Verkennung ihrer Lage und ihrer selbst.[44] Denn sie sprechen und handeln ja vor einem Publikum, das – durch Hunderte Erzählungen und Inszenierungen der Ödipus-Geschichte – immer schon weiß, wie alles sich wirklich verhält. Das Publikum hat die Perspektive des Gottes, der den bis zum Ende ausgelegten Pfad überschaut und so die Verkennung der Protagonisten in jedem ihrer Worte mit-versteht. Das Sprechen der Protagonisten wird damit selbst zum Aufführungsort jener performativen Struktur der *self-fulfilling prophecy*. Aber die Pointe, die Sophokles dieser Situation gibt, besteht darin, dass die Figuren keinen Zugriff auf ihr eigenes Wissen haben. Zukunftswissen, das weiß die Antike, »nützt« nichts, wie Teiresias sagt: »Wie furchtbar ist das Wissen für den, der weiß /Und dem das Wissen nichts nützt.« (v. 316–7) Es nützt nichts, weil die Orakel-Rede durch und durch performativ ist, indem sie, wenn sie ergeht, sich selbst schon ins Werk setzt. »Das gewonnene Wissen beschreibt nicht die Welt von außen, sondern wird zu einem Element dieser Welt selbst, das zur Verwirklichung drängt.«[45] Den Fragenden und Handelnden ist diese Performativität nicht verfügbar, vielmehr ›verfallen‹ sie ihr und werden zu Figuren eines Dramas, das das Orakel schreibt. So ist die Ironie, die Sophokles hier im Reden und (Sprach-)Handeln seiner Personen anlegt, das wohl prägnanteste Bild für die Idee, die Antike von den Möglichkeiten des Zukunftswissens und vorsorgenden Handelns hat: Der Mensch trägt seine Zukunft in sich (wie Ödipus seine Vergangenheit und seine Identität), sie existiert in der Gegenwart wie ein Organ im eigenen Körper, das aus diesem Körper nicht herauszulösen ist.

Umgekehrt gibt es aber eine Perspektive, die immer schon weiß, was kommt: der Gott, der Seher, der Zuschauer. Dieser Beobachter ist im Besitz der festgelegten Zukunft, unabhängig davon, ob er sie ändern kann (wie der jüdisch-christliche Gott) oder vornehmlich ihr Zuschauer ist (wie die griechischen Götter und das Theaterpublikum). Er steht außerhalb der menschlichen Schicksale, ist nicht in sie verwickelt und nicht von ihnen betroffen. Was er sieht, sind Lebensfäden, die sich unerbittlich abspulen, auch wenn sie vor den Lebenden verborgen bleiben. Wenn das Zukunftswissen des Menschen diesen gerade in eine Zukunft verwickelt, der er blind gegenübersteht, so ist die Perspektive des Gottes die eines möglichen Überblicks über das Ganze, ein ›höherer Ratschluss‹, ein Blick in den blinden Fleck menschlichen Wissens.

Was die Antike klar sieht, ist die grundlegend tragische Struktur von Zukunftswissen – tragisch in genau dem Sinne, dass *tragisches Unglück* das Unglück ist, das *man sich selbst bereitet* hat. Denn das Wissen kommender Übel generiert einen Handlungszwang, der nicht nur in der Gegenwart bereits einen hohen Preis hat, sondern dessen Folgen gänzlich unabsehbar sind. Wenn man die Zukunft kennt, ist alles, was man tut, *selbst bereitet*: handeln oder geschehen lassen. Präventives Handeln agiert so – gerade *weil* es sich auf ein Wissen beruft – stets blind, gefangen in einer konstitutiven Verkennung: blind im Bezug auf die Zusammenhänge, in die es eingreift; blind aber auch im Bezug auf die selbst-erfüllende Kraft von Vorhersagen und Sicherheitsmaßnahmen. Damit rührt das antike Modell an ein grundsätzliches Paradox präventiven Handelns: dass nämlich die Akte der Vorsorge selbst das Unglück provozieren können oder am Ende das größere Unglück sind.

Solche ungewollten und unabsehbaren Folgen präventiver Eingriffe werden aber auch gegenwärtig diskutiert: beispielsweise in der medizinischen Prävention, wo bestimmte Vorsorgeuntersuchungen oder Eingriffe gefährlicher sein können als die Krankheit, die mit ihnen verhindert werden soll.[46] Sie lauern im Versicherungswesen, wenn das Bestehen einer Versicherung den Versicherten zu besonders riskantem Verhalten verleitet. Im Straßenverkehr kann jeder die Erfahrung machen, dass gerade Fahrer von Fahrzeugen, die besonders gut mit Sicherheitstechnologie ausgestattet sind, einen deutlich gefährlicheren Fahrstil an den Tag legen. Da sie sich selbst gut geschützt fühlen, lagern sie das Risiko nach außen in ihre Umwelt (andere Verkehrsteilnehmer) aus, die durch sie nun um so gefährlicher lebt. Und in der Finanzökonomie hat sich jüngst gezeigt, dass gerade Risikoabsicherungen dazu führen, dass sehr viel sorgloser mit Verlustmöglichkeiten umgegangen wird: »Die Prävention des Risikos vernichtet sich selbst, auch und gerade dann, wenn sie auf korrekten Vorhersagen basiert«, so Elena Esposito. »Wie bei dem bekannten Effekt, dass derjenige, der versichert ist und sich daher geschützt weiß, dazu neigt, mehr zu riskieren, ergibt sich eine prekäre Zirkularität bei allen Versuchen, in ein selbstbeobachtendes System wie die Finanzmärkte einzugreifen.«[47] Präventives Handeln hat immer seinen Preis: nicht nur die aktuellen Kosten seiner Implementierung, sondern auch die unabsehbaren und unbeabsichtigten Folgen der Prävention selbst. Sie kann schlimmere Konsequenzen haben als das Übel, das es zu verhindern sucht. Prävention hat, wie der Handlungszwang, unter den es den Wissenden setzt, ihren Preis nicht nur in der Gegenwart, sondern auch in der Zukunft.

Die Sorge im Bau: Kafkas »Der Bau« und Nichols' »Take Shelter«

Gerade die Vorsicht verlangt wie leider so oft, das Risiko des Lebens.
Franz Kafka: Der Bau[48]

Der grundlegende Unterschied der modernen zur antiken Vorstellung ist die einer Zukunft als Garten der Pfade, die sich verzweigen. Die Moderne geht nicht mehr von einem Lebensfaden aus, der sich unerbittlich abspult und den man nur er- oder verkennen kann. Sie rechnet mit einer offenen Zukunft, die gestaltbar ist, die in der Gegenwart ebenso prognostiziert wie jederzeit auch verändert, geplant und eben auch verhindert werden kann. Prognosen sind nicht mehr doppeldeutige Sprüche, die sich immer verwirklichen, sondern ein Wissen, mit dem man arbeiten kann; sie indizieren eine Zukunft, die auch anders sein könnte. Die säkularisierte Zukunft schließt die göttliche Perspektive absoluten Wissens ebenso aus wie das tragische Nicht-Wissen des Ödipus, der keinen Zugriff auf ein Wissen hat, das er doch in sich trägt. Wie das Schicksal der Griechen hat auch die heilsgeschichtliche Bahnung der Zeit ausgedient, die die biblischen Prophezeiungen bis in die Frühe Neuzeit wirkmächtig machte. Geschichte ist nicht mehr geplanter Weg zum Jüngsten Gericht, nicht einmal mehr selbst das Weltgericht, sondern ein unabsehbarer Horizont: Was die Moderne erschließt, ist eine »Zeit [...], die unbegrenzt und für das Neue offen« ist.[49] Damit öffnet sie sich als Raum von unendlichen Möglichkeiten. Aber damit wird auch die Gegenwart mit dem

Gewicht steter Wachsamkeit und permanenter Entscheidung befrachtet: Wenn die Zukunft hier und jetzt ›gemacht‹ wird, ist man ständig aufgerufen, Verantwortung für das Kommende zu übernehmen, Vorsicht und Vorsorge zu üben. »Wir gehören nicht mehr zu jenem Geschlecht der tragischen Helden, die, nachträglich jedenfalls, zu erfahren hatten, dass sie selbst sich ihr Schicksal bereitet hatten. Wir wissen es schon vorher«, merkte Niklas Luhmann ironisch an.[50] Darin liegt auch die Schwierigkeit: Denn unsere Handlungen und Pläne sind immer nur ein Faktor in einer Vielzahl anderer Handlungen und Pläne. Die Blindheit eines Ödipus oder Kroisos wird abgelöst von einem zersplitterten Blick auf eine komplexe Unendlichkeit von offenen Möglichkeiten und doppelten Kontingenzen. Genau darum, so die These Bröcklings, »ist Prävention die dominante Ratio, unter der zeitgenössische Gesellschaften ihr Verhältnis zur Zukunft verhandeln und organisieren«.[51] Der Preis für die offene und planbare Zukunft der Neuzeit ist ein Sinn für Bedrohung, ein Sinn dafür, dass die Zukunft, gerade weil sie kontingent ist, nicht erwart- und planbar ist, aber umso mehr dazu aufruft, ständig wachsam, vorsorgend und vorsichtig zu sein.

Die »dunkle Seite« dieser offenen Zukunft, so Elena Esposito, ist eine »Sorgekultur«.[52] Sorge ist die Haltung, die die Verantwortung für die Gestaltung der Zukunft der Gegenwart aufbürdet, als Notwendigkeit zur planerischen Verwirklichung, aber auch als permanente Wachsamkeit, Aufruf zur Vorsicht und Vorsorge. Heidegger fasst Sorge als »Wesensbestimmung des Menschen […] die seinen *zeitlichen Wandel in der Welt* durchherrscht«.[53] *Dasein* ist Sorge. Insofern der Mensch sich in seinem Dasein »vorweg« ist, seine Gegenwart in die Zukunft hinein entwirft, ist sein »In-der-Welt-sein wesenhaft *Sorge*«.[54] *In der Zeit* besitzt, nach einer alten Fabel des Hyginus, die Sorge den Menschen; sie prägt, wie Heidegger formuliert, seinen »zeitlichen Wandel in der Welt«, also seine Wandlungen wie sein Wandeln und Handeln. Sorge – im Sinne der lateinischen *cura* – bedeutet aber sowohl Angst, Besorgnis, Schmerz als auch

Sorgfalt, Umsicht, Hingabe, also positive wie negative Formen des Zukunftsbezugs.[55] Der deutsche Begriff der »Sorge« dagegen und seine vielfältigen Komposita von *Für-* und *Vorsorge* bis zur *Besorgnis* und den *Sorgen* fassen den Bezug zur Zukunft als eine stetige, angstvolle Anstrengung: eine permanente Wachsamkeit und Aufmerksamkeit, ein ständiges Vorwegnehmen des Kommenden – und damit ein Absehen von der Gegenwart. Gerade weil wir die Zukunft machen, ist jeder Moment in der Gegenwart ein Sich-Sorgen-Machen um die Zukunft.

Kein Text hat den Diskurs dieses vor-sorgenden und vor-sichtigen Zukunftsverhältnisses der Moderne so präzise und beklemmend auf den Punkt gebracht wie das späte Prosastück *Der Bau* des Versicherungsjuristen Franz Kafka. *Der Bau* entsteht in seinem letzten Lebensjahr, im Winter 1923/4 – also fast zeitgleich mit Heideggers Arbeit an *Sein und Zeit.* Der Text ist der innere Monolog der Sorge und des modernen Sicherheitsdenkens. Es ist die Rede jenes angstvollen Bewusstseins, dessen ganzes Tun und Trachten sich darum dreht, für künftige Ereignisse gewappnet, abgesichert, »auf was gefasst« zu sein. Das Prosastück präsentiert den kreisenden Gedankengang eines nicht näher bestimmten Tieres, das sich einen Bau gegraben hat. Dieser dient ihm zugleich als Schutz- und Rückzugsraum, Vorratsspeicher, Bunker und Falle für allerlei »Kleinzeug«, von dem es sich ernährt. »Ich habe den Bau eingerichtet und er scheint wohlgelungen.«[56] So beginnt der Monolog, der diesen Bau nicht nur beschreibt und seine Entstehung rekapituliert, sondern vor allem unablässig auf seine Zweckdienlichkeit und Sicherheit hin überprüft. Die Frage ist, ob der Bau als Ausdruck der tätigen Sorge wirklich so »wohlgelungen« und effizient ist.

Bauen erscheint bei Kafka immer wieder als eine Maßnahme der Absicherung, des Schutzes und der Verteidigung, schon in dem früheren Text *Beim Bau der chinesischen Mauer* (entstanden 1917), der die große nationale Anstrengung einer Abwehrmauer gegen einfallende »Nomaden« schildert.[57] Auch wenn der Mauerbau der Chinesen durch das zweckwidrige »Teilbausystem« seinen Sinn gerade nicht erfüllt, einen kontrollierten, abgeriegelten Raum der Sicherheit zu schaffen, so wird doch schon hier die Funktion des Bauens ex negativo deutlich: Es ist Abwehr von (realen oder eingebildeten) Feinden, »ein Schutz für die Jahrhunderte«.[58] Bauen ist Herstellung von *Sicherheit.* Es zielt auf eine Abschottung des Raumes, die Herstellung eines geschützten Bereichs, in dem keine unvorhersehbaren und schädigenden Ereignisse mehr eintreten können: ein Bunker nicht nur gegen Einbrüche in den Raum, sondern auch gegen die in der Zeit.

> [Der] Sicherheitsgedanke ist der Ursprung der Entwicklung aller menschlichen Fähigkeiten, aller Zivilisation. Er [...] führte den Menschen dahin, schützende Wohnstätten sich zu errichten, Wälle und Mauern zu bauen zum Schutze des Hauses, des Lagers oder, wie der Limes Germanicus und die Große Chinesische Mauer, zum Schutze des Landes. Der Sicherheitsgedanke wurde damit der Vater des Handwerks, der Architektur, des Städtebaues.[59]

Genau dies ist auch der Zweck des Baus, den Kafkas Tier sich »eingerichtet« hat. Aber dass er »wohlgelungen« ist, das wird schon im ersten Satz deutlich, »scheint« bestenfalls so, denn über die folgenden 42 Seiten des am Schluss abbrechenden Texts wird das Raisonnement des Tieres sich um nichts anderes drehen als um die möglichen Gefährdungen des Baus – und die Gefahren, die von ihm ausgehen. Der Bau ist für das Tier zugleich Vorsorge, Versorgung und Schutz – eine Absicherung der Zukunft. Er soll einerseits vor den zu erwartenden Angriffen seiner zahlreichen Feinde schützen – den »äußeren Feinden« wie denen »im Innern der Erde«, an die das Tier »fest glaubt« (167); er ist »Rettungsloch« im Falle einer Verfolgung, Vorratskammer im Falle einer »Belagerung« (169), ein Rückzugsraum und Versteck, ein »Labyrinth« (175), in dem sich ein Eindringling verlieren soll. Aber der Bau ist nicht nur Verteidigungs- und Schutzraum, sondern auch Altersvorsorge: »Schön ist es für das nahende Alter einen solchen Bau zu haben, sich unter Dach gebracht zu haben, wenn der Herbst beginnt.« (168) Im Bau will sich das Tier gegen Ereignisse absichern, die in seine wohlgefügte Welt hereinzubrechen drohen – seien es »die Zähne eines Verfolgers in meinen Schenkeln« (167), sei es Hunger oder Altersschwäche. Genau darum enthält der zentrale »Burgplatz« des Baus »Vorräte für ein halbes Jahr« (170). Diese Vorratshaltung ist – ebenso wie die Anlage des gesamten Baus – Ergebnis intensiver »Vorausberechnungen«, »Verteidigungsvorbereitungen« und »Vorsicht« (170) – Antizipationen einer Zukunft voller Gefahren und möglicher Notsituationen. Kafkas Tier ist vorbereitet wie ein Musterschüler des Vorsorgeprinzips: ausgestattet mit allen möglichen Absicherungen für einen Notfall, dessen genaue Natur es noch gar nicht kennt. Obsessiv kreisen seine Überlegungen daher um alle denkbaren Gefährdungen, sein Monolog ist ein rastloses Suchen in einer Welt voller Bedrohungen: »Unschlüssig«, so bemerkt Walter Benjamin, »schaukelt es von einer Sorge zur anderen, es nippt an allen Ängsten und hat die Flatterhaftigkeit der Verzweiflung.«[60] Die Zukunft ist offen – und darum ein unabsehbarer Raum lauernder Gefahren. Sicherheit, die der Bau dem Tier verschaffen soll, lässt sich nicht in einem einmaligen Akt der Vorausberechnung und Kraftanstrengung herstellen, sondern erfordert eine endlos nach Schwachstellen forschende Anstrengung, eine nie erlahmende »Epistemologie des Verdachts« gegen die eigenen Denkfehler ebenso wie die Tücken eines heranschleichenden Feindes.[61] Als Experte für Arbeitssicherheit und Unfallverhütung weiß Kafka, dass Prävention keine einmalige Maßnahme ist, sondern eine Haltung »ständiger Vorsicht« fordert.[62] Dies betrifft nicht nur die »von der Natur [dem Bau] aufgezwungenen Schwächen« (174), die sich erst »nachträglich« zu erkennen geben; es betrifft auch die Einrichtung des Baus als solchem. Alle Wachsamkeit, so weiß das Tier, kann nur diejenigen Gefahren in den Blick nehmen, die von erwarteter Seite kommen, Gefahren, deren Natur man zumindest ahnen kann. Die eigentliche Gefahr aber liegt im gänzlich Unerwarteten, in den *»unknown unknowns«*, dem »strukturell Unwissbaren«, also jenen Schwachstellen und Breschen, von denen man nicht einmal weiß, dass es welche sind.[63]

Auf dieses »strukturell Unwissbare«, das das fundamentale Problem in der Herstellung von Sicherheit ist, reflektiert das Tier bei Kafka mit bemerkenswerter Insistenz. In seiner argwöhnischen Analyse der eigenen Sicherheitsvorkehrungen wird gerade auch das, was schützen soll, zur Möglichkeit einer tödlichen Falle. Verspricht die Tätigkeit des Bauens Sicherheit durch die Abriegelung des Raumes und die Exklusion unerwünschter Eindringlinge oder Ereignisse, so liegt in dieser Abriegelung aber auch die Gefahr: im Ernstfall sitzt man in der Falle. Darum braucht das Tier jenen nur mit einer Moosdecke verborgenen Ausgang, der allerdings den gesamten Bau »verwundbar« macht.

> [...] es kann jemand auf das Moos treten oder hineinstoßen, dann liegt mein Bau frei da und wer Lust hat [...] kann eindringen und für immer alles zerstören. Das weiß ich wohl und mein Leben hat selbst jetzt auf seinem Höhepunkt kaum eine ruhige Stunde, dort an jener Stelle im Moos bin ich sterblich und in meinen Träumen schnuppert dort eine lüsterne Schnauze unaufhörlich herum. Ich hätte, wird man meinen, auch dieses wirkliche Eingangsloch zuschütten können [...], so daß es mir immer nur wenig Mühe gegeben hätte, mir immer wieder von neuem den Ausweg zu erarbeiten. Es ist aber doch nicht möglich, gerade die Vorsicht verlangt, daß ich eine sofortige Auslaufmöglichkeit habe, *gerade die Vorsicht verlangt wie leider so oft, das Risiko des Lebens*; das alles sind recht mühselige Rechnungen und die Freude des scharfsinnigen Kopfes an sich selbst ist manchmal die alleinige Ursache, daß man weiterrechnet. Ich muss die sofortige Auslaufmöglichkeit haben, kann ich denn trotz aller Wachsamkeit nicht von ganz unerwarteter Seite angegriffen werden? Ich lebe im innersten meines Baues in Frieden und in-

zwischen bohrt sich langsam und still der Gegner von irgendwoher an mich heran [...] (166/7, Hervorhebung EH)

Die Sicherheit der perfekten Abriegelung ist keine Sicherheit, der Bau braucht das Ausgangsloch, das zugleich sein größtes Sicherheitsrisiko darstellt. Gerade die Gefahren »von ganz unerwarteter Seite« erfordern das genaue Gegenteil dessen, wozu der Bau offensichtlich dient: eine offene Stelle der Verwundbarkeit. Sicherheit ist nur um den Preis einer fundamentalen Unsicherheit zu haben.[64] Das ständige Bewusstsein der Sicherheitslücke hält jene permanente Sorge und Alarmbereitschaft aufrecht, ohne die Sicherheit nicht zu denken ist.

So sind Sorge und Sicherheit aufs engste – aber auch in widersprüchlicher Weise – miteinander verknüpft: Es gibt keine Sicherheit ohne Sorge, Sorge ist die Voraussetzung aller Sicherheit. Sicherheit als erreichter Zustand wäre aber die Freiheit von aller Sorge. *Securitas*, das lateinische Wort für Sicherheit, leitet sich ab von *cura* – und zwar als *se-cura*, Abwesenheit von Sorge. »Das Syntagma *secura*«, so John Hamilton, »beschwört eine Szene herauf, in der die Sorge von einem genommen ist oder in der man sich ihrer entledigt hat.«[65] Sicherheit, das wird hier deutlich, ist ein nicht erreichbares, nicht einmal wünschbares Ziel. Es wäre entweder eine Abschottung, die – in der Figur des unterirdischen Baus und Bunkers – zur Falle und zum Grab zu werden droht, oder eine Nachlässigkeit – eine sträfliche Sorg-Losigkeit. Kafkas Tier weiß, dass genau darin die Gefahr liegt. Es bleibt ihm nichts übrig, als unablässig die Paradoxien einer Sicherheit zu bedenken, die die Sorge und Alarmbereitschaft zum unabschließbaren Projekt und zur unendlichen Anstrengung macht.

Die Pointe von Kafkas Analytik der Sicherheit, Sorge und Vorsorge aber liegt nicht nur in den inhaltlichen Erörterungen des Tiers. Sie liegt auch in der *Form* des – nie abgeschlossenen, plötzlich abbrechenden – Textes. Denn der solipsistische innere Monolog des Tieres, der sich an keinen Leser, Hörer oder Gegenüber richtet, ist gefangen im Tempus einer Gegenwärtigkeit, aus der es kein Entrinnen zu geben scheint – weder ein reflexives noch ein grammatisches. Einzig kurze Ausflüge ins Perfekt – »ich habe den Bau eingerichtet« – ermöglichen ihm einen Rückblick auf jüngst Vollendetes. Kafka nutzt die Eigentümlichkeit des Deutschen, mit dem Präsens nicht nur einmalige Ereignisse, sondern auch sich wiederholende Handlungen oder fortbestehende Tatsachen zu bezeichnen und darüber hinaus auch noch als umgangsprachlicher Ersatz für das Futur zu dienen. Im iterativen, also auf wiederkehrende oder habituelle Vorgänge verweisenden Präsens des Textes, das auch ein Futur sein kann, ist das Tier ebenso gefangen wie im einsamen Kreisen seiner adressatenlosen Überlegungen.[66] Dieses Präsens aber bringt das spezifische Zeitverhältnis der Sorge und des Willens zu Sicherheit auf den Punkt. Sicherheit wird hier transparent als Willen zu einer Fixierung der Gegenwart für die Zukunft, in die Zukunft hinein. Sie ist ein Sich-Eingraben im Jetzt, um diesen *Status quo* auf Dauer oder ewige Wiederholung zu stellen und sich gegen jedes einbrechende Ereignis – als gegen einen Feind, eine Schädigung – abzuschotten. Vorsorge ist Aufrechterhaltung der Gegenwart, Abwehr des Ereignisses, Kontrolle über den Raum und die Zeit. »Die Sehnsucht nach Sicherheit«, so John Hamilton, »– die Sorge, sorgenfrei zu sein – wird getrieben von dem Wunsch, die Zukunft einzufrieren, sie ihrer eigenen Zukünftigkeit zu entwinden und sie in der Gegenwart festzusetzen, wo sie in Ruhe eingeschätzt werden könnte. Aber dieser Wunsch, die Zukunft zu fixieren, leitet sich aus der Einsicht ab, dass das Künftige hochgradig beweglich ist und unmöglich genau vorausgesagt werden kann. Der Zukunft ihre Kontingenz abzusprechen, wäre zweifellos ein Akt unglaublicher Nachlässigkeit, es würde heißen, *unvernünftig* zu werden und damit jede Hoffnung auf Sicherheit zu untergraben.«[67]

Kafkas Tier weiß um diese essentielle Paradoxie der Sicherheit. Gefangen im Präsens seiner einsamen Überlegungen zur Sicherung der Gegenwart, muss es doch darüber nachdenken, was es aus dieser Gegenwart heraus *nicht* sehen kann. Es muss also versuchen, sich *selbst beim Beobachten zu beobachten*, um zu sehen, was »im ganzen Umkreis hinter meinem Rücken [...] geschehen wird.« (179) Genau diese Anstrengung einer selbstreflexiven Beobachtung zweiter Ordnung, ein Beobachten des eigenen Beobachtens, unternimmt das Tier wieder und wieder – und verlässt dafür den Bau. Es überlegt, ob es nicht sinnvoll wäre,

> hier in der Nähe des Eingangs mich einzurichten, mein Leben in der Beobachtung des Eingangs zu verbringen und immerfort mir vor Augen zu halten und darin mein Glück zu finden, wie fest mich der Bau, wäre ich darin, zu sichern imstande wäre. (178)

Das Tier ist gefangen in einer Beobachtung erster Ordnung, die nichts anderes tun kann, als in permanenter Wachsamkeit die Möglichkeiten künftiger Einbrüche und die Maßnahmen der Vorsorge dagegen durchzurechnen. Genau darum träumt das Tier von einer reflexiven Perspektive außerhalb, im Rücken der eigenen Blickrichtung, im Rücken auch des unentrinnbaren Präsens. Der Wunsch nach absoluter Sicherheit stellt die unmögliche Aufgabe, den Bau zugleich zu *bewohnen* und ihn von außen zu *beobachten* – das heißt: in der Gegenwart zu leben und diese von einer reflexiven Position in der Zukunft als die Vorgeschichte eines Prozesses erkennen zu können, der sich erst später zu erkennen gibt. Es würde bedeuten, im Präsens und zugleich im Präteritum erzählen zu können. Es ist aber genau die narrative *Form* des Textes als innerem Monolog, die seinem Erzähler/Protagonisten diese Reflexivität gerade verweigert. Das Tier ist in die Ich-Perspektive einsperrt. Das Beobachten des eigenen Beobachtens würde es ermöglichen, die blinden Flecken, das strukturell Unwissbare der eigenen Gefahrenantizipation mitbedenken zu können. Der *andere Pfad*, der *andere Blick*, von dem aus die Kontingenz des eingeschlagenen Pfads und des eigenen Blicks aus beobachtbar wird, ist hier in die Erzählung integriert als das, was dem Tier zwar denk- und wünschbar, aber gerade *nicht* erreichbar ist.

Dieser Wunsch nach einer Möglichkeit der Beobachtung zweiter Ordnung, einer Reflexion auf die eigenen »unbekannten Unbekannten« liegt im Kern des modernen Zukunftsverhältnisses und der Sorge um die Zukunft. Das Sicherheitsstreben der Moderne zielt, wie Luhmann bemerkte, auf den »Doppelblick« einer Beobachtung zweiter Ordnung, die »erfasst, was die Beobachter sehen und was sie nicht sehen«.[68] Diese wissende Beobachterperspektive des antiken Gottes ist in der Moderne der Reflexivität des vorsorgenden Menschen aufgebürdet: Er ist nicht nur gehalten, der Zukunft und ihrer Machbarkeit ständige Aufmerksamkeit entgegenzubringen, sondern sich darüber hinaus ständig zu fragen, was er vom gegenwärtigen Standpunkt aus (noch) nicht als Gefahr, als kommende Tendenz zum Desaster erkennen kann. Die tragische Ironie eines sich selbst bereiteten künftigen Schicksals, das aber nur einem extra-diegetischen Beobachter – also dem Zuschauer oder dem Gott – erkennbar ist, verlagert sich im modernen Regime der Sicherheit und Absicherung in eine Hyperreflexivität auf die eigenen blinden Flecken. Das weiß auch Kafkas Tier: »Freilich manche List ist so fein, daß sie sich selbst umbringt, das weiß ich besser als irgendwer sonst [...]« (166)[69] Aber mehr als diese abstrakte Regel kann weder Kafkas Tier noch der auf Sicherheit bedachte Mensch sehen. Denn alles, was er in der Gegenwart beobachten kann, ist die »gegenwärtige Zukunft«, also das, was an Zukünftigem von jenem Jetzt aus sicht-, denk-, erwartbar ist, in welchem wir Entscheidungen fällen oder Vorsorgemaßnahmen treffen.[70]

Diese Unmöglichkeit, die eigenen blinden Flecken in das Sicherheitskalkül mit einzubeziehen, lässt das Sicherheit suchende Tier Kafkas einen »Verdacht gegen sich selbst« hegen, gegen die eigene Fähigkeit, die Zeichen der Gefahr richtig zu deuten und die richtigen Maßnahmen gegen sie treffen zu können.[71] Nicht das Alleinsein im Bau und die Sorge um diesen machen das Tier essentiell einsam, sondern die Unfähigkeit zu jenem »Doppelblick«, der ihm erlauben würde, das eigene Beobachten zu beobachten. Damit entsteht aber eine grundlegende Unentscheidbarkeit in der Sorge um Sicherheit: Ist der »Verdacht« des Tieres – etwa gegen den »Zischer«, den es im letzten Teil des Textes als sich nahenden Feind interpretiert – tatsächlich in einer realen Bedrohung und ihren Anzeichen begründet? Oder sind das Zischen und die Mutmaßungen über lauernde Fressfeinde nichts anderes als die Symptome einer fundamentalen Angst, die sich gar nicht primär auf einen gestaltlosen Angreifer richtet, sondern keinen bestimmten Gegenstand hat? Friedrich Balke hat diese Unbestimmtheit des Feindes und des Gegenstands der Angst hervorgehoben: »Das Wovor der Angst [...] ist das *Im-Bau-sein* als solches.«[72] Der Wunsch nach Sicherheit, so ließe sich mit Heidegger sagen, ist das Symptom einer Angst, deren »Wovor« »das In-der-Welt-sein als solches« ist.[73] Aber auch das Worum der Angst, oder das Objekt der Vor- und Fürsorge, ist, wie Heidegger ausführt, gänzlich unspezifisch: »Worum die Angst sich abängstet ist nicht eine *bestimmte* Seinsart und Möglichkeit des Daseins. Die Bedrohung ist ja selbst unbestimmt und vermag daher nicht auf dieses oder jenes faktisch konkrete Seinkönnen bedrohend einzudringen. Worum sich die Angst ängstet, ist das In-der-Welt-sein selbst.«[74] Es ist das bloße Lebendig-Sein, das zugleich Gegenstand der Für-/Vor-Sorge und Gegenstand der Angst ist. Der Wille zur Sicherheit zielt nicht auf ein bestimmtes Leben oder eine Lebensform, sondern auf nichts anderes als die Perpetuierung dieses reinen Lebens und Überlebens.[75]

Mit dieser Unbestimmtheit der Angst im Willen zur Sicherheit stellt sich die Frage nach dem Subjekt der Angst und seinem Wissen. Ist die Wahrnehmung von Gefährdungsquellen überhaupt eine Wahrnehmung – oder nicht vielmehr eine Konstruktion? Eine Konstruktion ist sie zweifellos, eine heuristische Fiktion, die helfen soll, Maßnahmen an einer möglichen Gefahrenlage auszurichten. Aber möglicherweise ist diese Gefahrenlage selbst nur eine Projektion, eine Halluzination, eine Autosuggestion? Ist der Willen zur Sicherheit gegründet auf einer tatsächlichen Gefährdung oder ist sie nichts als die paranoide Weltlektüre eines existentiell geängstigten Subjekts? Ist die trügerische Sicherheit, die Stille, der Schlaf, wie Kafkas Tier räsonniert, die Täuschung – oder ist nicht vielmehr das verschärfte Gefühl der Bedrohung der eigentliche Irrtum?

Ein heutiger Verwandter von Kafkas sorgenvollem Baumeister scheint genau dies nahezulegen: dass es nämlich die Sorge selbst ist, die die eigentliche Gefährdung darstellt. Der Film *Take Shelter* (2011) von Jeff Nichols ist in vielen Hinsichten eine Wiederauflage von Kafkas *Bau* unter den Bedingungen des modernen Sozialstaats – und mit den Mitteln des Hollywoodkinos.[76] Auch hier ist Bauen die Metapher einer Sorge, eines Willens zur Sicherheit, von dem unklar bleibt, ob er wirklich begründet ist. Sein Protagonist, Curtis LaForche (Michael Shannon) ist Bauarbeiter in einer Kiesgrube und lebt mit seiner Frau (Jessica Chastain) und der taubstummen kleinen Tochter (Tova Stewart) in einer Kleinstadt in Ohio. Sein Leben ist »eingerichtet und scheint wohlgelungen«, da beginnt er, schmerzhaft intensiv von Unfällen und Katastrophen zu träumen. Erst ist es ein Angriff seines Hundes, dann ein Autounfall, später werden seine Visionen immer surrealistischer und gewaltsamer: Ein seltsamer Einbrecher umschleicht sein Haus, seine Möbel schweben einen Moment lang im Raum, sein bester Freund Stuart (Shea Whigham) greift ihn bei der Arbeit an, und schließlich bedroht ihn seine Frau mit einem Messer. All diese Visionen stehen immer im Zusammenhang mit einem heraufziehenden heftigen Sturm: Am Horizont erscheint eine riesige Wolke, die ein wenig aussieht wie der Pilz einer Atomexplosion, Windhosen fegen über das Land, er hört Donner, der wie das ferne Knurren eines Raubtiers klingt, und es fällt ein gelber, dicker, öliger Regen.

Die Heftigkeit dieser Katastrophenvisionen veranlasst Curtis, Sicherheitsmaßnahmen zu ergreifen: Zuerst verbannt er seinen Hund aus dem Haus, dann beginnt er, einen unbenutzten klei-

Abb. 29: Curtis LaForche sieht den Sturm kommen. Er fragt sich: Sieht irgendjemand anderes das auch? Take Shelter, USA 2011

nen Sturmschutzraum in seinem Garten aufzuräumen. Schließlich baut er diesen Schutzraum aufwendig zu einem großen unterirdischen Bunker aus und bestückt ihn mit Gasmasken, Wasser und Lebensmitteln. Während die Familie ständig Geldsorgen hat und sich alles um die Therapien der gehörlosen kleinen Tochter dreht, konzentriert Curtis zunehmend alle Aufmerksamkeit, Zeit und Finanzen auf den Bau des Schutzraums. Bemerkenswert ist dabei, dass dieses Projekt der Absicherung ihn selbst zunehmend ent-sichert: Es unterminiert seine soziale und finanzielle Existenz. Für den Bau des Schutzraums nimmt er einen »riskanten Kredit« auf, vor dem ihn selbst der Bankberater eindringlich warnt. Er verwendet Baumaschinen seiner Firma und verliert deshalb seinen Job. Kurzum: Die Zukunft, für die Curtis vor-sorgt, zerstört die Gegenwart, weil alle Ressourcen von der Gegenwart in die Absicherung eines einzigen, ganz spezifischen Szenarios in der Zukunft verlagert werden, den heraufziehenden Sturm. Diesen riesigen, unerhörten, alles zerstörenden Sturm prophezeit er in einem Wutanfall seinen entsetzten Arbeitskollegen: »Hört gut zu. Es kommt ein Sturm, wie ihr noch nie einen gesehen habt. Und nicht einer von euch ist darauf vorbereitet!«

Der Sturm, den Curtis LaForche kommen sieht, ist zweifellos eine Bebilderung jener einschneidenden sozialen und materiellen Entsicherung, die nach der Finanzkrise von 2008 insbesondere die Amerikaner und vor allem jene untere Mittelklasse getroffen hat, zu der LaForche gehört. Immer wieder ist im Film die Rede von einer Krisenzeit, in der Jobs schwer zu finden und Hauskredite eben besonders »riskant« geworden sind. Gerade beim Gespräch über den »Haus-Ausbau«-Kredit wird deutlich, dass alles, was die Familie besitzt – ihre zwei Autos, das Haus – ohnehin schon auf Kredit finanziert sind. Die Welt des heraufziehenden Sturms ist die Welt nach der großen Finanzkrise 2008/9, in der sich zeigte, dass nichts, was zuvor soziale Sicherung versprochen hatte – Immobilienbesitz, ein Job, Alters- und Krankenversicherung, Kreditwürdigkeit – Bestand hatte und Mittelklassefamilien auf einmal job- und obdachlos werden konnten. »Nicht einer von euch ist vorbereitet!«, schreit Curtis seinen Schicksalsgenossen entgegen. »Vorbereitetheit« (*»preparedness«* im sicherheitstechnischen Jargon) würde bedeutet haben, sein ganzes Leben auf den Einbruch aller Sicherungen vorzubereiten, den möglichen Verlust der Arbeitsstelle, des Eigenheims, der Alterssicherung – jenen Einbruch, der dann in der Finanzkrise tatsächlich stattfand.

Aber die Welt vor dem großen Sturm ist auch die Welt der Krankenversicherungen und der sozialpsychologischen Beratungsstellen – also Absicherungs- und Therapie-Institutionen, die vordergründig dafür sorgen sollen, dass der von Angst und Sorge überwältigte Einzelne nicht – wie Kafkas Tier – allein gelassen wird. Oder genauer: Stellen, die dafür zuständig sind, dass die Angst und Sorge, die er zu Recht hat, als psychologisches Symptom individualisiert und medikalisiert werden, statt sie als das soziale Symptom wahrzunehmen, das sie sind. Immer wieder ist darum im Film die Rede von der »guten Krankenversicherung« der Familie und den teuren Therapien für die kleine Tochter, die sie möglich macht. Auch Curtis, geplagt von seinen Visionen und Krampfanfällen, beginnt, psychotherapeutische Beratung in Anspruch zu nehmen – schon deshalb, weil er eine Familiengeschichte mit einem Fall von paranoider

Schizophrenie hat. Die Angst um das Überleben, der insistente Wunsch nach Sicherheit und »Vorbereitetheit« auf kommende Katastrophen wird in diesem System nun zum individuellen Krankheitssymptom. Mit der Psychotherapie stellt sich nicht mehr so sehr die Frage, ob und welch ein Sturm kommt und ob und wie die Gesellschaft darauf vorbereitet ist – sondern nur noch, warum Curtis diese Angst verspürt und ob sie nicht vielleicht ein Zeichen jener Schizophrenie ist, an der seine Mutter erkrankt ist. »Sieht irgendjemand anderes das, was ich sehe?«, fragt sich Curtis, als er nachts in einen von Blitzen durchzuckten Himmel schaut.

So scheint der Film die Geschichte einer individuellen Sicherheits-Erkrankung und ihrer Therapie zu sein. Kafkas Tier im Büro der psychotherapeutischen Beratungsstelle. Als tatsächlich ein schwerer Sturm über die Kleinstadt zieht, flieht die Familie in den Schutzraum und verbringt die Nacht mit Gasmasken auf dem Gesicht. Aber mehr als ein kräftiger Wind war es nicht. Nun gilt es, zurück in die Normalität zu kommen: Als Heilung von seiner sicherheitsfixierten Paranoia muss Curtis es am nächsten Morgen über sich bringen, den Schutzraum freiwillig wieder zu verlassen – nur um zu entdecken, dass der Sturm kaum mehr getan hat, als ein paar Äste von den Bäumen zu reißen. »Geheilt« oder jedenfalls zur Einsicht gebracht, dass der Schutzraum nichts anderes als ein Ausdruck seiner Krankheit ist, fährt er am Ende des Films auf Anraten eines Psychiaters mit seiner Familie ans Meer, um Urlaub zu machen. Der Wunsch des Einzelnen nach Sicherheit scheint als individuelle Pathologie erkannt – und damit geheilt. Aber der Film lässt es nicht bei diesem beruhigenden Fazit. Während Curtis mit seiner Tochter Sandburgen baut, sehen wir in der letzten Szene erste Tropfen jenes öligen gelben Regens aus Curtis' Vision fallen. Am Horizont erscheint der Sturm, von dem er immer geträumt hat, die pilzförmige Wolkenmauer, die Windhosen. Und seine Familie sieht es auch. Es scheint, als würde nun, auf ironische Weise, die Vision von Curtis wahr werden – jetzt, wo keine Sicherung und kein Schutzraum mehr nah sind. Der Sturm kommt.

Die Katastrophe, so könnte man den Schluss interpretieren, wird genau dann wirklich, wenn man endlich verstanden hat, dass sie nur eine Phantasie war. Zukunftswissen bestätigt sich genau dann, wenn man genug Therapie bekommen hat, um es als Nicht-Wissen, als bloße Paranoia abtun zu können. Das ist eine Möglichkeit der Lektüre von *Take Shelter.* Aber es gibt eine andere: Es kann nämlich auch sein, dass der Schluss auf nichts anderes hinausläuft, als den Wahnsinn Curtis' nun auch auf den Zuschauer zu übertragen: Am Ende teilt die Familie, teilt der Zuschauer Curtis' Vision, am Ende glauben alle an den Sturm, der auf sie zurast. Genau das ist die Pointe des modernen Verhältnisses zur Zukunft: Die externe Perspektive des Zuschauers, der weiß, was gekommen sein wird, verschwindet. Den Blick des Gottes kann niemand mehr einnehmen. Das Narrativ verschluckt den Zuschauer, lässt ihn nicht mehr sehen als die Protagonisten, die wie Faust blind vor Sorge werden. Die Zukunft der Moderne als Garten der Pfade, die sich verzwei-

Abb. 30: Am Ende, weit weg von ihrem Schutzbunker, sieht die ganze Familie, was Curtis' Wahnvorstellung immer schon vorausgesehen hat: den alles vernichtenden Sturm. In den Fenstern ihres Ferienhauses spiegeln sich die Wolken und der Strand, von dem sich das Wasser wie vor einem Tsunami zurückgezogen hat. Auf ihre Haut fällt der zähe, gelbe Regen. Schlussbild von Take Shelter, USA 2011

gen, ist ein Labyrinth geworden, in dem Wahnsinn und Orientierung nicht mehr unterscheidbar sind.

Es ist kein Zufall, dass Kafka und Nichols den Monolog der modernen Sorge auf dieselbe Metapher bringen: den Bau. Bauen ist die Herstellung von Sicherheit als *preparedness.* Man bereitet sich auf unspezifische Bedrohungen durch Feinde, durch Hunger, durch Naturkatastrophen vor, indem man einen kontrollierbaren Raum erschafft, Verteidigungs- und Schutzanlagen baut, Vorräte anlegt. Eine Haltung, die heutige Survival-Bewegungen zu ihrer ständigen Beschäftigung gemacht haben (s. Kap. 4, S. 181–190). Es ist der Versuch, die Gegenwart in die Zukunft hinein *auf Dauer zu stellen*, das, was man *hat* (das nackte Leben, die Familie), zu bewahren, wenn schon sonst nichts bewahrt werden kann. Ein Betonieren der Gegenwart. Aber auch hier gibt es eine fundamentale Verknüpfung von Wissen und Nicht-Wissen, nur ist es nun eine Frage des wissenden Subjekts und seiner Perspektive, eines Subjekts, das versuchen muss, sein eigenes Beobachten zu beobachten und seinen eigenen blinden Fleck zu sehen. Anders als Ödipus, der nicht weiß, dass er blind ist, wissen die modernen Protagonisten des Sicherheitsdenkens um ihr Unwissen nur allzu gut. Und anders als bei Sophokles gibt es auch keinen Gott und keinen Zuschauer mehr, der immer schon weiß, wie alles ausgegangen sein wird. Moderne Fiktion adressiert die Beobachterproblematik des präventiven Wissens, indem sie sie zu lesen gibt: als solipsistischen Monolog des Tieres, das davon träumt, sich selbst beim Beobachten zu beobachten, oder als Verzweiflung des Familienvaters, der nicht weiß, ob er wahnsinnig ist oder tatsächlich etwas zu fürchten hat. Kafka analysiert die Sorge als einsamen Versuch, die Gegenwart in die Zukunft hinein auf Dauer zu stellen. *Take Shelter* dagegen suspendiert den Blick in die Zukunft in der Unentscheidbakeit zwischen einer Innen- und einer Außenperspektive. Sind die Visionen, die der Zuschauer ebenso hat wie Curtis, Halluzinationen oder Prävisionen? Ist das Ende ein Eintreffen der Katastrophe oder eine

Wahnvorstellung, die nun sogar den Zuschauer ergreift? Als Medium, das Bilder vor Augen stellt, ist der Film hier Ort und Spiegel, Inszenierung und Reflexion der Aporien von Zukunftswissen. Aber *Sehen* als Erkenntis der Wahrheit, von dem Teiresias noch so nachdrücklich sprechen kann, ermöglicht dieses Medium nicht mehr. So erlaubt in der Moderne auch die Fiktion keine Position des zuschauenden, wissenden Außens mehr: Der Zuschauer wird nicht erfahren, ob der Sturm wirklich kommt. Er ist mit eingeschlossen in der endlosen Sorge der Baumeister.

Zeitmaschinen: Medien der Zukunft in »Twelve Monkeys« und »Minority Report«

Offen bleibt die Frage nach den Möglichkeitsbedingungen des Zukunftswissens, oder genauer: nach seinen Medien und Formaten. Die Frage nach den Möglichkeiten und Aporien vorsorgenden Handelns ist immer schon gebunden an die Techniken der Herstellung und Übertragung eines Wissens von der Zukunft. Die Antike hatte dafür die Semiotiken des Vogelflugs, der Eingeweide, der Sterne etc. und die Zweideutigkeiten des Orakels. Beide Verfahren verlegen den Spielraum zwischen Irrtum und Einsicht in den Raum ihrer Übertragung bzw. auf den Interpretierenden: den Priester, der die Zeichen liest, oder den Fragenden, der die Worte des Orakels richtig verstehen muss. Die Schwierigkeit in der Medialität dieses Wissens liegt also einzig in seinem Transfer, nicht aber in seiner Quelle. Korrumpiert werden können seine Botenwege (wie Iokaste und Ödipus vermuten) oder aber seine Interpretation (wie Kroisus vorführt). Das Wissen selbst aber ist uniform und eindeutig, so wie die Zukunft, auf die es sich bezieht.

Eine Zukunft der Moderne, die in der Gegenwart gestaltet, verändert oder verhindert werden kann, wirft dagegen ganz andere Probleme der Her- und Darstellbarkeit des Wissens auf. Als Garten der Pfade, die sich verzweigen, ist Zukunft immer nur als *mögliche* Welt denkbar. Sie unterliegt menschlichen Entscheidungen (und Irrtümern). In die Verfahren und Medien der Prävision muss also von vornherein eine Unschärfe eingetragen werden, die die Virtualität jedes Zukunftswissens in dessen Darstellung mit eingehen lässt. Wissen von der Zukunft ist immer schon Fiktion, insofern jedes Datum, jede Geschichte, jedes Bild, jede Tendenz auf *andere* mögliche Daten, Geschichten, Bilder, Tendenzen verweist; es ist stets eine Variante unter vielen möglichen, ein Noch-nicht-Wissen, eine Hypothese, eine Wahrscheinlichkeit, eine Extrapolation, eine Konjektur, eine Modellierung, eine Imagination. In jede Vorhersage muss ihre Kontingenz, ihre Abweichung von sich selbst mit eingetragen werden. Nicht so sehr die philosophischen und literarischen *Beschreibungen* der Zukunft, wie sie im Genre der Utopie und Dystopie ihren Ort gefunden haben, werden diesem Anspruch gerecht, sondern vor allem die mathematischen Verfahren, die Wahrscheinlichkeit zukünftiger Ereignisse anzugeben. So entwickelt das 18. Jahrhundert eben nicht nur eine Geschichtsphilosophie der Weiterentwicklung und Perfektionierung des Menschen, sondern statistische Tafeln der Regelmäßigkeiten von Geburten, Toden, Krankheitsfällen oder Nahrungskonsum. So erfindet das 19. Jahrhundert nicht nur alle möglichen technischen und sozialen Fortschrittsutopien, sondern das mathematische Konstrukt eines »mittleren Menschen«, der die Durchschnitte und Häufungen von Ereignissen (wie z. B. Unfällen) und sozialen Prozessen (wie etwa demographischem Wandel) anschreibbar macht. Und so imaginiert das 20. Jahrhundert nicht nur massenweise Dystopien totalitärer Gesellschaftsformen, sondern schafft sich Rechenkapazitäten, die hochkomplexe Modellierungen künftiger Entwicklungen (der Ökonomie, des Klimas, ökologischer Systeme etc.) durchführen können. Es sind diese letzteren mathematischen oder simulativen, nicht mehr deskriptiven oder semiotischen Verfahren, die die eigentliche Basis modernen Zukunftswissens stellen. Diese Verfahren operieren nicht mehr textförmig und narrativ, sondern als Verarbeitung großer Mengen diskreter, aber gleichförmiger Daten. Was sich von hier aus als Zukunft entwirft, sind Wahrscheinlichkeiten, Risiken, Trends, Hochrechnungen, die aber nie beanspruchen können, eine ultimative und einfache Wahrheit über das Kommende aussagen zu können. Die Zukunft ist damit abstrakt, dispers, virtuell geworden, abbildbar nur noch in einer Form, die zugleich nicht aufhört, auf die Unmöglichkeit dieser ›Abbildung‹ zu verweisen. Bei der Antizipation des Kommenden ist sinnliche Wahrnehmung ebenso nutzlos geworden wie Erfahrung.

Genau darum aber ist die Imagination von Medien, die eine sinnlich *wahrnehmbare* Darstellung von Zukunft leisten könnten, in der Moderne umso verlockender. Etliche Zukunftsimaginationen (und auch viele der Texte, die ich hier behandelt habe) sind nicht nur solche Darstellungen – sie entwerfen ganz ausdrücklich solche Medien einer *Vision* der Zukunft: Byron und Jean Paul verzeichnen einen Traum, der »nicht nur ein Traum« ist; Grainville lässt seinen Erzähler in magische Spiegel blicken, die das Geschehen der Zukunft wie auf einer Bühne zeigen (zugleich eine frühe Antizipation bewegter Bilder); Martin entwirft Bilder, die keinen Betrachter mehr haben können; die Zukunftsutopien des 19. Jahrhunderts kommen selten ohne einen magischen Schlaf aus, der ihre Helden sanft in eine mittelfristige Zukunft katapultiert, etwa in Wells' *The Sleeper Awakes* (1910) oder Bellamys *Looking Backward: 2000–1887* (1887). Oder sie entwerfen die Fiktion einer Inspiration über die Zeiten hinweg, einen Sender aus der Zukunft mit einem Empfänger in der Gegenwart, so etwa in Stapledons einflussreicher anthropologischer Spekulation *Last and First Men. A Story of the Near and Far Future* (1930) oder auch in Benfords Zeitschleifenroman *Timescape* (1980).

Den epistemologischen und medialen Kern dieser Zukunftsfiktionen legt H. G. Wells mit seinem Roman *The Time Ma-*

chine (1895) frei. Er erfindet eine Maschine, die es ermöglichen soll, die Zeit wie einen Raum zu bereisen. Was diese Maschine also möglich macht, ist Zeitachsenmanipulation: Sie kann vorwärts und rückwärts in der Zeit reisen, sie kann beschleunigen und verlangsamen, sie kann aus einem Raum verschwinden, ohne sich zu bewegen. Diese Vorstellung eines Zeitpfeils, auf dem man hin und her reisen kann, den man stoppen, raffen oder überspringen kann, ist die epistemische Grundlage etlicher moderner Fiktionen, die Zukunft nicht nur schildern wollen. Ihnen geht es darum, die Frage zu beantworten, *unter welchen Bedingungen* ein Blick in die Zukunft überhaupt möglich sein kann. Die Zeitmaschine imaginiert, dass man das Künftige nicht nur genau so unmittelbar erkunden kann wie einen Ort in der Gegenwart, den man aufsucht, sondern auch, dass man prospektiv in Zukunft oder retrospektiv in die Vergangenheit eingreifen könnte, so wie man in die Gegenwart eingreift. Auch Wells' Zeitreisender greift in die Welt von 802 701 ein, wenn er eine Eloi-Frau rettet. Die logischen Paradoxien, die die Zeitreise aufwirft, sind bekannt: Sie impliziert eine Disjunktion zwischen der persönlichen Zeit des Zeitreisenden und der externen Zeit des Rests der Welt, die dazu führen kann, dass der Zeitreisende sich selbst als jüngeren Menschen in der Vergangenheit trifft oder als älteren in der nahen Zukunft. Die Reise in die Vergangenheit kann dazu führen, dass der Zeitreisende in der Vergangenheit Dinge ändert, die seine eigene spätere Existenz unmöglich machen (das berühmte Großvater-Paradox).[77]

Aber wenn man diese evidenten Paradoxe vermeidet (das heißt: nicht gerade antritt, in der Vergangenheit den eigenen Großvater zu ermorden, um die eigene Geburt zu verhindern), dann ist die Zeitreise eine einleuchtende und höchst nützliche Konstruktion. Genauer gesagt: sie ist die jeder Prognose und jeder Prävention zugrunde liegende Konstruktion, dass man von einem Blickpunkt in der Zukunft aus rückblickend katastrophische Tendenzen in der Gegenwart als solche identifizieren könne. Jede nicht-triviale und nicht-falsche Prognose, so

Nassim Taleb, muss etwas aus dieser Zukunft enthalten: »Um die Zukunft so zu verstehen, dass man sie vorhersagen kann, muss man Elemente aus dieser Zukunft selbst einbauen.«[78] Man muss also ein Wissen ›aus der Zukunft‹ zumindest hypothetisch unterstellen. Diese Perspektive ›aus der Zukunft‹ auf die Gegenwart ist auch die Grundlage des Vorsorgeprinzips. Schon Hans Jonas' fundamentaler Entwurf einer »Zukunftsethik« in *Das Prinzip Verantwortung* (1978) fordert, sich auf den Standpunkt der Zukunft zu stellen, um von dort aus gleichsam auf die Gegenwart *zurückzublicken*. Die Zukunft, so Jonas, leuchtet in die Gegenwart hinein:

> Was kann als Kompaß [einer Zukunftsethik, EH] dienen? Die vorausgedachte Gefahr selber! In ihrem *Wetterleuchten aus der Zukunft*, im Vorschein ihres planetarischen Umfanges und ihres humanen Tiefganges, werden allererst die ethischen Prinzipen entdeckbar, aus denen sich die neuen Pflichten neuer Macht herleiten lassen.[79]

Während Jonas aber davon ausgeht, dass man sich das Übel in der Zukunft vor allem *vorstellen* muss (als Ersatz für die reale Erfahrung damit in der Gegenwart), fassen andere Theoretiker einer Zukunftsethik, wie etwa Dieter Birnbacher, diesen Vorgriff noch deutlicher als einen Blickpunkt in der Zukunft, als eine kognitive Heuristik des Zukünftigen:

> Wie weit die kausalen Wirkungen des Gegenwartshandelns tatsächlich reichen, läßt sich [...] erst aus der Perspektive der Zukunft beurteilen, und auch dann nicht abschließend.[80]

Die Konstruktion einer möglichen Perspektive aus der Zukunft auf die Gegenwart ist demnach nicht einfach (nur) Science-Fiction. Sie ist die heuristische Fiktion, die dem Vorsorgeprinzip epistemologisch zugrunde liegt. Dabei begegnet sie genau der Schwierigkeit einer kontingenten Zukunft in der Moderne: Die Gegenwart unter dem Schein eines »Wetterleuchtens« aus der Zukunft zu betrachten soll jener Unabsehbarkeit von Gefahren begegnen, die das Vorsorgeprinzip voraussetzt. Der Blick aus einer antizipierten Zukunft soll ermöglichen, die Gegenwart auf etwas noch nicht Bekanntes, etwas noch in der Latenz Liegendes hin abzusuchen. Es geht darum, sie auf die Gefährdungen hin zu entziffern, die in ihr gerade *noch nicht sichtbar geworden sind.* Die Möglichkeit dieses Blicks, deren technisches Symbol die Zeitmaschine ist, ist die jeder Idee der Prävention und Vorsorge inhärente notwendige Fiktion. Als rückblickendes Narrativ, so hatten wir in Kap. 5 gesehen, lässt sich dieser Blick leicht einnehmen, etwa in der Fallstudiensammlung *Late Lessons from Early Warnings. The Precautionary Principle 1896–2000.*[81] Als eine Erzählung, die vom Wissensstand der Gegenwart die Geschichte der verkannten Warnungen rekonstruiert, die eine Technologie begleitet haben, lässt sich hier die Gegenwart als bereits eingetretene Zukunft behandeln. Aber das funktioniert nur retrospektiv, als immer schon zu spät gekommene Warnung und langsamer Lernprozess.

Um die Implikationen der Konstruktion eines Blicks aus der Zukunft wirklich auszuleuchten, braucht es also Fiktionen – Fiktionen, die die Möglichkeit ausleuchten, aus der Zukunft Wissen in die Gegenwart einzuspeisen. Es ist kein Zufall, dass die Idee eines solchen Kurzschlusses von Zukunft und Gegenwart in Literatur und Film der achtziger Jahre prominent wird, zwei Jahre nach Erscheinen von Jonas' *Das Prinzip Verantwortung* und mitten in einer Zeit verschärfter Zukunftsängste, von der ökologischen Krise (Stichwort »saurer Regen« und »Waldsterben«) über die Spätfolgen der Nukleartechnologie (»Tschernobyl«) bis hin zur Möglichkeit eines Atomkriegs mitten in Europa (»Nachrüstung«). Bemerkenswert ist auch, dass hier keine unendlich fernen Zukünfte adressiert werden, sondern ein Raum jener »absehbaren kausalen Reichweite« (ein bis drei Generationen), die die zeitgenössischen Konzepte für Zukunftsverantwortung als sinnvollen Zeithorizont angeben.[82] Gregory Benfords *Timescape* (1980) beispielsweise entwirft die komplizierte physikalische Versuchsanordnung eines schneller als Licht reisenden Tachyonen-Strahls, mit dem Wissenschaftler im Jahre 1998 (der Zukunft einer globalen Ökokatastrophe, die durch einen Kunstdünger verursacht wurde) versuchen, Kontakt zu ihren Vorfahren im Jahr 1962/63 aufzunehmen, um sie vor der katastrophalen Algenblüte zu warnen, die der Dünger ausgelöst hat.[83] Bemerkenswert ist, dass Benford die Tatsache einkalkuliert, dass eine Veränderung der Vergangenheit sich nicht nur auf die zu verhindernde Ökokatastrophe auswirken könnte, sondern grundsätzlich eine alternative Welt und damit auch eine alternative Geschichte generiert: So lässt er nebenbei John F. Kennedy das Attentat vom November 1963 überleben. Er entwirft damit, so Philipp Theisohn, ein »zerklüftetes historisches Universum«, das keinen einfachen Erzähler oder Beobachter erlaubt, sondern nur noch die limitierte Perspektive je alternativer Geschichtsverläufe.[84]

Prominenter (und deutlich weniger komplex) als Benfords Roman ist die Serie der *Terminator*-Filme (*The Terminator* 1984, *Terminator II: Judgment Day* 1991, *Terminator III: Rise of the Machines* 2003, *Terminator Salvation* 2009), die die Idee einer möglichen Zeitreise und eines Eingriffs der Zukunft in die Vergangenheit ganz praktisch umsetzen. *The Terminator* (1984) bemüht dabei unmittelbar das Großvater-Paradox der Zeitreise: die Möglichkeit, in der Vergangenheit den Vorfahren eines Menschen zu töten und damit dessen Existenz in der Gegenwart unmöglich zu machen.[85] In der nahen Zukunft des Jahres 2029 kämpfen die Menschen einen zähen Überlebenskampf gegen intelligente Maschinen, die sie selbst einst entwickelt haben und die die Menschheit nun auszurotten drohen. Der Anführer der menschlichen Widerstandsbewegung, John Connor, soll darum durch einen in die Vergangenheit geschickten Cyborg (Arnold Schwarzenegger) noch vor seiner Geburt ausgelöscht werden, indem der Roboter dessen Mutter, Sarah Connor (Linda Hamilton), tötet, noch bevor ihr Sohn gezeugt ist. Aber trotz der überlegenen Technik des berühmten Androiden wird die Zukunft der Menschen hier nicht vernichtet, sondern zeugt vielmehr sich selbst: Kyle Reese (Michael Biehn), ein Mensch aus der Zukunft, der geschickt wird, um Sarah Connor zu retten, zeugt mir ihr ihren Sohn John. Außerdem überzeugt er sie davon, die Computerfirma anzugreifen, die die späteren menschenvernichtenden Roboter in der Gegenwart entwickelt. Sarah Connor wird so zur Agentin der Zukunft in der Gegenwart. Wie keine andere Zeitreisenfiktion predigt *Terminator* einen (sehr amerikanischen) Optimismus aktiven Eingreifens in die Zukunft. Sarah Connor ist die angriffslustigere und glücklichere Version der sorgenvollen Baumeister der modernen Zukunftsgestaltung von Kafka bis Nichols. Immer wieder spricht sie das Mantra aller modernen Prävention aus: »Die Zukunft ist nicht gegeben. Die Zukunft ist das, was wir aus ihr machen.« Ihr aus der Zukunft gesandter Retter und der Vater ihres Kindes, Kyle Reese, macht den Status der Zukunft, aus der er kommt, deutlich: »es ist *eine mögliche* Zukunft«. (Allerdings vermeidet der Film sorgfältig, die Paradoxien zu adressieren, die sich daraus ergeben: Die mögliche Zukunft, aus der Kyle Reese kommt, gibt es nicht mehr, da er in der Gegenwart des Films stirbt.) Unter Vernachlässigung aller Paradoxien von alternativen Zukünften kommt in *Terminator* die fundamentale Hoffnung der Zeitreisenfiktion in der Moderne auf den Punkt: *dass man die Zukunft ändern kann, wenn man etwas über sie weiß.* Selbst wenn alles schon verloren ist, kann die Luzidität der Zukunft dafür sorgen, dass in der Gegenwart die Weichen noch einmal anders gestellt werden. Die Zukunft würde sich so ›selbst‹ ändern, genauer: sich selbst unmöglich machen. *Terminator* träumt den Traum einer nicht-paradoxen Prävention.

Dieser ungebrochene Präventionsoptimismus der Zeitreisenfiktion hat zwei blinde Flecken: Einerseits ignoriert er jene Verknüpfung von Blindheit und Einsicht im Zukunftswissen, die schon die Antike in den Blick genommen hatte. Was, wenn jemand aus der Zukunft in der Gegenwart überhaupt nichts erkennt? Was, wenn zupackendes Eingreifen nichts hilft oder seinerseits gravierende politische und ethische Probleme aufwirft (einige davon habe ich in Kap. 4 angesprochen)? Was, wenn der retroaktive Zugriff die Zukunft zum Schlimmeren ändert? – Der andere blinde Fleck ist die Frage nach den Medien des Zukunftswissens. Wie kommen wir überhaupt zum Zukunftswissen? In welcher Form erreicht es uns? Welches sind die Medien seiner Übertragung? Schon bei Wells hat die Idee der Zeitmaschine nämlich ein mediales Apriori: den Film. Nicht zufällig fällt das Erscheinen von *Time Machine* 1895 in die Frühzeit der ersten Vorführungen bewegter Bilder und erster Experimente mit der Zeitachse (wie etwa dem Stoptrick, der 1895 zum ersten Mal in einem kurzen Film über die Enthauptung Mary Stuarts zur Anwendung kam). Film macht Zeitachsenmanipulation als visuelle Illusion möglich: Geschehen in der Zeit kann beschleunigt oder verlangsamt werden, es kann rückwärts laufen, Dinge können plötzlich verschwinden oder auftauchen, ohne im Raum bewegt zu werden. Wells scheint sich der cinematographischen Wurzeln seiner Zeitmaschine durchaus bewusst zu sein.[86] Auch seine Maschine erzeugt beim Reisen jenes Flimmern, das für die bewegten Bilder des frühen Films typisch ist: »Als ich die Maschine beschleunigte, wechselten Tag und Nacht wie das Flattern eines schwarzen Flügels.« (30)

Wenn Film Zeitachsenmanipulation ist, dann ist Film auch – mehr noch als Literatur – das ideale Medium, diese Medialität von Zukunftswissen zu reflektieren.[87] Zwei solcher Filme sollen abschließend kurz betrachtet werden: *Twelve Monkeys* (1995) und *Minority Report* (2002). Beide Filme sind nicht nur intensive Reflexionen auf die Frage, in welcher medialen Form Zukunftswissen überhaupt vorliegen kann und wie sich Blindheit und Einsicht in dieser Wissensform miteinander verbinden; beide knüpfen die Medialität von Zukunft ausdrücklich an das Medium Film. Und schließlich stellen beide Filme auch die Frage nach den Möglichkeiten und Grenzen präventiven und präemptiven Eingreifens. Dennoch ist ihre Argumentation völlig gegenläufig: Bewahrt Spielberg bei aller Skepsis gegen eine Politik der Präemption doch ein untergründiges Vertrauen in präventives Wissen und Handeln, so greift Gilliam jene Einsichten in die Tragik von Zukunftswissen auf, die schon Sophokles vorgeführt hatte und überträgt sie in eine Moderne, die sich die Gestaltung und Verhinderung von katastrophischen Zukünften zur endlosen und unmöglichen Aufgabe gemacht hat.

Mit *Twelve Monkeys* präsentiert Terry Gilliam 1995 ein europäisch-pessimistisches Gegenstück zum Präventionsoptimismus der *Terminator*-Serie.[88] Sein Katastrophenszenario ist dabei typisch für die Desasterfiktionen der neunziger: ein Bioterroranschlag. Der Film beginnt mit einer Katastrophe, die noch in der Zukunft seiner Erstaufführung liegt. Im Vorspann wird ein Text »aus einem Interview mit einem als paranoid-schizophren diagnostizierten Patienten am 12. April 1990 im Baltimore County Hospital« präsentiert, der ein unmittelbar bevorstehendes Desaster prophezeit:

> »Fünf Milliarden Menschen werden 1997 an einem tödlichen Virus sterben […] die Überlebenden werden sich unter die Erde zurückziehen […] die Tiere werden die Erde wieder beherrschen […]«.

Aus der post-apokalyptischen Gegenwart einer Menschheit um 2025, die sich vor dem Virus in unterirdische sterile Räume geflüchtet hat und nun versucht, herauszufinden, was eigentlich passiert ist, wird der Strafgefangene James Cole (Bruce Willis) zunächst in die überirdische Gegenwart geschickt, um Hinweise auf den Ursprung des Virus zu finden. Wie später in Weismans Phantasie einer Welt ohne Menschen streunen Bären und Löwen durch die verlassenen Innenstädte.[89] Da die Gegenwart keine Hinweise bringt, versucht man es mit der Vergangenheit. Mit Hilfe einer Zeitreisetechnologie (die allerdings nicht immer zuverlässig arbeitet und ihn zwischenzeitlich auch mal in die Gräben des Ersten Weltkriegs katapultiert), wird Cole in die Zeit vor dem Ausbruch geschickt, zuerst ins Jahr 1990, dann in den Herbst des Jahres 1996, unmittelbar vor dem Beginn der Pandemie. Seine Aufgabe ist es, Hinweise auf die

Verursacher der Pandemie zu finden. Mit der Behauptung, aus der Zukunft zu kommen, landet er wenig überraschend in der Psychiatrie, wo die schöne Psychiaterin Katherine Railly (Madeleine Stowe) auf ihn aufmerksam wird und ihm zu helfen versucht. Bei seinem Besuch 1990 versucht Cole vergebens, den an alle Formen geistiger Verwirrung gewöhnten Ärzten die kommende Katastrophe zu erklären; beim zweiten Besuch entführt er kurzerhand Railly und versucht zusammen mit ihr, die Verursacher des Anschlags ausfindig zu machen oder wenigstens Hinweise auf sie in die Zukunft zu schicken. Ein Wissen von der Zukunft kann in der Gegenwart nur als Wahnsinn wahrgenommen werden, wie Curtis LaForche, Sarah Connor und James Cole erfahren müssen. Selbst wenn jemand nichttriviales Wissen über kommende Ereignisse hätte, so die bittere Lehre dieser Protagonisten, würde es nicht als Wissen erkannt.

Cole ist dabei der einsame Träger eines Zukunftswissens, der zwar weiß, wie alles ausgehen wird – aber *nicht*, wie es dazu gekommen ist. Seine Blindheit bezieht sich nicht auf eine dunkle Zukunft, sondern liegt in der Entzifferung einer Gegenwart, in der er gänzlich desorientiert ist. Seine unmögliche Aufgabe ist es, Präventionswissen zu sammeln, und das heißt: jene Spuren in der Gegenwart zu entziffern, die auf die kommende Katastrophe und ihre möglichen Verursacher hinweisen. Anders aber als die *Terminator*-Heldin Sarah Connor ist Cole kein Agent zupackender Prävention, sondern Instrument einer retroaktiven Erkenntnis: »Ich soll Informationen sammeln; aber die werden niemandem helfen. Sie werden nichts ändern«, erklärt er Railly und ihren Kollegen in der Psychiatrie. Mit ihm stellt sich damit eine Frage, die schon *König Ödipus* aufwirft: Kann das Wissen um die Zukunft überhaupt in der Gegenwart genutzt werden? Selbst wenn wir wüssten, wie alles ausgeht, hätten wir dann die Erkenntnisfähigkeit und die Kraft, im Jetzt andere Entscheidungen zu fällen, die Weichen anders zu stellen? Oder wenigstens zu begreifen, was wirklich geschehen ist? Gilliams Helden Cole und Railly, das wird der Film zeigen, folgen zwar verzweifelt den Hinweisen auf die möglichen Attentäter – die titelgebende »Armee der Twelve Monkeys« – aber sie übersehen den eigentlichen Schuldigen durch den ganzen Film hindurch, bis zu einem letzten Moment ganz am Schluss, wo ihre Erkenntnis zu spät kommt.

Anders als *Terminator* konfrontiert *Twelve Monkeys* die Paradoxien der Zeitreise nicht nur, sondern macht sie zu seinem zentralen Konstruktionsprinzip. Denn die Rückkehr in die Vergangenheit ermöglicht es, dass sich der Zeitreisende in dieser Vergangenheit selbst begegnet, und genau dies – die Szene einer Begegnung Coles als Kind mit sich selbst als Erwachsenem – ist der zentrale Augenblick, um den sich der ganze Film dreht. Diese Szene, gezeigt wie eine Traumsequenz in Zeitlupe und einer starken Überbelichtung, eröffnet den Film und wird insgesamt sechsmal gezeigt, stets in anderen Blickwinkeln, stets verlangsamt und hell bis zur Unkenntlichkeit – bis am Ende deutlich wird, dass dies auch das Ende der Geschichte ist. Das Ende der Geschichte und das Ende Coles, von dem dieser sein Leben lang geträumt hat.[90] Die Szene zeigt einen Mann im Hawaiihemd (später wird sich zeigen: der verkleidete Cole), der am Flughafen Baltimore-Washington die Kontrollen durchbricht, eine Waffe zieht und von Sicherheitsbeamten in Zivil erschossen wird. Ein rothaariger Mann mit Aktenkoffer und gelber Jacke flieht in dem Tumult. Eine blonde Frau (ebenfalls verkleidet: Dr. Railly) kniet sich neben den sterbenden Mann und presst die Hand auf seine Schusswunde. Ein Junge beobachtet diese Szene; Raillys Blick und der des Jungen kreuzen sich für einen Moment. Es ist diese Szene, die Cole immer wieder träumt und erinnert und die der Film mehrfach variiert, wie ein Trauma, das im Kopf von Cole immer neu wiederholt wird.

Diese Grundidee – eine rekurrierende, traumatische Erinnerungsszene, die erst am Ende verständlich wird – übernimmt Gilliam aus Chris Markers Experimentalfilm *La Jetée* (1962).[91]

Abb. 31A: Bild aus der Traumsequenz, die Cole sein Leben lang verfolgt und die den ganzen Film durchzieht: eine blonde Frau schreit. Twelve Monkeys, USA 1995

Abb. 31B: Aus Coles Traum: ein nicht erkennbarer Mann in einem Hawaiihemd wird erschossen. Twelve Monkeys, USA 1995

Abb. 31 C: In der Traumsequenz beobachtet ein kleiner Junge schreckensstarr den Tod des Mannes am Flughafen. Twelve Monkeys, USA 1995

Dort heißt es zu Anfang: »Dies ist die Geschichte von einem Mann, der von einem Bild aus seiner Kindheit geprägt ist.« Und genau dies ist auch die Geschichte von James Cole: Geprägt ist er von der wiederkehrenden Erinnerungsszene am Flughafen, die er als Kind beobachtet hat. Wie in einer Schleife des Zeitpfeils begegnet sich James Cole in ihr selbst: als zehnjähriger Zuschauer und als Erwachsener, der erschossen wird. Von *La Jetée* übernimmt Gilliam aber nicht nur die Grundstruktur des Plots und das Szenario einer globalen Kastastrophe (in *La Jetée* allerdings ein atomarer Weltkrieg), sondern vor allem auch die Reflexion auf den Film als Medium der Zeitachsenmanipulation. Markers Film restrukturiert Zeit mit maximaler Radikalität: Er besteht nicht aus bewegten Bildern, sondern einer Folge von Standbildern mit einem Erzähler als Voiceover. *La Jetée* ist nicht nur »die Geschichte von einem Mann, der von einem Bild geprägt« wurde, es ist vor allem die Geschichte von einem Mann, dessen Existenz in Einzelbilder zerfällt und dessen Zeitreise so nicht nur ein Eintritt in eine andere Zeitdimension ist, sondern vor allem in unbewegte Einzelmomente. Genau darin liegt die Medienreflexion von *La Jetée:* Es ist eine Zerlegung des

Mediums Film in dissoziierte Bildmomente und eine Tonspur, auf der sich die extradiegetische Erzählstimme und die intradiegetischen Geräusche auf eine irritierende Weise und in verschiedenen Sprachen (deutsch/französisch) überlagern. Der Film, das Medium der Zeitachsenmanipulation, zerfällt wieder in seine ursprünglichen Elemente (Standbilder, Tonspuren), nur um davon zu erzählen, was Zeitachsenmanipulation bedeuten würde, wäre sie außerhalb des Mediums möglich.

Daran gemessen, ist Gilliams Filmästhetik deutlich konventioneller. Aber auch *Twelve Monkeys* geht es darum zu zeigen, dass die Zeitachsenmanipulation der Zeitreise eine *cinematische Operation* ist. Wenn Cole mit der Zeitreisenapparatur in die Vergangenheit geschossen wird, flackert das Bild wie ein zu langsam ablaufender Film, dessen Einzelbilder plötzlich sichtbar werden. Als er dann versehentlich erst mal im Ersten Weltkrieg ankommt, landet er auch in einem anderen Filmgenre, einem Grabenkriegsfilm. Auch die Erinnerungs- und Traumszene, die Cole ein Leben lang heimsucht, bis er schließlich am Ende ein aktiver Teil von ihr wird, betont ihren Filmcharakter durch die Überbelichtung der Bilder, die Zeitlupe und die Unterbrechung der Hintergrundgeräusche – bis hin zu den Verkleidungen der Hauptfiguren, die plötzlich im Stil der fünfziger Jahre angezogen sind. Es sind gedehnte, ausgeblichene Bilder einer Erinnerung, die zugleich Zukunftsvision ist, ein Rätsel, das seine eigene Lösung enthält. Ein Stück Filmmaterial, das sich nicht in den Rest des Films integrieren lässt. Unser Wissen von der Zukunft, so Gilliams These, *ist wie Film* – allerdings einer, in dem wir *zugleich* Zuschauer und Akteure sind.

Und genau hier liegt die spezifische Pointe Gilliams im Hinblick auf den Nutzen von Zukunftswissen. Gerade in ihrer Über-Klarheit und Über-Intensität bleibt die traumatische Szene Cole und dem Zuschauer nämlich gänzlich unlesbar, bis zum bitteren Ende, wo sie sich am Flughafen dann tatsächlich ereignet. Nachdem Railly und Cole vergeblich den unzähligen Hinweisen auf die »Armee der Twelve Monkeys«, ihren verrückten Gründer Jeffrey Goines (Brad Pitt) und dessen Vater, einem berühmten Molekularbiologen (Christopher Plummer), nachgegangen sind, begreifen sie, dass sie das Rätsel der kommenden Katastrophe nicht werden lösen können. Alle Anzeichen, die sie verfolgt haben, erweisen sich als von ihnen selbst gelegte Spuren. Cole beschließt also, einfach »in der Gegenwart zu bleiben«. Was er will, ist endlich jenen glücklichen Zustand zurückzugewinnen, der jede Gegenwart auszeichnet: ein Nicht-Wissen um die Zukunft: »Ich will, dass die Zukunft unbekannt ist. Ich möchte endlich wieder ein normaler Mensch sein. Ich will, dass das hier die Gegenwart ist.« Cole und Railly beschließen, gemeinsam nach Key West zu fliegen. Da sie überall gesucht werden, verkleiden sie sich in einem Kino (das ausgerechnet Hitchcocks *Vertigo* zeigt, und zwar die Szene an dem Baum mit den Jahresringen, die schon *La Jetée* zitiert) und fahren zum Flughafen. Dort wird Cole von einem anderen Zeitreisenden eine sehr altertümliche Pistole gegeben (offenbar das Requisit eines ganz anderen Films). Beim Abholen der Tickets bemerken sie den rothaarigen Assistenten des Molekularbiologen. Er tritt eine Reise an, die in genau diejenigen Städte führt, in denen die Pandemie zuerst ausgebrochen ist. Erst jetzt begreifen Cole und Railly, dass es nicht die Tierschützerarmee des verrückten Jeffrey Goines war, die das Virus freigesetzt hat, sondern dieser Assistent, der den ganzen Film hindurch immer wieder präsent ist, aber den man – die Protagonisten wie die Zuschauer – nicht wahrgenommen hat. Beim Versuch, den wahnsinnigen Assistenten zu erschießen, wird Cole selbst getötet. Der Assistent entkommt und setzt das Virus frei. Die Menschheit geht unter, Cole wird nicht einmal das Wissen über die wahren Ursachen der Katastrophe weitergeben können.

Der Punkt ist, dass Gilliam – anders als Sophokles – den Zuschauer an der Blindheit der Akteure teilhaben lässt: So wie Cole seinen eigenen Erinnerungsfilm nicht entziffern kann, um die wahre Bedrohung in der Gegenwart zu erkennen, so muss der Zuschauer am Schluss erkennen, dass er seinerseits

Abb. 32A: Am Schluss wird klar, dass die Traumsequenz den Tod Coles gezeigt hat: Cole wird von Sicherheitsbeamten erschossen bei dem Versuch, den Assistenten aufzuhalten. Diesmal wird die Szene in einer realistischen Filmästhetik präsentiert. Twelve Monkeys, USA 1995

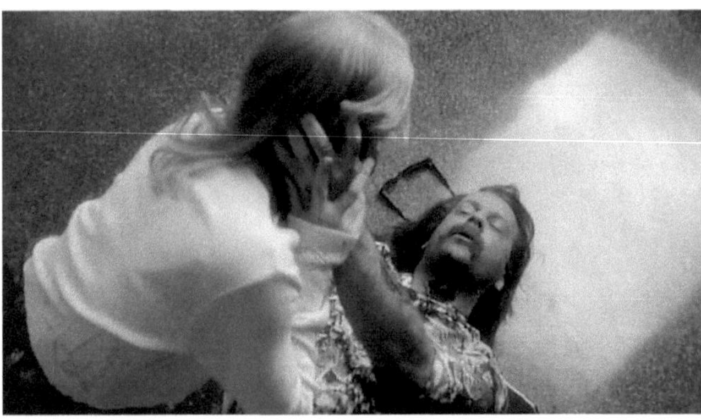

Abb. 32B: Was wir sehen, ist immer nur die Tragödie des Einzelnen: Cole stirbt in den Armen von Dr. Railly. Twelve Monkeys, USA 1995

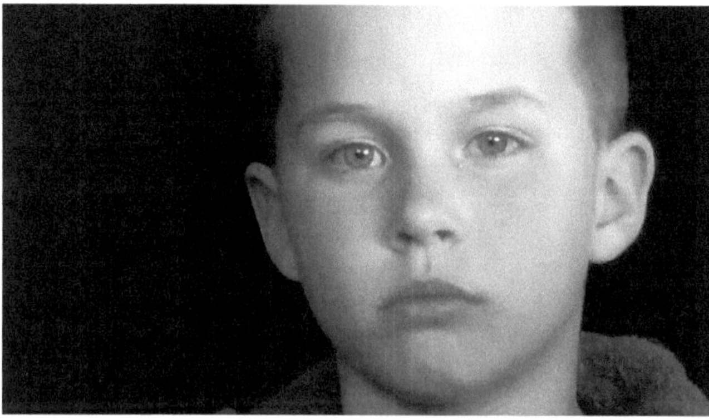

Abb. 32C: Der junge Cole wird Zeuge seines eigenen dramatischen Todes. Am Schluss kreuzt sich der entsetzte Blick des Jungen mit dem Dr. Raillys. Cole ist Akteur und Zuschauer zugleich. Twelve Monkeys, USA 1995

den Film *Twelve Monkeys* über seine ganze Dauer hinweg nicht richtig entziffert hat. Über der Schönheit Dr. Raillys, der anrührenden Verwirrtheit James Coles und der exuberanten Hysterie Jeffrey Goines' übersieht man die stille rothaarige Nebenfigur, die des Rätsels Lösung ist, durch den ganzen Film hindurch. Er sagt zu Dr. Railly, dass die Menschheit eigentlich ausgerottet werden müsste. Er ist derjenige, der im Labor von Professor Goines mit hochgefährlichen Viren arbeitet. Und ausgerechnet er ist es, der beauftragt wird, dort die »Sicherheitsstandards zu verschärfen«. Und diese Verkennung bleibt dem Zuschauer bis zum Ende des Films erhalten. Denn an diesem Ende, als Cole tot ist, der Assistent an der Sicherheitssperre die Reagenzgläser mit dem Virus geöffnet hat und in sein Flugzeug gestiegen ist, sieht der erschütterte Zuschauer gerade nicht das, was unweigerlich in der Logik des Plots kommen wird. »Fünf Milliarden Menschen werden sterben« – diese Information des Anfangs hat man längst vergessen. Die trostlose Zukunft, aus der Cole kommt, wird unweigerlich beginnen.

Nichts davon im Film. Was der Zuschauer dagegen sieht, ist das, was auch der zehnjährige Cole sieht: den Tod eines Mannes und die Tränen einer blonden Frau. Die Tragödie eines Mannes, der seinen eigenen Tod sehenden (genauer: cinematographischen) Auges herbeigeführt hat. Die Tragödie eines Kindes, das zum traumatisierten Zeugen des eigenen, zukünftigen Sterbens wird. Das Ende einer Liebesgeschichte, die nie richtig beginnen konnte. Was wir sehen, ist also gerade nicht die große Katastrophe der gesamten Menschheit, sondern eine individuelle Tragödie Einzelner. Noch in seinem Ende arbeitet der Film also aktiv an einer Ästhetik der Verkennung, die den Zuschauer ebenso blendet wie die Akteure.[92]

Zukunftswissen, das wäre die These, die Gilliam von Teiresias übernimmt, »nützt nichts«. Gilliams tragischer (und sehr europäischer) Einwand gegen den Voluntarismus der amerikanischen Präventionsfiktionen im Stile der *Terminator*-Serie ist überaus triftig: Es ist ja alles andere als evident, was in der Ge-

Abb. 33: Eine übersehene Nebenfigur des Films erweist sich am Ende als des Rätsels Lösung. Der Assistent des Nobelpreisträgers Professor Goines setzt das tödliche Virus frei. Er öffnet die Glasbehälter mit dem Virus ironischerweise auf Verlangen des Sicherheitsbeamten am Flughafen. Twelve Monkeys, USA 1995

genwart jene Entscheidungen, jene Tendenzen und Akteure sind, die zur Katastrophe führen werden. Auch wenn die Zukunft in der Moderne nicht mehr ein einfacher Faden ist, der sich notwendig abspult, sondern ein Möglichkeitsraum kontingenter Entscheidungen, ein Garten der Pfade, die sich verzweigen, erlaubt ein Wissen um das Kommende noch nicht, die latenten Bedrohungen in der Gegenwart zu entziffern, deren Erkenntnis es ermöglichen würde, das kommende Desaster zu verhindern. Genau in dem Maße, wie wir *sehen*, wie wir die Medien haben, Zukunft zu antizipieren, prognostizieren und darstellbar zu machen (idealiter also wie in einem Film zu sehen zu geben), genau in diesem Maße missverstehen wir weniger die Zukunft als die *Gegenwart*, das, was unmittelbar vor uns steht. Die *Gegenwart*, so Gilliams These, nicht die Zukunft, ist das undurchdringliche Dunkel, das Prävention zu entziffern hätte.

Wie eine amerikanische Antwort auf Gilliam, aber auch auf Sophokles, erscheint vor diesem Hintergrund der wohl prominenteste Kommentar zur Frage nach der Möglichkeit und Medialität von Prävention: Steven Spielbergs *Minority Report* (2002).[93] Fragt Gilliam nach der Möglichkeit, die latenten Vorzeichen einer katastrophischen Zukunft im Jetzt zu erkennen, so fragt Spielberg nach den politischen und ethischen Entscheidungen, die die Grundlage präventiven Eingreifens bilden. Dafür verengt er den weiten Bereich der Vorsorge und Vorsicht auf einen sehr spezifischen, aber auch intrikaten Fall: das zu verhindernde Verbrechen. Spielberg geht es nicht mehr um Prävention im weiteren Sinne, sondern um *Präemption*, das Eingreifen zur Verhinderung einer Gewalttat. Sicherheit, die im Film ausdrücklich adressiert wird, ist hier nicht mehr der Schutz vor allen möglichen Schadensereignissen (Unfällen, Naturkatastrophen, Krankheit etc.), wie sie Kafka, Nichols oder die Architekten technischer Sicherheit (s. Kap. 5) im Blick haben. Der Präemption von *Minority Report* geht es um eine Sicherheitspolitik, die einen davor schützt, Opfer eines Mords zu werden, in dem man den Täter noch vor der Tat (und sei es Sekunden vorher) wegsperrt – eine Vorstellung von Präemption, die heute, in Zeiten des »Kriegs gegen den Terror«, eine Virulenz erhalten hat, von der das lange vor 2001 entwickelte Drehbuch noch nichts ahnen konnte.

Im Film ist dies die Aufgabe einer staatlichen Institution namens Precrime, die sich auf die Zukunftsvisionen von drei »Pre-Cogs« verlässt, die in der Lage sind, die Tat zu visualisieren, bevor sie stattfindet. Präemption ist also immer schon eine *politische* Maßnahme, der Selbstschutz eines Gemeinwesens vor Verbrechen. So verknüpft Spielberg die Frage nach der Möglichkeit von Zukunftswissen untrennbar mit dem Problem, dieses Wissen politisch zu nutzen. Deutlich wird das in einem Werbespot für das Precrime-Programm, das nach einer sechsjährigen Testphase in Washington D.C. nun bundesweit eingeführt werden soll: »Nur ein Leben in Sicherheit ist auch ein Leben in Freiheit. Precrime: Es funktioniert!« Aber genau diese Verbindung von »Sicherheit« und »Freiheit« steht im Film in Frage: Bringt Vorauswissen und die Möglichkeit des Eingreifens wirklich »Sicherheit«? Darf man jemanden für etwas bestrafen, das er nie begangen hat? Ist Präemption nicht ein Eingriff in den freien Willen des Täters, in letzter Minute noch anders zu handeln? Was ist mit möglichen Fehlern des Systems? Kann das System sich irren oder missbraucht werden?

Diese politische Frage nach den Implikationen präemptiven Handelns verbindet Spielberg mit dem Entwurf einer komplizierten medialen Maschinerie zur Erzeugung von Zukunftswissen. Die drei Pre-Cogs, auf deren Zukunftsvisionen sich Precrime stützt, sind drei drogengeschädigte Jugendliche, die in einer Nährlösung schwebend nichts anderes tun, als von der Zukunft zu träumen. Diese Träume werden von Precrime aufgefangen, gespeichert und ausgewertet, um dann in höchster Eile ein Eingreifteam zum nächsten Tatort zu senden. Die verhinderten Mörder werden noch vor Ort in einen Tiefschlaf versetzt und in einem Gefangenendepot eingelagert. Der Beginn des Films schildert genau diesen Vorgang: In flackernden, zerrissenen, kaum entzifferbaren Bildern träumen die Pre-Cogs den Mord eines betrogenen Ehemanns an seiner Frau und ihrem Liebhaber, die er in flagranti erwischt. Der Protagonist des Films, der Precrime-Chef John Anderton (Tom Cruise) empfängt dieses Material, den Namen des Täters und der Opfer, und beginnt, die Visionen der Pre-Cogs an einem großen transparenten Bildschirm auszuwerten. Es geht darum, schnellstens den Tatort zu identifizieren, um ein Eingreifteam hinzuschicken, das die Tat verhindert und den (verhinderten) Täter in ein künstliches Straf-Koma versetzen wird. In der wohl berühmtesten Szene des Films analysiert Anderton zu den Klängen von Schuberts 8. Sinfonie an dem riesigen gläsernen Touchscreen das bruchstückhafte Videomaterial, indem er es vor- und zurücklaufen lässt, verlangsamt, heranzoomt, Details heraushebt, hin- und herspringt. Auf dem Touchscreen von *Minority Report* ist Film nicht mehr nur Film als eine Sequenz von Bildern und Einstellungen, sondern wird zu einer auswertbaren Fläche, einem durchsuchbaren Raum. Orientiert sich Gilliams Medienreflexion noch an den flackernden, bewegten Bildern des optischen Films, ist Spielberg im Zeitalter des Video und der elektronischen Bildbearbeitung angekommen.

Wieder einmal ist die Zukunft Film, aber einer, der in sich lückenhaft, überschnell, undeutlich ist, ein wackliges, verzerrtes, aber dreidimensionales Video. Was Anderton tut, um diese Zukunft zu entziffern, nennt einer seiner Mitarbeiter, »das Bild schrubben« (*scrubbing the image*): Es geht darum, durch minutiöse Detailanalyse Hinweise auf den Tatort zu finden. Anderton listet eilig sämtliche Einzelheiten auf, die er wahrnimmt: den architektonischen Stil des Hauses, die Art der Fassade, die Fugen zwischen den Backsteinen, Details in der Umgebung. Spielbergs Pointe ist klar: Wenn die Zukunft Film ist (allerdings ein stark gestörter, undeutlicher Film), dann ist Zukunftswissen Ergebnis einer Analyse dieses Filmmaterials wie ein Beweismaterial. Es muss vergrößert, verlangsamt, vor- und rückge-

Abb. 34A: Vor einem riesigen durchsichtigen Bildschirm analysiert John Anderton die Bilder des künftigen Verbrechens. Minority Report, USA 2002

Abb. 34B: Die Pre-Cogs können zwar die Zukunft sehen, aber das Material ist dunkel, verzerrt, lückenhaft und nur durch ausführliche Analyse überhaupt lesbar. Minority Report, USA 2002

spult werden. Aus den visuellen Bruchstücken muss eine dichte Beschreibung des Tathergangs und seiner Örtlichkeiten extrahiert werden. Wiederum ist hier Zeitachsenmanipulation das Mittel der Wahl – diesmal aber an einer Zukunft, die selbst schon medial vermittelt ist, insofern sie in nichts anderem vorliegt als in den wirren Videoschnipseln, die die Pre-Cogs produzieren.

Für dieses Phänomen einer immer schon medial vermittelten Zukunft, deren einzige Funktion darin besteht, sich selbst

Abb. 35: Anderton wertet die verworrenen Videoschnipsel der Pre-Cogs nach Hinweisen auf den künftigen Tatort aus. Die Techniker von Precrime nennen dieses Verfahren »*image scrubbing*«. Es macht die Zukunft in der Gegenwart überhaupt erst lesbar. Minority Report, USA 2002

(hier also: den Mord) zu verhindern, hat Richard Grusin den Begriff »*premediation*« vorgeschlagen. *Premediation* – also mediale Vorwegnahme – ist, so Grusin, keine Erfindung von *Minority Report*, sondern kennzeichnend für ein Regime der Präemption, wie es insbesondere die U.S.-amerikanische Sicherheitspolitik nach den Anschlägen vom 11. September 2001 geprägt hat: »*Premediation* folgt dem Wunsch, die Zukunft medial abzubilden, bevor sie geschieht, dem Wunsch, dass Katastrophen wie 9/11 uns nie wieder unvorbereitet treffen, dem Wunsch, die katastrophische Unmittelbarkeit zu vermeiden, mit der wir live im Fernsehen ein Flugzeug in die Türme des World Trade Centers krachen sahen.«[94] *Premediation* ist die immer schon gegebene mediale Formatierung allen zukünftigen Geschehens. Keine Katastrophe wird je geschehen, die wir nicht schon mal im Fernsehen gesehen hätten. Wie Spielbergs fiktionales Washington D.C. im Jahre 2054, in dem Zukunft immer schon medial vermittelt ist, sieht Grusin auch die Präemptionspolitik der Bush-Ära und die medialen Vorwegnahmen möglicher Katastrophen als einen gemeinsamen Zusammenhang. Dieser Zusammenhang zielt darauf, die Unmittelbarkeit plötzlicher katastrophischer Einbrüche dadurch abzufedern, dass immer neues visuelles Material von möglichen, nahen und fernen Desastern verbreitet wird. Mediale Vorwegnahme von Desastern erzeugt jenes permanente »schwache Gefühl von Angst bei der amerikanischen Bevölkerung«, das politisch dann die Bereitschaft für »präemptive« Kriege wie die Feldzüge gegen Irak und Afghanistan bilden sollte.[95] Die mediale Vorwegnahme der Katastrophe und die Politik der Präemption im »Krieg gegen den Terror« der frühen 2000er Jahre (etwa durch Vorabverhaftungen, militärische Präventivschläge oder auch Farbcodes zur Risikoeinschätzung im öffentlichen Raum) sind so zwei notwendig aufeinander verwiesene Seiten einer Sicherheitspolitik, die das Vorsorgeprinzip der absoluten Vorsicht zum radikalen Handlungsgebot umdeutet: Lieber eine präemptive Verhaftung der Falschen als einen Terroranschlag, den man einfach geschehen lässt; lieber einen Militärschlag gegen unschuldige Zivilisten, als ein Taliban-Trainingscamp, das man verschont hat. So gesehen wäre Precrime der Traum des *Department of Homeland Security* und einer Politik des Präemptivschlags.

In diese allzu perfekte Welt der lückenlos funktionierenden Präemption nun setzen Spielberg und seine Drehbuchschreiber Scott Frank und Jon Cohen einen Plot, dessen Reminiszenzen an Sophokles' *König Ödipus* nicht zu übersehen sind – Anspielungen, die in der Kurzgeschichte von Philipp K. Dick, die die Vorlage des Films war, fehlen.[96] Ein Mann muss eine Tat aufklären, deren Täter er selbst ist. Denn der Chef der Precrime-Behörde, John Anderton, den wir am Anfang bei der komplizierten und buchstäblich in allerletzter Sekunde erfolgten Präemption der Beziehungstat erleben, wird plötzlich selbst von den Pre-Cogs als Mörder an einem ihm unbekannten Mann, Leo Crow, identifiziert. Er betrachtet das Videomaterial kurz, das ihn dabei zeigt, wie er Crow in einem Hotelzimmer erschießt; dann flieht er aus dem Gebäude von Precrime und wird nun von seinen eigenen Kollegen gejagt. Wie Ödipus also muss er ein Verbrechen aufklären, dessen Täter er selbst ist – allerdings weiß er um diesen Ausgang, rätselhaft sind nur die Umstände seiner Tat. Wie Ödipus steht Anderton zu Anfang auf der Höhe seiner Macht, wie bei Ödipus zerfällt diese Macht, je näher er der Aufklärung kommt. Und wie in *König Ödipus* dreht sich der ganze Film um ein immer wieder neu variiertes Motiv: Sehen und Blindheit. Ständig werden Augen aufgeschlagen und geschlossen, die ersten Worte des Films sind: »Du weißt, wie blind ich ohne meine Brille bin.« Und *»can you see?«* ist die insistierende Frage einer der Pre-Cogs an Anderton, die ihn zu bitten scheint, etwas zu sehen und zu begreifen, was sie wieder und wieder sieht. Denn auch hier heißt zu sehen nicht, zu erkennen, sondern das, was man sieht, gerade misszuverstehen. In einer milderen Form der Selbstblendung des Ödipus lässt sich Anderton während seiner Flucht vor Precrime die Augen herausoperieren und durch andere ersetzen, um dem omnipräsenten System der Überwachung durch Iris-Identifikation zu entgehen. Erkenntnis, das wusste schon Teiresias, liegt auch in *Minority Report* nicht im Sehen, sondern gerade in der Blindheit: »Sometimes in order to see the light you have to risk the dark«, rät ihm Dr. Iris (!) Hineman (Lois Smith), die Erfinderin des Pre-Cog-Systems und würdige Nachfolgerin des antiken Sehers.

Aber die moderne Welt von *Minority Report* bleibt, trotz der zahlreichen Anspielungen auf *König Ödipus*, nicht bei der antiken Vorstellung einer immer schon und unänderbar gegebenen Zukunft. Denn Hineman erklärt Anderton auch, dass es gelegentlich Abweichungen zwischen den Visionen der drei Pre-Cogs gibt, sogenannte »minority reports«, die auf eine alternative Zukunft hinweisen. Diese alternative Zukunft für seine eigene Tat versucht Anderton nun in der begabtesten Präkognitiven, Agatha (Samantha Morton), zu finden. Durch den Kontakt mit Agatha werden nun aus dem einen Rätsel zwei: Andertons künftiger Mord an dem ihm unbekannten Crow einerseits, andererseits der unaufgeklärte Mord an der Mutter von Agatha, dessen Vision sie immer wieder heimsucht. Immer wieder versucht sie, Anderton auf diesen ungelösten Fall hinzuweisen: »Can you see?« Anderton holt Agatha aus der Precrime-Behörde heraus und »lädt« ihre Visionen über seinen Mord an Crow »herunter«, in der Hoffnung, seine eigene alternative Zukunft zu finden. Aber es gibt keine. »Die Pre-Cogs irren sich nie«, hatte Hineman gesagt. Zielstrebig wie Ödipus in sein Verderben laufend folgt Anderton nun den Hinweisen, die Agathas Zukunftsclip ihm gibt, in ein Hotelzimmer, wo sein künftiges Opfer Leo Crow (Mike Binder) tatsächlich auf ihn wartet. Aber Crow erweist sich in der nun folgenden Szene als eine absichtlich inszenierte Falle: Er gibt sich für den Entführer von Andertons vor Jahren verschwundenem Sohn Sean aus. Auf dem Bett liegen Fotos von unzähligen Kindern, unter anderem dem verschwundenen Sean. Während Anderton ihn zunächst wirklich in Wut töten will, entscheidet er sich in letzter Sekunde, Crow zu verhaften, statt ihn zu töten. Nun stellt sich heraus, dass die ganze »Beweis-Orgie« mit den Kinderfotos und dem angeblichen Kinderschänder Crow eine Falle ist: Crow hatte eingewilligt, von Anderton erschossen zu werden, um seine Familie zu versorgen, aber mit der Entführung von Andertons Sohn Sean nichts zu tun. Als Anderton ihn verhaften will, packt der verzweifelte Crow die Waffe, zieht sie in seine Richtung und löst damit den Schuss aus, der ihn tötet. Diese – nun tatsächlich eingetretene – Zukunft war es, die die Pre-Cogs gesehen hatten.

Was in dieser Szene klar wird, ist die Auflösung für die merkwürdig widersprüchlichen Aussagen, die über das Pre-Cog-System gemacht werden: dass einerseits die Pre-Cogs sich nie irren; andererseits aber die Möglichkeit für eine alternative Zukunft besteht. Auch Agatha ermahnt Anderton wieder und wieder: »Du hast eine Wahl. Verschwinde von hier, jetzt!« Aber Anderton geht nicht, weil er *wissen will*. Was er erfährt, ist weniger, *was* passieren wird, als, *warum* es passiert. Dabei zeigt sich die genaue Natur des Zukunftswissens, das die Visionen

Abb. 36: In der Zukunftsvision der Pre-Cogs ermordet Anderton den ihm unbekannten Leo Crow. Er analysiert nun am Bildschirm die Vision seiner eigenen Tat. Der Mann mit Brille, der hinter dem Mordopfer im Mantel zu stehen scheint, ist de facto ein Plakat, das hinter den Fenstern hochgezogen wird. Im Video sieht es aber aus wie eine anwesende Person. Die Hände im Vordergrund sind die Andertons auf dem Touchscreen, auf dem er die Vision untersucht. Minority Report, USA 2002

der Pre-Cogs produzieren. Sie *sehen* die Zukunft nur. Aber diese Zukunfts*vision* zeigt vordergründig etwas ganz anderes als das, was wirklich passiert. Die kurzen, sprunghaften Clips der Pre-Cogs sind Bilder, die eine nur scheinbare Evidenz herstellen, wie ein Video mit einer schadhaften Handkamera. In der ausführlichen Filmszene dagegen wird überhaupt erst der entscheidende Kontext der Geschichte deutlich: dass Anderton sich anders entscheidet; dass er Crow verhaften will, statt ihn zu töten; dass er keinen Grund mehr hat, Crow zu erschießen; und dass Crow sich selbst mit Andertons Waffe tötet, indem er an der Pistole zerrt und so den Schuss selbst auslöst, während Anderton die Waffe noch in der Hand hält. Die Geschichte ist so plötzlich eine gänzlich andere, auch wenn das Ergebnis das gleiche ist. Dieses relativ komplizierte und kontra-intuitive Narrativ könnte kein noch so genaues »Bild-Schrubben« aus dem undeutlichen Material herauslesen. Dieses kann z. B. nicht einmal zwischen einem am Tatort anwesenden Mann und einem Plakat von einem Mann unterscheiden, wie sich im weiteren Verlauf der Szene zeigt. Dass die Zukunft Alternativen kennt, die Pre-Cogs – obwohl sie sich gelegentlich widersprechen – sich aber »niemals irren«, kann nur mit der medialen Qualität ihrer Zukunftsvisionen zu tun haben. Sie zeigen immer nur ein unvollständiges, lückenhaftes, dunkles *Bild der Zukunft*, nicht aber, wie es »wirklich sein wird«. Alles, was die Pre-Cogs sehen, ist, wie die Zukunft *ausgesehen* haben wird.[97]

Den Abstand zwischen dem, wie es wirklich gewesen sein wird, und den Zukunftsbildern der Pre-Cogs entwickelt Spielberg in der Differenz zwischen den dunklen, teilweise sogar rückwärts laufenden, verzerrten Visionen der Pre-Cogs und dem ausführlichen, linearen und deutlich überschaubaren Narrativ der normalen Filmszenen, am deutlichsten in der Crow-Szene. Aus dieser Differenz zwischen Vision und Filmnarrativ löst sich dann auch das Rätsel des zweiten Mords, dem an Agathas Mutter. Auch hier legen die Bilder eine falsche Spur. Erst eine extrem genaue Entzifferung der Bilddetails (leichte Wellen auf dem Wasser, in dem die Frau ertränkt wird) zeigt, dass die Vi-

Abb. 37: Als sich die von den Pre-Cogs vorhergesehene Szene zwischen Anderton und Leo Crow dann wirklich abspielt, wird deutlich, dass alles anders war, als es in den Videoclips ihrer Vision scheint. Anderton tötet Crow nicht. Crow will aber sterben und zerrt an Andertons Pistole, bis sich ein Schuss löst. Minority Report, USA 2002

sionen der Pre-Cogs auch trügen können. Genauer gesagt: sie sind manipuliert worden, exakt wie die Fotos, die Anderton auf dem Bett des vermeintlichen Kinderschänders findet. Am Ende wird sich gezeigt haben, dass ausgerechnet der Gründer und Leiter von Precrime, Lamar Burgess (Max von Sydow), diese Manipulationsmöglichkeit der Bilder dazu genutzt hat, um ungestraft ein Verbrechen zu begehen. Er hat Agathas Mutter getötet, um Agatha als Pre-Cog rekrutieren zu können. Medien lügen, verschleiern, können gefälscht werden, so die späte Einsicht Andertons (und des Zuschauers). Am Grunde des scheinbar unfehlbaren Präemptionsprinzips liegt so ein Geheimnis, ein Gründungsverbrechen. Precrime ist ein System, dessen Gründung nur dadurch möglich wurde, dass seine Fehlbarkeit verschleiert wurde.

Wenn das System aber in dieser Weise fehlbar ist, dann stellt sich nicht nur die Frage nach dem ontologischen Status dessen, was die Pre-Cogs sehen (sie sehen nicht die Zukunft, sondern nur Bilder von ihr), es stellt sich auch die Frage nach der Kontingenz dieser Zukunft. Denn dass die Pre-Cogs die Zukunft sicher vorauswissen, würde implizieren, dass die Tat keine Entscheidung eines freien Willens mehr wäre, sondern ein mit Notwendigkeit ablaufender Vorgang. Genau so versteht Anderton Precrime: als System zur Erkennung von »Vorbestimmung« (*predetermination*). Aber damit missversteht er seine eigene Tätigkeit gänzlich. Die Präemption verhindert nämlich nicht naturgesetzlich ablaufende, also vorbestimmte Prozesse (wie die rollende Kugel, die Anderton seinen Gesprächspartner auffangen lässt), sondern Handlungen, die von freien Akteuren begangen werden. Oder genauer: sie würden begangen, wenn man sie in dieser Situation frei handeln ließe und nicht daran hinderte. Es geht also im Zukunftswissen nicht um ein Wissen über eine prädeterminierte Zukunft, sondern eine *bedingte* Zukunft, eine Zukunft, die dann eintrifft, wenn bestimmte Bedingungen zusammenkommen.[98] Wie zum Beispiel im Fall des Eifersuchtsmordes am Anfang des Films: *Wenn* ein Mann seine

Frau im Bett mit einem anderen Mann antrifft *und* gerade eine Schere in der Hand hat, *dann* wird er damit auf sie einstechen. Allerdings zeigt gerade die Szene zwischen Anderton und Crow, dass das auch anders entschieden werden kann. Was die Pre-Cogs wissen, ist also das, was passiert, wenn nicht etwas anderes dazwischenkommt. Genau darum ist es kein Widerspruch, wenn im Film immer wieder darauf insistiert wird, dass man auch in der erhitztesten Situation einen Entscheidungsspielraum hat: *»you have a choice«*, sagt Agatha zu Anderton und Anderton später zu seinem korrupten Mentor Burgess, der ihn zu erschießen droht (und sich dann doch anders entscheidet). Das Wissen der Pre-Cogs ist ein Wissen über die unendliche Komplexität kontingenter kausaler Verknüpfungen. Auf der Basis exakt dieser Art von Vorher-Sehen gibt Agatha Anderton dann auch auf ihrer gemeinsamen Flucht Hinweise, wie er die Verfolger abhängen kann: einen Schirm klauen, den man fünf Minuten später brauchen wird, um von oben nicht gesehen zu werden; stehen bleiben, weil in wenigen Augenblicken genau diese Stelle nicht einsehbar sein wird usw. Wenn Zukunftswissen aber das Wissen um eine *bedingte* Zukunft ist, dann wird man von der vorhergesehenen Zukunft nicht vorbestimmt, sondern vielmehr umso freier in seinen Entscheidungen, je mehr von dieser Voraussicht man hat. Zukunftswissen verschafft einen Reflexionsvorsprung, der gerade Freiheit *ermöglicht*, wie Dean Kowalski bemerkt: »Wenn wir im Besitz des relevanten Voraus-Sehens sind, dann bekommen wir eine Chance, zu überdenken, was wir zu tun im Begriff sind. Das macht uns in unserer Entscheidung freier.«[99]

So gesehen, hat Precrime zwar seine Fehler, aber diese sind – wie ein Gegenspieler von Anderton sagt – »immer menschliche Fehler«: Fehlinterpretationen, Missbrauch, Aussetzung des Rechtswegs. Bei Licht betrachtet, ist Precrime ein Traum regulatorischer Voraussicht, die staatliche Ordnungsvorstellungen (keine Verbrechen, keine unüberlegten Handlungen, keine Unfälle) und individuellen freien Willen in eine wunderbare Harmonie bringt. Sicherheit und Freiheit sind keine Widersprüche mehr. Dennoch ist der Film intensiv darum bemüht, die Welt von 2054, in der Precrime herrscht, durchgreifend zu desavouieren. Es ist eine Welt permanenter Überwachung, allgegenwärtiger Identitätskontrollen und brutalen Eindringens staatlicher Ordnungskräfte in die Privatsphäre. Elektronische Spinnen kriechen durch die Häuser, um alle Bewohner – ob beim Schlafen, Fernsehen, Streiten oder beim Sex – einer Iris-Identifikation zu unterziehen. Flucht ist (fast) unmöglich, auch wenn Anderton seine Verfolger mit den Worten abhängt: »*everybody runs.*« Und Precrime ist nicht mehr und nicht weniger als eine Form von Standrecht: Ohne Prozess, ohne Unschuldsvermutung und ohne Anhörung werden Bürger für etwas weggesperrt, was sie nicht begangen haben und nie begehen werden.

Vordergründig ist der Schluss von *Minority Report* darum ein in jeder Hinsicht befriedigendes Ende: die trügerische Vater-Figur Lamar Burgess, Andertons Mentor, der sich am Ende als Manipulator mehrerer Fälle herausstellt, ist entlarvt; das Precrime-Programm wird abgeschafft; Anderton bekommt mit seiner Frau ein neues Kind; und die Pre-Cogs müssen nicht mehr Verbrechen träumen, sondern sitzen in einem Haus am See und lesen ein gutes Buch. Das gute Ende impliziert auch einen Medienwechsel: Vom trügerischen Video der Zukunftsvision geht es zurück zum guten alten Medium der Aufklärung, dem Buch. Die Gründe für dieses Ende sind überzeugend: Precrime beruht erstens auf täuschenden Evidenzen und ist zweitens anfällig für politischen und persönlichen Missbrauch. Präemption, so Spielbergs Schlussfolgerung, ist am Ende nichts als eine unzulässige Intervention des Staats in private Angelegenheiten, eine Suspendierung des Rechtswegs, basierend auf einer unzuverlässigen Prädiktionsmethode. Spielberg weiß sich damit auf dem sicheren Boden eines konventionellen Hollywood-Kinos, das stets bei der wiederhergestellten Familie ankommt, und eines amerikanischen Liberalismus, dessen Motto die exakte Umkehrung des Precrime-Werbespruchs wäre: *Nur ein Leben in Freiheit ist auch ein Leben in Sicherheit.*[100] Nicht Precrime, sondern die amerikanische Verfassung und die in ihr niedergelegten Rechte sollen Sicherheit und Freiheit garantieren: »Spielbergs Antwort ist«, so Geoffrey Bakewell, »dass in letzter Konsequenz nicht das Göttliche, sondern unser politisches System unsere Leben ordnet und uns Sicherheit beschert. Um die Sprache im Film zu benutzen: ›Die amerikanische Verfassung: Es funktioniert!‹«[101]

So kommt Spielberg trotz seiner intensiven Reminiszenzen an *König Ödipus* zu einem Schluss, der Sophokles' Denken diametral entgegengesetzt ist: Während Sophokles zeigt, dass das Orakel immer recht hat, stellt Spielberg die Autorität des Zukunftswissens in Frage.[102] Während Sophokles' Seher und Orakel eine Wahrheit sprechen, die der Königsfamilie bis zum Ende verschleiert ist, zeigt Spielberg, dass das Zukunftswissen mit genau den Fehlern und Grenzen behaftet ist wie die medialen Formate, in denen es vorliegt. Was Bilder nicht zeigen können, ist dem Wissen entzogen. Während Sophokles seinem Protagonisten jeden Ausweg verstellt und ihn durch seine eigenen Entscheidungen immer tiefer ins Verhängnis treibt, insistiert Spielberg auf der Selbstrettung durch Handlungsfreiheit: Im richtigen Moment trifft Anderton gegen jede Wahrscheinlichkeit die richtige moralische Entscheidung, indem er Crow nicht erschießt. Gerade darin zeigt sich aber, dass Spielberg im Grunde der Möglichkeit von Zukunftswissen und Präemption unendlich viel naiver gegenüber steht als Sophokles. Die Fehler von Precrime sind akzidentielle Fehler, nicht Fehler im Herzen des Präventionsprinzips: persönliche Korruptheit, mediales Rauschen, juridische Grauzonen. Nichts, was man nicht durch integres Personal, bessere Bildqualität und ein ordentliches juristisches Verfahren gegen die potentiellen Täter lösen könnte.

Spielbergs Hoffnung auf ein glasklares Zukunftswissen, das uns vor dem Schlimmsten bewahrt, zeigt sich nicht zuletzt in seinem eigenen Film und dessen Filmästhetik, die trotz ihrer

Neo-Noir-Ästhetik doch an Deutlichkeit nichts zu wünschen übrig lässt: So wie wir die Szene mit Crow in der Filmhandlung genauer (und anders) verstehen als in den Clips der Pre-Cogs, so verstehen wir die Message von *Minority Report* auch ohne jede Zweideutigkeit: Präemption ist böse. *Minority Report*, dessen Setting ja in der Zukunft angesiedelt ist, präsentiert sich selbst als ein präemptives Wissen von der Zukunft: ein Wissen, das uns vor den Fehlern der Gesellschaft von 2054 bewahren wird. Damit zeigt *Minority Report* nicht nur *premediation*, wie Grusin vorschlägt. Der Film *ist* selbst *premediation* – eine warnende mediale Vorwegnahme einer Zukunft, deren Schrecklichkeit gerade darin bestehen wird, dass wir in ihr alles Kommende medial vorwegnehmen können.

Die Paradoxien der Prävention aber hat Spielberg gerade *nicht* verstanden: Dass Zukunftswissen einen Handlungszwang erzeugt, der in jedem Fall seinen Preis haben wird, selbst wenn man entscheidet, die Dinge einfach geschehen zu lassen. Das ist ja am Ende Spielbergs Vorschlag: Verzichten wir einfach darauf, Verbrechen zu verhindern, die wir verhindern *könnten*, weil die Implikationen und Nebeneffekte eines Präemptions-Programms inakzeptabel sind. Aber wenn einmal die Möglichkeit vorliegt, Übel zu verhindern, dann ist die Entscheidung, darauf sehenden Auges zu verzichten, nicht weniger problematisch als die Entscheidung, einzuschreiten. Spielberg verkennt die grundsätzlich tragische Struktur, in die das Zukunftswissen denjenigen stürzt, der es hat. Und er verkennt die Blindheit, mit der das Voraus-Sehen schlagen kann: Das Wissen der Zukunft kann nutzlos sein, wenn es unmöglich ist, die Gegenwart auf die in ihr angelegten Gefahren hin zu entziffern. (Das *image scrubbing* der Gegenwart ist nicht immer so leicht, wie es am transparenten Touchscreen in *Minority Report* aussieht.) Das Denken der Vorsorge – das wissen die sorgenvollen Baumeister der Sicherheit – ist in dem Maße blind, wie es nicht in der Lage ist, die eigenen blinden Flecken mit zu beobachten. Sophokles' Ödipus, Kafkas Tier, Curtis LaForche und James Cole haben in genau dem Maße eine Einsicht in diese Struktur, wie sie sich über ihre eigene Blindheit klar werden. Und schließlich gibt es Situationen, in denen die Freiheit der Entscheidung nicht einfach zwischen gut und böse liegt, wie in Andertons Entscheidung zwischen Rache und Rechtsweg, sondern etwa in der Tötung einer Person zum Nutzen der Menschheit (wie im Falle von Cole, der immerhin versucht, den rothaarigen Assistenten in letzter Minute zu erschießen). Der amerikanische Voluntarismus der freien Entscheidung und des sicherheitspolitischen Liberalismus, den Filme wie *Terminator* und *Minority Report* predigen, verkennt diese Paradoxien der Prävention und vertraut in letzter Konsequenz darauf, dass man die Dinge schon wird richten können, wenn sie vor einem stehen. Er vertraut darauf, dass es Evidenzen geben wird, an die man sich halten kann. Dass die Folgen von Handlungen überschaubar sein werden. Dass es einfache Entscheidungen zwischen gut und böse sein werden, die dann zu treffen sind. Dass es im Garten der Pfade, die sich verzweigen, Wegweiser gibt, moralische, politische, rechtliche und wissenschaftliche.

Das antike Vertrauen in die gesetzte Zukunft und das Misstrauen in die Einsicht und den Handlungsspielraum des Menschen angesichts einer angekündigten Zukunft hebelt die Idee der Prävention in ihren Grundlagen aus: einer offenen Zukunft, die gerade durch Erkenntnis der Lage gestaltet und zum Besseren gewendet werden kann. So fern sich die antike Präventionsskepsis und das moderne Präventionsgebot stehen, beleuchten sie einander doch gegenseitig in ihren blinden Flecken. Kann die Antike den Handlungsspielraum des Einzelnen nicht als offen und kontingent denken, so unterschätzt die Moderne die tragische Struktur präventiven Handelns: dass es unter Handlungszwänge setzt, deren Optionen in jedem Fall ihren moralischen Preis haben, und dass es Folgen zeitigen kann, die im Moment des Eingreifens unabsehbar sind. Eines aber ist beiden gemeinsam: der notwendige Rekurs auf ein Narrativ, d. h. auf eine perspektivische Anordnung der Ereignisse, die einem gegenwärtigen Nicht-Wissen um die Zukunft die Fiktion eines späteren Wissens gegenüberstellt, sei es als überlegenes Wissen des Gottes/Zuschauers bei Sophokles, sei es als Wunsch nach einer Beobachtung zweiter Ordnung oder als Möglichkeit medialer Zeitachsenmanipulation in der Moderne. Prävention ist angewiesen auf ein proleptisches Narrativ. Genau hier, so meine ich, liegt die Erkenntnisfunktion von Filmen und literarischen Texten. Indem sie vorführen, dass und wie erzählt wird, legen sie die Notwendigkeit dieses Narrativs in jeder Form von Vorsorge und Prävention frei: die heuristische Annahme einer Position, die aus der Zukunft auf die Gegenwart zurückblickt. Indem sie die Luzidität und die Blindheit der präventiven Prolepse in der Form ihrer Darstellung erkennbar machen, zeigen sie den Preis des Erkennens und Verkennens von Zukunft.

Schluss

Seit die künftige Katastrophe nicht mehr Teil der Heilsgeschichte oder einer göttlichen Vorsehung ist, sondern nichts als ein plötzlicher und kontingenter Zusammenbruch alles Bestehenden, ist sie einerseits ein Spiegel der Erkenntnis, andererseits ein Gebot vorsorgenden Handelns. Der Mensch beschaut sich und seine Welt im erhellenden Blitz des Desasters, er beleuchtet seine Enden und Grenzen. Aber in dem Maße, wie er nun die Verantwortung für eine offene und gestaltbare Zukunft trägt, befindet er sich auch im permanenten, dringlichen Zustand der Sorge: Es gilt, künftige Übel zu erkennen und zu verhindern. Dabei hat die katastrophische Zukunft, deren Geschichte wir hier betrachtet haben, nicht einfach ein »Zeitregime der Moderne« abgelöst, das in der aktiven, fortschritts- und hoffnungsfrohen Planung und Zukunftsgestaltung bestand.[1] Die Katastrophenszenarien sind vielmehr ein fortlaufender, pessimistischer Einspruch gegen eine Moderne des Zukunftsoptimismus, ihre dunkle Begleiterin seit Ende des 18. Jahrhunderts. Byrons und Malthus' Visionen wollen nichts anderes, als die optimistische Anthropologie der Aufklärung als blind und naiv zu kritisieren (während Grainville zumindest noch auf eine aufklärende Selbstkorrektur des Menschen setzt). Im Kalten Krieg enthüllen die Filme und Romane der atomaren Apokalypse unter der Stabilisierungslogik der MAD das obszöne Begehren nach der Selbstvernichtung. Die Abkühlungsszenarien des 19. Jahrhunderts konterkarieren sehr präzise den zeitgenössischen technischen Fortschritt auf der Basis von Wärme- und Drucktechnologien und imaginieren gegen die herrschende Evolutionstheorie ein Bild menschlicher *De*volution. Und das aktuelle Zerstörungsbild eines »Letzten Klimas« – sei es als globaler Winter oder eskalierende Erwärmung des Planeten – kommentiert die Instabilität einer Welt, die glaubt, die Natur des Menschen unabhängig von der Natur der Dinge denken zu können. Auch die Desaster der Technik erweisen sich bei näherer Betrachtung als exakte Inversionen technischer Sicherheit, wenn sie die komplexen Kopplungen technischer Systeme als potentielle »Verkettungen unglücklicher Umstände« umdeuten. – Ebenso präzise wie dramatisch zugespitzt kehrt das katastrophische Imaginäre die Hoffnung auf Zukunftsgestaltung um in das düstere Bild der jeweils schlimmsten Furcht einer Epoche. Die aktive und produktive Formierung der Zukunft, die so oft zur Signatur der Moderne erklärt worden ist, ist also nicht erst heute, sondern schon von ihren Anfängen an begleitet von einer insistierenden, nicht selten schrillen Gegenrede, die in der Zukunft die kommende Katastrophe erblickt. So erweist sich der Letzte Mensch nicht nur als Doppelfigur eines Opfers und Betrachters des Desasters, sondern als eine Figur, die in der Gegenwart gerade gegen das ewige »Vorwärts!« Einspruch erhebt, ein Spielverderber in der Morgenröte endlosen Fortschritts. Anders jedoch als der andere ewige Spielverderber, der Kulturkritiker, verweist der Letzte Mensch nicht auf eine alternative und *bessere* Form menschlicher Lebensgestaltung, sondern auf die blinden Flecken, das Nichtgewusste und Nichtbedachte eines Verhältnisses zur Zukunft, das diese als unendlichen, offenen Raum der Planung, Gestaltung, der Steigerung und des Wachstums betrachtet. Der Letzte Mensch sieht genau das, was die Gegenwart fatalerweise nicht bemerkt.

Das Spezifische der heutigen Situation ist also nicht so sehr der plötzliche Verlust einer mit Hoffnung und Fortschritt schwangeren Zukunft. Es ist vielmehr die Einsicht, dass genau in diesem Fortschritts- und Wachstumsprogramm die Katastrophe verborgen liegen könnte. Die Gegenwart fühlt sich auf ein Desaster zutreiben, das sich als ein *tipping point* vielfältiger, scheinbar harmloser, kaum wahrnehmbarer Tendenzen und Handlungsformen erweisen könnte. Sie erwartet das Kippen einer Situation, die dem Anschein nach immer »so weiter« gehen könnte. Eine Situation jedoch, in der die Zukunft nicht mehr so sehr gestaltet als vielmehr zunehmend für die Gegenwart vernutzt wird. Das Unheimliche daran ist, dass niemand weiß, wann ein *tipping point* erreicht ist, wie lange ein System belastbar ist, wo seine Bruchstellen liegen. All das zeigt sich erst im Kollaps. *Ex post* wird man gewusst haben, dass eine Grenze erreicht wurde, die man nicht zur Kenntnis genommen hat. Anders als noch im Kalten Krieg ist daher das Spezifische gegenwärtiger Katastrophenerwartungen nicht nur ihre Unerwartbarkeit, sondern auch das Diffuse ihrer Szenarien: »Tsunami, Wassermangel, Lawine, Großfeuer, Stromausfall, Seuche, Zusammenbruch des Staates, Zusammenbruch des GPS Systems«, wie *National Geographic* mit schöner Beliebigkeit listet – hinzuzufügen wären Überbevölkerung, Meteoriteneinschlag, nuklearer Winter, technische Großunfälle, Nahrungsknappheit, irreparabler Ausfall elektronischer Systeme, Umweltvergiftung, globale Erwärmung etc. Ihr wohl triftigstes Szenario ist darum eine »Katastrophe ohne Ereignis« – oder genauer: eine Katastrophe mit vielfältigen, unabsehbaren, dispersen und widersprüchlichen Desasterereignissen wie die Folgen des Klimawandels, die diejenigen am schlimmsten treffen werden, die ihn nicht verursacht haben. Das gegenwärtige Zeitgefühl spürt eine »Metakrise« auf sich zukommen, deren schwer überschaubare Faktoren sich unerkannt und unauffällig zu einem Desaster verknüpfen und aufaddieren, das seinerseits in diffuse Bilder zerfällt.[2] Genau darum sind die aktuellen Katastrophenszenarien so unterschiedlich und sogar teilweise so umstritten, wie wir gesehen haben. Vor allem aber sind sie so unheimlich und unabsehbar wie jene rätselhaften »Verkettungen unglücklicher Ereignisse« in der Großtechnik oder die unabsehbaren Langzeitfolgen und Nebeneffekte von fast allem, was wir gegenwärtig nutzen und konsumieren. Die »Metakrise« der Gegenwart ist ein Phänomen der Latenz: ein lauerndes, verstecktes und unerkennbares Geschehen, das sich möglicherweise nicht großen Ereignissen oder spektakulären Entscheidungen verdankt (wie der berühmte »Knopfdruck«, der den Nuklearkrieg startet), sondern winzigen alltäglichen Handlungen und Unterlassungen, unwesentlichen Innovationen, vernachlässigten Nebeneffekten und einfach dem schieren quantitativem Anwachsen bestimmter Praktiken und Technologien (wie Autofahren oder Wälder roden).

Genau in dieser Latenz, so meine ich, liegt der Grund dafür, dass wir uns gegenwärtig so gern mit Katastrophen, aber auch den Möglichkeiten der Vorbereitung und Resilienz gegen kommende Desaster beschäftigen. Es scheint, als gäbe es geradezu ein Bedürfnis nach immer neuen apokalyptischen und postapokalyptischen Szenarien in Wissenschaft, Literatur, Film und Kunst. Die Fiktionen, die dieses Buch betrachtet hat, geben der latenten, unfassbaren Bedrohung durch künftige Katastrophen greifbare Formen, Bilder und Narrative – Szenarien also, die eine mögliche Zukunft analysierbar, konkret, antizipierbar und gegebenenfalls auch politisch operativ machen. Einher geht dieses seltsame Vergnügen an katastrophischen Gegenständen jedoch mit einer bemerkenswerten Ratlosigkeit über die Möglichkeiten des Handelns. Das Starren auf die Katastrophe scheint weniger zu aktivieren, als von der schwierigen individuellen und kollektiven Aufgabe zu entlasten, angesichts dieser Katastrophe zu *handeln* – von der kollektiven Revolte gegen eine Politik des ungebremsten Ressourcenverbrauchs über das individuell tugendhafte Fahrradfahren und Wassersparen bis hin zum ganz privaten Bau eines überschwemmungssicheren, mit Lebensmitteln gefüllten Schutzraums. Angesichts der »Katastrophe ohne Katastrophe« ist es schwer, überhaupt zu bestimmen, was ein sinnvolles »Sorgen« für die Zukunft sein könnte. Prävention klassischen Stils braucht – das weiß schon Kafkas Tier – eine greifbare Bedrohung und ein Subjekt des vorsorgenden Handelns. Aber es gibt kein klar bestimmbares Subjekt eines solchen Handelns, außer Abstrakta wie »die Industrienationen«, »der Kapitalismus«, »der Mensch als Spezies« oder gar »der kinetische Expressionismus«.[3] Oder möglicherweise wir alle, die wir heizen, reisen, konsumieren? So gefasst, sind die Akteure entweder zu groß oder zu klein, um handlungsfähig zu sein. Bruno Latour hat diese seltsame Rolle des Menschen als zugleich *Akteur und Opfer* in der Katastrophe als Problem einer »*réflexivité aveugle*« beschrieben:

> Die Wasser der Sintflut kommen nicht von oben, um die Sünden der Menschen zu ertränken; vielmehr sind es die sündigen Menschen selbst, deren vielfältige Handlungsweisen die sündigen Menschen ertränken. Durch einen betäubenden Effekt blinder Reflexivität (*réflexivité aveugle*) bringen wir das Ende der Zeiten über uns selbst. Jeder von uns – je nachdem, ob wir reich oder arm, einflussreich oder mittellos, verschwenderisch oder asketisch sind – ist zugleich unschuldiges Opfer, Übeltäter und Racheengel.[4]

Genau dies ist die neue Position des Letzten Menschen: Er ist zugleich Akteur, Opfer und Betrachter eines Katastrophengeschehens, *das er hat kommen sehen*, aber nicht erkannt hat. Günther Anders hatte der Moderne eine »Apokalypse-Blindheit« bescheinigt, die darin besteht, die Folgen des eigenen Handelns weder sehen noch vorstellen zu können: »Wir werfen weiter, als wir Kurzsichtige sehen können.«[5] Die gegenwärtige Haltung dagegen ist durchaus nicht blind, sondern genau jene »blinde Reflexivität«, die es immer schon gewusst hat, aber keine Ahnung hat, was hier und jetzt zu tun wäre. Die nicht weiß, dass überhaupt etwas zu tun wäre, was über die gemütlichen kleinen Gesten des Fahrradfahrens, Energiesparlampen-Benutzens, Kurzduschens und Elektrogeräte-Reparierens hinausginge, wie die zahllosen Ratgeber für »350 Wege, die Erde zu retten« suggerieren. Die Aufgabe würde überhaupt erst einmal darin bestehen, eine politische Einheit zu konstituieren, die in der Lage wäre, die Verantwortlichkeit für den sich wandelnden Zustand des Planeten zu übernehmen. Der mächtige Mensch des Anthropozäns muss sich darüber verständigen, dass er auch der ohnmächtige Letzte Mensch zu sein droht – aber dies in einer Situation, in der Handeln und Erleiden, Macht und Ohnmacht, Wissen und Nicht-Wissen von der Katastrophe kaum voneinander zu unterscheiden sind.

Genau darum sind wir auf den Raum der Imagination angewiesen – und zwar nicht einen Raum fix hergezauberter »erfinderischer« Lösungen, sondern der präzisen Ausmalung all dessen, was wir am meisten fürchten. Eine Imagination, die die Bruchstellen der Wirklichkeit ausleuchtet, in der wir leben. Die Frage ist dabei allerdings, wie die Fiktionen und Szenarien des katastrophischen Imaginären genutzt und gelesen werden. Vordergründig gibt es dafür zwei einfache Modi der Lektüre: Einerseits können Katastrophenfiktionen als hochgradig wirksame, alarmistische Narrative verstanden werden, die im Verweis auf das kommende Desaster eine Dringlichkeit des Handelns fordern, die alle weiteren Reflexionen und Bedenken suspendiert. Andererseits lassen sie sich als Formen einer Beschäftigung mit der Katastrophe konsumieren, die von jeder weiterführenden Konsequenz gerade *entlastet*. Mit Blick auf das Material, das wir betrachtet haben, spricht viel für die erste, mobilisierende Funktion: Katastrophenfiktionen greifen die jeweils akutesten Befürchtungen einer Epoche auf und sehen sich dabei als dringliche Intervention oder »*cautionary tale*«. Oder sie werden nicht selten zumindest gern so verstanden, wenn etwa Cormac McCarthys Roman *The Road* als »Öko-Roman« verbucht wird. Das heißt jedoch nicht, dass sie dabei stets ähnliche Intentionen verfolgen: Nevil Shutes melancholische Atomtod-Allegorie *On the Beach*, Stanley Kubriks *Dr. Strangelove* und Sidney Lumets *Fail-Safe* wenden sich als aktive Einsprüche gegen die Politik der atomaren Abschreckung; Leo Szilards Erzählungen oder Kahns Szenarien dagegen sind ernstgemeinte Vorschläge zu ihrer Stabilisierung. Emmerichs Blockbuster *The Day After Tomorrow* versteht sich ebenso wie Al Gores Aufklärungsfilm *An Inconvenient Truth* als nachdrückliche Warnung vor einem menschengemachten Klimawandel – während umgekehrt Michael Crichtons Roman *State of Fear* aus dem gleichen Jahr ein polemisches Plädoyer des Klimaskeptizismus ist. Auch wenn ihre politischen Stoßrichtungen also diametral entgegengesetzt sind, so ist ihnen allen ihr aktivistisches und alarmistisches Potential gemeinsam. In ihnen zeigt sich exemplarisch ein Appellcharakter katastrophischer Fiktionen: Sie wollen warnen, kritisieren oder auch lächerlich machen; sie wollen zu Tätigkeit (oder auch Untätigkeit) aufrufen; sie wollen die Sicht der Dinge durch eine exemplarische Erzählung verändern. Oder sie lassen sich zumindest als solche alarmistischen Appelle lesen. Am deutlichsten und zugleich problematischsten wird dieser aktionistische Effekt in zwei Kernbegriffen des Katastrophismus: dem »Ernstfall« und der »Prävention«. Der Verweis auf die drohende große Katastrophe rechtfertigt die beschriebenen »tragischen Entscheidungen« ebenso wie das Gebot einer radikalen Vernichtung von »Feinden« und ermöglicht so die Verschiebung oder Aufhebung ethischer und politischer Handlungsnormen im Hinweis auf den absoluten Notstand. Und er rechtfertigt jenen präventiven oder präemptiven Aktionismus im Namen der »Sicherheit«, der in Filmen wie Spielbergs *Minority Report* oder in Grusins Überlegungen zur ›*premediation*‹ seziert wird. Wie die Prophezeiungen, die ihre Adressaten zum unmittelbaren Handeln aufrufen, kann das katastrophische Imaginäre so in Handlungsgebote und Appelle übersetzt werden, denen es gerade durch die Schrillheit seiner Szenarien eine scheinbare Alternativlosigkeit verleiht. Im antizipierten Desaster, so die Überzeugung des aktionistischen Diskurses, zeigt sich ein unter der Oberfläche unserer Zivilisation liegendes »Reales«, auf das wir uns einstellen müssen, auch wenn es noch lange nicht sichtbar ist. In der (vielleicht allzu kurzen, vielleicht gemütlich langen) Spanne zwischen der Imagination und der Manifestation dieses Realen liegt der Zeit- und Handlungsdruck, den Katastrophenimaginationen ausüben.

Gegenwärtig spricht allerdings vieles für die zweite, handlungsentlastende Funktion des katastrophischen Imaginären. Wir konsumieren Desasterszenarien und Desasterwissen, aber das tun wir weitgehend mit einer Haltung des Zuschauers.[6] Mit anderen Worten: Wir *lassen untergehen*. Denn die Desaster stoßen ja *anderen* zu, mal heldenhaften Filmhelden oder armen Collegeprofessoren, mal gesichtslosen Opfern wie den Anrainern von Kernreaktoren, fernen Inselvölkern oder Landschaften. In den Katastrophenfiktionen kann man sich mit diesen *anderen* identifizieren, man kann so erfahren, was es z. B. heißt, mit Will Smith der Letzte Mensch zu sein oder wenigstens – bei DeLillo – ein chemieverseuchter Professor. Man kann so die Reflexivität eines Blicks *aus der Zukunft zurück*, eine Perspektive nach der Katastrophe einnehmen, sei es durch eine wissenschaftliche Prognose, sei es in der Stellvertretung durch einen fiktiven Letzten Menschen, der *gewusst haben wird*, wie alles zugrunde gegangen ist. Aber diese ›Erfahrung‹ geschieht in einem Raum, den wir säuberlich trennen von dem Raum, in dem wir leben, Entscheidungen treffen, Pläne machen. Es ist *ein anderer*, der in dieser Zukunft untergeht – selbst wenn ich weiß, dass das, was mir da vorgeführt wird, auch meine Zukunft sein kann. Slavoj Žižek und Robert Pfaller haben für diesen Mechanismus den Begriff »Interpassivität« vorgeschlagen.[7] Interpassivität bedeutet, ein Wissen, eine Erfahrung oder einen Glauben an einen anderen zu delegieren, ihn »erfahren zu lassen«, was man selbst nicht erfahren will (oder kann oder darf), ihn »glauben zu lassen«, was man selbst vorgeben möchte, nicht zu glauben. Interpassivität hat nicht selten mit einer theatralen Situation des Beobachtens und der Stellvertretung zu tun, eine Stellvertretung des Handelns, des Empfindens oder des Glaubens: Das »canned laughter« in amerikanischen Sitcoms oder der kommentierende Chor in der Tragödie wären Beispiele. Im imaginierten oder prognostizierten Katastrophenszenario – man verzeihe das Wortspiel – *lässt man einen anderen dran glauben*. Das verschafft den Wissens- und Reflexionsvorteil der Alarmbereitschaft – und zugleich eine ganz praktische Distanzierung von allen Konsequenzen dieser Einsicht. Denn die sympathischen Kleinfamilien oder kernigen Amerikaner, mit denen man sich bei Emmerich und anderen identifizieren darf, überleben ja am Ende doch. Gerade diejenigen Szenarien, in denen der Untergang der Menschheit im Hintergrund einer rührenden Rettungs- und Familienzusammenführungsgeschichte stattfindet, laden zu dieser interpassiven Haltung ein – oder trainieren sie sogar.[8] Am deutlichsten aber wird sie den seltsam irrealen aktuellen Fiktionen einer ›Erde ohne Menschen‹ eines Glavinic oder Weisman: Sie bieten den gemütlichen Blick in eine Katastrophe ohne Katastrophe, ein Verschwinden des Menschen ohne Blutvergießen – *jedenfalls nicht für mich.*

Dabei verkennen beide Lesarten – die alarmistisch-mobilisierende wie die interpassiv-entlastende – allerdings jene epistemische Stärke der katastrophischen Imagination, die ich versucht habe, ins Zentrum meiner Lektüren zu stellen: ihre analytische, erhellende Kraft. Die intensive Aktualität der hier betrachteten Katastrophenszenarien besteht weder in ihrem Plädoyer für dieses oder jenes noch in der stellvertretenden ästhetischen Untergangserfahrung, die sie bieten, sondern in der Einsicht, die sie vermitteln: Sie greifen zeitgenössisches Krisenwissen auf – von der Ökonomie über die Optionen nuklearer Vernichtung bis zur Klimaforschung und Sicherheitswissenschaft – und setzen es in »dichte Beschreibungen« möglicher Desaster um, Szenarien, an denen sich die Belastbarkeit sozialer Institutionen ebenso studieren lässt wie die Risiken allzu enger technischer Kopplungen. Die fiktiven Katastrophen sind Experimentalanordnungen. So ermöglichen es die desolaten Welten, die Byron oder Beckett, Kubrick und Lumet, Wells oder Ballard, McCarthy, DeLillo, Kafka oder Gilliam entwerfen, ein Desaster gleichermaßen von innen – aus der Perspektive eines Betroffenen – und von außen – vom Standpunkt eines reflektierenden Beobachters – ausleuchten. Sie ermöglichen zu zeigen, was von diesen jeweiligen Standpunkten sichtbar wird – und was genau durch diesen Blick verborgen wird. Sie führen vor, welches die Erkenntnisbedingungen und die kognitiven Schemata sind, die den Blick in den Abgrund des Desasters strukturieren. Dadurch eröffnen sie nicht zuletzt einen Blick auf die Kontingenz und Willkür im Inneren jener scheinbar schicksalhaften Notwendigkeiten, die im Angesicht des Desasters so oft beschworen werden. Sie ermöglichen es zu begreifen, dass dieses Desaster vielleicht doch nicht so unvermeidlich war, wie es sich präsentiert. Dass es nur einer winzigen Verschiebung des Blicks bedurft hätte, um es aufzuhalten oder im »Ernstfall« andere Entscheidungen zu treffen. Die fiktive Experimentalanordnung der Katastrophe verweist in ihrem Kern immer auf eine Einsicht, eine Erkenntnis, deren Bitterkeit darin liegt, dass sie zu spät kommt – aber nicht zu spät hätte kommen *müssen.*

Wenn Herman Kahn über Szenarien sagt, sie seien »*aids to the imagination*«, Werkzeuge für das Vorstellungsvermögen, dann lässt sich das auch über die Texte, Filme, Bilder und Figuren sagen, die der Gegenstand dieses Buchs sind. Sie sind nicht nur Werkzeuge der Vorstellungskraft, sondern auch *Werkzeuge des Denkens.* Oder jedenfalls könnten sie so genutzt werden. Und zwar in einer ganz präzisen Weise: Sie könnten uns helfen, jene »blinde Reflexivität« (Latour) oder auch reflexive Blindheit zu überwinden, die alles immer schon weiß, aber nicht geneigt ist, dieses Wissen auch in die eigene Wirklichkeit zu integrieren. Genau diese Haltung hat der französische Philosoph Jean-Pierre Dupuy als das Kernproblem des gegenwärtigen Verhältnisses zu drohenden – technischen, ökologischen, ökonomischen, klimatischen – Gefahren beschrieben:

> Angenommen, wir sind sicher oder fast sicher, dass die Katastrophe vor uns liegt, […]. Das Problem ist, dass *wir das nicht glauben.* Wir glauben nicht, was wir wissen. Was unsere Vorsichtigkeit herausfordert, ist nicht der Mangel an Wissen

darüber, wie die Katastrophe in der Zukunft wirksam werden wird, sondern die Tatsache, dass diese Wirksamkeit nicht glaubwürdig ist. [...] Alles weist darauf hin, dass wir unsere gegenwärtige Entwicklung nicht endlos werden ausdehnen können, weder räumlich noch zeitlich. Aber all das in Frage zu stellen, was wir mit dem Fortschritt in Verbindung zu bringen gelernt haben, hätte so phänomenale Folgen, dass wir das nicht glauben, von dem wir doch wissen, dass es der Fall ist. Es gibt hier keine Unsicherheit, oder jedenfalls nur sehr wenig. Unsicherheit ist bestenfalls ein Alibi. Aber sie ist kein Hindernis, ganz sicher nicht.[9]

Dupuys Plädoyer für einen »aufgeklärten Katastrophismus« fordert, dass wir das, was wir wissen, auch *glauben* müssten, d. h. es zum integralen Teil unserer Lebenswelt zu machen. Es ginge darum, das möglicherweise Drohende nicht nur als Hypothese, sondern als *Gegebenheit* zu studieren: so wie eine Prophezeiung, die sagt, was kommen *wird*, nicht was kommen *könnte*. Genau durch diese Gegebenheit – oder den *Glauben* an die Prophezeiung – aber kann diese zum Instrument ihrer eigenen Verhinderung werden: »Wenn wir der Zukunft eine Realität, eine Tatsächlichkeit geben könnten, die gleichwertig wäre mit der, die wir der Gegenwart unterstellen, dann hätten wir es geschafft.«[10] Das erfordert, dass eine mögliche Bedrohung glaubhaft, greifbar, konkret vorstellbar wird – nicht als mögliche, sondern als *gegebene* Zukunft. »Die Zukunft«, schreibt Jorge Luis Borges, »ist unvermeidlich, präzise; aber es mag sein, daß sie nicht zustande kommt. Gott lauert in den Intervallen«.[11] Die Zukunft als gegebene schildern: genau dies leisten Fiktionen. Sie stellen etwas Imaginiertes so *vor Augen*, dass es als gegenwärtige Situation erfahrbar wird, fixiert und überzeugend wie eine »Erinnerung an die Zukunft«.[12] Aber sie tun noch etwas anderes: Sie machen auch durchsichtig, unter welchen Bedingungen dieser Blick auf die Zukunft möglich wird, was also die Voraussetzungen einer Erkenntnis der Zukunft und damit auch die Voraussetzungen eines Handelns in der

Gegenwart wären. Diese klarsichtige Reflexivität unterscheidet die besseren der Texte und Filme, die wir betrachtet haben, von rein alarmistischen Szenarien, die Handlungsgebote vortragen oder mit Hinweis auf den ominösen »Ernstfall« rechtfertigen. Die luzidesten unter ihnen werfen daher einen *tragischen* Blick auf diese Zukunft: Es ist ein Blick, der in der Katastrophe nicht nur die Zerstörung von Gütern und Werten liest, sondern die grundlegende Zerstörung einer menschlichen Natur, die sich ihre eigene Grundlage entzogen hat. Ein Blick, der gewusst haben wird, dass wir diese Zukunft nicht verhindert haben.

Dank

Ideen haben Stichwortgeber, Argumente oft einen heimlichen Adressaten und jedes intellektuelle Unternehmen einen Ort, der seine Spuren in ihm hinterlässt. Das können späte oder frühe, flüchtige oder gründliche, geplante oder zufällige Begegnungen mit Menschen, Texten, Städten und Wetterlagen sein. Einen ganz frühen Anstoß zu diesem Projekt gab eine Einladung Nitzan Lebovics nach Tel Aviv 2008, bei der ich zum ersten Mal ein paar Ideen über die Politik der Zeit und die Aporien des Voraussehens diskutiert habe. Nitzan war es auch, der mich auf die biopolitischen Gehalte aktueller Katastrophenfilme aufmerksam gemacht hat und mir später in New York und Lehigh Gelegenheit gab, den ganzen großen Bogen des Projekts vorzustellen. Der Aufforderung des *Archivs für Mediengeschichte*, einen Beitrag zum Thema »Gefahrensinn« beizusteuern, verdanke ich eine erste schriftliche Ausarbeitung meiner Ideen zu Prävention und Vorsorgeprinzip, die ihrerseits ihren Ausgangspunkt vom Aufsatz »Katastrophale Szenarien« von Ute Tellmann und Sven Opitz nahm. Friedrich Balke gab mir dann Gelegenheit, diese Überlegungen in Weimar zu diskutieren. Eine Einladung Michèle Lowries auf die Tagung »Security« der NYU 2009 brachte mich dazu, diese Gedanken im Hinblick auf ein Konzept von Sicherheit weiterzuspinnen. Drei Jahre später haben wir beide zusammen mit Eric Santner, David Wellbery und Anselm Haverkamp in Chicago die romantische Verdunklung bei Byron diskutiert, die mir ein genaueres Gespür für den ätzenden Blick Byrons auf die klassische Apokalypse gegeben hat.

Reto Sorgs Einladung auf eine Apokalypse-Tagung in Fribourg im Herbst 2009 gab den Impuls zu den ersten Gedanken über Biopolitik und tragische Entscheidungen in der Katastrophe. Den Anstoß für das Buch und eine frühe und nachdrückliche Ermunterung, dieses Projekt überhaupt weiterzutreiben, bekam ich von Harald Welzer: seinen Texten ebenso wie einer Begegnung mit ihm bei meiner Tagung über »Zukunft« in Wien 2011. Ein Freisemester in Brooklyn im Frühjahr 2012 brachte die Zeit, endlich einmal gründlich über den Aufbau des Buchs nachzudenken, Material zu sammeln – und wieder zu verwerfen. Das Kapitel über die Klima-Imaginationen wäre nicht entstanden ohne die produktiven Wochen im tropischen Klima von Singapur. In den dortigen Shopping Malls wurde mir klar, dass wir längst in einer Welt von Klimakapseln leben, die so groß sind wie Stadtteile. Gegen Ende der Abfassung lud mich Albrecht Koschorke ein, einige meiner Ideen zur Klimakatastrophe in den Winden der Konstanzer Diskussionslust auf ihre Haltbarkeit hin zu prüfen (manches hielt, der Rest wurde besser). Ulrich Bröckling, dessen Überlegungen zur Prävention das letzte Kapitel seine Grundlagen verdankt, gab mir einen klugen Kommentar zu diesem Kapitel und zu der Dringlichkeitsrhetorik, die sich mit dem Blick auf die Katastrophe in jede Überlegung zur Prävention einschleicht. Der erste Leser des fast fertigen Manuskripts war Isak Winkel Holm, dessen wichtige Arbeiten zur Katastrophenfiktion ich gerade noch rechtzeitig entdeckt habe. Als wir Ende 2013 in Kopenhagen drei Stunden lang über Katastrophen diskutierten, hatte er so viele Ideen und Hinweise, dass ich kurz wünschte, noch mal ganz neu anzufangen. Über seine und Johannes Lehmanns Anmerkungen zu meinem Begriff von Biopolitik werde ich noch eine Weile nachdenken müssen. Pál Kelemen zwang mich im Winter 2013 durch eine wunderbare Einladung nach Budapest, meine Grundideen und meine Herangehensweise noch einmal auf den Punkt zu bringen, wovon die Einleitung sehr profitiert hat. Und meine Wiener Studenten haben mir durch ihre Fragen, ihre Ideen und nicht zuletzt ihre Einwände immer wieder geholfen, meine Thesen zu klären und zu schärfen.

Ohne die unendliche Geduld und das insistierende Nachfragen meines Lektors Alexander Roesler wäre ich vermutlich nie über ein paar verstreute Aufsätze hinausgekommen. Martina Süess hat mit Umsicht, Scharfblick und guten Nerven das Manuskript in Ordnung gebracht – nicht ohne so manchen Witz über das sinistre Thema.

Urs Stäheli hat mich beim Schreiben, Hadern und Brüten über die Zukunft immer wieder dazu gebracht, in der Gegenwart zu leben. Ihm, dem unerschütterlichen Planer, ist dieses Buch gewidmet.

Anmerkungen

Einleitung

1 I am Legend, Regie: Francis Lawrence, Drehbuch: Mark Protosevich, Akiva Goldsman, nach dem Roman von Richard Matheson: I am Legend (1954), mit Will Smith, Alice Braga, Dash Mihok, USA 2007, 100 Min, bzw. 104 Min. (alternatives Ende).
2 Thomas Glavinic: Die Arbeit der Nacht, München: dtv 2009.
3 Alan Weisman: The World Without Us, New York: Thomas Dunne 2007, S. 3. Dt.: Alan Weisman: Die Welt ohne uns. Reise über eine unbevölkerte Erde, München: Piper 2007, S. 13. Hervorhebung EH.
4 Jan Zalasiewicz: Die Erde nach uns. Der Mensch als Fossil der fernen Zukunft, Heidelberg: Spektrum 2009.
5 Jan Zalasiewicz u. a.: Are we now living in the Anthropocene?, in: USA Today 18/2 (1. Feb 2008), S. 4–8, online: www.mindfully.org/Heritage/2008/Anthropocene-Zalasiewicz-GSA1feb08.htm.
6 Weisman: The World Without Us, S. 3. Dt.: Weisman: Die Welt ohne uns, S. 13. Es ist bemerkenswert, dass das Buch, das auf einer in der Sache unmöglichen Grundfiktion aufbaut, sich selbst als Sachbuch, als »narrative nonfiction« versteht. Siehe die Homepage zum Bestseller: www.worldwithoutus.com/index2.html.
7 Aleida Assmann: Ist die Zeit aus den Fugen? Aufstieg und Fall des Zeitregimes der Moderne, München: Hanser 2013.
8 Jacques Derrida: No Apocalypse, not now (Full Speed Ahead, Seven Missiles, Seven Missives), Diacritics 14/2: Nuclear Criticism (Sommer 1984), S. 20–31: 23.
9 Eine hervorragende Analyse der Struktur dieses »katastrophischen Imaginären« in Finanzökonomie und Recht haben Ute Tell-

mann und Sven Opitz vorgelegt, in: Sven Opitz/Ute Tellmann: Katastrophale Szenarien. Gegenwärtige Zukunft in Recht und Ökonomie, in: Leviathan, Sondernummer. 25 (2010): Sichtbarkeitsregime. Überwachung, Sicherheit und Privatheit im 21. Jahrhundert, S. 27–52.

10 Ulrich Beck: Weltrisikogesellschaft, Frankfurt/M.: Suhrkamp 2007.

11 Jared Diamond: Kollaps. Warum Gesellschaften überleben oder untergehen, Frankfurt/M.: S. Fischer 2005. Harald Welzer: Klimakriege. Wofür im 21. Jahrhundert getötet wird, Frankfurt/M.: S. Fischer 2008.

12 Richard A. Posner: Catastrophe: Risk and Response, New York: Oxford University Press 2004; Martin Rees: Our Final Hour, New York: Basic Books 2003; Lee Clarke: Worst Cases: Terror and Catastrophe in the Popular Imagination, Chicago: University of Chicago Press 2006; John Casti: X-Events. The Collapse of Everything, New York: William Morrow 2012.

13 James Hansen: Climate change is here – and worse than we thought, The Washington Post, 4. August 2012, online: www.washingtonpost.com/opinions/climate-change-is-here-and-worse-than-we-thought/2012/08/03/6ae604c2-dd90-11e1-8e434a3c4375504a_story.html

14 James Lovelock: Gaias Rache. Warum die Erde sich wehrt, übs. von Helmut Schickert, Berlin: Ullstein 2008.

15 Um nur einige Beispiele zu nennen: Harald Welzer und Claus Leggewie: Das Ende der Welt, wie wir sie kannten. Klima, Zukunft und die Chancen der Demokratie, Frankfurt/M.: S. Fischer 2009. Jared Diamond: The Ends of the World as We Know Them, in: New York Times, 1. 1. 2005, online: http://www.nytimes.com/2005/01/01/opinion/01diamond.html. Immanuel Maurice Wallerstein: The End of the World As We Know It: Social Science for the Twenty-First Century, Minneapolis: Minnesota University Press 1999. Daniel Wojcik: The End of the World as we Know It: Faith, Fatalism and Apocalypse in America, New York: New York University Press 1997. Marc Steyn: America alone: The End of the World as we Know It, Washington DC: Regenering Publishing 2006. Nicht zu vergessen der R. E. M-Song von 1987 The End of the World As We Know It.

16 Swiss Re: Risikolandschaft der Zukunft (2004), S. 11. Online unter: www.pharma.gally.ch/UserFiles/File/Risikolandschaft%20der%20Zukunft%20Swissre.pdf

17 Aristoteles: Poetik, griech./dt., übs. und hg. von Manfred Fuhrmann, Stuttgart: Reclam 1987, Kap. 11.

18 Olaf Briese/Timo Günther: Katastrophe. Terminologische Vergangenheit, Gegenwart und Zukunft, in: Archiv für Begriffsgeschichte, Bd. 51 (2009), S. 155–195.

19 Briese/Günther: Katastrophe, S. 167.

20 David Hume: An Enquiry Concerning Human Understanding [1748], hg. von Tom Beauchamp, Oxford: Clarendon Press 2000, S. 97. Dt. David Hume: Eine Untersuchung über den menschlichen Verstand, Berlin: Akademie Verlag 1965, Abschnitt 10, S. 152.

21 Von heilsgeschichtlichen Katastrophen geht Thomas Burnet aus, von der Natur als Prozess ständiger Umwälzungen und »Kataklysmen« Georges Cuvier (s. dazu Kap. 3, S. 142–144 u. ö.). Thomas Burnet: Sacred Theory of the Earth, 4 Bände, London: J. Hook 1684–90. Georges Cuvier: Discours sur les révolutions de la surface du globe, et sur les changemens qu'elles ont produits dans le règne animal, Paris: Dufour, Éd. d'Ocagne 1825.

22 Briese/Günther: Katastrophe, S. 188.

23 Samuel Beckett: Endspiel/Fin de partie/Endgame, übs. von Elmar Tophoven, Frankfurt/M.: Suhrkamp 1996, S. 24/5. Übersetzung verändert, EH. Im Original heißt es: »Quelque chose suit son cours. /Something is taking its course.«

24 Walter Benjamin: Zentralpark, Gesammelte Schriften, hg. von Herrmann Schweppenhäuser/Rolf Tiedemann, Bd. I. 2, Frankfurt/M.: Suhrkamp 1991, S. 651–690: S. 683.

25 Malcolm Gladwell: The Tipping Point. How Little Things Can Make a Big Difference, New York: Little Brown 2000.

26 Claus Leggewie/Harald Welzer: Das Ende der Welt, wie wir sie kannten. Klima, Zukunft und die Chancen der Demokratie, Frankfurt/M.: S. Fischer 2011, S. 101.

27 Leggewie/Welzer: Das Ende der Welt, S. 20.

28 Pierre-Henry Jeudy: Le désir de catastrophe, Paris: Aubier 1990. Jeudy diagnostiziert die permanente Evokation von Angst als treibendes Moment für eine Ethik der Vorsorge und der Verantwortlichkeit.

29 Kathrin Röggla: die alarmbereiten, Frankfurt/M.: S. Fischer 2010, S. 60.

30 So die Herangehensweise des wichtigen Ansatzes einer kulturalistischen Analyse des Katastrophendiskurses, z. B. Anthony Oliver-Smith: Theorizing Disaster. Nature, Power, and Culture, in: Susanna M. Hoffman/Anthony Oliver-Smith: Catastrophe & Culture. The Anthropology of Disaster, Santa Fe/Oxford: School of American Research Press 2001, S. 23–48.

31 Charles Taylor: Modern Social Imaginaries, Durham/London: Duke University Press 2004, S. 23, Übersetzung EH.

32 Cornelius Castoriadis: L'institution imaginaire de la société, Paris: Seuil 1975, S. 203.

33 Beck: Weltrisikogesellschaft, S. 30.

34 Peter Sloterdijk/Paul Crutzen u.a: Das Raumschiff Erde hat keinen Notausgang, Frankfurt/M.: Suhrkamp 2011.

35 Albrecht Koschorke: Wahrheit und Erfindung. Grundzüge einer Allgemeinen Erzähltheorie, Frankfurt/M.: S. Fischer 2012, S. 230.

36 Isak Winkel Holm: The Cultural Analysis of Disaster, in: Carsten Meiner/Kristin Veel (Hg.): The Cultural Life of Catastrophes and Crises, Berlin: DeGruyter 2012, S. 15–32. Holm schlägt eine Typologie solcher »kognitiven Schemata« vor, innerhalb deren Katastrophen retrospektiv (oder auch fiktiv) wahrnehmbar und erzählbar werden: Erhabenheit, Trauma, Ausnahmezustand, Risiko, Störung des Gleichgewichts, Apokalypse, Kosten-Nutzen-Kalküle, Theodizee. Fruchtbar ist dieser Ansatz, weil er nicht annimmt, dass es Katastrophen ›als solche‹ gäbe, sondern sie als Ergebnisse kultureller und medialer Wahrnehmung versteht. Aber diese Typologie wäre nicht nur zu erweitern, sondern auch zu historisieren. Während sich die Schemata der Theodizee, der Erhabenheit und der Apokalypse heute bestenfalls als historische Zitate erweisen, werden andere, wie das Phantasma vom ›Ernstfall‹ und ›Ausnahmezustand‹, zunehmend auch politisch operativ.

37 Slavoj Žižek: Welcome to the Desert of the Real, London: Verso 2002, S. 12 ff.

38 Zur narrativen Analyse des apokalyptischen Schemas s. Wolfgang Müller-Funk: Dramatische Kehre, absolutes Finale: Zur narrativen Struktur der Apokalypse, in: Die Kultur und ihre Narrative, Wien/New York: Springer 2008, S. 287–308.

39 Müller-Funk: Dramatische Kehre, S. 290.

40 Vgl. Klaus Vondung: Die Apokalypse in Deutschland, München: Deutscher Taschenbuch Verlag 1988, S. 12, 106 u. ö.; Günther Anders: Die Antiquiertheit des Menschen. Band II: Über die Zerstörung des Lebens im Zeitalter der dritten industriellen Revolution, München: C. H. Beck 1980, S. 207.

41 Gereon Uerz: ÜberMorgen. Zukunftsvorstellungen als Elemente der gesellschaftlichen Konstruktion der Wirklichkeit, Paderborn: Fink 2006, S. 421.

42 Cormac McCarthy: The Road, New York: Alfred A. Knopf 2006, S. 24. Dt. Cormac McCarthy: Die Straße, Reinbek bei Hamburg: Rowohlt 2009, S. 29.

43 George Gordon Lord Byron: Darkness (1816), Norton Anthology of English Literature, hg. von Stephen Greenblatt, Bd. 2, New York/London: Norton 2005, S. 616, v. 8. Dt. George Gordon Byron: Finsternis, übs. von Fritz Lemmermeyer, in: Levin Schücking (Hg.): Englische Gedichte aus sieben Jahrhunderten, Leipzig: Dieterich'sche Verlagsbuchhandlung 1956, S. 171–175, S. 171.

44 Um nur einige der wichtigeren Beiträge zu diesem enormen, gelegentlich redundanten Forschungskorpus zu nennen: Gunter E. Grimm u. a. (Hg.): Apokalypse. Weltuntergangsvisionen in der Literatur des 20. Jahrhunderts, Frankfurt/M: Suhrkamp 1986. Klaus Vondung: Die Apokalypse in Deutschland, München: dtv 1988. Hartmut Böhme: Vergangenheit und Gegenwart der Apokalypse, in: Johannes Cremerius (Hg.): Untergangsphantasien, Würzburg: Königshausen & Neumann 1989, S. 9–26. Reto Sorg/Stephan Bodo Würffel (Hg): Utopie und Apokalypse in der Moderne, München: Fink 2010. Edward J. Ahearn: Visionary Fictions. Apocalyptic Writing from Blake to the Modern Age, New Haven: Yale University Press 1996. Wolfgang Johannes Bekh: Das Ende der Welt. Visionen, Prophezeiungen, Wahrsagungen, Augsburg: Pattloch 1998. Tanja Busse: Weltuntergang als Erlebnis. Apokalyptische Erzählungen in den Massenmedien, Wiesbaden: Deutscher Universitätsverlag 2000. Veronika Wieser u. a. (Hg.): Abendländische Apokalyptik. Kompendium zur Genealogie der Endzeit, Berlin: Akademie Verlag 2013.

45 S. dazu jüngst François Walter: Katastrophen. Eine Kulturgeschichte vom 16. bis ins 21. Jahrhundert, Stuttgart: Reclam 2010.

Dieter Groh (Hg.): Naturkatastrophen. Beiträge zu ihrer Deutung, Wahrnehmung und Darstellung in Text und Bild von der Antike bis ins 20. Jhd., Tübingen: Narr 2003. Lee Clarke: Worst Cases. Terror and Catastrophe in the Popular Imgination, Chicago/London: University of Chicago Press 2006.

46 Prominent insbesondere: Ulrich Beck: Risikogesellschaft. Auf dem Weg in eine andere Moderne, Frankfurt/M.: Suhrkamp 2006, und neuerdings Beck: Weltrisikogesellschaft. Robert Geipel: Naturrisiken. Katastrophenbewältigung im sozialen Umfeld, Darmstadt: Wissenschaftliche Buchgesellschaft 1992. Emmanuelle Collas-Heddeland u. a. (Hg.): Pour une histoire culturelle du risque. Genèse, évolution, actualité du concept dans les sociétés occidentales, Straßburg: Ed. histoire et antropologie 2004. François Walter u. a. (Hg.): Les cultures du risque (XVIe–XXIe siècle), Genf: Presses d'histoire suisse 2006.

47 Walter Benjamin: Das Passagen-Werk, Konvolut N 2a, 3, Gesammelte Schriften, hg. von Herrmann Schweppenhäuser/Rolf Tiedemann, Bd. V. 1, Frankfurt/M.: Suhrkamp 1991, S. 577.

48 Den Begriff der »dichten Beschreibung« übernehme ich von Clifford Geertz: Dichte Beschreibung. Bemerkungen zu einer deutenden Theorie von Kultur, in: Ders.: Dichte Beschreibung. Beiträge zum Verstehen kultureller Systeme, Frankfurt/M.: Suhrkamp 1987, S. 7–43. Geertz meint damit eine Methode der anthropologischen Beobachtung und des Berichtens, die zugleich detailliert und interpretierend ist, d. h. in der Darstellung das Bedeutungssystem der beschriebenen Kultur plausibilisiert und den Standpunkt des Betrachters dieser Kultur markiert, der gleichermaßen »teilnehmend« und reflexiv ist. Wenn Fiktionen »dichte Beschreibungen« möglicher Zukünfte sind, dann in genau diesem Sinne des plausibilisierenden, detailreichen Entwurfs einer Welt, die in der Form ihrer Darstellung den Standort ihrer Perspektive mit darstellt: ein Blick von innen in eine Welt, die wir nicht betreten können und wollen.

49 Holm: The Cultural Analysis of Disaster.

50 Richard Grusin: Premediation, in: Criticism, 46/1 (Winter 2004), S. 17–39.

51 Vgl. zum epistemologischen Entstehungskontext Claus Pias: »One-man Think Tank«. Herman Kahn oder wie man das Un-

denkbare denkt, in: Zeitschrift für Ideengeschichte, Heft III/3, Herbst 2009, S. 5–16. Claus Pias: Abschreckung denken. Herman Kahns Szenarien, in: Ders. (Hg.): Abwehr. Modelle – Strategien – Medien, Bielefeld: Transcript 2009, S. 179–188.

52 Herman Kahn: Thinking about the Unthinkable, New York: Horizon Press 1962, S. 143, Übersetzung EH.

53 Étienne Souriau hat den Begriff für die Filmanalyse geprägt. Étienne Souriau: Die Struktur des filmischen Universums und das Vokabular der Filmologie, in: Montage AV. Zeitschrift für Theorie und Geschichte audiovisueller Kommunikation, Heft 6/2/1997, S. 140–157: 141.

54 Gérard Genette: Die Erzählung, München: Fink 1998, S. 201. Hervorhebung EH.

55 McCarthy: The Road, S. 307, dt. 253.

Kapitel 1

1 Vgl. den hervorragenden Katalog mit den wichtigsten Werken Martins: John Martin: Apocalypse, hg. von Martin Myrone, London: Tate Publishing 2011.

2 Edmund Burke: A philosophical inquiry into the origin of our ideas of the Sublime and the Beautiful, London: Routledge and Kegan Paul 1958, 1.7, S. 39. Dt. Edmund Burke: Philosophische Untersuchungen über den Ursprung unsrer Begriffe vom Erhabnen und Schönen, Riga: Hartknoch 1773, S. 52.

3 Immanuel Kant: Kritik der Urteilskraft [1890], in: Sämtliche Werke Bd. 2, Mundus 2000, S. 17–288, S. 87 (§ 25).

4 Constantin François de Volney: Les Ruines: ou méditation sur les révolutions des empires, Paris: Desenne 1791.

5 Georges Cuvier: Discours sur les révolutions de la surface du globe, et sur les changemens qu'elles ont produits dans le règne animal, Paris: Dufour: Éditions d'Ocagne 1825. Dt. Georges Cuvier: Die Umwälzungen der Erdrinde in naturwissenschaftlicher und geschichtlicher Beziehung. Mit einer Einleitung hg. von Peter Heuer, Hildesheim u. a.: Olms-Weidmann 2009, Nachdruck der Ausgabe Bonn 1830.

6 Denis Diderot: Salon de 1767, in: Œuvres complètes. Paris: Her-

mann 1990, S. 335/6. Dt.: Denis Diderot: Ästhetische Schriften, hg. von F. Bassenge. Bd. 2, Berlin/Weimar: Aufbau 1967, S. 150, Übersetzung verändert EH.

7 Der Text wird in seiner späteren Fassung als Erstes Blumenstück in den Roman Siebenkäs eingefügt. Jean Paul: Rede des toten Christus vom Weltgebäude herab, dass kein Gott sei, in: Siebenkäs, Sämtliche Werke, Abteilung 1, 2. Bd., Darmstadt 1987, S. 270–275.

8 Jean Paul: Des toten Shakespeares Klage unter toten Zuhörern in der Kirche, daß kein Gott sei, in: Sämtliche Werke, hg. von E. Berend, Weimar 1927, 2. Abt., Bd. 3, S. 163–166.

9 Jean Paul: Rede des toten Christus, S. 272.

10 Diese Verbreitung begann mit der allerdings stark beschnittenen Übersetzung des Texts als »Un Songe« (Ein Traum) in Germaine de Staëls *De l'Allegmagne* (1814). Zur Rezeption bei Gautier, de Vigny, Hugo, Nerval und Baudelaire vgl. Werner von Koppenfels: Le coucher du soleil romantique. Die Imagination des Weltendes aus dem Geist der visionären Romantik, in: Poetica 17 (1985), S. 255–298; sowie Claudia Becker: Der Traum der Apokalypse – die Apokalypse ein Traum? Eschatologie und/oder Ästhetik im Ausgang von Jean Pauls »Rede des toten Christus«, in: Gerhard R. Kaiser (Hg.): Poesie der Apokalypse, Würzburg: Königshausen & Neumann 1991, S. 129–144.

11 Morton D. Paley: Envisioning Lastness: Byron's ›Darkness‹, Campbell's ›The Last Man‹, and the Critical Aftermath, in: Romanticism: The Journal of Romantic Culture and Criticism Nr. 1 (1995), S. 1–14.

12 Jean-Baptiste François Xavier Cousin de Grainville: Le dernier homme, Paris: Deterville 1805, neu herausgegeben von Anne Kupiec, Paris: Payot 2010. Übersetzung EH. Die englische Übersetzung erschien anonym als: The Last Man, or Omegarus and Syderia. A Romance in Futurity, London 1806, 2 Bände, faks., New York: Arno Press 1978.

13 Entsprechend gliedert sich das Buch in »Gesänge« (chants) und war ursprünglich als Vers-Epos geplant, dessen Handlungsskizze der Roman ist. Zur »Opernhaftigkeit« der Geschichte s. Brian Aldiss in seiner Rezension der Neuübersetzung von 2002. Brian Aldiss: The First of the Last Men, in: Science Fiction Studies, Bd. 30, Nr. 2, Social Science Fiction (Juli 2003), S. 305–307.

14 1805 sind die Ruinen von Palmyra schon zum stehenden Topos romantischer Ruinenreflexion geworden seit Volnays berühmten *Méditations*.

15 Paul K. Alkon: Origins of Futuristic Fiction, Athens/GA: University of Georgia Press 1987, S. 164.

16 Morton D. Paley interpretiert in einer interessanten Lektüre den Erdgeist als Mischung von Blakes Orc und Miltons Satan, eine prometheische Figur, die zugleich die revolutionären Energien der Erde verkörpert. Morton D. Paley: Le dernier homme. The French Revolution as the Failure of Typology, in: Mosaic 24/1 (1991), S. 67–76.

17 Jules Michelet: Histoire du XIXième siècle. Jusqu'à Waterloo, Paris: Michel Lévy Frères 1875, S. 104. Hervorhebung im Original, Übersetzung EH.

18 Thomas Robert Malthus: An Essay on the Principle of Population as it Affects the Future Improvement of Society [...], 1. Fassung von 1798, London: Johnson, Reprint 1966, S. 14. Dt. Thomas Robert Malthus: Das Bevölkerungsgesetz, hg. u. übs. von Christian M. Barth, München: Deutscher Taschenbuch Verlag 1977, S. 22. Malthus' ursprünglich als Polemik gegen Condorcet und Godwin gedachter Essay erfuhr in der 2. Auflage von 1803 eine sehr gründliche Revision und Erweiterung. Danach folgten zahlreiche Auflagen dieser zweiten Fassung, die Malthus selbst als eigentlich neues Werk verstand.

19 Michel Foucault: Sicherheit, Territorium, Bevölkerung [1978], Frankfurt/M.: Suhrkamp 2004, S. 108.

20 »La mesure de la subsistance est celle de la population.« »Die Menge der Bevölkerung richtet sich nach der Menge der Nahrung«, so Mirabeaus berühmte Formel. Victor Riqueti de Mirabeau: L'ami des hommes ou Traité de la population, Avignon 1756 (kein Verlag), Bd. 1, Kap. II, S. 37 ff.

21 Ebd., S. 37.

22 Carol Blum: Strengths in Numbers: Population, Reproduction, and Power in Eighteenth-Century France, Baltimore: Johns Hopkins University Press 2002, S. 152–192.

23 Dazu generell Foucault: Sicherheit, Territorium, Bevölkerung. Vorlesungen vom 18. und 25. Januar 1978.

24 Siehe dazu die Rekonstruktion dieser Debatte bei Foucault: Sicherheit, Territorium, Bevölkerung, S. 59–68.

25 Jean-Antoine-Nicolas Caritat Marquis de Condorcet: Esquisse d'un tableau historique des progrès de l'esprit humain [1795], Paris: Vrin 1970, Kap. X: S. 222/3. Dt.: Condorcet: Entwurf einer historischen Darstellung der Fortschritte des menschlichen Geistes, hg. von Wilhelm Alff, Frankfurt/M.: Europäische Verlagsanstalt 1963, Kap. X: S. 375.

26 Condorcets Notizen erscheinen zum ersten Mal gedruckt in Léon Cahen: Condorcet inédit. Notes pour le Tableau du progrès de l'esprit humain, La Révolution Française, Bd. 75, 1922, S. 193–212, hier 201, Übersetzung EH. Insbesondere ein längerer Text über die Kontrolle der menschlichen Sexualität (S. 199–210) zeigt, dass Condorcet sehr ähnliche Überlegungen wie Malthus anstellt, aber ohne dessen ostentativen Pessimismus. Condorcet verweist darauf, dass der Mensch seine Fortpflanzung anders als die Tiere selbst steuern kann, ohne auf das sexuelle Vergnügen zu verzichten. Vgl. dazu André Bejin: Condorcet, précurseur du néomalthusianisme et de l'eugénisme républicain, in: Histoire, économie et société, Bd. 7, 1988, Nr. 7–3, S. 347–354.

27 Condorcet: Esquisse, S. 222/3. Dt.: Condorcet: Entwurf, S. 375.

28 Thomas Robert Malthus: An Essay on the Principle of Population, 1. Fassung von 1798, S. 14. Malthus: Das Bevölkerungsgesetz, S. 22.

29 Thomas Robert Malthus: An Essay on the Principle of Population, 2. Fassung von 1803, hg. von Patricia James, Cambridge: Cambridge University Press 1989, S. 15. Thomas Robert Malthus: Eine Abhandlung über das Bevölkerungsgesetz oder eine Untersuchung seiner Bedeutung für die menschliche Wohlfahrt in Vergangenheit und Zukunft. Aus dem englischen Original, und zwar nach der Ausgabe letzter Hand (6. Auflage 1826), ins Deutsche übertragen von Valentine Dorn und eingeleitet von Professor Dr. Heinrich Waentig in Halle a. S., Jena: Gustav Fischer 1924, S. 21/2.

30 Malthus: An Essay on the Principle of Population, 1. Fassung von 1798, a. a. O., S. 204. Dt. Malthus: Das Bevölkerungsgesetz, S. 94.

31 Malthus: Essay, 1. Fassung, engl. S. 139, dt. S. 67/8.

32 George Gordon Lord Byron: Darkness (1816), aus: Norton Anthology of English Literature, hg. von Stephen Greenblatt, Bd. 2, New York/London: Norton 2005, S. 616. George Gordon Byron: Finsternis, übs. von Fritz Lemmermeyer, in: Levin Schücking (Hg.): Englische Gedichte aus sieben Jahrhunderten, Leipzig: Diete-

rich'sche Verlagsbuchhandlung 1956, S. 171–175. Im Folgenden sind die Verszeilen im Text angegeben.

33 Bernard Le Bovier de Fontenelle: Entretiens sur la pluralité des mondes [1686], Paris: Ménard et Desenne 1828, S. 181–184.

34 Robert J. Dingley: »I had a Dream«. Byron's »Darkness«, in: Byron Journal 9 (1981), S. 20–33, S. 26.

35 Jean-Jacques Rousseau: Abhandlung über den Ursprung und die Grundlagen der Ungleichheit unter den Menschen, in: Schriften, Bd. 1, hg. von Henning Ritter, Frankfurt/M.: S. Fischer 1988, S. 218: »Dem Menschen ist ein Trieb gegeben worden [...] die Wildheit seiner Eigenliebe oder [...] die Sorge für seine Erhaltung zu zähmen. Der angeborene Widerwille, seinesgleichen leiden zu sehen, mäßigt den Eifer für sein eigenes Wohlsein.«

36 Zu den Beschäftigungen des Shelley/Byron-Kreises im Sommer 1816 in Genf siehe David Ellis: Byron in Geneva. That Summer of 1816, Liverpool: Liverpool University Press 1988, Kap.: Frightening Tales, S. 44–59.

37 Vgl. dazu Jonathan Bate: Living with the Weather, in: Studies in Romanticism, 35/3 (1996), S. 431–447, S. 433.

38 So Byron 1822 über die Entstehung des Gedichts, zitiert nach Paley: Envisioning Lastness, S. 3, Übersetzung EH.

39 Ellis: Byron in Geneva, S. 45; Henry und Elisabeth Stommel: Volcanic Weather: The Story of 1816, the Year Without A Summer, Newport: Seven Seas Press 1983.

40 Clive Oppenheimer: Climatic, environmental, and human consequences of the largest known historic eruption: Tambora volcano (Indonesia) 1815, in: Progress in Physical Geography 27/2 (2003), S. 230–259, S. 249.

41 John D. Post: The Last Great Subsistence Crisis in the Western World, Baltimore: Johns Hopkins University Press 1977.

42 Bate: Living with the Weather, S. 435.

43 Harald Welzer: Klimakriege. Wofür im 21. Jahrhundert getötet wird, Frankfurt/M.: S. Fischer 2008.

Kapitel 2

1 Peter B. Hales: The Atomic Sublime, in: American Studies 32/1 (1991), S. 5–31. Vgl. dazu den exzellenten Aufsatz von Karin Har-

rasser: Das atomare Sublime und die standardisierte Katastrophe. In: Charlotte Bigg/Jochen Hennig (Hg.): Atombilder. Ikonografien des Atoms in Wissenschaft und Öffentlichkeit des 20. Jahrhunderts, Göttingen: Wallstein 2009, S. 168–176.

2 So William L. Lawrence, der für das Magazin Life die Atombombenabwürfe über Japan schilderte, William L. Lawrence in Life, 25. 9. 1945, zit. nach Hales: The Atomic Sublime, S. 12.

3 Günther Anders: Thesen zum Atomzeitalter [1959], Die atomare Drohung. Radikale Überlegungen, München: Beck 1986, S. 93.

4 Karl Jaspers: Die Atombombe und die Zukunft des Menschen. Politisches Bewußtsein in unserer Zeit, München: Piper 1962, S. 21 f. Das Buch ist die Ausarbeitung eines Radioessays, der im Oktober 1956 von mehreren deutschen Radiosendern ausgestrahlt wurde.

5 Vgl. den exzellenten Aufsatz von Thomas Brandstetter: Wie man lernt, die Bombe zu lieben. Zur diskursiven Konstruktion atomarer Gewalt, in: Günther Friesinger/Thomas Bauhausen/Johannes Grenzfurthner (Hg.): Schutzverletzungen. Legitimation medialer Gewalt, Berlin: Verbrecher Verlag 2010, S. 25–51. Frühe Zeugnisse eines apokalyptischen Diskurses über Radioaktivität bei Spencer R. Weart: Nuclear Fear. A History of Images, Cambridge/Mass.: Harvard University Press 1988, S. 17–35.

6 Frederick Soddy: Some Recent Advances in Radioactivity, in: Contemporary Review 83 (Mai 1903), S. 708–720, S. 712, Übersetzung EH.

7 H. G. Wells: The World Set Free. A Story of Mankind, Leipzig: Bernhard Tauchnitz 1914, S. 108. Dt.: H. G. Wells: Befreite Welt, Wien, Hamburg: Paul Zsolnay 1985, S. 105.

8 Spencer R. Weart/Gertrud Weiss Szilard (Hg.): Leo Szilard. His Version of the Facts, Cambridge/Mass.: Harvard University Press 1978, S. 18.

9 Bernard Brodie (Hg.): The Absolute Weapon. Atomic Power and World Order, New York: Harcourt, Brace & Co. 1946.

10 Mary Kaldor: The Imaginary War. Understanding the East-West Conflict, Oxford, Cambridge: Blackwell 1990.

11 Hugh Seton-Watson: Neither War nor Peace. The Struggle for Power in the Postwar World, New York: Praeger 1960.

12 Jaspers: Die Atombombe und die Zukunft des Menschen, S. 15.

13 So Bernard Baruch in seiner Rede am 14. 6. 1946 vor den Vereinten

Nationen, zit. nach Joshua Williams: The Quick and the Dead. In: Carnegieendowment.org, 16.6.2005, online: http://carnegieendowment.org/2005/06/16/quick-and-dead/eg7

14 Brandstetter: Wie man lernt, die Bombe zu lieben, S. 39.

15 Cleve Cartmill: Deadline [1944], in: Ders.: Prelude to Armageddon, Seattle: Darkside Press 2003, S. 57–78.

16 Günther Anders: Thesen zum Atomzeitalter, S. 96. Hervorhebungen EH.

17 Günther Anders: Die Antiquiertheit des Menschen. Über die Seele im Zeitalter der zweiten industriellen Revolution [1956], Bd. 1, München: Beck 1961, S. 16.

18 Anders: Die Antiquiertheit des Menschen, Bd. 1, S. 18.

19 Anders: Die Antiquiertheit des Menschen, Bd. 1, S. 283.

20 Herman Kahn nannte den Roman höhnisch »schlecht recherchiert«, in: Herman Kahn: On Thermonuclear War, Princeton: Princeton University Press 1960, S. 9.

21 Nevil Shute: On the Beach [1957], Toronto: Vintage Books 2010, S. 144. Dt.: Das letzte Ufer, Reinbek bei Hamburg, Rowohlt 1989, S. 144. Übersetzung verändert EH.

22 Edward Teller: The Legacy of Hiroshima, Garden City: Doubleday 1962, S. 241.

23 Kahn: On Thermonuclear War, S. 113.

24 Fred Kaplan: The Wizards of Armageddon, Stanford: Stanford University Press 1983, S. 222.

25 Kahn: On Thermonuclear War, S. ix.

26 Zitiert nach Richard Kostelanetz: One-man think tank, in: New York Times. Sunday Magazine, 1.12.1968, S. 105.

27 Theodore Draper: Nuclear Temptations. In: Charles W. Kegley/Eugene R. Wittkopf (Hg.): The Nuclear Reader. Strategy, Weapons, War, New York: St. Martin's Press 1985, S. 27.

28 Arthur Herzog: Report on a think factory, in: New York Times Magazine, 10. November 1963, S. 42.

29 Claus Pias: Abschreckung denken. Herman Kahns Szenarien. In: Ders.: Abwehr. Modelle – Strategien – Medien, Bielefeld: Transcript 2009, S. 169–188, S. 177.

30 Vgl. Kahn: On Thermonuclear War, Lecture II; sowie Herman Kahn: On Escalation. Metaphors and Scenarios, New York: Praeger 1965.

31 Herman Kahn: Thinking about the Unthinkable, New York: Horizon Press 1962, S. 143. Übersetzung EH.

32 Ebd.

33 Herman Kahn: A Methodological Framework: The Alternative Worlds Approach. In: Paul Carlos Aligica/Kenneth R. Weinstein (Hg.): The Essential Herman Kahn, Lanham: Lexington Books 2009, S. 195.

34 Jacques Derrida: No Apocalypse, not now (Full Speed Ahead, Seven Missiles, Seven Missives), Diacritics 14/2: Nuclear Criticism (Sommer 1984), S. 20–31, S. 23.

35 William Poundstone: Prisoner's Dilemma, New York: Doubleday 1992, S. 91/2.

36 Bernard Brodie: Strategy in the Missile Age, Princeton: Princeton University Press 1959, Kap. 8: The Anatomy of Deterrence, S. 264–304.

37 Das sogenannte Gefangenendilemma ist eine spieltheoretische Modellsituation, die zwei Spieler in ein minimales Szenario versetzt, in der sie getrennt voneinander eine Entscheidung treffen müssen, die immer die Entscheidungsmöglichkeiten des anderen mit einbezieht: Zwei Gefangene werden unabhängig voneinander verhört. Sie haben zusammen einen Raub begangen, aber dieser kann ihnen nicht nachgewiesen werden. Wenn beide leugnen, werden beide wegen eines geringfügigen Vergehens für ein Jahr eingesperrt. Wenn beide gestehen, werden beide für fünf Jahre eingesperrt. Wenn einer gesteht und der andere leugnet, wird der Geständige als Kronzeuge freigelassen, der nicht Geständige für zehn Jahre eingesperrt. Das Modell impliziert nicht nur die Kommunikationsunmöglichkeit zwischen den beiden Spielern, sondern vor allem, dass jeder der beiden weiß, dass der andere gestehen könnte. Eine Strategie minimalen Risikos wäre für beide, zu gestehen; die optimale, aber für jeden Spieler riskanteste Strategie, dass beide nicht gestehen. Vgl. zu Variationen und einer Kritik des Modells Gefangenendilemma für internationale Konflikte, Anatol Rapoport: Prisoner's Dilemma – Recollections and Observations. In: Ders.: Game Theory as a Theory of Conflict Resolution, Dordrecht, Boston: Reidel Publishers 1974, S. 17–34.

38 Kahn: On Thermonuclear War, S. 144–155.

39 Das Doomsday Device ist dabei keine Erfindung Kubricks, son-

dern ein Modell der automatisierten Abschreckung, das von den Amerikanern tatsächlich durchdacht wurde. Kahn, der oft als Vorbild Dr. Strangeloves gehandelt wird, widmet der Doomsday-Maschine einige Überlegungen, verwirft die Idee aber als viel zu riskant. Die Sowjetunion baute mit dem System »Perimeter«, landläufig genannt »Die tote Hand«, angeblich tatsächlich ein solches System, von dem spekuliert wird, dass es noch immer im Gebrauch sein oder bei akuten politischen Krisen eingeschaltet werden könne. Nicholas Thompson: Inside the Apocalyptic Soviet Doomsday Machine, Wired Magazine 17.10, 21.9.2009, online: www.wired.com/politics/security/magazine/17-10/mf_deadhand?currentPage=all

40 Kahn untersucht diese Form der Abschreckung als »Deterrence type III« in: On Thermonuclear War.

41 Leo Szilard: Disarmament and the Problem of Peace, in: The Bulletin of the Atomic Scientists (Oktober 1955), S. 295–307.

42 Kahn: Thinking About the Unthinkable, S. 106.

43 Leo Szilard: The Voice of the Dolphins, Stanford: Stanford University Press 1992.

44 Leo Szilard: The Mined Cities. In: Ders.: The Voice of the Dolphins, Stanford: Stanford University Press 1992, S. 153–167. Dt.: Leo Szilard: Die unterminierten Städte. In: Ders.: Die Stimme der Delphine. Utopische Erzählungen, Reinbek bei Hamburg: Rowohlt 1963, S. 107–120. *The Mined Cities* wurde zuerst im Bulletin of the Atomic Scientist, Dezember 1961 veröffentlicht, dann in eine Neuausgabe von *The Voice of the Dolphins* aufgenommen. Zu Szilards wissenschaftlicher und literarischer Produktion vgl. Bernhard Dotzler: Dr. Szilard oder Wie man lernte, die Apokalypse zu denken. In: Annette Wunschel/Thomas Macho (Hg.): Science & Fiction. Gedankenexperimente in Wissenschaft, Philosophie und Literatur, Frankfurt/M.: S. Fischer 2004, S. 145–160.

45 Wells: The World Set Free, S. 98. Dt.: Befreite Welt, S. 96.

46 Szilard: The Mined Cities, S. 167. Dt.: Szilard: Die unterminierten Städte, S. 119.

47 Dotzler: Dr. Szilard, S. 154.

48 Barton J. Bernstein: Introduction. In Szilard: The Voice of the Dolphins, S. 3–43, S. 40.

49 Herman Kahn ist sich dessen sehr bewusst, wenn er darüber spekuliert, dass On Thermonuclear War auch russische Leser haben könnte – und sogar haben sollte. Kahn: On Thermonuclear War, Vorwort, S. ix.

50 Zur Medien- und Imaginationsgeschichte der Hotline vgl. Tobias Nanz: Communication in Crisis. The »Red Phone« and the »Hotline«, in: Behemoth. A Journal on Civilization 2 (2010) S. 71–83, online: www.behemoth-journal.de/archive/volume-3-no-2/tobias-nanz/; ferner Bruce Kennedy: The Birth of the Hot Line, online: web.archive.org/web/20080923200642/http://www.cnn.com/SPECIALS/cold.war/episodes/10/spotlight/

51 Brian Massumi: Potential Politics and the Primacy of Preemption. In: Theory and Event, 10/2 (2007), Abschnitt 23. online: muse.jhu.edu/journals/theory_and_event/v010/10.2massumi.html

52 Dr. Strangelove or: How I Learned to Stop Worrying and Love the Bomb, Regie: Stanley Kubrick, Drehbuch: Stanley Kubrick, Peter George, Terry Southern, nach dem Roman von Peter George: Red Alert (1958), mit Peter Sellers, George C. Scott, Sterling Hayden, Keenan Wynn, Slim Pickens, USA 1964, 95 Min. Ausführlicher dazu vgl. Eva Horn, Der geheime Krieg. Spionage, Verrat und moderne Fiktion, Frankfurt/M.: S. Fischer 2007, S. 334–338.

53 Die zeitgenössische Psychologie fasst dieses Begehren als »Samson-Komplex«, d. h. den Wunsch, sich selbst und den Gegner gemeinsam zu vernichten: Donald N. Michael: The Psychopathology of Nuclear War, in: Bulletin of the Atomic Scientist 18/5 (Mai 1962), S. 28–29.

54 Fail-Safe, Regie: Sidney Lumet, Drehbuch: Walter Bernstein nach dem Roman von Eugene Burdick/Harvey Wheeler: Fail-Safe (1962), mit Henry Fonda, Dan O'Herlihy, Walter Matthau, Frank Overton, Larry Hagman, 112 Minuten, USA 1964.

55 Weart: Nuclear Fears, S. 276. Diese Unkontrollierbarkeit der Maschinen – oder genauer des Steuerungsmediums Computer – steht im Zentrum von Tobias Nanz' überzeugender Lektüre des Romans, der die Vorlage von Lumets Film bildet, Eugene Burdick/Harvey Wheeler: Fail-Safe, New York 1962. Tobias Nanz: Bei Anruf: Apokalypse. In: Veronika Wieser u. a. (Hg.): Abendländische Apokalyptik. Kompendium zur Genealogie der Endzeit in der europäischen Kultur, Berlin: Akademie Verlag 2012, S. 227–238.

56 Hans Blumenberg: Lebenszeit und Weltzeit, Frankfurt/M.: Suhrkamp 1986, S. 78.
57 Massumi: Potential Politics, Abschnitt 27.

Kapitel 3

1 The Day After Tomorrow, Regie: Roland Emmerich, Buch: Roland Emmerich, Jeffrey Nachmanoff, mit Dennis Quaid, Jake Gyllenhaal, Emmy Rossum, Ian Holm, Sela Ward, USA 2004, 126 Min.
2 Robert Heinlein: Time Enough for Love. The Lives of John Lazarus, New York: G. P. Putnam's Sons 1973, S. 371.
3 Zum historischen Diskurs des Wetters als Strafgericht, vgl. Mike Hulme: The Conquering of Climate: Discourses of Fear and their Dissolution. In: The Geographical Journal, Bd. 174/1 (März 2008), S. 5–16.
4 Ulrike Brunotte: Die Bühne der Götter. Figurationen religiöser Meteorologie, in: Petra Lutz/Thomas Macho (Hg.): Zwei Grad. Das Wetter, der Mensch und sein Klima. Begleitbuch zur Ausstellung in Dresden 2008–2009, Göttingen: Wallstein 2008, S. 44–49.
5 Das Wissen von den Meteoren bezeichnet Michel Serres als »savoir inouï«, unerhörtes oder ungeheuerliches Wissen. Michel Serres: La naissance de la physique dans le texte de Lucrèce. Fleuves et turbulences, Paris: Les Éditions de Minuit 1977, S. 85, Übersetzung EH. Den Hinweis auf Serres und etliche andere Einsichten über die Geschichte der Meteorologie verdanke ich der hervorragenden Magisterarbeit von Isabell Schrickel: »Our laboratory is the medium itself«. Epistemologische und historische Dimensionen der Wettervorhersage, Humboldt Universität, Juni 2010.
6 Wilhelm Capelle: μετέωρος, μετεωρολογία, in: Philologus 71 (1912), S. 414–448, S. 430/1.
7 Serres: La naissance, S. 86. Übersetzung EH.
8 Ebd.
9 August Schmauß: Das Problem der Wettervorhersage, Leipzig: Akademische Verlagsgesellschaft Becker & Erler 1945, S. 2.
10 Jacques Lacan: Psychoanalyse und Kybernetik. In: Claus Pias u. a. (Hg.): Kursbuch Medienkultur. Die maßgeblichen Theorien von Brecht bis Baudrillard, Stuttgart: DVA 1999, S. 405–420, S. 407.

11 Zitiert nach Claus Pias: Klimasimulation. In: Macho/Lutz (Hg.): Zwei Grad. Das Wetter, der Mensch und sein Klima, S. 108–115, S. 114.

12 National Oceantic and Atmospheric Administration (NOAA) Homepage, online: www.nws.noaa.gov/om/csd/graphics/content/outreach/brochures/Weather&Climate_General_Public.pdf. Übersetzung EH.

13 Hippokrates: De aere aquis locis, hg. und a. d. Griech. von Hans Diller, zweisprachige Ausgabe, Corpus medicorum graecorum, ediderunt Academiae Berolinensis Havniensis Lipsiensis, I, 1, 2, Berlin: Akademie 1970. Aristoteles: Politik, München: dtv 1973, 1327b, S. 229. S. auch Stephan Günzel: Geographie der Aufklärung. Klimapolitik von Montesquieu zu Kant. Teil 1. In: Aufklärung und Kritik 2 (2004), S. 66–91.

14 Vgl. Günzel: Geographie der Aufklärung. S. auch Gonthier-Louis Fink: Klima- und Kulturtheorien der Aufklärung. In: Horst Dippel/Helmut Scheurer (Hg.): Georg Forster Studien II, Berlin: Berlin Verlag Arno Spitz 1998, S. 25–56.

15 Vgl. zur Diskursgeschichte des Klimas Lucian Boia: The Weather in the Imagination, London: Reaktion Books 2005.

16 Johann Gottfried Herder: Ideen zur Philosophie der Geschichte der Menschheit, Riga, Leipzig: Johann Friedrich Hartknoch 1784. II. Teil; 7. Buch, Kap. 3, S. 96.

17 Ebd., Kap. 1, S. 73.

18 Ebd., Kap. 3, S. 94.

19 So die Definition von »Klima« des IPCC. Art. Klima auf Wikipedia, de.wikipedia.org/wiki/Klima#Etymologie. Übersetzung EH.

20 Herder: Ideen zur Philosophie, II. Teil, Buch 7, Kap. 3, S. 102/3.

21 Thomas Macho: Klima der Zukunft. Publikation des Goethe-Instituts e. V., 2009, http://www.goethe.de/ges/umw/prj/kuk/the/kul/de5378260.htm.

22 E. M. Forster: The Machine Stops [1909]. In: Ders.: The Machine Stops and Other Stories, London: André Deutsch 1997, S. 87–118, S. 92. Dt: E. M. Forster: Die Maschine versagt, Wien: Amandus-Edition 1947, S. 12.

23 Aristoteles: Politik, 1327b, Abschnitt 7, S. 229.

24 Ellsworth Huntington: Civilization and Climate, Reprint der Aus-

gabe von 1915, Hawaii: University Press of the Pacific 2001, S. 2. Übersetzung EH.

25 Huntington: Civilization and Climate, S. 294.

26 John Arbuthnot: An Essay Concerning the Effects of Air on Human Bodies [1733], London: Tonson & Draper 1751 (MDCCLI), online: http://archive.org/details/essayconcerninge00arbu.

27 Lucien Boia: The Weather in the Imagination, S. 46

28 Charles-Louis de Secondat, Baron de la Brède et de Montesquieu: Vom Geist der Gesetze [1748], hg. und übs. von Ernst Forsthoff, Reprint der Erstauflage 1951, 2 Bde., Tübingen: Mohr [2]1992, XVII. Buch, Kap. 2.

29 Thomas Morus: Utopia [1516]. In: Der utopische Staat, hg. von Klaus J. Heinisch, Reinbek bei Hamburg: Rowohlt 2006, S. 7–110, S. 78.

30 Ebd.

31 Charles Fourier: Théorie des quatre mouvements et des destinées générales [1808], hg. von Simone Debout, Dijon: Les Presses du réel 1998, Teil 1, S. 158/9. Dt.: Charles Fourier: Theorie der vier Bewegungen und der allgemeinen Bestimmungen, Frankfurt/M.: Europäische Verlagsanstalt 1966, S. 92/3. Es ist kein Zufall, dass nicht nur Fourier selbst seine Wohnungen zu einem Gewächshaus voller exotischer Pflanzen umbaute, sondern die von ihm entworfenen Phalanstères große Gewächshäuser enthalten sollten.

32 Zum Begriff der »Insulation« als Herstellung einer Differenz zwischen Mikro- und Makro-Klima vgl. Hugh Miller: Progress and Decline. The Group in Evolution, Los Angeles: Ritchie Press 1964.

33 Frei Otto: Ausblick auf eine heitere Kulturlandschaft. In: Daidalos 21 (21. September 1986), S. 84–90, S. 84.

34 Peter Sloterdijk: Sphären 3: Schäume, Frankfurt/M.: Suhrkamp 2004, S. 354.

35 Sloterdijk: Sphären 3: Schäume, S. 355.

36 Friedrich von Borries: Klimakapseln. Überlebensbedingungen in der Katastrophe, Frankfurt/M.: Suhrkamp 2010, S. 8. Neben einem materialreichen Glossar stellt von Borries seinem Band eine Art Komposit-Fiktion voran, die sich aus Motiven zahlreicher Filme, Projekte und Kunstaktionen des 20. Jahrhunderts zusammensetzt. Das Buch geht auf eine von ihm kuratierte Aus-

stellung in Hamburger Museum für Kunst und Gewerbe 2010 zurück.

37 Gabriel Tarde: Fragment d'histoire future [1884], zuerst publiziert in der Revue internationale de sociologie 1896, online: classiques.uqac.ca/classiques/tarde_gabriel/fragment_histoire_future/fragment.html, S. 22. Übersetzung EH.

38 Ebd. S. 28.

39 Ebd. S. 34.

40 E. M. Forster: The Machine Stops, S. 94. Dt.: E. M. Forster: Die Maschine versagt, S. 13/4.

41 Ebd. S. 117. Dt.: Ebd. S. 46.

42 Logan's Run, Regie: Michael Anderson, Buch: David Zelag Goodman, nach dem Roman von William F. Nolan und George Clayton Johnsohn: Logan's Run (1967), mit Michael York, Jenny Agutter, Farrah Fawcett-Mayors, Peter Ustinov; USA 1976, 119 Min. Übersetzung EH.

43 Michel Houellebecq: La possibilité d'une île, Paris: Fayard 2005, S. 114. Dt.: Michel Houellebecq: Die Möglichkeit einer Insel, Reinbek bei Hamburg: Rowohlt 2009, S. 113. Übersetzung im Folgenden stellenweise geändert, EH.

44 Theodor Lessing: Europa und Asien. Untergang der Erde am Geist [1918], 5. Aufl., Leipzig: Felix Meiner 1930, S. 139.

45 Vgl. dazu Spencer S. Weart: The Discovery of Global Warming, Cambridge, Mass.: Harvard University Press 2008, Kap. 4: A Visible Threat. Die in den späten sechziger und siebziger Jahren von Murray Mitchell, Emiliani und anderen vorgetragene These einer möglichen Abkühlung des Klimas verdankt sich der Beobachtung, dass seit 1940 die globalen Durchschnittstemperaturen gefallen waren. Allerdings wurde sie einerseits mit klimatischen Zyklen und dem Ende des gegenwärtigen Interglazials in Verbindung gebracht, andererseits wurde auch diese Abkühlung bereits mit menschlichen Einflüssen aufs Klima zurückgeführt: Luftverschmutzung, Smog, Staub aufgrund von weiträumiger Versteppung; Kondensstreifen von Flugzeugen u. a. filtern das Sonnenlicht und senken damit die Temperaturen.

46 George Gordon Lord Byron: Darkness (1816). Aus: Norton Anthology of English Literature, hg. von Stephen Greenblatt, Bd. 2, New York/London: Norton 2005, S. 616. Dt.: George Gordon Lord

Byron: Finsternis, übs. von Fritz Lemmermeyer. In: Levin Schücking (Hg.): Englische Gedichte aus sieben Jahrhunderten, Leipzig: Dieterich'sche Verlagsbuchhandlung 1956, S. 171–175.

47 Stephen Jay Gould: Times Arrow – Time's Cycle. Myth and Metaphor in the Discovery of Geological Time, Boston: Harvard University Press 1987.

48 S. Peter Schnyder: Paläontopoetologie. Zur Emergenz der Urgeschichte des Lebens. In: Maximilian Bergengruen/Roland Borgards/Johannes Lehmann (Hg.): Die biologische Vorgeschichte des Menschen, Freiburg i. Br.: Rombach 2012, S. 109–131.

49 Brief an Thomas Love Peacock vom 23. 7. 1816. In: Percy Bysshe Shelley: Letters of Percy Shelley, hg. v. Frederick L. Jones, Oxford: Clarendon Press 1964, Bd. I, S. 499. Übersetzung EH.

50 Georges Cuvier: Discours sur les révolutions de la surface du globe, et sur les changemens qu'elles ont produits dans le règne animal, Paris: Dufour; Éd. d'Ocagne 1825, S. 17 f. Dt.: Georges Cuvier: Die Umwälzungen der Erdrinde in naturwissenschaftlicher und geschichtlicher Beziehung. Mit einer Einleitung hg. von Peter Heuer, Hildesheim u. a.: Olms-Weidmann 2009, Nachdruck der Ausgabe Bonn 1830, Bd. 1, S. 16.

51 Ebd., S. 17. Dt.: Ebd., S. 15.

52 Helmut Lethen: Lob der Kälte. In: Ders.: Unheimliche Nachbarschaften, Freiburg i. Br.: Rombach 2009, S. 59–98.

53 Einen hervorragenden Einblick in die vielfältigen Szenarien des Weltendes in der europäischen Literatur am Ende des 19. Jahrhunderts bietet Roland Innerhofer: Deutsche Science Fiction 1870–1914. Rekonstruktion und Analyse der Anfänge einer Gattung, Wien: Böhlau 1996, Kap. E: Katastrophenbilder, S. 361–395.

54 Camille Flammarion: La fin du monde, Paris: Flammarion 1894, S. 302. Dt: Camille Flammarion: Das Ende der Welt. Mit der Genehmigung der Verfassers ins Deutsche übertragen von Karl Wenzel, Pforzheim: Ernst Lang 1896, S. 215/6.

55 Ebd., S. 314. Dt.: Ebd., S. 223.

56 H. G. Wells: The Time Machine [1895]. In: Seven Science Fiction Novels of H. G. Wells, New York: Dover Publications 1950, S. 1–76, S. 68. Deutsch: H. G. Wells: Die Zeitmaschine, München: dtv 2011, S. 132.

57 Ebd., S. 67.

58 Gabriel García Márquez: Ich bin nicht hier, um eine Rede zu halten, Köln: Kiepenheuer & Witsch 2012, S. 45–52, S. 45.

59 Dieses Schockfrost-Szenario wurde von Meteorologen als wettertechnisch unmöglich erklärt. Aber es zeigt mit großer Prägnanz den Schrecken eines Wetterphänomens, das so plötzlich kommt, dass praktisch kein Schutz vor ihm mehr möglich ist.

60 Philipp Glasstone (Hg.): The Effects of Nuclear Weapons, Washington, D.C: United States Department of Defense, Juni 1957, S. 71.

61 Paul J. Crutzen/John W. Birks: The Atmosphere after a Nuclear War: Twilight at Noon. In: Ambio, Bd. 11 Nr. 2/3: Nuclear War: The Aftermath (1982), S. 114–125, hier: 123/4. Übersetzung EH.

62 R. P. Turco/O. B. Toon/T. P. Ackerman/J. B. Pollack/Carl Sagan (die Gruppe wurde bekannt als TTAPS): Nuclear Winter: Global Consequences of Multiple Nuclear Explosions, Science 222 (1983), S. 1283–92.

63 Carl Sagan: Atomkrieg und Klimakatastrophe (zuerst als: Nuclear War and Climatic Catastrophe 1983), München: Droemer Knaur 1984.

64 Ebd., S. 10.

65 Noch 1983 publizierten die sowjetischen Wissenschaftler Vladimir Alexandrov und G. I. Stechnikov ein Szenario, das die Ergebnisse der TTAPS-Gruppe weitgehend bestätigte. V. V. Alexandrov/G. I. Stenchikov: On the modeling of the climatic consequences of the nuclear war. In: The Proceeding of Appl. Mathematics: The Computing Center of the AS USSR, Moskau 1983.

66 Duck and Cover, Civil Defense Film 1951, online: http://www.youtube.com/watch?v=C0K_LZDXp0I.

67 Nevil Shute: On the Beach (1957), New York: Vintage 2010, S. 202/3.

68 Thomas Brandstetter: Der Staub und das Leben. Szenarien des nuklearen Winters. In: Archiv für Mediengeschichte 2005: Wolken, S. 149–156, S. 150.

69 Eliot Marshall: Nuclear Winter Debate Heats Up. In: Science 235 (16. Jan. 1987), S. 271–273, S. 271.

70 Russell Seitz: In from the cold: ›nuclear winter‹ melts down, The National Interest 5 (Herbst 1986), S. 3–17. Übersetzung EH.

71 Richard Turco: Nuclear Winter to be taken seriously, in: Nature 311 (27. Sept. 1984), S. 307/8, S. 307. Übersetzung EH.

72 Brandstetter: Der Staub und das Leben, S. 152.
73 Ebd., S. 155.
74 Zur politischen Interpretation dieser »post-nuklearen Wölfe« siehe Brandstetter: Der Staub und das Leben, S. 153.
75 The Road, Regie: John Hillcoat, Buch: Joe Penhall, mit Viggo Mortensen, Kodi Smit-McPhee, Robert Duvall, Charlize Theron, USA 2006, 113 Min.
76 Cormac McCarthy: The Road, New York: Alfred A. Knopf 2006, S. 45. Dt.: Cormac McCarthy: Die Straße. Reinbek bei Hamburg: Rowohlt 2008, S. 50.
77 Turco u. a. (TTAPS): Nuclear Winter, S. 1283. Übersetzung EH.
78 Crutzen/Birks: The Atmosphere After a Nuclear War, S. 123. Übersetzung EH.
79 So der Interpretationsvorschlag von Donovan Gwinner: »Everything uncoupled from its shoring«. Quandaries of Epistemology and Ethics in The Road. In: Sarah L. Spurgeon (Hg.): Cormac McCarthy: All the Pretty Horses. No Country for Old Men. The Road, London/New York: Continuum 2011, S. 137–155, S. 154 ff.
80 Es ist vielleicht kein Zufall, dass die Forellen auch in Nevil Shutes atomarem Vernichtungsszenario *On the Beach* die Rolle einer verlorenen Intaktheit der Natur und des alltäglichen Vergnügens an ihr spielen: Da die Australier wissen, dass sie im September alle tot sein werden, bitten sie die Naturschutzbehörde darum, die eigentlich erst im Herbst beginnende Forellenfisch-Saison schon im Sommer zu eröffnen. Nur dieses eine Mal.
81 Michel Serres: Der Naturvertrag, Frankfurt/M.: Suhrkamp 1994, S. 59/9. Le contrat naturel, Paris: Flammarion 1992, S. 58.
82 Serres: La naissance, S. 86. Übersetzung EH.
83 Serres: Der Naturvertrag, S. 52 ff., Le contrat naturel, S. 52 ff.
84 Ähnlich Holm, der den Roman vor dem Hintergrund einer Auseinandersetzung mit dem Diskurs der Theodizee liest. Isak Winkel Holm: The Frailty of Everything. Cormac McCarthy's The Road and Modern Disaster Discourse. In: Carsten Meiner, Kristin Veel (Hg.): The Cultural Life of Catastrophes and Crises, Berlin: Walter de Gruyter 2012, S. 233–248, S. 245.
85 J. G. Ballard: The Drowned World [1962], New York: W. W. Norton & Company 2012, S. 13. Dt.: J. G. Ballard: Karneval der Alliga-

toren, Hamburg/Düsseldorf: Marion von Schröder Verlag 1970, S. 7.

86 Herder: Ideen zur Philosophie, II. Teil, Buch 7, Kap. 3, S. 103.

87 Paul Crutzen: Knapp am Untergang vorbei. Interview mit der tageszeitung. In: taz 13. 9. 2007, www.taz.de/!4609/.

88 Paul J. Crutzen: Geology of mankind, Nature 415 (2002), S. 23. Ausführlicher dazu: Steffen, W., P. J. Crutzen und J. R. McNeill: The Anthropocene: Are Humans Now Overwhelming the Great Forces of Nature?, Ambio 36 (2007) S. 614–621.

89 An Inconvenient Truth, Dokumentarfilm, Regie: Davis Guggenheim, Buch und Idee: Al Gore, mit Al Gore, USA 2006, 108 Min.

90 Carl Sagan: Pale Blue Dot, New York: Random House 1994, S. 218. Dt.: Carl Sagan: Blauer Punkt im All. Unsere Zukunft im Kosmos. Aus dem Amerikanischen von Susanne Bunzel, München: Droemer Knaur 1996, S. 234. Hervorhebung EH.

91 Zur Geschichte und dem Netzwerk dieser ›Skeptiker‹, die häufig eine Dauerkarriere als Anzweifler der klimatischen Folgen von Atombombeneinsätzen, der gesundheitlichen Schäden von Tabak und neuerdings des menschengemachten Klimawandels gemacht haben, vgl. Naomi Oreskes/Eric Conway: Merchants of Doubt. How a Handful of Scientists Obscured the Truth on Issues from Tobacco Smoke to Global Warming, Ashland, OR: Bloomsbury Books 2010.

92 Michael Crichton: State of Fear, New York: Harper Collins 2004, S. 452. Dt.: Michael Crichton: Welt in Angst. Aus dem Amerikanischen von Ulrike Wasel und Klaus Timmermann, München: Blessing 2005, S. 442/3.

93 Ebd., S. 392–394. Dt.: Ebd., S. 386–388.

94 Bert W. Rust: Carbon Dioxide, Global Warming and Michael Crichton's »State of Fear«. In: Computing Science and Statistics, Bd. 37 (2006), online: http://math.nist.gov/~BRust/pubs/Interface2005/PrePrint.pdf.

95 Eine recht präzise Auseinandersetzung mit Crichtons pauschaler Wissenschaftskritik aus Sicht der Klimaforschung liefert der Artikel »Michael Crichtons State of Confusion« auf www.realclimate.org/index.php/archives/2004/12/michael-crichtons-state-of-confusion/.

96 Paul N. Edwards: A Vast Machine. Computer Models, Climate Data and the Politics of Global Warming, Cambridge/Mass.: MIT University Press 2010, S. 84.

97 Ebd., S. 6. Übersetzung EH.

98 Ebd., S. xviii.

99 Diesen Fehlschluss hat Bruno Latour analysiert in: »Why has Critique Run Out of Steam? From Matters of Fact to Matters of Concern«. In: Critical Inquiry (Winter 2004), S. 225–248.

100 Vgl. zum epistemisch neuen Status des Wissens, das Computersimulationen generieren: Claus Pias: Klimasimulation. In: Lutz/Macho (Hg.): Das Wetter, der Mensch und sein Klima. Und grundsätzlich: Gabriele Gramelsberger: Computerexperimente. Zum Wandel der Wissenschaft im Zeitalter des Computers, Bielefeld: Transcript 2010.

101 James Lawrence Powell: 2084. An Oral History of the Great Warming, Kindle E-book 2011.

102 J. G. Ballard: The Drowned World [1962], New York: W. W. Norton & Company 2012, Einleitung Martin Amis, S. 13. Dt.: J. G. Ballard: Karneval der Alligatoren, Hamburg/Düsseldorf: Marion von Schröder Verlag 1970, S. 7.

Kapitel 4

1 Harald Kruse: Überlebenstechnik. Lexikon für das Überleben in Wildnis und Zivilisation, Stuttgart: Pietsch 1986, S. 7.

2 Zu den Spielarten und der Geschichte der Survival-Bewegung s. Uta Kornmeier: Fit für den Ernstfall? Überleben als Hobby. In: Falko Schmieder (Hg.): Überleben. Historische und aktuelle Konstellationen, München: Fink 2011, S. 395–409.

3 *DayZ*, Computerspiel, online: dayzgame.com. Ein ähnlich gelagertes Spiel ist *The Last of Us* (2014), online: www.thelastofus.playstation.com.

4 Die inhärent fiktive Struktur dieser »Vorbereitetheit« hat Claudia Aradau analysiert. Sie beruht auf einer immer neu wiederholten Inszenierung und »Probe« dessen, was man in der Zukunft erwartet. Claudia Aradau: The Myth of Preparedness. In: Radical Philosophy 161 (Mai/Juni 2010) S. 1–7.

5 Herman Kahn: On Thermonuclear War, Princeton: Princeton University Press 1960.

6 National Geographic Homepage, online: adventure.nationalgeographic.com/2009/08/survival/survival-guides.

7 Art. Survivalism, Wikipedia, online: en.wikipedia.org/wiki/Survivalism.

8 Guy Oakes: The Imaginary War. Civil Defense and American Cold War Culture, New York/Oxford: Oxford University Press 1994, S. 105. Vgl. auch Brandstetter: Wie man lernt, die Bombe zu lieben. In: Günther Friesinger/Thomas Bauhausen/Johannes Grenzfurthner (Hg.): Schutzverletzungen. Legitimation medialer Gewalt, Berlin: Verbrecher Verlag 2010, S. 25–51, S. 45–49.

9 Resilient Communities: The Difference between Resilience and »Prepping« (Artikel vom 13. 8. 2013), online: http://www.resilientcommunities.com/the-difference-between-resilience-and-prepping/.

10 Kornmeier: Fit für den Ernstfall?, S. 408.

11 Ulrich Beck: Risikogesellschaft. Auf dem Weg in eine andere Moderne, Frankfurt/M.: Suhrkamp 1986.

12 So das deutsche Forum *Human Survival Project*, das sich im Wesentlichen mit den Spielregeln für solche Katastrophengruppen beschäftigt. www.human-survival-project.de/html/human_survival.html.

13 So etwa bei der rechtsgerichteten Website www.ernstfall.org, die Migration u. a. mit dem Argument kritisiert, dass eine kulturell heterogene Gesellschaft im Katastrophenfall keine Solidarität zeigen würde. Hilfe sei nur von der Familie und bestenfalls der eigenen ethnischen Gruppe zu erwarten.

14 Slavoj Žižek: Welcome to the Desert of the Real, London: Verso 2002. S. 12 ff.

15 Zum »biopolitischen Film« der Gegenwart s. Nitzan Lebovic: The Biopolitical Film (A Nietzschean Paradigm), Postmodern Culture, Bd. 23/1 (2012), online: http://muse.jhu.edu/journals/postmodern_culture/v023/23. 1.lebovic.html. Im Unterschied zu meinem Begriff von Biopolitik versteht er Biopolitik als kritischen Begriff, der hilft, die Aporien moderner liberal-demokratischer Politik im Umgang mit Katastrophen zu benennen und zu analysieren. Lebovic unterscheidet allerdings zu Recht kritische Positionen des bio-

politischen Films (wie von Trier, Haneke u.a.) von affirmativen wie Emmerich.

16 Georg Seeßlen/Markus Metz: Krieg der Bilder, Bilder des Krieges. Abhandlung über die Katastrophe und die mediale Wirklichkeit, Berlin: Edition Tiamat 2002, S. 27.

17 Katrin Röggla, disaster awareness fair – zum katastrophischen in stadt, land und film, Graz: literaturverlag droschl 2008, S. 9.

18 Lebovic: The Biopolitical Film. Übersetzung EH.

19 Michel Foucault, Der Wille zum Wissen [1976], Frankfurt/M.: Suhrkamp 1983, S. 138.

20 Thomas Lemke: Biopolitics. An Advanced Introduction, New York: NYU Press 2011, S. 4.

21 Roberto Esposito: Immunitas. Schutz und Negation des Lebens [2002], Berlin/Zürich: Diaphaes 2004, S. 157. Hervorhebung EH.

22 Giorgio Agamben: Homo sacer. Die souveräne Macht und das nackte Leben [1995], Frankfurt/M.: Suhrkamp 2002.

23 Michel Foucault: In Verteidigung der Gesellschaft. Vorlesungen am Collège de France 1975–1976, Frankfurt/M.: Suhrkamp 1999, S. 295.

24 H.G. Wells: The War of the Worlds [1898], New York: Bantam 2003, S. 181. Dt.: H.G. Wells: Krieg der Welten. Zürich: Diogenes 1974, S. 314.

25 So besonders prägnant bei Carl Schmitt: Totaler Feind, totaler Krieg, totaler Staat. In: Völkerbund und Völkerrecht 4 (1937/8), S. 139–145.

26 Carl Schmitt: Der Begriff des Politischen [1932], Berlin: Duncker & Humblot 1996, S. 27. Hervorhebung EH.

27 Vgl. dazu Eva Horn: Die Ungestalt des Feindes: Nomaden und Schwärme, in: Modern Language Notes, Nr. 123.3, dt. Ausgabe, Frühjahr 2008, S. 656–675.

28 So beispielsweise Werner Sombart: Händler und Helden. Patriotische Besinnungen, München/Leipzig: Duncker & Humblot 1915, oder Georg Simmel: Der Krieg und die geistigen Entscheidungen, München/Leipzig: Duncker & Humblot 1917. Vgl. dazu Eva Horn: Krieg und Krise. Zur anthropologischen Figur des Ersten Weltkriegs. In: Gerhart v. Graevenitz (Hg.): Konzepte der Moderne. DFG-Symposion 1997, Stuttgart: Metzler 1999, S. 633–655.

29 Vgl. dazu Eva Horn: Der geheime Krieg. Verrat, Spionage und moderne Fiktion, Frankfurt/M.: S. Fischer 2007, S. 382–419.

30 Independence Day, Regie: Roland Emmerich, Buch: Dean Devlin, Roland Emmerich, mit Will Smith, Jeff Goldblum, Bill Pullman, Mary McDonnell, Judd Hirsch, Vivicia A. Fox, USA 1996, 145 Min.

31 Deep Impact, Regie: Mimi Leder, Buch: Bruce Joel Rubin, Michael Tolkin, mit: Téa Leoni, Robert Duvall, Elijah Wood, Vanessa Redgrave, Morgan Freeman, USA 1998, 120 Min.

32 Onora Nell [O'Neill]: Lifeboat Earth [1975], dt. in: Weyma Lübbe (Hg.): Tödliche Entscheidung. Allokation von Leben und Tod in Zwangslagen, Paderborn: mentis 2004, S. 35–52.

33 Guido Calabresi/Philip Bobbitt: Tragic Choices. The Conflicts Society Confronts in the Allocation of Tragically Scarce Resources, New York: W. W. Norton 1978.
Eine exzellente Dokumentation dieser Debatte in der Philosophie bietet der Reader von Lübbe: Tödliche Entscheidung.

34 Calabresi/Bobbitt: Tragic Choices, S. 32. Sie nennen das the ›costs of costing‹.

35 Dies bestreitet etwa John M. Taurek: Zählt die Anzahl?. In: Lübbe (Hg.): Tödliche Entscheidung, S. 124–143.

36 Weyma Lübbe: Einleitung, in: Lübbe: Tödliche Entscheidung, S. 23.

37 Agamben: Homo sacer.

38 Dennis L. Meadows u. a.: Die Grenzen des Wachstums [1972], Stuttgart: DVA 1994.

39 Ebd., S. 79 ff. Neuere Updates des Club-of-Rome-Berichts (von 1992 und 2004) berechnen zusätzlich die Folgen des Klimawandels, haben aber teilweise weit optimistischere Prognosen im Hinblick auf fossile Brennstoffressourcen und technologischen Fortschritt.

40 Onora Nell: Rettungsboot Erde, S. 40.

41 William und Paul Paddock: Famine 1975! America's Decision: Who Will Survive?, Boston: Little, Brown & Co. 1967.

42 Paul Ehrlich: Die Bevölkerungsbombe [1968], München: Hanser 1971. Die Ko-Autorin Anne Ehrlich wurde in der ersten Auflage nicht genannt.

43 Ebd., S. 13.

44 Ebd., S. 15.

45 Soylent Green, Regie: Richard Fleischer, Buch: Stanley R. Greenberg, nach dem Roman von Harry Harrison: Make Room! Make Room! (1966), mit Charlton Heston, Leigh Taylor-Young, Edward G. Robinson, USA 1973, 97 Min.

46 Das Konzept der ›Tragfähigkeit‹ der Erde versuchte Cesare Marchetti mit seinem Aufsatz gegen den Club-of-Rome-Bericht von 1972 wesentlich zu erweitern. Cesare Marchetti: 10^{12}. A Check on the Earth-Carrying Capacity for Men. In: Energy 4 (1979), S. 1107–1117; online unter: http://www.cesaremarchetti.org/archive/scan/MARCHETTI-076.pdf.

47 Alan Weisman: Countdown. Hat die Erde eine Zukunft?, München: Piper 2013.

48 Gerade die unterschiedlichen Präferenzen und Kategorisierungen der Triage, die dabei in verschiedenen Ländern/Traditionen vorgenommen werden, zeigen die Kontingenz des Verfahrens.

49 Elias Canetti: Masse und Macht, Frankfurt/M.: S. Fischer [30]2006, S. 267.

50 Günther Anders: Die Antiquiertheit des Menschen, Bd. 1, München: C. H. Beck 1961, S. 216.

51 Aristoteles: Politik, 1252a, 26–32; Agamben: Homo sacer, S. 11–22.

52 Anders: Die Antiquiertheit des Menschen, so der Titel seines Kapitels über *Warten auf Godot*, S. 213 ff.

53 Einen guten Überblick über die Unmenge der post-atomaren Fiktionen bietet Paul Brian: Nuclear Holocaust. Atomic War in Fiction, online unter: http://public.wsu.edu/~brians/nuclear/index.htm; ferner Spencer R. Weart: Nuclear Fear. A History of Images, Cambridge/MA: Harvard University Press 1988; John Canaday: The Nuclear Muse. Literature, Physics and the First Atomic Bombs, Madison/WI: University of Wisconsin Press 2000; David Dowling: Fictions of Nuclear Disaster, Basingstoke: Macmillan 1987.

54 Eine eindrucksvolle Ausnahme von dieser Regel hat Pierre Temkine vorgelegt, der in *Warten auf Godot* die Reflexe der Existenz versteckter Juden im besetzten Paris entziffert. Godot wird als Fluchthelfer verstanden, auf den Vladimir und Estragon vergeblich warten. Pierre Temkine u. a.: Warten auf Godot. Das Absurde und die Geschichte, hg. von Denis Thouard/Tim Trzaskalik, Berlin: Matthes & Seitz 2008.

55 Samuel Beckett: Endspiel/Fin de partie/Endgame [1957], Frankfurt/M.: Suhrkamp 1996.

56 Vgl. dazu Christoph Menke: Der Stand des Streits: Samuel Beckett, Endspiel. In: Die Gegenwart der Tragödie. Versuch über Urteil und Spiel, Frankfurt/M.: Suhrkamp 2005, S. 188–202.

57 In der Beckett-Forschung ist natürlich immer wieder darauf verwiesen worden, dass es in *Endgame* um apokalyptische Endzeitlichkeit ginge. Allerdings wurde hier kaum je die Zeitgeschichte und die (Bio)Politik, sondern zumeist die theologische Motivik der Apokalypse herausgestrichen, so z. B. bei James E. Robinson: Samuel Beckett's Doomsday Play: The Space of Infinity. In: The Theatrical Space (1987), S. 215–227, und Estelle Manette Thaler: Apocalyptic Vision in Heartbreak House and Endgame: The Metaphor of Change. In: Zeitschrift für Anglistik und Germanistik, 34. Jg. (1986) Heft 1, S. 343–351.

58 Theodor W. Adorno: Versuch, das Endspiel zu verstehen [1961]. In: Noten zur Literatur, Gesammelte Schriften Bd. II, Frankfurt/M.: Suhrkamp [4]1996, S. 281–321, S. 286.

59 Charles A. Carpenter: Dramatists and the Bomb: American and British Playwrights Confront the Nuclear Age 1945–1964, Westport/CT, London: Greenwood Press 1999, S. 136–144.

60 Bonnie Honig: Emergency Politics. Paradox, Law, and Democracy, Princeton: Princeton University Press 2009, Einleitung.

61 Dass es hier um nichts als eine »normale« unglückliche Familie mit erwartbarem Generationenkonflikt gehe, argumentiert mit witziger Suggestivkraft Stanley Cavell: Ending the Waiting Game. In: Must We Mean What We Say?, Cambridge: Cambridge University Press 1969, S. 115–162. Mag sein, dass das eine ganz normale Familie ist, aber die Umstände, in denen sie sich befindet, sind es nicht.

62 Adorno: Versuch, das Endspiel zu verstehen, S. 285.

63 Cormac McCarthy: The Road, New York: Alfred A. Knopf 2006. Dt.: Cormac McCarthy: Die Straße, Reinbek bei Hamburg: Rowohlt 2008.

64 Vgl. Sara L. Spurgeon (Hg.): Cormac McCarthy: All the Pretty Horses. No Country for Old Men, The Road, New York: Continuum 2011.

65 George Monbiot: »Civilization Ends with a Shutdown of Human

Concern. Are We There Already?«, The Guardian, 30.10.2007, online: www.theguardian.com/commentisfree/2007/oct/30/comment.books.
Der Guardian nahm McCarthy im Januar 2008 in die Liste der »50 people who could save the planet« auf.

66 Ron Charles: Apocalypse Now. [Rezension von Cormac McCarthys The Road], Washington Post, 1.10.2006, http://www.washingtonpost.com/wp-dyn/content/article/2006/09/28/AR2006092801460.html. McCarthys Dialogstück Sunset Limited erinnert in seiner theatralen Form entfernt an die Stücke Becketts.

67 Holm liest dieses »okay« als ein Nietzscheanisches »Ja« zur Welt, wie sie ist. Bestenfalls aber ist es ein »Ja« der Resignation, denn diese Welt ist in einem Zustand der Zerstörung, die jenseits von Revolte oder Affirmation liegt, jenseits jenes Schemas der Theodizee, das eine klassische philosophische Antwort auf das Phänomen der Katastrophe bildete. Isak Winkel Holm: The Frailty of Everything. Cormac McCarthy's The Road and Modern Disaster Discourse. In: Carsten Meiner/Kristin Veel (Hg.): The Cultural Life of Catastrophes and Crises, Berlin: Walter de Gruyter 2012, S. 233–248, S. 242.

68 Auf diese Abwesenheit eines Impulses von Hilfe und Empathie weisen Gwinner und Lincoln hin. Donovan Gwinner: »Everything uncoupled from its shoring«. Quandaries of Epistemology and Ethics in The Road. In: Sarah L. Spurgeon (Hg.): Cormac McCarthy. All the Pretty Horses. No Country for Old Men. The Road, London/New York: Continuum 2011, Kap. 7, S. 137–155, S. 150. Kenneth Lincoln: Cormac McCarthy. American Canticles, New York: Palgrave Macmillan 2009, S. 169.

69 Für Hinweise auf diese Umnutzung und Umwertung aller Gegenstände in einen Überlebensmodus danke ich Balázs Keresztes.

Kapitel 5

1 Félix Tourneux: Art. Accidens [sic], in: Encyclopédie des chemins de fer et des machines à vapeur, Paris: Jules Renouard & Cie. 1844, S. 2. Übersetzung EH.

2 Chernobyl Diaries, Regie: Bradley Parker, Buch: Oren Peli, Carey

Van Dike, Shane Van Dike, mit Ingrid Bolsø Berdal, Dimitri Diatchenko, Olivia Dudley, Devin Kelley, Jesse McCartney, USA 2012, 82 Min.

3 Selbst Technikgeschichten benutzen den Terminus »GAU« im alltagssprachlichen, aber technisch inkorrekten Sinne eines katastrophischen Unfalls, z. B. Martina Heßler: Kulturgeschichte der Technik, Frankfurt/M.: Campus 2012, S. 187.

4 Paul Virilio: Der eigentliche Unfall, Wien: Passagen 2009, S. 17.

5 Stephen Graham/Nigel Thrift: Out of Order: Understanding Repair and Maintenance. In: Theory, Culture and Society 24/1, S. 1–25, S. 4. Übersetzung EH.

6 Guillaume Grandazzi: Commemorating the Chernobyl disaster: Remembering the future. In: Eurozine (April 2006) www.eurozine.com/articles/2006-04-21-grandazzi-en.html, S. 1–8, S. 6.

7 Grandazzi: Commemorating the Chernobyl disaster, S. 6.

8 Ulrich Beck: World Risk Society, Cambridge: Polity Press 1999, S. 77.

9 Robert Musil: Der Mann ohne Eigenschaften [1930, 1932], Reinbek bei Hamburg: Rowohlt 1994, S. 10.

10 Christian Kassung: Einleitung, in: Ders. (Hg.): Die Unordnung der Dinge. Eine Wissens- und Mediengeschichte des Unfalls, Bielefeld: Transcript 2009, S. 9.

11 Paul Virilio/Sylvère Lothringer: Technik und Fragmentierung. In: Karlheinz Barck u. a. (Hg.): Aisthesis. Wahrnehmung heute, Leipzig: Reclam 1990, S. 72.

12 Paul Virilio: Der negative Horizont, München: Hanser 1989, S. 144.

13 Im Englischen lässt sich Sicherheit deutlicher in *safety* – technische Sicherheit – und *security* – politisch-sozialer Sicherheit – abgrenzen. Um Sicherheit als *security* geht es in Kapitel 6.

14 So beschreibt etwa die Zeitschrift *Safety Science* ihr Feld: »Die Zeitschrift behandelt die Physik und Technik von Sicherheit, ihre sozialen, politischen und organisatorischen Aspekte, die Effizienz von Sicherheitskontrolltechnologien, Standardisierung, Gesetzgebung, Versicherung, Kostenaspekte, menschliches Verhalten und Sicherheit etc.« J. L. Wybo: Safety Sciences. Journal Description, Homepage des Verlags Elsevier, online: www.elsevier. com/wps/find/journaldescription.cws_home/505657/description#description.

15 Vgl. Inka Mülder-Bach: Poetik des Unfalls. In: Poetica 34 (2002), S. 193–221.

16 Über das Rätsel dieser nicht auf eine physische Verletzung zurückführbaren Folgen diskutiert die Traumaforschung von Anfang an intensiv, vgl. dazu grundlegend: Esther Fischer-Homberger: Die traumatische Neurose. Vom somatischen zum sozialen Leiden, Bern, Stuttgart, Wien: Huber 1975.

17 Zu den theologischen Restbeständen der »Rettung« in der Moderne s. Hubert Thüring: Der Unfall und das Rettungswerk. Narrative und Modelle bei Thomas Mann und Adolf Wölfli. In: Johannes F. Lehmann/Hubert Thüring (Hg.): Rettung und Erlösung. Politisches und religiöses Heil in der Moderne, München: Fink 2014.

18 Die Selbstüberbietung des Menschen in der Technik als ein Grundmotiv des Futurismus verbindet diese von Anfang an mit dem Unfall – als heroisches Opfer dieser Selbstüberbietung. Vgl. Gabriele D'Annunzio: Forse che si, forse che no, Mailand: Treves 1910. Vgl. dazu: Thomas Müller: Flugzeugabstürze. Der Verlust von Gewissheiten. In: Hans Ulrich Gumbrecht/K. Ludwig Pfeiffer (Hg.): Paradoxien, Dissonanzen, Zusammenbrüche. Situationen offener Epistemologie, Frankfurt/M.: Suhrkamp 1991, S. 589–605.

19 Hans Blumenberg: Schiffbruch mit Zuschauer, Frankfurt/M.: Suhrkamp 1979.

20 Vgl. dazu die Studie von Claudia Lieb: Crash. Der Unfall in der Moderne, Bielefeld: Aisthesis 2009, die in recht wolkigen Textanalysen den Unfall leider vor allem als poetologische Figur liest.

21 Frühe Traktate gegen das Auto, z. B. Michael von Pidoll: Der heutige Automobilismus. Ein Protest und Weckruf, Wien: Manz 1912.

22 Siehe die großartige Website von Matthias Bickenbach/Michael Stolzke: Schrott. Bilder aus der Geschwindigkeitsfabrik. Eine fragmentarische Kulturgeschichte des Autounfalls, 1996, Seite »Die Logik des Zufalls: Zufall und Notwendigkeit«, online: www.textur.com/schrott/schrott1b.htm#Zufall.

23 Karl Marbe: Praktische Psychologie der Unfälle und Betriebsschäden, München: Oldenbourg 1926.

24 Musil: Mann ohne Eigenschaften, S. 9/10.

25 Ebd., S. 10.

26 Wolfgang Schäffner: Das Trauma der Versicherung. Das Ereignis im Zeitalter der Wahrscheinlichkeit. In: Inka Mülder-Bach (Hg.): Modernität und Trauma. Beiträge zum Zeitenbruch des Ersten Weltkriegs, Wien: Universitätsverlag 2000, S. 104–120, S. 110.

27 Matthias Bickenbach: Der Alltag der Kontingenz: Crashing Cars. Über Autounfälle, Exempel und Katastrophendidaktik. In: Peter Zimmermann/Natalie Binczek (Hg.): Eigentlich könnte alles auch anders sein, Köln: Verlag der Buchhandlung Walter 1998, S. 117–139, S. 125.

28 Friedrich Theodor Vischer: Auch einer: eine Reisebekanntschaft [1879], Stuttgart, Leipzig: Deutsche Verlagsanstalt 1908, S. 17/8.

29 Ebd., S. 25.

30 Vgl. dazu Jörg Kreienbrock: Tückische Objekte. Zum Widerstand der Dinge bei Friedrich Theodor Vischer und Heimito von Doderer. In: Archiv für Mediengeschichte: Agenten und Agenturen, 2008, S. 101–110.

31 Ernst Kapp: Grundlinien einer Philosophie der Technik. Zur Entstehungsgeschichte der Kultur aus neuen Gesichtspunkten, Braunschweig: Verlag Georg Westermann 1877. Vischers Roman enthält eine kleine Binnenerzählung (*Der Besuch. Eine Pfahldorfgeschichte*), die geradezu lehrbuchartig Kapps anthropologische Theorie der Technikgenese umsetzt, indem er vorführt, wie die Pfahlweltbewohner Werkzeuge entwickeln und nutzen.

32 Zur Geschichte von Murphy's Law, s. Joe Smith: Murphy's laws origin, online: www.murphys-laws.com/murphy/murphy-true.html.

33 Vgl. dazu: Christiane Holm, Günter Oesterle (Hg.): Schläft ein Lied in allen Dingen? Romantische Dingpoetik, Würzburg: Königshausen & Neumann 2011.

34 Sigmund Freud: Das Unheimliche [1919]. In: Ders.: Psychologische Schriften. Studienausgabe Bd. IV, Frankfurt/M.: Fischer Taschenbuch 1982, S. 260.

35 Zur Rolle des Unfalls im Slapstick-Film s. Karen Beckman: Crash. Cinema and the Politics of Speed and Stasis, Durham/London: Duke University Press 2010, Kap. 2.

36 Zu bemerken ist allerdings, dass diese materialtechnischen Details in der Wirklichkeit nicht funktionieren würden: Keramiktassen reißen nicht so, dass sie gleich intensiv tropfen; Bildschirme im-

plodieren, statt zu explodieren; Messer würden mit dem schwereren Griff und nicht mit der Klinge nach unten fallen; Wodka mit Eis brennt nicht usw.

37 Félix Tourneux: Art. Accidens (sic!), S. 2 f. Übersetzung EH.

38 TÜV Rheinland: Geschichte: Von DÜV zu TÜV Rheinland, online: http://www.tuv.com/de/deutschland/ueber_uns/daten_fakten/geschichte/geschichte_tuev_rheinland.html.

39 Charles Perrow: Normale Katastrophen. Die unvermeidbaren Risiken der Großtechnik [1984], Frankfurt/M.: Campus 1989.

40 Zu Nuclear Safety vgl. Perrow: Normale Katastrophen, S. 76 ff. Perrow merkt zu Recht an, dass der Austausch von Pannenwissen offenbar nicht dazu führt, dass sich die Störungen nicht wiederholen. Zur Forderung nach Datenbanken für technische Sicherheit vgl. Albert Kuhlmann: Was muss die Sicherheitswissenschaft leisten? In: Ders. (Hg.): Leben in Sicherheit. 1. Weltkongress für Sicherheitswissenschaft, Köln: Verlag TÜV Rheinland 1990, S. 37 u. ö.

41 Albert Kuhlmann: Einführung in die Sicherheitswissenschaft, Köln: Verlag TÜV Rheinland 1981.

42 Perrow: Normale Katastrophen, S. 131.

43 Ebd., S. 27.

44 Michael Hampe: Die Macht des Zufalls. Vom Umgang mit dem Risiko, Berlin: wjs verlag 2006, S. 106.

45 Ebd., S. 108.

46 Alexander S. Kekulé: Fatale Verkettung unglücklicher Umstände. In: Der Tagesspiegel, 16. 3. 2011. Hervorhebung EH. Online: http://www.tagesspiegel.de/meinung/atomkatastrophe-fatale-verkettung-ungluecklicher-umstaende/3954046.html.

47 Christa Wolf: Störfall. Nachrichten eines Tages, Werke 9, München: Luchterhand 2001, S. 24 f.

48 Ursula Heise hat eine interessante Lektüre dieses Textes vorgelegt, die dessen stupende Trivialität zur eigentlichen Stärke erklärt: Im Insistieren auf der beschränkten Perspektive eines einzelnen, an seinem Ort verwurzelten Subjekts sei der Text eine erste Erfassung jener Verkopplung von lokaler und globaler Gefährdung durch moderne Technologie. Ursula Heise: Sense of Place and Sense of Planet. The Environmental Imagination of the Global, Oxford: Oxford University Press 2008, Kap. 6.

49 Ulrich Beck: Weltrisikogesellschaft, Frankfurt/M.: Suhrkamp 2007, S. 215.

50 Dieses Dilemma ist als sogenanntes Collingridge-Dilemma bekannt geworden. Vgl. David Collingridge: The Social Control of Technology, London: Pinter 1980.

51 European Environment Agency: Late Lessons from Early Warnings. The Precautionary Principle 1896–2000, Environmental Issue Report Nr. 22, Kopenhagen 2001, online: http://www.eea.europa.eu/publications/environmental_issue_report_2001_22.

52 European Environment Agency: Late Lessons from Early Warnings S. 11, S. 53/4.

53 Ebd., S. 53.

54 Ebd., S. 55.

55 François Ewald: Die Rückkehr des genius malignus. Entwurf zu einer Philosophie der Vorbeugung. In: Soziale Welt 49 (1998), S. 5–24, S. 15. Hervorhebung EH.

56 Hans Jonas: Das Prinzip Verantwortung. Versuch einer Ethik für die technologische Zivilisation [1979], Frankfurt/M.: Suhrkamp 1992, S. 36.

57 Ulrich Bröckling: Dispositive der Vorbeugung: Gefahrenabwehr, Resilienz, Precaution. In: Christopher Daase/Philipp Offermann/Valentin Rauer (Hg.): Sicherheitskultur. Soziale und politische Praktiken der Gefahrenabwehr, Frankfurt/M./New York: Campus 2012, S. 93–108, S. 102.

58 Ebd., S. 63.

59 Don DeLillo: White Noise, London: Picador 1984. Dt.: Don DeLillo: Weißes Rauschen, Reinbek bei Hamburg: Rowohlt 1997. Übersetzung teilweise verändert EH.

60 Eine Zusammenfassung aller Motive der landläufigen DeLillo-Lektüren im Hinblick auf »Postmodernität«, »Simulakren« etc. bietet: Stacey Olster: White Noise. In: John N. Duvall (Hg.): The Cambridge Guide to Don DeLillo, Cambridge: Cambridge University Press 2008, S. 79–93. S. auch die Beiträge in: Mark Osteen (Hg.): Don DeLillo. White Noise. Text and Criticism, New York: Penguin 1998. Eine Ausnahme von dieser gängigen Lesart macht Ursula Heise in ihrem Kapitel »Toxic Bodies, Corporate Poisons«. In: Heise: Sense of Place and Sense of Planet. The Environmental Imagination of the Global, Oxford: Oxford University Press 2008,

S. 160–169. Sie liest DeLillos Roman und insbesondere das Kapitel über das »Airborne Toxic Event« als Analytik der Beck'schen Risikogesellschaft, in der Risiken und Gefährdungen sozial gleichmäßig verteilt, aber auch für den Einzelnen zunehmend schwer fassbar sind. S. auch Heise: Die Zeitlichkeit des Risikos im amerikanischen Roman der Postmoderne. In: Martin Middeke (Hg.): Zeit und Roman. Würzburg: Königshausen und Neumann 2003, S. 373–394.

61 Auf die intrikate Verbindung von unterschiedlichen Präventionsregimes, ihren Technologien und spezifischen Subjektivierungsweisen verweist Bröckling. Ulrich Bröckling: Dispositive der Vorbeugung.

Kapitel 6

1 Jorge Luis Borges: Der Garten der Pfade, die sich verzweigen. In: Fiktionen, übs. von Karl August Horst, Wolfgang Luchting, Gisbert Haefs, Frankfurt/M.: Fischer Taschenbuch [8]2003, S. 77–89, S. 88 f.

2 Zur Begriffsgeschichte von Katastrophe vgl. Olaf Briese/Thimo Günther: Katastrophe. Terminologische Vergangenheit, Gegenwart und Zukunft. In: Archiv für Begriffsgeschichte, Bd. 51 (2009), S. 155–195.

3 Swiss Re: Risikolandschaft der Zukunft (2004), S. 11. Online unter: www.pharma.gally.ch/UserFiles/File/Risikolandschaft%20der%20Zuku nft%20Swissre.pdf.

4 Abgesehen von einer Geistesgeschichte der historischen Zukunftsvorstellungen, wie sie etwa Reinhart Koselleck oder Georges Minois vorgelegt haben: Reinhart Koselleck: Die unbekannte Zukunft und die Kunst der Prognose. In: Zeitschichten. Studien zur Historik, Frankfurt/M.: Suhrkamp 2000, S. 203–221. Georges Minois: Geschichte der Zukunft. Orakel, Prophezeiungen, Utopien, Prognosen, Düsseldorf/Zürich: Artemis & Winkler 1998.

5 Immanuel Kant: Anthropologie in pragmatischer Hinsicht [1796/7]. In: Schriften zur Anthropologie, Geschichtsphilosophie, Politik und Pädagogik 2, hg. von Wilhelm Weischedel, Frankfurt/M.: Suhrkamp 1995, § 32, S. 490/1.

6 De facto gibt es für diese Formel keine Belegstelle in Comtes Werk, auch wenn es diesem immer wieder um die Grundlagen eines faktengestützten Wissens von der Zukunft geht.

7 Ulrich Bröckling: Dispositive der Vorbeugung: Gefahrenabwehr, Resilienz, Precaution. In: Christopher Daase/Philipp Offermann/Valentin Rauer (Hg.): Sicherheitskultur. Soziale und politische Praktiken der Gefahrenabwehr, Frankfurt/M./New York: Campus 2012, S. 93–108.

8 Ein instruktives Beispiel in der Literatur dafür ist H. G. Wells: The Time Machine, der die zeitgenössischen anthropologischen und sozialen Theorien (Darwinismus und Marxismus) auf die gesellschaftlichen und biologischen Zustände des Jahrs 802701 n. Chr. hochrechnet. Vgl. dazu Stefan Willer: Vom Nicht-Wissen der Zukunft. Prognostik und Literatur um 1800 und um 1900. In: Michael Bies/Michael Gamper (Hg.): Literatur und Nicht-Wissen. Historische Konstellationen 1730–1930, Berlin/Zürich: Diaphanes 2012, S. 171–196.

9 Bröckling: Dispositive der Vorbeugung, S. 99.

10 Für das Zukunftsmanagement in Finanzökonomie und Recht haben Ute Tellmann und Sven Opitz diese Verfahren der Szenariotechnik analysiert, in: Katastrophale Szenarien. Gegenwärtige Zukunft in Recht und Ökonomie. In: Leviathan, Sondernummer 25 (2010): Sichtbarkeitsregime. Überwachung, Sicherheit und Privatheit im 21. Jahrhundert, S. 27–52.

11 Zit. nach Bröckling: Dispositive der Vorbeugung, S. 100.

12 Bröckling: Dispositive der Vorbeugung, S. 102.

13 Diese Verknüpfung untersucht an zwei diskursiven Fallstudien – Herder und H. G. Wells – der instruktive Aufsatz von Willer: Vom Nicht-Wissen der Zukunft.

14 Ein prägnantes Beispiel für diesen epistemischen Optimismus liefert Johann Gottfried Herder: Vom Wissen und Nichtwissen der Zukunft [1797], in: Werke in zehn Bänden, hg. von Günther Arnold u. a., Frankfurt/M.: Deutscher Klassiker Verlag 1998, Bd. 8, S. 283–296.

15 J. Peter Burgess: The Ethical Subject of Security. Geopolitical Reason and the Threat Against Europe, London/New York: Routledge 2011, S. 2. Hervorhebung EH.

16 Craig Calhoun: A World of Emergencies. Fear, Intervention, and

the Limits of Cosmopolitan Order. In: Canadian Review of Sociology and Anthropology 41/4 (2004), S. 373–395, S. 392. S. zu den Verfahren und Operationalisierungen dieses »katastrophischen Imaginären« auch Opitz/Tellmann: Katastrophale Szenarien.

17 Peter Fuchs: Prävention – Zur Mythologie und Realität einer paradoxen Zuvorkommenheit. In: Irmhild Saake/Werner Vogd (Hg.): Moderne Mythen der Medizin. Studien zur organisierten Krankenbehandlung, Wiesbaden: VS Verlag 2008, S. 363–378, S. 364.

18 Fuchs: Prävention, ebd.

19 Fuchs: Prävention, ebd.

20 Bröckling: Dispositive der Vorbeugung, S. 95.

21 Borges: Der Garten der Pfade, die sich verzweigen, S. 88 f.

22 Ebd., S. 88.

23 Ebd.

24 Zugleich ist dies der nur scheinbar nichtssagende, aber in Wirklichkeit höchst programmatische Titel seiner ersten und wichtigsten Erzählsammlung.

25 Im Hinblick auf die Vergangenheit kann dieser Abstand die Differenz zwischen zwei einander widerstreitenden Versionen eines Geschehens sein, eine Lüge oder ein Geheimnis, dessen »Wirklichkeit« sich im Text dieser Lüge nur indirekt entziffern lässt. Zu Borges' Fiktionstheorie s. Eva Horn: Der geheime Krieg. Verrat, Spionage und moderne Fiktion, Frankfurt/M.: Fischer Taschenbuch 2007, S. 43–54.

26 Aristoteles: Poetik, Kap. 9, 1451a36–38.

27 Sophokles: König Ödipus, übs. und Kommentar von Jean Bollack, Frankfurt/M./Leipzig: Insel 1994, v. 315–6, S. 28 f.

28 Jean-Pierre Vernant u. a.: Divination et rationalité, Paris: Éditions du Seuil 1974. S. 9. Georges Minois: Geschichte der Zukunft, S. 26–55.

29 Raymond Bloch: La divination dans l'antiquité, Paris: PUF 1984, S. 6.

30 Vgl. dazu Fontenroses Unterscheidung zwischen historischen, quasi-historischen (also erfundenen), legendären und fiktionalen Orakeln. Die historisch überlieferten Orakel sind meist klare Anweisungen, beispielsweise zur Frage, wo man einem Gott eine Kultstätte bauen solle. Vor allem die von Fontenrose als »nicht

echt« eingeschätzten Orakel beziehen sich auf Zukunftswissen. Joseph Fontenrose: The Delphic Oracle, Berkeley: University of California Press 1978. Auch Vernant unterscheidet zwischen einem pragmatischen Einsatz der Orakel als Entscheidungshilfe und einem Orakel als Vorgriff auf eine für den Menschen nicht erkennbare Zukunft. Jean-Pierre Vernant: Parole et signes muets. In: Vernant: Divination et rationalité, S. 21 ff.

31 Herodot, Historien, VII, 141–142, übs. von August Horneffer, Stuttgart: Kröner 1971, S. 486/7.

32 Herodot: Historien, I, 47, S. 20.

33 Herodot: Historien, I, 53, S. 22.

34 Herodot: Historien, I, 90–91, S. 42/3.

35 Elena Esposito: Formen der Zirkularität in der Konstruktion der Zukunft. In: Daniel Weidner / Stefan Willer (Hg.): Prophetie und Prognose. Verfügungen über Zukunft in Wissenschaft, Religionen und Künsten, München: Fink 2013, S. 325–340, S. 326.

36 Herodot: Historien, I, 47, S. 20.

37 Herodot: Historien, I, 29–33, S. 12–14.

38 Vgl. Vernant: Parole et signes muets, S. 22/3.

39 Christoph Menkes exzellente Lektüre von Sophokles' *König Ödipus* sieht genau darin den Kern des Tragischen an Ödipus' Schicksal: dass das katastrophische Umschlagen von Glück zu Unglück von Ödipus selbst herbeigeführt wird, »nicht, weil er schuldig ist, sondern weil er sich selbst so beurteilt, dass er schuldig ist«. Christoph Menke: Die Gegenwart der Tragödie. Versuch über Urteil und Spiel, Frankfurt/M.: Suhrkamp 2005, S. 22.

40 Peter Szondi: Versuch über das Tragische, in: Schriften 1, hg. von Jean Bollack, Frankfurt/M.: Suhrkamp 2011, S. 151–260, S. 213. Hervorhebung EH.

41 Philipp Theisohn: Die kommende Dichtung. Geschichte des literarischen Orakels 1450–2050, München: Fink 2012, S. 10.

42 Menke: Die Gegenwart der Tragödie, S. 65.

43 Ebd., S. 65 f.

44 Ebd., S. 55.

45 Esposito: Formen der Zirkularität in der Konstruktion der Zukunft, S. 338.

46 So etwa bei Werner Bartens: Vorsicht Vorsorge. Wenn Prävention nutzlos oder gefährlich wird, Frankfurt/M.: Suhrkamp 2008.

47 Eposito: Formen der Zirkularität in der Konstruktion der Zukunft, S. 326.

48 Franz Kafka: ›Der Bau‹. In: Das Ehepaar und andere Schriften aus dem Nachlass, Gesammelte Werke in zwölf Bänden, hg. von Hans-Gerd Koch, Bd. 8, Frankfurt/M.: Fischer Taschenbuch [3]2005, S. 166. Der Titel »Der Bau« wurde dem unbetitelten Prosafragment von den Herausgebern gegeben.

49 Reinhart Koselleck: ›Neuzeit‹. Zur Semantik moderner Bewegungsbegriffe. In: Vergangene Zukunft, Frankfurt/M.: Suhrkamp 1989, S. 315.

50 Niklas Luhmann: Beschreibung der Zukunft. In: Beobachtungen der Moderne, Bonn: Westdeutscher Verlag 1992, S. 147.

51 Bröckling: Dispositive der Vorbeugung, S. 93.

52 Elena Esposito: Die offene Zukunft der Sorgekultur. In: Archiv für Mediengeschichte: Gefahrensinn (2009), S. 107–114.

53 Martin Heidegger: Sein und Zeit [1927], Tübingen: Niemeyer [17]1993, S. 199.

54 Heidegger: Sein und Zeit, S. 193.

55 Zum weiten semantischen Feld des lateinischen Begriffs *cura* s. John Hamilton: Security. Politics, Humanity and the Philology of Care, Princeton: Princeton University Press 2013, S. 10 ff.

56 Franz Kafka: ›Der Bau‹, S. 165.

57 Franz Kafka: Beim Bau der chinesischen Mauer. In: Beim Bau der chinesischen Mauer und andere Schriften aus dem Nachlass, Gesammelte Werke in zwölf Bänden, hg. von Hans-Gerd Koch, Bd. 6, Frankfurt/M.: Fischer Taschenbuch [3]2005, S. 65–80, S. 66.

58 Kafka: Beim Bau der chinesischen Mauer, ebd.

59 Franz Scholz: Die Rechtssicherheit, Berlin: de Gruyter 1955, S. 1. Den Hinweis verdanke ich dem instruktiven Aufsatz von Benno Wagner: Die Versicherung des Übermenschen. Kafkas Akten. In: Friedrich Balke/Joseph Vogl/Benno Wagner (Hg.): Für alle und keinen. Lektüre, Schrift und Leben bei Nietzsche und Kafka, Berlin/Zürich: Diaphanes 2008, S. 259–294.

60 Walter Benjamin: Franz Kafka. In: Gesammelte Schriften, hg. von Hermann Schweppenhäuser/Rolf Tiedemann, Bd. II. 2, Frankfurt/M.: Suhrkamp, S. 409–438, S. 430.

61 Elisabeth Strowick: Epistemologie des Verdachts. Zu Kafkas Bau. In: Marcus Krause/Arno Meteling/Markus Stauff (Hg.): The Pa-

rallax View. Zur Mediologie der Verschwörung, München: Wilhelm Fink 2011, S. 123–136.

62 Franz Kafka: Jubiläumsbericht: 25 Jahre Arbeiter-Unfall-Versicherungs-Anstalt, Abschnitt d) Unfallverhütung. In: Amtliche Schriften, hg. von Klaus Hermsdorf und Benno Wagner, Frankfurt/M.: S. Fischer 2004, S. 465. Kafka fordert dort, dass es in Steinbruchbetrieben nicht so sehr um die einmalige »Anwendung von Schutzvorrichtungen« gehe, sondern um »Vorsicht, die beim Abbau *ständig* geübt« werden müsse. Hervorhebung EH.

63 Burgess: The Ethical Subject of Security, S. 2/3.

64 Hamilton: Security, S. 26. Hamiltons brillanter Lektüre von Kafkas Bau verdanke ich einige wichtige Einsichten meiner Lesart des Textes.

65 Zur Etymologie von *securitas* und *cura* s. Hamilton: Security, S. 52/3, Übersetzung EH.

66 John Maxwell Coetzee: Time, Tense and Aspect in Kafka's The Burrow. In: MLA 96 (1981), S. 556–579.

67 Hamilton: Security, S. 27. Übersetzung EH.

68 Niklas Luhmann: Risiko und Gefahr. In: Soziologische Aufklärung 5, Opladen: Westdeutscher Verlag 1990, S. 131–169, S. 137.

69 Als Bewusstsein tragischer Ironie liest dies Hermann J. Weigand: Franz Kafka's »The Burrow« (»Der Bau«): An Analytical Essay, PMLA, Bd. 87/2 (März 1972), S. 152–166, S. 156.

70 Luhmann: Beschreibung der Zukunft, S. 142 u. ö.

71 So die überzeugende Lektüre von Elisabeth Strowick: Epistemologie des Verdachts.

72 Friedrich Balke: Störungen im Bau, S. 343.

73 Heidegger: Sein und Zeit, S. 187.

74 Ebd.

75 Balke: Störungen im Bau, S. 341.

76 Take Shelter, Regie und Drehbuch: Jeff Nichols, mit Michael Shannon, Jessica Chastain, Tova Stewart, Shea Whigham, USA 2011, 121 Min.

77 Siehe dazu David Lewis: The Paradoxes of Time Travel. In: American Philosophical Quarterly 13 (1976), S. 145–152.

78 Nassim Nicholas Taleb: Der Schwarze Schwan. Die Macht höchst unwahrscheinlicher Ereignisse [2007], München: Hanser 2008, S. 215.

79 Hans Jonas: Das Prinzip Verantwortung. Versuch einer Ethik für die technologische Zivilisation, Frankfurt/M.: Insel 1979, S. 7f. Hervorhebung EH.

80 Dieter Birnbacher: Verantwortung für zukünftige Generationen, Stuttgart: Reclam 1988, S. 156.

81 European Environment Agency: Late Lessons from Early Warnings. The Precautionary Principle 1896–2000, Environmental Issue Report Nr. 22, Kopenhagen 2001, online unter: http://www.eea.europa.eu/publications/environmental_issue_report_2001_22.

82 Birnbacher: Verantwortung für zukünftige Generationen, S. 155–157.

83 Gregory Benford: Timescape, New York: Simon & Schuster 1980. Dt. Gregory Benford: Zeitschaft, München: Heyne 1984.

84 Vgl. dazu die erhellende Analyse der »Mantopoetik« des Romans bei Philipp Theison: Die kommende Dichtung, S. 461–469.

85 The Terminator, Regie: James Cameron, Drehbuch: James Cameron, Gale Anne Hurd, William Wisher Jr., nach der Erzählung von Harlan Ellison: Soldier from Tomorrow (1957); mit Arnold Schwarzenegger, Linda Hamilton, Michael Biehn, Paul Winfield, USA 1984, 108 Min.

86 Dazu auch Keith Williams: H. G. Wells, Modernity and the Movies, Chicago: University of Chicago Press 2008.

87 Zum Film als Medium der Zeitachsenmanipulation s. Friedrich Kittler: Real Time Analysis, Time Axis Manipulation. In: Technische Schriften, Leipzig: Reclam 1993, S. 182–207, insbes. zum frühen Film 185–189. Neuere Medien, so Kittler, sind gerade bemüht, den Effekt der Zeitachsenmanipulation, auf dem sie beruhen, unsichtbar zu machen.

88 Twelve Monkeys, Regie: Terry Gilliam, Drehbuch: David Webb Peoples, Janet Peoples, nach dem Experimentalfilm von Chris Marker: La Jetée (1962), mit: Bruce Willis, Madeleine Stowe, Brad Pitt, David Morse, Christopher Plummer. USA 1995, 127 Min.

89 Alan Weisman: Die Welt ohne uns. Reise über eine unbevölkerte Erde, München: Piper 2007.

90 Zur Ästhetik und Rolle dieser Szene im Film vgl. Alain J. J. Cohen: Twelve Monkeys, Vertigo and La Jetée. Postmodern Mythologies and Cult Films. In: New Review of Film and Television Studies 1:1, 2003, S. 149–164.

91 La Jetée, Regie: Chris Marker, Buch: Chris Marker, Erzähler: Jean Négroni, mit Davos Hanich, Hélène Chatelain, Jacques Ledoux, Frankreich 1962, 28 Min.

92 Vgl. dazu auch meine versicherungstheoretische Lektüre des Films in: Eva Horn: Der Anfang vom Ende. Worst-Case-Szenarien und die Aporien der Voraussicht. In: Archiv für Mediengeschichte, Nr. 9: Gefahrensinn, 2009, S. 3–21.

93 Minority Report, Regie: Steven Spielberg, Drehbuch: Scott Frank, Jon Cohen, nach der Erzählung von Philipp K. Dick: The Minority Report (1956), mit: Tom Cruise, Colin Farrell, Samantha Morton, Max von Sydow, USA 2002, 145 Min.

94 Richard Grusin: Premediation. In: Criticism, S. 17–39, S. 36. Übersetzung EH.

95 Grusin: Premediation, S. 26

96 Vgl. dazu Geoffrey Bakewell: The One-Eyed Man is King. Oedipal Vision in Minority Report. In: Arethusa (Winter 2008), S. 95–112.

97 Auch Friedman verweist auf die Schwierigkeit, das verzerrte Bildmaterial der Pre-Cogs richtig zu interpretieren, als einen fundamentalen Fehler des Precrime-Systems. In: Lester D. Friedman: Minority Report: A Dystopic Vision, in: Sense of Cinema, Issue 27 (Juli 2003). Online: sensesofcinema.com/2003/27/steven-spielberg/minority_report/.

97 Dies zeigt überzeugend die Analyse von Dean A. Kowalski: Minority Report, Molinism, and the Viability of Precrime. In: Kowalski (Hg.): Steven Spielberg and Philosophy: We're gonna need a bigger book, Lexington: University of Kentucky Press 2008, S. 227–246.

98 Kowalski: Minority Report, S. 238.

99 Friedman: Minority Report.

100 Bakewell: The One-Eyed Man is King, S. 111.

101 S. auch Bakewell: The One-Eyed Man is King, S. 110.

Schluss

1 Vgl. Aleida Assmann: Ist die Zeit aus den Fugen? Aufstieg und Fall des Zeitregimes der Moderne, München: Hanser 2013, und Harald Welzer: Selbst denken. Eine Anleitung zum Widerstand, Frankfurt/M.: S. Fischer 2013.

2 Harald Welzer und Claus Leggewie: Das Ende der Welt, wie wir sie kannten: Klima, Zukunft und die Chancen der Demokratie, Frankfurt/M.: S. Fischer 2009.

3 Zum »kinetischen Expressionismus« s. Peter Sloterdijk: Wie groß ist »groß«?, in: Paul J. Crutzen u. a.: Das Raumschiff Erde hat keinen Notausgang, Frankfurt/M.: Suhrkamp 2011, S. 93–110.

4 Bruno Latour: Si tu viens à perdre la Terre, à quoi te sers de sauver ton âme?, online: http://www.bruno-latour.fr/sites/default/files/109-ECOTHEO-FR.pdf, Übersetzung EH.

5 Günther Anders: Die Antiquiertheit des Menschen. Über die Seele im Zeitalter der zweiten industriellen Revolution [1956], Bd. 1, München: Beck 1961, S. 283.

6 So Thomas Macho in: Thomas Macho/Kathrin Röggla: Das Blinzeln der letzten Menschen. Interview, Literaturen 3/2010, S. 41–44, S. 42.

7 Slavoj Žižek: The Interpassive Subject, online: www.egs.edu/faculty/slavoj-zizek/articles/the-interpassive-subject/; Robert Pfaller: Einleitung, in: Ders. (Hg.): Interpassivität. Studien über delegiertes Genießen, Berlin/New York: Springer 2000, S. 1–11.

8 Diese Lektüre habe ich selbst für die zahlreichen Klimakatastrophen-Szenarien in Literatur und Kino vorgeschlagen in Eva Horn: Das Wetter von übermorgen. Kleine Imaginationsgeschichte der Klimakatastrophe, in: Merkur. Zeitschrift für europäisches Denken, Dez. 2012, 1091–1106. Ich denke heute aber, dass diese Perspektive die Intensität und Luzidität des katastrophischen Imaginären verkennt.

9 Jean-Pierre Dupuy: Pour un catastrophisme éclairé. Quand l'impossible est certain, Paris: Seuil 2002, S. 141 f. und 144 f. Übersetzung EH.

10 Dupuy, S. 163.

11 Jorge Luis Borges: Die Schöpfung und P. H. Gosse, in: Inquisitionen. Essays, übs. Karl August Horst, Gisbert Haefs, Frankfurt/M.: S. Fischer 1992, S. 34.

12 Dupuy, S. 193.

Bibliographie

Ackerman, T. P./R. P. Turco/O. B. Toon/J. B. Pollack/Carl Sagan (TTAPS): Nuclear Winter: Global Consequences of Multiple Nuclear Explosions, Science 222 (1983), S. 1283–92.

Adorno, Theodor W.: Versuch, das Endspiel zu verstehen [1961], in: Noten zur Literatur, Gesammelte Schriften Bd. II, Frankfurt/M.: Suhrkamp [4]1996, S. 281–321.

Agamben, Giorgio: Homo sacer [1995]. Die souveräne Macht und das nackte Leben, Frankfurt/M.: Suhrkamp 2002.

Ahearn, Eward J.: Visionary Fictions. Apocalyptic Writing from Blake to the Modern Age, New Haven: Yale University Press 1996.

Aldiss, Brian: The First of the Last Men, in: Science Fiction Studies, Bd. 30, Nr. 2, Social Science Fiction (Juli 2003), S. 305–307.

Alexandrov, V. V./G. I. Stenchikov: On the modeling of the climatic consequences of the nuclear war, in: The Proceeding of Appl. Mathematics: The Computing Center of the AS USSR, Moskau 1983.

Alkon, Paul K.: Origins of Futuristic Fiction, Athens/GA: University of Georgia Press 1987.

Anders, Günther: Die Antiquiertheit des Menschen. Über die Seele im Zeitalter der zweiten industriellen Revolution [1956], [Band I], München: Beck 1961.

Anders, Günther: Die Antiquiertheit des Menschen. Band II: Über die Zerstörung des Lebens im Zeitalter der dritten industriellen Revolution, München: C. H. Beck 1980.

Anders, Günther: Thesen zum Atomzeitalter [1959], Die atomare Drohung. Radikale Überlegungen, München: Beck 1986.

An Inconvenient Truth, Dokumentarfilm, Regie: Davis Guggenheim, Buch und Idee: Al Gore, mit Al Gore, USA 2006, 108 Min.

Annunzio, Gabriele d': Forse che si, forse che no, Mailand: Treves 1910.

Aradau, Claudia: The Myth of Preparedness, in: Radical Philosophy 161, Mai/Juni 2010, S. 1–7.

Arbuthnot, John: An Essay Concerning the Effects of Air on Human Bodies [1733], London: Tonson & Draper 1751 (MDCCLI) online: http://archive.org/details/essayconcerninge00arbu

Aristoteles: Poetik, griechisch-deutsch, übs. und hg. von Manfred Fuhrmann, Stuttgart: Reclam 1987.

Aristoteles: Politik, München: dtv 1973.

Assmann, Aleida: Ist die Zeit aus den Fugen? Aufstieg und Fall des Zeitregimes der Moderne, München: Hanser 2013.

Bakewell, Geoffrey: The One-Eyed Man is King. Oedipal Vision in *Minority Report*, in: Arethusa, Bd. 41, Nr. 1, Winter 2008, S. 95–112.

Balke, Friedrich: Störungen im Bau, in: Albert Kümmel/Erhard Schüttpelz (Hg.): Signale der Störung, München: Fink 2003, S. 335–356.

Ballard, J. G.: Karneval der Alligatoren [1962], Hamburg/Düsseldorf: Marion von Schröder Verlag 1970.

Ballard, J. G.: The Drowned World [1962], New York: W. W. Norton & Company 2012.

Bartens, Werner: Vorsicht Vorsorge. Wenn Prävention nutzlos oder gefährlich wird, Frankfurt/M.: Suhrkamp 2008.

Bate, Jonathan: Living with the Weather, in: Studies in Romanticism, 35/3 (1996), S. 431–447.

Beck, Ulrich: Risikogesellschaft. Auf dem Weg in eine andere Moderne, Frankfurt/M.: Suhrkamp 1986.

Beck, Ulrich: Weltrisikogesellschaft, Frankfurt/M.: Suhrkamp 2007.

Beck, Ulrich: World Risk Society, Cambridge: Polity Press 1999.

Becker, Claudia: Der Traum der Apokalypse – die Apokalypse ein Traum? Eschatologie und/oder Ästhetik im Ausgang von Jean Pauls »Rede des toten Christus«, in: Gerhard R. Kaiser (Hg.): Poesie der Apokalypse, Würzburg: Königshausen & Neumann 1991, S. 129–144.

Beckett, Samuel: Endspiel/Fin de partie/Endgame [1957], übs. Elmar Tophoven, Frankfurt/M.: Suhrkamp 1996.

Beckman, Karen: Crash. Cinema and the Politics of Speed and Stasis, Durham/London: Duke University Press 2010.

Bejin, Andé: Condorcet, précurseur du néo-malthusianisme et de l'eugénisme républicain, in: Histoire, économie et société, Bd. 7, 1988, Nr. 7–3, S. 347–354.

Bekh, Wolfgang Johannes: Das Ende der Welt. Visionen, Prophezeiungen, Wahrsagungen, Augsburg: Pattloch 1998.

Benford, Gregory: Timescape, New York: Simon & Schuster 1980. Dt. Zeitschaft, München: Heyne 1984.

Benjamin, Walter: Das Passagen-Werk, Gesammelte Schriften, hg. v. Hermann Schweppenhäuser/Rolf Tiedemann, Bd. V. 1, Frankfurt/M.: Suhrkamp 1991.

Benjamin, Walter: Franz Kafka, Gesammelte Schriften, hg. v. Hermann Schweppenhäuser/Rolf Tiedemann, Bd. II. 2, Frankfurt/M.: Suhrkamp 1991, S. 409–438.

Benjamin, Walter: Zentralpark, Gesammelte Schriften, hg. v. Hermann Schweppenhäuser/Rolf Tiedemann, Bd. I. 2, Frankfurt/M.: Suhrkamp 1991, S. 651–690.

Bernstein, Barton J.: Introduction, in: Leo Szilard: The Voice of the Dolphins, Stanford: Stanford University Press 1992, S. 3–43.

Bickenbach, Matthias: Der Alltag der Kontingenz: Crashing Cars. Über Autounfälle, Exempel und Katastrophendidaktik, in: Peter Zimmermann/Natalie Binczek (Hg.): Eigentlich könnte alles auch anders sein, Köln: Verlag der Buchhandlung Walter 1998, S. 117–139.

Bickenbach, Matthias/Michael Stolzke: Schrott. Bilder aus der Geschwindigkeitsfabrik. Eine fragmentarische Kulturgeschichte des Autounfalls, 1996, »Die Logik des Zufalls: Zufall und Notwendigkeit«, online: www.textur.com/schrott/schrott1b.htm#Zufall

Birks, John W./Paul J. Crutzen: The Atmosphere after a Nuclear War: Twilight at Noon, in: Ambio, Bd. 11 Nr. 2/3: Nuclear War: The Aftermath (1982), S. 114–125.

Birnbacher, Dieter: Verantwortung für zukünftige Generationen, Stuttgart: Reclam 1988.

Bloch, Raymond: La divination dans l'antiquité, Paris: PUF 1984.

Blum, Carol: Strengths in Numbers: Population, Reproduction, and Power in Eighteenth-Century France, Baltimore: Johns Hopkins University Press 2002, S. 152–192.

Blumenberg, Hans: Lebenszeit und Weltzeit, Frankfurt/M.: Suhrkamp 1986.

Blumenberg, Hans: Schiffbruch mit Zuschauer, Frankfurt/M.: Suhrkamp 1979.

Bobbitt, Philip/Guido Calabresi: Tragic Choices. The Conflicts Society Confronts in the Allocation of Tragically Scarce Resources, New York: W. W. Norton 1978.

Böhme, Hartmut: Vergangenheit und Gegenwart der Apokalypse, in: Johannes Cremerius (Hg.): Untergangsphantasien, Würzburg: Königshausen & Neumann 1989, S. 9–26.

Boia, Lucian: The Weather in the Imagination, London: Reaktion Books 2005.

Borges, Jorge Luis: Der Garten der Pfade, die sich verzweigen, in: Fiktionen, übers. von Karl August Horst/Wolfgang Luchting/Gisbert Haefs, Frankfurt/M.: Fischer Taschenbuch [8]2003, S. 77–89.

Borges, Jorge Luis: Die Schöpfung und P. H. Gosse, in: Inquisitionen. Essays, übs. Karl August Horst/Gisbert Haefs, Frankfurt/M.: S. Fischer 1992, S. 33–36.

Borries, Friedrich von: Klimakapseln. Überlebensbedingungen in der Katastrophe, Frankfurt/M.: Suhrkamp 2010.

Brandstetter, Thomas: Der Staub und das Leben. Szenarien des nuklearen Winters, in: Archiv für Mediengeschichte 2005: Wolken, S. 149–156.

Brandstetter, Thomas: Wie man lernt, die Bombe zu lieben. Zur diskursiven Konstruktion atomarer Gewalt, in: Günther Friesinger/ Thomas Bauhausen/Johannes Grenzfurthner (Hg.): Schutzverletzungen. Legitimation medialer Gewalt, Berlin: Verbrecher Verlag 2010, S. 25–51.

Brian, Paul: Nuclear Holocaust. Atomic War in Fiction, online unter: http://public.wsu.edu/~brians/nuclear/index.htm;

Briese, Olaf/Thimo Günther: Katastrophe. Terminologische Vergangenheit, Gegenwart und Zukunft, in: Archiv für Begriffsgeschichte Bd. 51 (2009), S. 155–195.

Bröckling, Ulrich: Dispositive der Vorbeugung: Gefahrenabwehr, Resilienz, Precaution, in: Christopher Daase/Philipp Offermann/ Valentin Rauer (Hg.): Sicherheitskultur. Soziale und politische Praktiken der Gefahrenabwehr, Frankfurt/M./New York: Campus 2012, S. 93–108.

Brodie, Bernard (Hg.): The Absolute Weapon. Atomic Power and World Order, New York: Harcourt, Brace & Co. 1946.

Brodie, Bernard: Strategy in the Missile Age, Princeton: Princeton University Press 1959.

Brunotte, Ulrike: Die Bühne der Götter. Figurationen religiöser Meteorologie, in: Petra Lutz/Thomas Macho (Hg.): Zwei Grad. Das Wetter, der Mensch und sein Klima. Begleitbuch zur Ausstellung in Dresden 2008–2009, Göttingen: Wallstein 2008, S. 44–49.

Burdick, Eugene/Harvey Wheeler: Fail-Safe [1962], New York: Dell 1984.

Burgess, Peter J.: The Ethical Subject of Security. Geopolitical Reason and the Threat Against Europe, London/New York: Routledge 2011.

Burke, Edmund: A philosophical inquiry into the origin of our ideas of the Sublime and the Beautiful [1757], London: Routledge and Kegan Paul 1958.

Burke, Edmund: Philosophische Untersuchungen über den Ursprung unsrer Begriffe vom Erhabnen und Schönen [1757], Riga: Hartknoch 1773.

Burnet, Thomas: Sacred Theory of the Earth, 4 Bände, London: J. Hook 1684–90.

Busse, Tanja: Weltuntergang als Erlebnis. Apokalyptische Erzählungen in den Massenmedien, Wiesbaden: Deutscher Universitätsverlag 2000.

Byron, Lord George Noël Gordon: Darkness [1816], in: Norton Anthology of English Literature, hg. v. Stephen Greenblatt, Bd. 2, New York/London: Norton 2005, S. 616.

Byron, Lord George Noël Gordon: Finsternis, übers. v. Fritz Lemmermeyer, in: Levin Schücking (Hg.): Englische Gedichte aus sieben Jahrhunderten, Leipzig: Dieterische Verlagsbuchhandlung 1956, S. 171–175.

Cahen, Léon: Condorcet inédit. Notes pour le Tableau du progrès de l'esprit humain, La Révolution Française, Bd. 75 (1922), S. 193–212.

Calhoun, Craig: A World of Emergencies. Fear, Intervention, and the Limits of Cosmopolitan Order, in: Canadian Review of Sociology and Anthropology 41, Bd. 4 (2004), S. 373–395.

Canaday, John: The Nuclear Muse. Literature, Physics and the First Atomic Bombs, Madison/Wisc.: University of Wisconsin Press 2000.

Canetti, Elias: Masse und Macht, Frankfurt/M.: Fischer [30]2006.
Capelle, Wilhelm: μετέωρσς, μετεωρσλία, in: Philologus 71 (1912), S. 414–448.
Carpenter, Charles A.: Dramatists and the Bomb: American and British Playwrights Confront the Nuclear Age 1945–1964, Westport/CT/London: Greenwood Press 1999, S. 136–144.
Cartmill, Cleve: Deadline [1944], in: Prelude to Armageddon, Seattle: Darkside Press 2003, S. 57–78.
Casti, John: X-Events. The Collapse of Everything, New York: Morrow 2012.
Castoriadis, Cornelius: L'institution imaginaire de la société, Paris: Seuil 1975.
Cavell, Stanley: Ending the Waiting Game, in: Must We Mean What We Say?, Cambridge: Cambridge University Press 1969, S. 115–162.
Charles, Ron: Apocalypse Now. [Rezension von Cormac McCarthy: The Road], Washington Post, 1. 10. 2006, http://www.washingtonpost.com/wp-dyn/content/article/2006/09/28/AR2006092801460.html.
Chernobyl Diaries, Regie: Bradley Parker, Buch: Oren Peli, Cary Van Dyke, Shane Van Dyke, mit Jesse McCartney, Jonathan Sadowski, Olivia Taylor Dudley, Ingrid Bolsø Berdal, USA 2012, 86 Min.
Clarke, Lee: Worst Cases. Terror and Catastrophe in the Popular Imagination, Chicago/London: University of Chicago Press 2006.
Coetzee, John Maxwell: Time, Tense and Aspect in Kafka's The Burrow, in: MLA 96 (1981), S. 556–579.
Cohen, Alain J. J.: *Twelve Monkeys*, *Vertigo* and *La Jetée*. Postmodern Mythologies and Cult Films, in: New Review of Film and Television Studies 1:1, 2003, S. 149–164.
Collas-Heddeland, Emmanuelle u. a. (Hg.): Pour une histoire culturelle du risque. Genèse, évolution, actualité du concept dans les sociétés occidentales, Straßburg: Éd. histoire et antropologie 2004.
Collingridge, David: The Social Control of Technology, London: Pinter 1980.
Condorcet, Jean-Antoine-Nicolas Caritat Marquis de: Entwurf einer historischen Darstellung der Fortschritte des menschlichen Geistes [1795], hg. v. Wilhelm Alff, Frankfurt/M.: Europäische Verlagsanstalt 1963.

Condorcet, Jean-Antoine-Nicolas Caritat Marquis de: Esquisse d'un tableau historique des progrès de l'esprit humain [1795], Paris: Vrin 1970.

Conway, Eric/Naomi Oreskes: Merchants of Doubt. How a Handful of Scientists Obscured the Truth on Issues from Tobacco Smoke to Global Warming, Ashland, OR: Bloomsbury Books 2010.

Crichton, Michael: State of Fear, New York: Harper Collins 2004.

Crichton, Michael: Welt in Angst [2004]. Aus dem Amerikanischen von Ulrike Wasel und Klaus Timmermann, München: Blessing 2005.

Crutzen, Paul J.: Geology of mankind, Nature 415 (2002).

Crutzen, Paul J.: Knapp am Untergang vorbei. Interview mit der tageszeitung, online: taz 13. 9. 2007, www.taz.de/!4609/

Crutzen, Paul/Peter Sloterdijk u.a: Das Raumschiff Erde hat keinen Notausgang, Frankfurt/M.: Suhrkamp 2011.

Cuvier, Georges: Die Umwälzungen der Erdrinde in naturwissenschaftlicher und geschichtlicher Beziehung [1825]. Mit einer Einleitung hg. v. Peter Heuer, Hildesheim u. a.: Olms-Weidmann 2009, Nachdruck der Ausgabe Bonn 1830.

Cuvier, Georges: Discours sur les révolutions de la surface du globe, et sur les changements qu'elles ont produits dans le règne animal, Paris: Dufour, Éd. d'Ocagne 1825.

Deep Impact, Regie: Mimi Leder, Buch: Bruce Joel Rubin, Michael Tolkin, mit: Téa Leoni, Robert Duvall, Elijah Wood, Vanessa Redgrave, Morgan Freeman, USA 1998, 120 Min.

DeLillo, Don: Weißes Rauschen [1984], Reinbek bei Hamburg: Rowohlt 1997.

DeLillo, Don: White Noise, London: Picador 1984.

Derrida, Jacques: No Apocalypse, not now (Full Speed Ahead, Seven Missiles, Seven Missives), Diacritics Bd. 14, No. 2: Nuclear Criticism (Sommer 1984), S. 20–31.

Diamond, Jared: Kollaps. Warum Gesellschaften überleben oder untergehen, Frankfurt/M.: S. Fischer 2005.

Diamond, Jared: The Ends of the World as We Know Them, in: New York Times, 1. 1. 2005, online: http://www.nytimes.com/2005/01/01/opinion/01diamond.html.

Dick, Philip K.: The Minority Report [1956], Gollancz: London 2002.

Diderot, Denis: Ästhetische Schriften, hg. v. F. Bassenge. Bd. 2, Berlin/ Weimar: Aufbau 1967.

Diderot, Denis: Salon de 1767, in: Œuvres complètes. Paris: Hermann 1990.

Dingley, Robert J.: »I had a Dream«. Byron's »Darkness«, in: Byron Journal 9 (1981), S. 20–33.

Dotzler, Bernhard: Dr. Szilard Oder Wie man lernte, die Apokalypse zu denken, in: Wunschel, Annette/Thomas Macho (Hg.): Science & Fiction. Gedankenexperimente in Wissenschaft, Philosophie und Literatur, Frankfurt/M.: S. Fischer 2004, S. 145–160.

Dowling, David: Fictions of Nuclear Disaster, Basingstoke: Macmillan 1987.

Dr. Strangelove or: How I Learned to Stop Worrying and Love the Bomb, Regie: Stanley Kubrick, Drehbuch: Stanley Kubrick, Peter George, Terry Southern, nach dem Roman von Peter George: Red Alert (1958), mit Peter Sellers, George C. Scott, Sterling Hayden, Keenan Wynn, Slim Pickens, USA 1964, 95 Min.

Draper, Theodore: Nuclear Temptations, in: Charles W. Kegley/Eugene R. Wittkopf (Hg.): The Nuclear Reader. Strategy, Weapons, War, New York: St. Martin's Press 1985, S. 21–37.

Duck and Cover, Civil Defense Film 1951, online: http://www.youtube.com/watch?v=C0K_LZDXp0I

Dupuy, Jean-Pierre: Pour un catastrophisme éclairé. Quand l'impossible est certain, Paris: Seuil 2002.

Edwards, Paul N.: A Vast Machine. Computer Models, Climate Data and the Politics of Global Warming, Cambridge/Mass: MIT University Press 2010.

Ehrlich, Paul [und Ehrlich, Anne]: Die Bevölkerungsbombe [1968], München: Hanser 1971.

Ellis, David: Byron in Geneva. That Summer of 1816, Liverpool: Liverpool University Press 1988.

Ernstfall Homepage: www.ernstfall.org

Esposito, Elena: Die offene Zukunft der Sorgekultur, in: Archiv für Mediengeschichte: Gefahrensinn 2009, S. 107–114.

Esposito, Elena: Formen der Zirkularität in der Konstruktion der Zukunft, in: Daniel Weidner/Stefan Willer (Hg.): Prophetie und Prognose. Verfügungen über Zukunft in Wissenschaft, Religionen und Künsten, München: Fink 2013, S. 325–40.

Esposito, Roberto: Immunitas. Schutz und Negation des Lebens, Berlin/Zürich: Diaphanes 2004.

European Environment Agency: Late Lessons from Early Warnings. The Precautionary Principle 1896–2000, Environmental Issue Report Nr. 22, Kopenhagen 2001, online: http://www.eea.europa.eu/publications/environmental_issue_report_2001_22 (Zugriff 15. 19. 2013)

Ewald, François: Die Rückkehr des genius malignus. Entwurf zu einer Philosophie der Vorbeugung, in: Soziale Welt 49 (1998), S. 5–24.

Fail-Safe, Regie: Sidney Lumet, Drehbuch: Walter Bernstein, nach dem Roman von Eugene Burdick/Harvey Wheeler: Fail-Safe (1962), mit Henry Fonda, Dan O'Herlihy, Walter Matthau, Frank Overton, Larry Hagman, USA 1964, 112 Min.

Fischer-Homberger, Esther: Die traumatische Neurose. Vom somatischen zum sozialen Leiden, Bern, Stuttgart, Wien: Huber 1975.

Flammarion, Camille: Das Ende der Welt [1894]. Mit der Genehmigung der Verfassers ins Deutsche übertragen von Karl Wenzel, Pforzheim: Ernst Lang 1896.

Flammarion, Camille: La fin du monde, Paris: Flammarion 1894.

Fontenelle, Bernard Le Bovier de: Entretiens sur la pluralité des mondes [1686], Paris: Ménard et Desenne 1828.

Fontenrose, Joseph: The Delphic Oracle, Berkeley: University of California Press 1978.

Forster, E[dward] M[organ]: Die Maschine versagt [1909], Wien: Amandus-Edition 1947.

Forster, E.M.: The Machine Stops [1909], in: ders.: The Machine Stops and Other Stories, London: Andre Deutsch 1997, S. 87–118.

Foucault, Michel: Der Wille zum Wissen [1976], Frankfurt/M.: Suhrkamp 1983.

Foucault, Michel: In Verteidigung der Gesellschaft. Vorlesungen am Collège de France 1975–1976, Frankfurt/M.: Suhrkamp 1999.

Foucault, Michel: Sicherheit, Territorium, Bevölkerung [1978], Frankfurt/M.: Suhrkamp 2004.

Fourier, Charles: Theorie der vier Bewegungen und der allgemeinen Bestimmungen [1808], Frankfurt/M.: Europäische Verlagsanstalt 1966.

Fourier, Charles: Théorie des quatre mouvements et des destinées générales [1808], hg. v. Simone Debout, Dijon: Les Presses du réel 1998.

Freud, Sigmund: Das Unheimliche [1919], in: Psychologische Schriften. Studienausgabe Bd. IV, Frankfurt/M.: Fischer Taschenbuch 1982.

Friedman, Lester D.: Minority Report: A Dystopic Vision, in: Sense of Cinema, Bd. 27, Juli 2003. Online: http://sensesofcinema.com/2003/27/steven-spielberg/minority_report/

Fuchs, Peter: Prävention – Zur Mythologie und Realität einer paradoxen Zuvorkommenheit, in: Irmhild Saake/Werner Vogd (Hg.): Moderne Mythen der Medizin. Studien zur organisierten Krankenbehandlung, Wiesbaden: VS Verlag 2008, S. 363–378.

Geertz, Clifford: Dichte Beschreibung. Bemerkungen zu einer deutenden Theorie von Kultur [1973], in: Dichte Beschreibung. Beiträge zum Verstehen kultureller Systeme, Frankfurt/M.: Suhrkamp 1987, S. 7–43.

Geipel, Robert: Naturrisiken. Katastrophenbewältigung im sozialen Umfeld, Darmstadt: Wissenschaftliche Buchgesellschaft 1992.

Genette, Gérard: Die Erzählung, München: Fink 1998.

George, Peter: Red Alert [1958], New York: RosettaBooks 2011.

Gladwell, Malcolm: The Tipping Point. How Little Things Can Make a Big Difference, New York: Little Brown 2000.

Glasstone, Philipp (Hg.): The Effects of Nuclear Weapons, Washington, D. C: United States Department of Defense, Juni 1957.

Glavinic, Thomas: Die Arbeit der Nacht, München: Deutscher Taschenbuch Verlag 2006.

Gould, Stephen Jay: Times Arrow – Time's Cycle. Myth and Metaphor in the Discovery of Geological Time, Boston: Harvard University Press 1987.

Graham, Stephan/Nigel Thrift: Out of Order: Understanding Repair and Maintenance, in: Theory, Culture and Society 24, Heft 1, S. 1–25.

Grainville, Jean-Baptiste François Xavier Cousin de: Le dernier homme, Paris: Deterville 1805, neu herausgegeben von Anne Kupiec, Paris: Payot 2010.

[Grainville, Jean-Baptiste Cousin de] Anonym: The Last Man, or Omegarus and Syderia. A Romance in Futurity, London 1806, 2 Bände, faks. New York: Arno Press 1978.

Gramelsberger, Gabriele: Computerexperimente. Zum Wandel der Wissenschaft im Zeitalter des Computers, Bielefeld: Transcript 2010.

Grandazzi, Guillaume: Commemorating the Chernobyl disaster: Remembering the future, in: Eurozine (April 2006) online: www.eurozine.com/articles/2006-04-21-grandazzi-en.html, S. 1–8.

Grimm, Gunter E. u. a. (Hg.): Apokalypse. Weltuntergangsvisionen in der Literatur des 20. Jahrhunderts, Frankfurt/M.: Suhrkamp 1986.

Groh, Dieter (Hg.): Naturkatastrophen. Beiträge zu ihrer Deutung, Wahrnehmung und Darstellung in Text und Bild von der Antike bis ins 20. Jhd., Tübingen: Narr 2003.

Grusin, Richard: Premediation, in: Criticism, Winter 2004, Bd. 46, Nr. 1, S. 17–39.

Günzel, Stephan: Geographie der Aufklärung. Klimapolitik von Montesquieu zu Kant. Teil 1, in: Aufklärung und Kritik 2 (2004), S. 66–91.

Gwinner, Donovan: »Everything uncoupled from its shoring«. Quandaries of Epistemology and Ethics in *The Road*, in: Sarah L. Spurgeon (Hg.): Cormac McCarthy. All the Pretty Horses. No Country for Old Men. The Road, London/New York: Continuum 2011, S. 137–155.

Hales, Peter B.: The Atomic Sublime, in: American Studies 32/1 (1991), S. 5–31.

Hamilton, John: Security. Politics, Humanity and the Philology of Care, Princeton: Princeton University Press 2013.

Hampe, Michael: Die Macht des Zufalls. Vom Umgang mit dem Risiko, Berlin: wjs verlag 2006.

Hansen, James: Climate change is here – and worse than we thought, in: The Washington Post, 4. August 2012, online: www.washingtonpost.com/opinions/climate-change-is-here--and-worse-than-we-thought/2012/08/03/6ae604c2-dd90-11e1-8e43-4a3c4375504a_story.html

Harrasser, Karin: Das atomare Sublime und die standardisierte Katastrophe. In: Charlotte Bigg/Jochen Hennig (Hg.): Atombilder. Ikonografien des Atoms in Wissenschaft und Öffentlichkeit des 20. Jahrhunderts, Göttingen: Wallstein 2009, S. 168–176.

Heidegger, Martin: Sein und Zeit [1927], Tübingen: Niemeyer ^{17}1993.

Heinlein, Robert: Time Enough for Love. The Lives of John Lazarus, New York: G. P. Putnam's Sons 1973.

Heise, Ursula: Die Zeitlichkeit des Risikos im amerikanischen Roman der Postmoderne, in: Martin Middeke (Hg.): Zeit und Roman. Würzburg: Königshausen und Neumann 2003, S. 373–394.

Heise, Ursula: Sense of Place and Sense of Planet. The Environmental Imagination of the Global, Oxford: Oxford University Press 2008.

Herder, Johann Gottfried: Vom Wissen und Nichtwissen der Zukunft [1797], in: Werke in zehn Bänden, hg. v. Günther Arnold u. a., Frankfurt/M.: Deutscher Klassiker Verlag 1998, Bd. 8, S. 283–296.

Herder, Johann Gottfried: Ideen zur Philosophie der Geschichte der Menschheit, Riga, Leipzig: Johann Friedrich Hartknoch 1784.

Herodot: Historien, übers. von A. Horneffer, Stuttgart: Kröner 1971.

Herzog, Arthur: Report on a think factory, in: New York Times Magazine, 10. November 1963, S. 42.

Heßler, Martina: Kulturgeschichte der Technik, Frankfurt/M.: Campus 2012.

Hippokrates: De aere aquis locis, hg. und a. d. Griech. von Hans Diller, zweisprachige Ausgabe, *Corpus medicorum graecorum*, ediderunt Academiae Berolinensis Havniensis Lipsiensis, I, 1, 2, Berlin: Akademie 1970.

Holm, Christiane/Günter Oesterle (Hg.): Schläft ein Lied in allen Dingen? Romantische Dingpoetik, Würzburg: Königshausen & Neumann 2011.

Holm, Isak Winkel: The Cultural Analysis of Disaster, in: Carsten Meiner/Kristin Veel (Hg.): The Cultural Life of Catastrophes and Crises, Berlin: De Gruyter 2012, S. 15–32.

Holm, Isak Winkel: The Frailty of Everything. Cormac McCarthy's *The Road* and Modern Disaster Discourse, in: Carsten Meiner/Kristin Veel (Hg.): The Cultural Life of Catastrophes and Crises, Berlin: Walter de Gruyter 2012, S. 233–248.

Honig, Bonnie: Emergency Politics. Paradox, Law, and Democracy, Princeton: Princeton University Press 2009.

Horn, Eva: Das Wetter von übermorgen. Kleine Imaginationsgeschichte der Klimakatastrophe, in: Merkur. Zeitschrift für europäisches Denken, Dez. 2012, 1091–1106.

Horn, Eva: Der geheime Krieg. Verrat, Spionage und moderne Fiktion, Frankfurt/M.: S. Fischer 2007.

Horn, Eva: Krieg und Krise. Zur anthropologischen Figur des Ersten Weltkriegs, in: Gerhart v. Graevenitz (Hg.): Konzepte der

Moderne. DFG-Symposion 1997, Stuttgart: Metzler 1999, S. 633–655.

Horn, Eva: Der Anfang vom Ende. Worst-Case-Szenarien und die Aporien der Voraussicht, in: Archiv für Mediengeschichte, Nr. 9: Gefahrensinn, 2009, S. 3–21.

Horn, Eva: Die Ungestalt des Feindes: Nomaden und Schwärme, in: Modern Language Notes, Nr. 123.3, deutsche Ausgabe, Frühjahr 2008, S. 656–675

Horn, Eva: Der Untergang als Experimentalraum. Zukunftsfiktionen vom Ende des Menschen, in: Aus Politik und Zeitgeschichte, 51–52/2012, hg. v. d. Bundeszentrale für politische Bildung, 64–77 und online: www.bpb.de/apuz/151296/weltuntergang

Houellebecq, Michel: Die Möglichkeit einer Insel [2005], Reinbek bei Hamburg: Rowohlt 2009.

Houellebecq, Michel: La possibilité d'une île, Paris: Fayard 2005.

Hulme, Mike: The Conquering of Climate: Discourses of Fear and their Dissolution, in: The Geographical Journal, Bd. 174 Nr. 1 (März 2008), S. 5–16.

Human Survival Projetc Homepage. www.human-survival-project.de/html/human_survival.html

Hume, David: An Enquiry Concerning Human Understanding [1748], hg. v. Tom Beauchamp, Oxford: Clarendon Press 2000, S. 97.

Hume, David: Eine Untersuchung über den menschlichen Verstand [1748], Berlin: Akademie Verlag 1965.

Huntington, Ellsworth: Civilization and Climate, Reprint der Ausgabe von 1915, Hawaii: University Press of the Pacific 2001.

Independence Day, Regie: Roland Emmerich, Buch: Dean Devlin, Roland Emmerich, mit Will Smith, Jeff Goldblum, Bill Pullman, Mary McDonnell, Judd Hirsch, Vivicia A. Fox, USA 1996, 145 Min.

Innerhofer, Roland: Deutsche Science Fiction 1870–1914. Rekonstruktion und Analyse der Anfänge einer Gattung, Wien: Böhlau 1996.

Jaspers, Karl: Die Atombombe und die Zukunft des Menschen. Politisches Bewusstsein in unserer Zeit, München: Piper 1962.

Jeudy, Pierre-Henry: Le désir de catastrophe, Paris: Aubier 1990.

Johnson, George Clayton/William F. Nolan: Logan's Run, New York: Bantam 1976.

Jonas, Hans: Das Prinzip Verantwortung. Versuch einer Ethik für die technologische Zivilisation [1979], Frankfurt/M.: Suhrkamp 1992.

Kafka, Franz: ›Der Bau‹ [1923/4], in: Das Ehepaar und andere Schriften aus dem Nachlass, Gesammelte Werke in zwölf Bänden, hg. v. Hans-Gerd Koch, Bd. 8, Frankfurt/M.: Fischer Taschenbuch ³2005.

Kafka, Franz: Beim Bau der chinesischen Mauer [1917], in: Beim Bau der chinesischen Mauer und andere Schriften aus dem Nachlass, Gesammelte Werke in zwölf Bänden, hg. v. Hans-Gert Koch, Bd. 6, Frankfurt/M.: Fischer Taschenbuch ³2005, S. 65–80.

Kafka, Franz: Jubiläumsbericht: 25 Jahre Arbeiter-Unfall-Versicherungs-Anstalt, Abschnitt d) Unfallverhütung [1912], in: Amtliche Schriften, hg. v. Klaus Hermsdorf/Benno Wagner, Frankfurt/M.: S. Fischer 2004.

Kahn, Herman: A Methodological Framework: The Alternative Worlds Approach, in: Paul Carlos Aligica/Kenneth R. Weinstein (Hg.): The Essential Herman Kahn, Lanham: Lexington Books 2009.

Kahn, Herman: On Escalation. Metaphors and Scenarios, New York: Praeger 1965.

Kahn, Herman: On Thermonuclear War, Princeton: Princeton University Press 1960.

Kahn, Herman: Thinking about the Unthinkable, New York: Horizon Press 1962.

Kaldor, Mary: The Imaginary War. Understanding the East-West Conflict, Oxford, Cambridge: Blackwell 1990.

Kant, Immanuel: Kritik der Urteilskraft [1790], in: Sämtliche Werke Bd. 2, Stuttgart: Mundus 2000, S. 17–288.

Kant, Immanuel: Anthropologie in pragmatischer Hinsicht [1796/7], in: Schriften zur Anthropologie, Geschichtsphilosophie, Politik und Pädagogik 2, hg. v. Wilhelm Weischedel, Frankfurt/M.: Suhrkamp 1995.

Kaplan, Fred: The Wizards of Armageddon, Stanford: Stanford University Press 1983.

Kapp, Ernst: Grundlinien einer Philosophie der Technik. Zur Entstehungsgeschichte der Kultur aus neuen Gesichtspunkten, Braunschweig: Westermann 1877.

Kassung, Christian (Hg.): Die Unordnung der Dinge. Eine Wissens- und Mediengeschichte des Unfalls, Bielefeld: Transcript 2009.

Kekulé, Alexander S.: Fatale Verkettung unglücklicher Umstände, in: Der Tagesspiegel, 16. 3. 2011, online: http://www.tagesspiegel.de/meinung/atomkatastrophe-fatale-verkettung-ungluecklicher-umstaende/3954046.html

Kennedy, Bruce: The Birth of the Hot Line, online: web.archive.org/web/20080923200642/http://www.cnn.com/SPECIALS/cold.war/episodes/10/spotlight/

Kittler, Friedrich: Real Time Analysis, Time Axis Manipulation, in: Technische Schriften, Leipzig: Reclam 1993, S. 182–207.

Klima, Art. Wikipedia, de.wikipedia.org/wiki/Klima#Etymologie

Koppenfels, Werner von: Le coucher du soleil romantique. Die Imagination des Weltendes aus dem Geist der visionären Romantik, in: Poetica 17 (1985), S. 255–298.

Kornmeier, Uta: Fit für den Ernstfall? Überleben als Hobby, in: Falko Schmieder (Hg.): Überleben. Historische und aktuelle Konstellationen, München: Fink 2011, S. 395–409.

Koschorke, Albrecht: Wahrheit und Erfindung. Grundzüge einer Allgemeinen Erzähltheorie, Frankfurt/M.: S. Fischer 2012.

Koselleck, Reinhart: ›Neuzeit‹. Zur Semantik moderner Bewegungsbegriffe, in: Vergangene Zukunft, Frankfurt/M.: Suhrkamp 1989, S. 315.

Koselleck, Reinhart: Die unbekannte Zukunft und die Kunst der Prognose, in: Zeitschichten. Studien zur Historik, Frankfurt/M.: Suhrkamp 2000, S. 203–221.

Kostelanetz, Richard: One-man think tank, in: New York Times. Sunday Magazine 1. 12. 1968, S. 105.

Kowalski, Dean A.: *Minority Report*, Molinism, and the Viability of Precrime, in: ders. (Hg.): Steven Spielberg and Philosophy: We're gonna need a bigger book, Lexington: University of Kentucky Press 2008, S. 227–246.

Kreienbrock, Jörg: Tückische Objekte. Zum Widerstand der Dinge bei Friedrich Theodor Vischer und Heimito von Doderer, in: Archiv für Mediengeschichte: Agenten und Agenturen, 2008, S. 101–110.

Kruse, Harald: Überlebenstechnik. Lexikon für das Überleben in Wildnis und Zivilisation, Stuttgart: Pietsch 1986.

Kuhlmann, Albert: Einführung in die Sicherheitswissenschaft, Köln: Verlag TÜV Rheinland 1981.

Kuhlmann, Albert: Was muss die Sicherheitswissenschaft leisten? in: ders. (Hg.): Leben in Sicherheit. 1. Weltkongress für Sicherheitswissenschaft, Köln: Verlag TÜV Rheinland 1990.

La Jetée, Regie: Chris Marker, Buch: Chris Marker, Erzähler: Jean Négroni, mit Davos Hanich, Hélène Chatelain, Jacques Ledoux, Frankreich 1962, 28 Min.

Lacan, Jacques: Psychoanalyse und Kybernetik, in: Claus Pias u. a. (Hg.): Kursbuch Medienkultur. Die maßgeblichen Theorien von Brecht bis Baudrillard, Stuttgart: DVA 1999, S. 405–420.

Latour, Bruno: »Why has Critique Run Out of Steam? From Matters of Fact to Matters of Concern«, in: Critical Inquiry (Winter 2004), S. 225–248.

Latour, Bruno: Si tu viens à perdre la Terre, à quoi te sers de sauver ton âme?, online: http://www.bruno-latour.fr/sites/default/files/109-ECOTHEO-FR.pdf

Lebovic, Nitzan: The Biopolitical Film (A Nietzschean Paradigm), Postmodern Culture, Bd. 23, 1 (2012), online: http://muse.jhu.edu/journals/postmodern_culture/v023/23.1.lebovic.html

Leggewie, Claus/Harald Welzer: Das Ende der Welt, wie wir sie kannten. Klima, Zukunft und die Chancen der Demokratie, Frankfurt/M.: S. Fischer 2011.

Lemke, Thomas: Biopolitics. An Advanced Introduction, New York: NYU Press 2011.

Lessing, Theodor: Europa und Asien. Untergang der Erde am Geist [1918], Leipzig: Felix Meiner ^{5}1930.

Lethen, Helmut: Lob der Kälte, in: Unheimliche Nachbarschaften, Freiburg: Rombach 2009.

Lewis, David: The Paradoxes of Time Travel, in: American Philosophical Quarterly 13, 1976, S. 145–152.

Lieb, Claudia: Crash. Der Unfall in der Moderne, Bielefeld: Aisthesis 2009.

Lincoln, Kenneth: Cormac McCarthy. American Canticles, New York: Palgrave Macmillan 2009.

Logan's Run, Regie: Michael Anderson, Buch: David Zelag Goodman, nach dem Roman von William F. Nolan und George Clayton Johnsohn: Logan's Run [1967], mit Michael York, Jenny Agutter, Farrah Fawcett-Mayors, Peter Ustinov; USA 1976, 119 Min.

Lothringer, Sylvère/Paul Virilio: Technik und Fragmentierung, in: Karlheinz Barck u. a. (Hg.): Aisthesis. Wahrnehmung heute, Leipzig: Reclam 1990.
Lovelock, James: Gaias Rache. Warum die Erde sich wehrt, übers. v. Helmut Schickert, Berlin: Ullstein 2008.
Luhmann, Niklas: Beschreibung der Zukunft, in: Beobachtungen der Moderne, Bonn: Westdeutscher Verlag 1992.
Luhmann, Niklas: Risiko und Gefahr, in: Soziologische Aufklärung 5, Opladen: Westdeutscher Verlag 1990, S. 131–169.
Macho, Thomas: Klima der Zukunft. Publikation des Goethe-Instituts e. V. (2009) online: www.goethe.de/ges/umw/prj/kuk/the/kul/de5378260.htm.
Macho, Thomas/Kathrin Röggla: Das Blinzeln der letzten Menschen. Interview, Literaturen 3/2010, S. 41–44.
Malthus, Thomas Robert: An Essay on the Principle of Population as it affects the Future Improvement of Society, 1. Fassung von 1798, London: Johnson, Reprint 1966.
Malthus, Thomas Robert: An Essay on the Principle of Population, 2. Fassung von 1803, hg. von Patricia James, Cambridge: Cambridge University Press 1989.
Malthus, Thomas Robert: Das Bevölkerungsgesetz [1798], hg. u. übers. v. Christian M. Barth, München: Deutscher Taschenbuch Verlag 1977.
Malthus, Thomas Robert: Eine Abhandlung über das Bevölkerungsgesetz oder eine Untersuchung seiner Bedeutung für die menschliche Wohlfahrt in Vergangenheit und Zukunft. Aus dem englischen Original, und zwar nach der Ausgabe letzter Hand (6. Auflage 1826), ins Deutsche übertragen von Valentine Dorn und eingeleitet von Professor Dr. Heinrich Waentig in Halle a. S., Jena: Gustav Fischer 1924.
Marbe, Karl: Praktische Psychologie der Unfälle und Betriebsschäden, München: Oldenbourg 1926.
Marchetti, Cesare: 10^{12}. A Check on the Earth-Carrying Capacity for Men, in: Energy 4 (1979), S. 1107–1117, online: http://www.cesaremarchetti.org/archive/scan/MARCHETTI-076.pdf.
Márquez, Gabriel García: Ich bin nicht hier, um eine Rede zu halten, Köln: Kiepenheuer & Witsch 2012, S. 45–52.
Marshall, Eliot: Nuclear Winter Debate Heats Up, in: Science 235 (16. Jan. 1987), S. 271–273.

Martin, John: Apocalypse, Werkkatalog, hg. v. Martin Myrone, London: Tate Publishing 2011.

Massumi, Brian: Potential Politics and the Primacy of Preemption, in: Theory and Event, Bd. 10, Nr. 2 (2007), online: http://muse.jhu.edu/journals/theory_and_event/v010/10.2massumi.html

McCarthy, Cormac: Die Straße [2006]. Reinbek bei Hamburg: Rowohlt Taschenbuch ³2009.

McCarthy, Cormac: The Road, New York: Alfred A. Knopf 2006.

Meadows, Dennis L. u. a. (Hg.): Die Grenzen des Wachstums [1972], Stuttgart: DVA 1994.

Menke, Christoph: Der Stand des Streits: Samuel Beckett, *Endspiel*, in: Die Gegenwart der Tragödie. Versuch über Urteil und Spiel, Frankfurt/M.: Suhrkamp 2005, S. 188–202.

Metz, Markus/Georg Seeßlen: Krieg der Bilder, Bilder des Krieges. Abhandlung über die Katastrophe und die mediale Wirklichkeit, Berlin: Edition Tiamat 2002.

Michael, Donald N.: The Psychopathology of Nuclear War, in: Bulletin of the Atomic Scientist 18/5 (Mai 1962), S. 28–29.

Michelet, Jules: Histoire du XIXième siècle. Jusqu'à Waterloo, Paris: Michel Lévy Frères 1875.

Miller, Hugh: Progress and Decline. The Group in Evolution, Los Angeles: Ritchie Press 1964.

Minois, Georges: Geschichte der Zukunft. Orakel, Prophezeiungen, Utopien, Prognosen, Düsseldorf/Zürich: Artemis & Winkler 1998.

Minority Report, Regie: Steven Spielberg, Drehbuch: Scott Frank, Jon Cohen, nach der Erzählung von Philip K. Dick: The Minority Report (1956), mit: Tom Cruise, Colin Farrell, Samantha Morton, Max von Sydow, USA 2002.

Mirabeau, Victor Riqueti de: L'ami des hommes ou Traité de la population, Avignon 1756 (kein Verlag).

Monbiot, George: Civilization Ends with a Shutdown of Human Concern. Are We There Already?, The Guardian 30. 10. 2007, online: www.theguardian.com/commentisfree/2007/oct/30/comment.books

Montesquieu, Charles-Louis de Secondat, Baron de la Brède: Vom Geist der Gesetze [1748], hg. und übersetzt von Ernst Forsthoff, Reprint der Erstauflage 1951, 2 Bde., Tübingen: Mohr ²1992.

Morus, Thomas: Utopia [1516], in: Der utopische Staat, hg. v. Klaus J. Heinisch, Hamburg: Rowohlt 2006.

Mülder-Bach, Inka: Poetik des Unfalls, in: Poetica 34 (2002), S. 193–221.

Müller, Thomas: Flugzeugabstürze. Der Verlust von Gewissheiten, in: Hans Ulrich Gumbrecht/K. Ludwig Pfeiffer (Hg.): Paradoxien, Dissonanzen, Zusammenbrüche. Situationen offener Epistemologie, Frankfurt/M.: Suhrkamp 1991, S. 589–605.

Müller-Funk, Wolfgang: Dramatische Kehre, absolutes Finale: Zur narrativen Struktur der Apokalypse, in: Die Kultur und ihre Narrative, Wien/New York: Springer 2008, S. 287–308.

Musil, Robert: Der Mann ohne Eigenschaften, Reinbek: Rowohlt 1994.

Nanz, Tobias: Bei Anruf: Apokalypse, in: Veronika Wieser u. a. (Hg.): Abendländische Apokalyptik. Kompendium zur Genealogie der Endzeit in der europäischen Kultur, Berlin: Akademie Verlag 2012, S. 227–238.

Nanz, Tobias: Communication in Crisis. The »Red Phone« and the »Hotline«, in: Behemoth. A Journal on Civilization 2 (2010), S. 71–83, online: http://www.behemoth-journal.de/archive/volume-3-no-2/tobias-nanz/

National Geographic Homepage, online: adventure.nationalgeographic.com/2009/08/survival/survival-guide s

National Oceantic and Atmospheric Administration (NOAA) Homepage, online: www.nws.noaa.gov/om/csd/graphics/content/outreach/brochures/Weather&Climate_General_Public.pdf.

Nell, Onora [O'Neill]: Lifeboat Earth [1975], deutsch in: Weyma Lübbe (Hg.): Tödliche Entscheidung. Allokation von Leben und Tod in Zwangslagen, Paderborn: mentis 2004, S. 35–52.

Oakes, Guy: The Imaginary War. Civil Defense and American Cold War Culture, New York/Oxford: Oxford University Press 1994.

Oliver-Smith, Anthony: Theorizing Disaster. Nature, Power, and Culture, in: Susanna M. Hoffman/Anthony Oliver-Smith: Catastrophe & Culture. The Anthropology of Disaster, Santa Fe/Oxford: School of American Research Press 2001, S. 23–48.

Olster, Stacey: White Noise, in: John N. Duvall (Hg.): The Cambridge Guide to Don DeLillo, Cambridge: Cambridge University Press 2008, S. 79–93.

Opitz, Sven/Ute Tellmann: Katastrophale Szenarien. Gegenwärtige Zukunft in Recht und Ökonomie, in: Leviathan, Sondernummer. 25/2010: Sichtbarkeitsregime. Überwachung, Sicherheit und Privatheit im 21. Jahrhundert, S. 27–52.

Oppenheimer, Clive: Climatic, environmental, and human consequences of the largest known historic eruption: Tambora volcano (Indonesia) 1815, in: Progress in Physical Geography 27/2 (2003), S. 230–259.

Osteen, Mark (Hg.): Don DeLillo. White Noise. Text and Criticism, New York: Penguin 1998.

Otto, Frei: Ausblick auf eine heitere Kulturlandschaft, in: Daidalos 21 (21. September 1986) S. 84–90.

Paddock, William und Paul: Famine 1975! America's Decision: Who Will Survive?, Boston: Little, Brown & Co. 1967.

Paley, Morton D.: Envisioning Lastness: Byron's *Darkness*, Campbell's *The Last Man*, and the Critical Aftermath, in: Romanticism: The Journal of Romantic Culture and Criticism Nr. 1 (1995), S. 1–14.

Paley, Morton D.: Le dernier homme. The French Revolution as the Failure of Typology, in: Mosaic 24/1 (1991), S. 67–76.

Perrow, Charles: Normale Katastrophen. Die unvermeidbaren Risiken der Großtechnik [1984], Frankfurt/M.: Campus 1989.

Pias, Claus: »One-man Think Tank«. Herman Kahn oder wie man das Undenkbare denkt, in: Zeitschrift für Ideengeschichte, Heft III/3, Herbst 2009, S. 5–16.

Pias, Claus: Abschreckung denken. Herman Kahns Szenarien, in: Claus Pias: Abwehr. Modelle – Strategien – Medien, Bielefeld: Transcript 2009, S. 169–188.

Pias, Claus: Klimasimulation, in: Petra Lutz/Thomas Macho (Hg.): Zwei Grad. Das Wetter, der Mensch und sein Klima. Begleitbuch zur Ausstellung in Dresden 2008–2009, Göttingen: Wallstein 2008, S. 108–115.

Pidoll, Michael von: Der heutige Automobilismus. Ein Protest und Weckruf, Wien: Manz 1912.

Post, John D.: The Last Great Subsistence Crisis in the Western World, Baltimore: Johns Hopkins University Press 1977.

Posner, Richard A.: Catastrophe: Risk and Response, New York: Oxford University Press 2004.

Poundstone, William: Prisoner's Dilemma, New York: Doubleday 1992.

Powell, James Lawrence: 2084. An Oral History of the Great Warming, Kindle E-book 2011.

Rees, Martin: Our Final Hour, New York: Basic Books 2003.

Realclimate.org: Michael Crichton's State of Confusion, online: www.realclimate.org/index.php/archives/2004/12/michael-crichtons-state-of-confusion/

Resilient Communities: The Difference between Resilience and »Prepping« (Artikel vom 13.8.2013), online: http://www.resilientcommunities.com/the-difference-between-resilience-and-prepping/

Robinson, James E.: Samuel Beckett's Doomsday Play: The Space of Infinity, in: The Theatrical Space (1987), S. 215–227.

Röggla, Kathrin: die alarmbereiten, Frankfurt/M.: S. Fischer 2010.

Röggla, Kathrin: disaster awareness fair – zum katastrophischen in stadt, land und film, Graz: literaturverlag droschl 2008.

Rousseau, Jean-Jacques: Abhandlung über den Ursprung und die Grundlagen der Ungleichheit unter den Menschen [1755], in: Schriften, Bd. 1, hg. v. Henning Ritter, Frankfurt/M.: S. Fischer 1988.

Rust, Bert W.: Carbon Dioxide, Global Warming and Michael Crichton's »State of Fear«, in: Computing Science and Statistics, Bd. 37 (2006), online: http://math.nist.gov/~BRust/pubs/Interface2005/PrePrint.pdf

Sagan, Carl: Atomkrieg und Klimakatastrophe [1983], München: Droemer Knaur 1984.

Sagan, Carl: Blauer Punkt im All [1994]. Unsere Zukunft im Kosmos. Aus dem Amerikanischen von Susanne Bunzel, München: Droemer Knaur 1996.

Sagan, Carl: Pale Blue Dot, New York: Random House 1994.

Schäffner, Wolfgang: Das Trauma der Versicherung. Das Ereignis im Zeitalter der Wahrscheinlichkeit, in: Inka Mülder-Bach (Hg.): Modernität und Trauma. Beiträge zum Zeitenbruch des Ersten Weltkriegs, Wien: Universitätsverlag 2000, S. 104–120.

Schmauß, August: Das Problem der Wettervorhersage, Leipzig: Akademische Verlagsgesellschaft Becker & Erler 1945.

Schmitt, Carl: Der Begriff des Politischen [1932], Berlin: Duncker & Humblot 1996.

Schmitt, Carl: Totaler Feind, totaler Krieg, totaler Staat, in: Völkerbund und Völkerrecht 4 (1937/1938), S. 139–145.

Schnyder, Peter: Paläontopoetologie. Zur Emergenz der Urgeschichte des Lebens, in: Maximilian Bergengruen/Roland Borgards/Johannes Lehmann (Hg.): Die biologische Vorgeschichte des Menschen, Freiburg i.Br.: Rombach 2012, S. 109–131.

Scholz, Franz: Die Rechtssicherheit, Berlin: de Gruyter 1955.

Schrickel, Isabell: »Our laboratory is the medium itself«. Epistemologische und historische Dimensionen der Wettervorhersage, Magisterarbeit Medienwissenschaft, Humboldt Universität, Juni 2010.

Seitz, Russell: In from the cold: ›nuclear winter‹ melts down, The National Interest 5 (Herbst 1986), S. 3–17.

Serres, Michel: Der Naturvertrag, Frankfurt/M.: Suhrkamp 1994.

Serres, Michel: La naissance de la physique dans le texte de Lucrèce. Fleuves et turbulences, Paris: Les Éditions de Minuit 1977.

Serres, Michel: Le contrat naturel, Paris: Flammarion 1992.

Seton-Watson, Hugh: Neither War nor Peace. The Struggle for Power in the Postwar World, New York: Praeger 1960.

Shelley, Percy Bysshe: Letters of Percy Shelley, hg. v. Frederick L. Jones, Oxford: Clarendon Press 1964, Bd. I.

Shute, Nevil: Das letzte Ufer, Reinbek bei Hamburg: Rowohlt 1989.

Shute, Nevil: On the Beach [1957], New York: Vintage 2010.

Simmel, Georg: Der Krieg und die geistigen Entscheidungen, München/Leipzig: Duncker & Humblot 1917.

Sloterdijk, Peter: Sphären 3: Schäume, Frankfurt/M.: Suhrkamp 2004.

Sloterdijk, Peter: Wie groß ist »groß«?, in: Paul J. Crutzen u. a.: Das Raumschiff Erde hat keinen Notausgang, Frankfurt/M.: Suhrkamp 2011, S. 93–110.

Smith, Joe: Murphy's laws origin, online: www.murphys-laws.com/murphy/murphy-true.html

Soddy, Frederick: Some Recent Advances in Radioactivity, in: Contemporary Review 83 (Mai 1903), S. 708–720.

Sombart, Werner: Händler und Helden. Patriotische Besinnungen, München/Leipzig: Duncker & Humblot 1915.

Sophokles: König Ödipus, übs. und Kommentar von Jean Bollack, Frankfurt/M./Leipzig: Insel 1994.

Sorg, Reto/Stephan Bodo Würffel (Hg): Utopie und Apokalypse in der Moderne, München: Fink 2010.

Souriau, Étienne: Die Struktur des filmischen Universums und das Vokabular der Filmologie, in: Montage AV. Zeitschrift für Theorie

und Geschichte audiovisueller Kommunikation, Heft 6/2/1997, S. 140–157.
Soylent Green, Regie: Richard Fleischer, Buch: Stanley R. Greenberg nach dem Roman von Harry Harrison: Make Room! Make Room! (1966), mit Charlton Heston, Leigh Taylor-Young, Edward G. Robinson, USA 1973, 97 Min.
Spurgeon, Sara L. (Hg.): Cormac McCarthy. All the Pretty Horses. No Country for Old Men. The Road, New York: Continuum 2011.
Steffen, W./P. J. Crutzen und J. R. McNeill: The Anthropocene: Are Humans Now Overwhelming the Great Forces of Nature?, Ambio 36, 2007, S. 614–621.
Steyn, Marc: America alone: The End of the World as we Know It, Washington DC: Regenering Publishing 2006.
Stommel, Henry und Elisabeth: Volcanic Weather: The Story of 1816, the Year Without A Summer, Newport: Seven Seas Press 1983.
Strowick, Elisabeth: Epistemologie des Verdachts. Zu Kafkas Bau, in: Marcus Krause/Arno Meteling/Marcus Stauff (Hg): The Parallax View. Zur Mediologie der Verschwörung, München: Fink 2011, S. 123–136.
Survivalism, Art. Wikipedia, online: en.wikipedia.org/wiki/Survivalism
Swiss Re: Risikolandschaft der Zukunft (2004), online: www.pharma.gally.ch/UserFiles/File/Risikolandschaft%20der%20Zukunft%20Swissre.pdf
Szilard, Leo: Die unterminierten Städte, in: Die Stimme der Delphine. Utopische Erzählungen, Reinbek bei Hamburg: Rowohlt 1963, S. 107–120.
Szilard, Leo: Disarmament and the Problem of Peace, in: The Bulletin of the Atomic Scientists (Oktober 1955), S. 295–307.
Szilard, Leo: The Mined Cities, in: The Voice of the Dolphins, Stanford: Stanford University Press 1992, S. 153–167.
Szilard, Leo: The Voice of the Dolphins, Stanford: Stanford University Press 1992.
Szondi, Peter: Versuch über das Tragische, in: Schriften 1, hg. v. Jean Bollack, Frankfurt/M.: Suhrkamp 2011, S. 151–260.
Take Shelter, Regie und Drehbuch: Jeff Nichols, mit Michael Shannon, Jessica Chastain, Tova Stewart, Shea Whigham, USA 2011, 121 Min.
Taleb, Nassim Nicholas: Der Schwarze Schwan. Die Macht höchst unwahrscheinlicher Ereignisse [2007], München: Hanser 2008.

Tarde, Gabriel: Fragment d'histoire future [1884], zuerst publiziert in der Revue internationale de sociologie (1896), online: classiques.uqac.ca/classiques/tarde_gabriel/fragment_histoire_future/fragment.html.

Taurek, John M.: Zählt die Anzahl?, in: Weyma Lübbe (Hg.): Tödliche Entscheidung. Allokation von Leben und Tod in Zwangslagen, Paderborn: mentis 2004, S. 124–143.

Taylor, Charles: Modern Social Imaginaries, Durham/London: Duke University Press 2004.

Teller, Edward: The Legacy of Hiroshima, Garden City: Doubleday 1962.

Temkine, Pierre u.a.: Warten auf Godot. Das Absurde und die Geschichte, hg. v. Denis Thouard/Tim Trzaskalik, Berlin: Matthes & Seitz 2008.

Thaler, Estelle Manette: Apocalyptic Vision in *Heartbreak House* and *Endgame*: The Metaphor of Change, in: Zeitschrift für Anglistik und Germanistik, 34. Jg., 1986, Heft 1, S. 343–351.

The Day After Tomorrow, Regie: Roland Emmerich, Buch: Roland Emmerich, Jeffrey Nachmanoff, mit Dennis Quaid, Jake Gyllenhaal, Emmy Rossum, Ian Holm, Sela Ward, USA 2004, 126 Min.

The Road, Regie: John Hillcoat, Buch: Joe Penhall, nach dem Roman von Cormac McCarthy: The Road (2006), mit Viggo Mortensen, Kodi Smit-McPhee, Robert Duvall, Charlize Theron, USA 2009, 113 Min.

The Terminator, Regie: James Cameron, Drehbuch: James Cameron, Gale Anne Hurd, William Wisher Jr., nach der Erzählung von Harlan Ellison: Soldier from Tomorrow (1957); mit Arnold Schwarzenegger, Linda Hamilton, Michael Biehn, Paul Winfield, USA 1984, 108 Min.

Theisohn, Philipp: Die kommende Dichtung. Geschichte des literarischen Orakels 1450–2050, München: Fink 2012.

Thompson, Nicholas: Inside the Apocalyptic Soviet Doomsday Machine, Wired Magazine 17.10, 21.9.2009, online: www.wired.com/politics/security/magazine/17–10/mf_deadhand?currentPage=all

Thüring, Hubert: Der Unfall und das Rettungswerk. Narrative und Modelle bei Thomas Mann und Adolf Wölfli, in: Johannes F. Lehmann/Hubert Thüring (Hg.): Rettung und Erlösung. Politisches und religiöses Heil in der Moderne, München: Fink 2014.

Tourneux, Félix: Art. Accidens [sic!], in: ders.: Encyclopédie des chemins de fer et des machines à vapeur, Paris: Jules Renouard & Cie. 1844.

Turco, Richard: Nuclear Winter to be taken seriously, in: Nature 311 (27. Sept. 1984), S. 307–308.

TÜV Rheinland: Geschichte: Von DÜV zu TÜV Rheinland, online: http://www.tuv.com/de/deutschland/ueber_uns/daten_fakten/geschichte/geschichte_tuev_rheinland.html

Twelve Monkeys, Regie: Terry Gilliam, Drehbuch: David Webb Peoples, Janet Peoples, nach dem Experimentalfilm von Chris Marker: La Jetée (1962), mit: Bruce Willis, Madeleine Stowe, Brad Pitt, David Morse, Christopher Plummer. USA 1995, 127 Min.

Uerz, Gereon: ÜberMorgen. Zukunftsvorstellungen als Elemente der gesellschaftlichen Konstruktion der Wirklichkeit, Paderborn: Fink 2006.

Vernant, Jean-Pierre u. a.: Divination et rationalité, Paris: Éditions du Seuil 1974.

Virilio, Paul: Der eigentliche Unfall, Wien: Passagen 2009.

Virilio, Paul: Der negative Horizont, München: Hanser 1989.

Vischer, Friedrich Theodor: Auch Einer: eine Reisebekanntschaft [1878], Stuttgart, Leipzig: Deutsche Verlagsanstalt 1908.

Volney, Constantin François de: Les Ruines Ou Méditations Sur Les Révolutions Des Empires, Par M. Volney, Paris: Desenne 1791.

Vondung, Klaus: Die Apokalypse in Deutschland, München: Deutscher Taschenbuch Verlag 1988.

Wagner, Benno: Die Versicherung des Übermenschen. Kafkas Akten, in: Friedrich Balke/Joseph Vogl/Benno Wagner (Hg.): Für alle und keinen. Lektüre, Schrift und Leben bei Nietzsche und Kafka, Berlin/Zürich: Diaphanes 2008, S. 259–294.

Wallerstein, Immanuel Maurice: The End of the World As We Know It: Social Science for the Twenty-First Century, Minneapolis: Minnesota University Press 1999.

Walter, François u. a. (Hg.): Les cultures du risque (XVIe-XXIe siècle), Genf: Presses d'histoire suisse 2006.

Walter, François: Katastrophen. Eine Kulturgeschichte vom 16. bis ins 21. Jahrhundert, Stuttgart: Reclam 2010.

Weart, Spencer R.: Nuclear Fear. A History of Images, Cambridge/Mass.: Harvard University Press 1988.

Weart, Spencer R.: The Discovery of Global Warming, Cambridge Mass.: Harvard University Press 2008.
Weart, Spencer R./Gertrud Weiss Szilard (Hg.): Leo Szilard. His Version of the Facts, Cambridge/Mass.: Harvard University Press 1978.
Weigand, Hermann J.: Franz Kafka's »The Burrow« (»Der Bau«): An Analytical Essay, PMLA, Bd. 87, Nr. 2, März 1972, S. 152–166.
Weisman, Alan: Countdown. Hat die Erde eine Zukunft?, München: Piper 2013.
Weisman, Alan: Die Welt ohne uns. Reise über eine unbevölkerte Erde, München: Piper 2007.
Weisman, Alan: The World Without Us, New York: Thomas Dunne 2007.
Wells, H[erbert] G[eorge]: Befreite Welt [1914], Wien, Hamburg: Paul Zsolnay 1985.
Wells, H. G.: Die Zeitmaschine [1895], München: dtv 2011.
Wells, H. G.: Krieg der Welten [1898]. Zürich: Diogenes 1974.
Wells, H. G.: The Time Machine [1895], in: Seven Science Fiction Novels of H. G. Wells, New York: Dover Publications 1950, S. 1–76.
Wells, H. G.: The War of the Worlds [1898], New York: Bantam 2003.
Wells, H. G.: The World Set Free. A Story of Mankind, Leipzig: Bernhard Tauchnitz 1914.
Welzer, Harald: Klimakriege. Wofür im 21. Jahrhundert getötet wird, Frankfurt/M.: S. Fischer 2008.
Harald Welzer: Selbst denken. Eine Anleitung zum Widerstand, Frankfurt/M.: S. Fischer 2013.
Wieser, Veronika u. a. (Hg.): Abendländische Apokalyptik. Kompendium zur Geneaologie der Endzeit, Berlin: Akademie Verlag 2013.
Willer, Stefan: Vom Nicht-Wissen der Zukunft. Prognostik und Literatur um 1800 und um 1900, in: Michael Bies/Michael Gamper (Hg.): Literatur und Nicht-Wissen. Historische Konstellationen 1730–1930, Berlin/Zürich: Diaphanes 2012, S. 171–196.
Williams, Joshua: The Quick and the Dead, unter: Carnegieendowment.org, 16. 6. 2005, online: http://carnegieendowment.org/2005/06/16/quick-and-dead/eg7
Williams, Keith: H. G. Wells, Modernity and the Movies, Chicago: University of Chicago Press 2008.

Wojcik, Daniel: The End of the World as we Know It: Faith, Fatalism and Apocalypse in America, New York: New York University Press 1997.

Wolf, Christa: Störfall. Nachrichten eines Tages, Werke, Bd. 9, München: Luchterhand 2001.

Wybo, J. L.: Safety Sciences. Journal Description, online: www.elsevier.com/wps/find/journaldescription.cws_home/505657/description#description

Zalasiewicz, Jan u. a.: Are we now living in the Anthropocene? online: GSA Today 18/2, S. 4–8, 1 Feb 2008, www.mindfully.org/Heritage/2008/Anthropocene-Zalasiewicz-GSA1feb08.htm.

Zalasiewicz, Jan: Die Erde nach uns. Der Mensch als Fossil der fernen Zukunft, Heidelberg: Spektrum 2009.

Žižek, Slavoj: Welcome to the Desert of the Real, London: Verso 2002.

Žižek, Slavoj: The Interpassive Subject, online: www.egs.edu/faculty/slavoj-zizek/articles/the-interpassive-subject/

Register